中国人民大学 2017 年度"中央高校建设世界一流大学（学科）和特色发展引导专项资金"资助。

闺门的退隐

近代中国性别观念的变迁
（1860—1925）

杨剑利 ◎ 著

人民出版社

目　　录

导　　论

　　闺门是性别关系的一个隐喻。在传统中国,它界分男女内外,圈定并规范女子的生活,具有特别的意涵。儒家士大夫常常将它视为风化所关、人伦所系,并以之阐发齐家治国的理想,所谓"天下之治在风俗,风俗之正在齐家,齐家之道当自妇人始。……闺门风化之原,自开辟以迄于今不可易也"①。儒家社会历朝历代围绕闺门建构了种种规范,其中不变的核心准则便是以闺门为界昭隔内外的"男女有别"。关于"男女有别",儒家典籍有细致的界说,并赋之以非凡的意义。《礼记》说:"男女有别,然后父子亲。父子亲,然后义生。义生,然后礼作。礼作,然后万物安。无别无义,禽兽之道也。"②又说:"男女有别,而后夫妇有义;夫妇有义,而后父子有亲;父子有亲,而后君臣有正。"③"男女有别"被视为相安万物之人伦的始基。

　　作为儒家伦理的根本准则,"男女有别"界定文野,规范人间秩序,汉尊儒术以后延至清代一直是多数人的信条,在很大程度上主宰了儒家男女的世俗生活。然而,在近代中西交通之后,这一多数人崇奉的圣道古礼和"男尊女卑"观念及相关习俗开始遭遇质疑,在长达半个多世纪的争执中与中国人的生活渐行渐远,取而代之的是"男女无别"的平等观念。性别观念的这一脱胎换骨堪比共和政体取代皇权专制的千年未有之巨变,不过与国体的改弦易辙

---

① (清)蓝鼎元:《鹿洲初集》卷五《女学自序》,文渊阁《四库全书》影印本,第1327册,台湾商务印书馆1982年版,第639页。

② (东汉)郑玄注,(唐)孔颖达疏:《礼记正义》卷二六《郊特性》,北京大学出版社2000版,第950页。

③ (东汉)郑玄注,(唐)孔颖达疏:《礼记正义》卷六一《昏义》,第1890页。

不同的是，观念的变迁潜滋暗长，游移无形，缓缓生成，并没有醒目的标签和清晰可辨的时间节点。本书旨在对这一变化做历史描述，探讨促成这一变化、同时又被这一变化所影响的政治与文化。性别观念的变迁涉及女子的习俗、地位、身份这些意义宽泛的话题，以及女学、女权、自由平等、男女交际、婚恋、性道德等相互关联的诸多议题。通过梳理近代不同时期、不同人物的言说，以及相关历史语境，本书希望对近代中国性别观念的变迁能有比较全面的把握，为这一历史注入新的理解，扩展当下妇女史、性别史的研究。

过去二三十年的不少研究表明，儒家传统的性别伦理不能简单地理解为女子单纯受男子压迫，相应地，性别观念的近代转变也不可化约为妇女解放的线性叙事。性别观念的嬗变，包括妇女新角色的设定和新的性别关系的逐步建构，是由中西、新旧各种元素的碰撞、交织而来。外来传教士与中国士绅、道德家与改革家、守旧者和趋新者就性别伦理和女子问题发表种种言说，这些言说蕴含了极大的张力，它们并不仅仅是关于性别的，也包含了文明进步和国族进化的想象。对儒家传统性别伦理适用性的讨论和质疑，推动了性别观念的更新，但新观念的确立与旧传统的退隐并不是一个简单替换的过程，当中充满了争执、抵抗和反复。本书把性别观念的变迁与政治、经济和文化的变动联系起来考察，也意在揭示中西、新旧观念的冲突、迭合与转化的复杂性，以增进对近代中国历史的理解。

一、儒家性别观念：内外与尊卑

传统中国拥有一套与现时代迥然有别的性别体系，这一体系在晚清之前一直稳定运行，波澜不惊。儒家士大夫常常以之为傲，并据以判定文野。本书欲探讨稳定而持久的儒家性别体系在近代的遭遇，说明是什么促成了它的解体。这里有必要先对该体系的核心观念做一些梳理。

儒家性别体系有两个人们耳熟能详的根本准则，一为"男女有别"，一为"男尊女卑"。关于"男女有别"，狭义的理解是指男女大防或男女隔离，如《礼记》说："男子居外，女子居内""男不言内，女不言外""男女不同席,不共食"①,"男女不杂坐,不同椸枷,不同巾栉,不亲授。嫂叔不通问,诸母不漱裳。外言不入于梱,内言不出于梱。女子许嫁,缨,非有大故,不入其门,姑、姊、妹女子子已嫁而反,兄弟弗与同席而坐,弗与同器而食。……男女非有行媒,不相知名。非受币,不交不亲"②,等等。儒家社会的这种隔离框定了男女之间的交往方式和性道德,其意在"防淫",或者说"严防异性之间发生性行为"③。

儒家社会的男女隔离与早先的男女分工相呼应。男事耕作、女事纺织是农耕时代理想的性别分工,甲骨文"男""女"二字的构形所表现的便是这一分工:"女盖象跽而两手有所操作之形,女红之事多在室内,男则以力田会意,男耕女织各有专司,故制字于以见意也。"④男耕女织与男外女内在此不谋而合。《周易・家人》说,"女正位乎内,男正位乎外",其中的"内""外"实际上带有双重含义,既意谓空间,也意谓分工。而受"内""外"观念支配,儒家社会对男女设有截然不同的培养方式,规定:男子"十年,出就外傅,居宿于外,学书计……十有三年,学乐诵《诗》……学射御。二十而冠,始学礼";"女子十年不出,姆教婉、娩、听从,执麻枲,治丝茧,织、纴、组、紃,学女事以共衣服。……十有五年而笄"⑤。这种与"内""外"相配的对男女角色的塑造和差异化培养,锚定了儒家社会的基本生活形态。

按现代性别理论,以两性差异为基础的性别关系是表征权力关系的主要方式,男女空间隔离反映了父权制的愿望⑥。《礼记》说"男女有别"是为了明父子之亲,即确立父子间的血缘关系,其中似乎就透露了父权制的原始秘密。不过对儒家社会而言,"男女有别"的意义还不限于此。《国语・鲁语上》说,

---

① (东汉)郑玄注,(唐)孔颖达疏:《礼记正义》卷二八《内则》,第974、1000、1012页。
② (东汉)郑玄注,(唐)孔颖达疏:《礼记正义》卷二《曲礼上》,第58—59页。
③ 金景芳:《古籍考辨四题》,《历史研究》1994年第1期,第44页。
④ 参见李孝定编述:《甲骨文字集释》第12卷,台北"中研院"历史语言研究所专刊之五十,1965年,第3587页。
⑤ (东汉)郑玄注,(唐)孔颖达疏:《礼记正义》卷二八《内则》,第1013—1014页。
⑥ Joan Kelly, "Doubled Vision of Feminist Theory", in *Women, History and Theory: The Essays of Joan Kelly*, Chicago: University of Chicago Press, 1984, p.57.

"男女之别,国之大节也,不可无也";又说,"节,政之所成也"。① "男女有别"被认为是"安国家,定社稷"②之大节。王国维在研究殷周制度时曾指出,"男女有别"与周代的"同姓不婚"之制关联,是"辨姓"的需要,所谓"有同姓不婚之制度,而男女之别严",而"同姓不婚"是为了"附远厚别",以婚媾、甥舅之谊联通"异姓之国",以成"周人一统之策"。③ 王氏观点可供解释传统中国那种"家族伦理即政治伦理""家族称谓即政治称谓"之现象,同时也表明包括男女之别在内的性别戒律内嵌于儒家政教之中,是其不可或缺的组成部分。

在儒家性别体系中,与"男女有别"形成对照并相互关联的另一个准则是"男尊女卑"。《诗经·小雅·斯干》云:"乃生男子,载寝之床,载衣之裳,载弄之璋。……乃生女子,载寝之地,载衣之裼,载弄之瓦。"④男女的高下和尊卑从一出生似乎就有了区分。儒家学说为"男尊女卑"提供了持续的辩护。《周易·系辞上》说:"天尊地卑,乾坤定矣。卑高以陈,贵贱位矣。……乾道成男,坤道成女。"⑤男女的本性和尊卑贵贱随附于天地乾坤,这一界定奠定了儒家性别伦理的基调。汉儒董仲舒循此,用"天道"界定"人道",用阴阳定性男女,认为"君臣、父子、夫妇之义,皆取诸阴阳之道。君为阳,臣为阴;父为阳,子为阴;夫为阳,妻为阴","阳尊阴卑",故男尊女卑。⑥ 宋明理学因循旧学,也主张"男女有尊卑之序,夫妇有倡随之理"⑦,并将此天理化。从天地乾坤到天道天理的发展脉络看,不管是用宇宙秩序界定人间秩序,还是用人间秩序来说明宇宙秩序,儒家学说对男女的本性和尊卑之序的界定始终如一。

---

① 徐元诰:《国语集解》,王树民、沈云长点校,中华书局 2002 年版,第 147、154 页。
② (魏)何晏注,(北宋)邢昺疏:《论语注疏》,北京大学出版社 2000 年版,第 114 页。
③ 王国维:《观堂集林》卷一〇《殷周制度论》,参见谢维扬、房鑫亮主编:《王国维全集》第 8 卷,浙江教育出版社 2009 年版,第 316 页。
④ (西汉)毛亨传,(东汉)郑玄笺,(唐)孔颖达疏:《毛诗正义》卷一一《小雅·斯干》,北京大学出版社 2000 年版,第 807—808 页。
⑤ (魏)王弼注,(唐)孔颖达疏:《周易正义》卷七《系辞上》,北京大学出版社 2000 年版,第 302—304 页。
⑥ 钟肇鹏主编:《春秋繁露校释》(校补本)卷一一"阳尊阴卑"、卷一二"基义",河北人民出版社 2005 年版,第 718、788 页。
⑦ (南宋)朱熹、吕祖谦纂:张京华辑校:《近思录集释》卷一二,岳麓书社 2010 年版,第 910 页。

　　"男尊女卑"在观念层面预设了一个男上女下的两分世界,这个两分世界当然不是儒家社会现实的写照,因为现实世界并不存在所有的男子比所有的女子尊贵。受内外有别观念的支配,儒家社会除了下层劳作女子为了生计需要抛头露面,中上阶层的女子大多被限制在家内,"男尊女卑"并不适合用来评判女子在家外的社会地位,而更像是一条安排家内夫妻关系的准则,用以确立夫主妻从。这一准则与长幼、嫡庶等原则共同作用,塑造家庭等级秩序,赋予家庭成员不同的身份与地位。当然,儒家社会家国同构,夫妻关系是君臣关系的隐喻,所谓"地之承天,犹妻之事夫,臣之事君"①,"男女之别尊卑"与"王庶之判贵贱"具有内在的一致性②,因而也具有社会伦理的普适性。

　　"男女有别"与"男尊女卑"性别准则的交织,设定了女子在社会中的位置,使得女子成为依附于家庭的存在。儒家社会为此特别规定了"三从":女子"幼从父兄,嫁从夫,夫死从子"。"三从"表明了儒家女子一生的依附性。现代学者通常把"三从"之"从"理解为"服从"或"屈从",视"三从"为一个压制女子的规范。其实,"三从"之"从"更应理解为"依从",所谓"妇人无爵,从夫之爵,坐以夫之齿"③,"三从"当算是一个女子生活与正当身份的保障条例。唐代名妓徐月英在《叙怀》中曾表达了失去"三从"的悲苦:"为失三从泣泪频,此身何用处人伦。虽然日逐笙歌乐,长羡荆钗与布裙。"④这首诗表明,在传统中国,"三从"之于女子具有特别的意义,是她们的生活与地位之所依,如《白虎通》说:"阴卑无外事。是以有三从之义……故夫尊于朝,妻荣于室,随夫之行。"⑤

　　儒家性别伦理,无论是"男女有别"还是"男尊女卑",都主要着眼于界定夫妻关系,盖"夫妇之道,固人伦之始,王教之端"⑥。关于夫妻,儒家有规范的定

---

① 陈立撰,吴则虞点校:《白虎通疏证》卷四《五行》,中华书局 1994 年版,第 166 页。
② 钱锺书:《管锥编》第 3 册,中华书局 1979 年版,第 865 页。
③ (东汉)郑玄注,(唐)孔颖达疏:《礼记正义》卷二六《郊特性》,第 950 页。
④ 参见陈东原:《中国妇女生活史》,上海书店出版社 1984 年版,第 101 页。
⑤ 陈立撰,吴则虞点校:《白虎通疏证》卷一《爵》,第 21 页。
⑥ (西汉)刘向撰,刘晓东校点:《列女传》卷四《贞顺传·楚平伯嬴》,辽宁教育出版社 1998 年版,第 41 页。

义:"夫者,扶也,扶以人道者也;妇者,服也,服于家事,事人者也"①;夫是"大丈夫",要"居天下之广居,立天下之正位,行天下之大道",妻是事人者,"事"的原则是"顺","以顺为正者,妾妇之道也"②。在儒家的观念体系中,尊卑与德性相联系,德高者尊,"顺"可以弥补女子德性的欠缺,而儒家士大夫眼中理想的女性形象也是"专以柔顺为德,不以强辩为美"③。为了培养女子的"顺"德,胜任事夫的角色,儒家早早就确立了以"四德"为核心内容的女教,《礼记·昏义》规定:"妇人先嫁三月,祖庙未毁,教于公宫。祖庙既毁,教于宗室。教以妇德、妇言、妇容、妇功;教成,祭之,牲用鱼,芼之以蘋藻,所以成妇顺也。"④儒家女教有为数众多的"专业课本",其中最有代表性的是出自女子之手、带有"言传身教"意味的"女四书",即东汉班昭的《女诫》、唐代宋氏姐妹的《女论语》、明代仁孝皇后的《内训》和明末山东琅琊王相之母的《女范捷录》。"女四书"涉及了为妻为母的方方面面,内容大同小异,主旨都是宣扬"四德"和"以顺为正"的妾妇之道。

作为行为准则,性别伦理对男女双方都有约束性,而从儒家性别伦理的构成看,其对女子施加的约束明显要多于男子。近代以来的主流史学大多把儒家性别伦理视为一个逐步强化的压迫女子的体系,不过这种看法近年来有所动摇。新近不少研究指出,儒家性别体系得到了女子的支持和维护,并没有压制女子的主体性或能动性,女子能利用它创造出自我满足的生活,并非受害者,而儒家性别体系的稳定和持久也表明压迫的说法难以成立。关于儒家性别体系对女子压迫与否的史学纷争详后。这里需要指出的是,儒家性别体系由规范构成,规范虽然与生活实际相联系,但不等于实际,更不是对全部实际的摹写,比如"男女有别",便主要作用于儒家社会中上层,下层劳作女子很少受其束缚,而中上阶层也不乏女子为了生计突破内外,但我们并不能据此认为这一规范在儒家社会不起作用,进而认为儒家性别规范整体上对女子无压迫。

① 陈立撰,吴则虞点校:《白虎通疏证》卷一〇《嫁娶》,第491页。
② (东汉)赵岐注,(北宋)孙奭疏:《孟子注疏》卷六《滕文公章句下》,北京大学出版社2000年版,第193页。
③ (北宋)司马光:《家范》卷八《妻上》,文渊阁《四库全书》影印本,第696册,第708页。
④ (东汉)郑玄注,(唐)孔颖达疏:《礼记正义》卷二六《昏义》,第1893页。

再者,儒家性别体系内嵌在儒家政教体系之中,它的稳定性和延续性并不取决于是否压迫女子,而是取决于与政教体系的共生。①

儒家性别体系与儒家的政治、经济和文化紧密关联,它的变动并不仅仅是性别的,也包括政治、经济和文化的联动,或者说关涉儒家政教体系整体的变动。从近代的遭遇看,性别议题往往与文明教化、国体政体、社会制度、生产力等方面的话语相互纠缠,对女子习俗的褒贬、身心的重塑、角色的安排,也不纯粹是关于女子、为了女子和解放女子的事业,而更像是全球竞争中的国族事业。反过来,有关文明进步和国族进化的想象,往往也伴随性别观念的调整。儒家性别体系在近代的解体与儒家政教体系的崩解几乎同步,这印证了性别与政教的共生。只有从这种关联出发,才能更好地理解:为什么从清末开始的为妇女解放正当性的辩护往往是超越性别的,为何妇女解放这一关于女子的事业会由男子主导,为何五四新文化运动反礼教、反传统要把破男女之别、重建贞操和性道德当作最为突出的重要议题。

二、妇女史的性别问题

中国妇女史的发生和发展与儒家性别观念有解不开的关联。它诞生于近代妇女解放对儒家性别观念的批判,并助推了这一批判。其后来的发展,特别是近今意趣的变化,也关系到对儒家性别观念及其近代变迁的认知和理解。

从学术史看,中国妇女史在近代的兴起受了梁启超主张的"去君史""写民史""伸民权"之"新史学"②的激发和推动。1913 年,民国时期首部妇女史著作《神州女子新史》面世,作者徐天啸在书中就明确表达了一种"新史学"关怀,表示其"惟一之目的"就是为了"提倡女权之发展"。与"新史学"讥中国之旧史为"断烂朝报"相仿,徐氏批评中国旧有之女史"乃合无数之墓志而为之",且本阴柔卑弱种种界说束缚女子,在倡言女权的时代于女权的发展有极

---

① 详见杨剑利:《规训与政治:儒家性别体系探论》,《江汉论坛》2013 年第 6 期,第 94—101 页。
② 梁启超:《新史学》,《新民丛报》第 1 号,第 41—48 页,光绪二十八年(1902)元月一日。

大阻碍。① 为了表现不同于"旧史"的新,徐著结合清季女权运动和排满革命对往事进行了重释,用新时代"西方美人"标准重新评价中国古代文献记载的女子,盛赞参加太平天国的女子,讴歌同时代为反满革命而死的秋瑾,申述其争男女平权以及"慷慨捐生"之举皆在"为同胞谋幸福"②。

《神州女子新史》开了妇女史为妇女解放之"今务"张目的先河,这一点在陈东原1928年写就的《中国妇女生活史》中得到了发扬。《中国妇女生活史》被誉为中国"女性史的开创之作"③,陈东原开始写作时正值妇女解放运动高涨,他在"自序"中说:五四新文化运动炸毁了"三纲五常的旧说",妇女开始有了新生活的局面,但过去的历史影响犹在,他写这部妇女史,一是希望趋向新生活的妇女得着"勇进方针",二是希望社会上的守旧者能明白"旧道德"是怎样一个"假面"。④ 在他看来,"我们有史以来的女性,只是被摧残的女性;我们妇女生活的历史,只是一部被摧残的女性底历史!"而造成这一历史的根源就是男尊女卑的观念,其著想要展现的便是"男尊女卑的观念是怎样的施演,女性之摧残是怎样的增甚,还压在现在女性之脊背上的是怎样的历史遗蜕"。⑤ 陈著上起古代下迄民国,认为民国之前不同朝代的妇女生活虽各有各的特点,但受男尊女卑观念的压迫是共同的,且呈递进之势。具体说来,汉代严礼制之后,到南北朝时期妇女被压制到了极点;宋代更是急转直下,强化了贞节观念;明代生出了"女子无才便是德"一谚来压制女子的智慧与欲望;清代妇女则把过去2000多年来的生活加重地重演了一番,以致今日之女子"没有意志,逼手逼脚,不能独立,和莫知所从"。中国女子这种被压制的生活直到妇女解放运动兴起的维新时代才开始有了改善,趋向"进化"之途。⑥

与陈著相仿,当时出版的一些关于妇女的专门性史著亦大多怀有为妇女运动背书的情怀,如赵凤喈的《中国妇女在历史上之法律地位》(商务印书馆

① 徐天啸:《神州女子新史正编》,神州图书局1913年版,"结论"第2—3页。
② 徐天啸:《神州女子新史续编》,第63页。
③ 商传:《传统史学、新史学与社会性别史》,《历史研究》2002年第6期,第149页。
④ 陈东原:《中国妇女生活史》,"自序"第3页。
⑤ 陈东原:《中国妇女生活史》,第18—19页。
⑥ 陈东原:《中国妇女生活史》,"自序"第2页,第5、423—424、429页。

1928 年版),缕述妇女自古被视为附属品和受到不公平对待,以此隐射妇女解放的必要性;王书奴的《中国娼妓史》(上海生活书店 1934 年版),对娼妓制度的演变与娼妓生活的状况做了勾勒,奥援五四以来的废娼运动。另有一些关于婚姻、家族与宗法制度变迁的研究①,则与五四时期兴起的婚姻自由论、家庭革命论有关。而一些妇女文学史著述,也自觉充当"研究女性问题者之参考"②。

　　历史书写为妇女运动服务这一特点,更显明表现在后五四时期由女性撰述的妇女史特别是妇女运动史当中。如黄心勉女士的《中国妇女的过去和将来》,其开篇即控诉道:"过去的世界完全是男子的世界,过去的历史完全是男子的历史。妇女的地位,无论在社会,在国家,在家庭,都和奴隶或机械差不多。男子可以任意呼使妇女,摆布妇女,玩弄妇女,生杀妇女,不许她们有自由的行动,独立的人格。妇女老早就失了自觉,失了经济力,失了教育权,只好完全仰赖男子,绝对服从男子,甚至忘了本性,忍心自欺同性,自残同类。这种凄惨偏枯无情害理的生活竟已经过几十万年,直至今日,还没有人解开这惨剧的黑幕,还没有人打破这万恶的局面。这真是人类的羞耻,尤其是妇女的大辱。"③在这部联系"过去"与"将来"的著述中,作者控诉过去的女子遭受暗无天日的迫害当然是为了今后的妇女解放,因为在她看来,虽然近代以降提倡妇女解放,但"无奈妇女经受了数十万年的禁锢,智识能力,骤然间不能恢复,而经济环境及政治制度又不容许她们改良生活,所以她们迄今尚未获得真正的平等,尚未脱离古代的方式",所以妇女解放运动还要持续进行下去。④

　　妇女解放是一种改造现在、面向未来的运动,将历史与现在和未来嫁接,

① 这方面的研究多属于宽泛的社会史,虽然不是严格意义上的妇女史,但与妇女及其生活紧密相关。代表性著作有陈顾远的《中国古代婚姻史》(商务印书馆 1925 年版)、《中国婚姻史》(商务印书馆 1936 年版),吕思勉的《中国婚姻制度小史》(中山书局 1929 年版)、《中国宗法制度小史》(中山书局 1929 年版),陶希圣的《婚姻与家族》(商务印书馆 1936 年版)等。参见杜芳琴:《发现妇女的历史——中国妇女史论集》,天津社会科学院出版社 1996 年版,第 188 页。
② 谭正璧编:《中国女性的文学生活》,光明书局 1931 年版,"自序"第 2 页。
③ 黄心勉:《中国妇女的过去和将来》,女子书店 1932 年版,第 1 页。
④ 黄心勉:《中国妇女的过去和将来》,第 22 页。

妇女史便成了妇女解放的宣言书，并以此确证了自身的时代价值。谈社英在《中国妇女运动通史》中指出："凡欲研究某种问题，必先明了其经过，辨别其性质，然后方可知其利弊而定所从违之方针。女界从事妇运者，尤当稽诸过去，而勉励将来……勿论研究民族进化，社会发展，抑或妇女运动之成绩，妇运过去之历史，莫不有其相当之价值焉。"①而她也直言编写此书，是"于此盛倡妇运时代""供妇女运动者之参考"。② 另一部由刘王立明撰述的妇女运动史，紧扣现时代的意识同样强烈，作者谈论过去始终立足于变革现实社会的需求，并以此来申述妇女运动的价值。她说，"妇女运动就是妇女革命的意思……我们希望从各方面的努力，把旧日原有的、不堪人道的种种生活推翻，重造一个新的生命"。而妇女起来革命，"不但使妇女自身得着光明，还能使整个儿的社会进步"，"往人类更幸福的世界走去"。③

综而观之，妇女史在民国初期的兴起受到了"新史学"与妇女解放运动之合力的推动。"新史学"持有的进化史观提供了有别于传统中国"厚古薄今"的关于"过去"的观念，使得过去不再是指导当下与未来行动的宝库，而成为有待超越的对象。中国妇女史应妇女解放批判过去的现实要求而兴，也因其对过去的批判成为妇女解放事业的重要组成部分。在渴望变革的年代，历史研究往往要承担越出自身的由时代附加的使命，如翦伯赞所言，"不是为了说明历史而研究历史，是为了改变历史而研究历史"④。在"盛倡妇运时代"，初兴的妇女史则主动承担了推翻过去、重造妇女"新的生命"的任务。

不过，妇女史在民国的兴起只是昙花一现，随后被历史事件和政治运动打断而沉寂，直到20世纪80年代在改革开放的大潮中才得以重启。重启后的妇女史承接了民国对传统的批判，首先表现为对妇女运动史的整理。新一轮妇女运动史的整理主要由妇联组织担纲，并以革命史为框架，如全国妇联

---

① 谈社英：《中国妇女运动通史》，妇女共鸣社1936年版，第1页。
② 谈社英：《中国妇女运动通史》，第296页。
③ 刘王立明：《中国妇女运动》，商务印书馆1933年版，第2—3、156页。
④ 翦伯赞：《历史哲学教程》，新知书店1939年版，第4页。

1989 年编纂出版的《中国妇女运动史(新民主主义时期)》,致力于阐明妇女运动与共产党领导下的中国革命的关系,视前者为后者的一个有机组成部分。① 妇联组织之外,学界也参与了妇女运动史的研究,虽然没有将其当作党史的附翼,但基本援引"三大高潮""八大事件"为序按由浅至深的进步逻辑展开阐述,如 1990 年出版的一本著作称:中国妇女运动自 1840 年开始酝酿,到戊戌维新时期,形成了第一次高潮;20 世纪初,随着资产阶级知识分子群的出现,资产阶级民主思想广泛传播,妇女运动有了新起色,在辛亥革命前后形成了第二次高潮;五四时期出现了第三次高潮,妇女运动展现了新曙光,特别是 1921 年中国共产党成立后制定了一整套妇女运动的理论、方针、政策、策略,开辟了中国妇女运动的新纪元。② 十多年后出版的另一本著作,亦采用与此大致相似的叙事脉络。③ 这些在妇女运动终结之后的妇女运动史研究,通过再现妇女是一支伟大的革命力量以及妇女运动的业绩,建构了不同于民国时期的另一种政治意涵。

在以经济建设为中心的改革开放时期,与革命史研究模式相对,史学特别是近代史领域兴起了一种更具时代感的"现代化"研究模式,用以解释中国历史的走向。在这一取向之下,妇女史也表现出了发掘妇女与现代化或近代化之关系的意趣。如:1993 年出版的《近代中国妇女生活》,即以"艰辛曲折"的中国"近代化过程"为背景来揭示中国近代妇女生活的变化,④从缠足、服饰、婚嫁、宗教、城市妇女、农妇、女工七个方面来说明这种变化与整个社会进步潮流相适应,是中国社会近代化变迁的结果,反过来也影响中国近代社会的发展。另一部于 1996 年出版的近代妇女史著作,也表达了类似的观点,认为女性的近代化变迁呈现了与近代中国社会变迁同步的特点,而且女性群体作为一种可观的劳动力资源被纳入资本主义市场,参与商品交换,推进了社会文明

---

① 罗琼:《让新民主主义时期妇女运动历史告诉现在——中国妇女运动史资料编纂委员会十年工作回顾(1990)》,《妇女工作》1990 年第 2 期。
② 吕美颐、郑永福:《中国妇女运动(1840—1921)》,河南人民出版社 1990 年版。
③ 张莲波:《中国近代妇女解放思想历程》,河南大学出版社 2006 年版,第 15 页。
④ 郑永福、吕美颐:《近代中国妇女生活》,河南人民出版社 1993 年版,第 3、21 页。

的进程。① 现代化框架下的妇女史研究转向社会史，弱化了革命史框架下那种鲜明的政治性，暗合"告别革命"的思潮。不过，无论是"现代化"还是"革命"，都取一种与"新史学"相仿的进步的历史观，二者对变革传统的妇女解放的评判并无二致，都视其为进步与可取的事业。

妇女获得解放，或者说获得与男子同等的各项权利，被看作是中国妇女历史上最闪光的一环，或因此，再现其历程的妇女运动史与近代妇女史格外受关注，成为妇女史研究重启以来经久不衰的热点。② 与此相较，中国古代妇女史的研究则显得相对冷清③。尽管如此，关于古代妇女的研究成果累加起来并不薄，其中某些朝代的妇女，如"唐代妇女"，还被反复研究。④ 古代妇女史研究大多是想再现古代妇女社会生活的原貌，与近代部分相比，它不那么"政治"，内容也比较发散。不过，虽然内容驳杂，古代妇女史研究还是有共同表现的主题，这个主题就是妇女的"地位"。陈东原曾通过对历朝女子的再嫁问题、贞节观念、财产与权利等的揭示来说明古代女子地位低下并呈下降趋势，新的历史时期的史家基本承袭了这一"女权退化"的研究路径。譬如，刘士圣的《中国古代妇女史》(青岛出版社1991年版)对陈东原所著的古代部分做了某些扩充，在分章节描述历朝历代的妇女之后，还专门增设了"中国贞操观念的发展与演变"一章，讲贞操观念自先秦萌发，在秦汉得到倡导与发展，魏晋南北朝隋唐出现了松弛，而宋元明清则日趋强化，其用意相当显明，即说明妇女地位自宋以来每况愈下。杜芳琴的《女性观念的演变》(河南人民出版社1988年版)

① 罗苏文：《女性与近代中国社会》，上海人民出版社1996年版。

② 20世纪80年代以来，有关妇女运动或近代妇女方面的研究，论文不胜枚举，专著也不少，代表性的专著除了上面提及的，还有刘巨才的《中国近代妇女解放史》(北方妇女儿童出版社1989年版)、马庚存的《中国近代妇女史》(青岛出版社1995年版)、唐娅辉的《中国妇女百年奋斗史》(湖南师范大学出版社1999年版)、王国敏的《20世纪的中国妇女》(四川大学出版社2000年版)、韩贺南的《平等与差异的双重建构——五四妇女解放思潮研究》(吉林大学出版社2005年版)、柯惠铃的《近代中国革命运动中的妇女：1900—1920》(山西教育出版社2012年版)、邵雍的《中国近代妇女史》(合肥工业大学出版社2013年版)。

③ 刘乃和：《要重视古代妇女史的研究》，《光明日报》1984年10月3日。

④ 中国大陆关于唐代妇女的研究专著先后有高世瑜的《唐代妇女》(三秦出版社1988年版)、段塔丽的《唐代妇女地位研究》(人民出版社2000年版)、姚平的《唐代妇女的生命历程》(上海古籍出版社2004年版)、张菁的《唐代女性形象研究》(甘肃人民出版社2007年版)。

在系统梳理和反思历代妇女观的同时亦在观照妇女地位的波动。研究唐代妇女的诸多著作也多从婚姻与贞节观念来谈妇女的地位问题,通过揭示唐代婚姻关系宽松、贞洁观念较淡薄、离婚改嫁容易等来表明当时妇女的地位颇高,一般隐含的看法是,宋以后妇女的地位下降了很多。① "地位"影射传统时代的"男尊女卑",是 20 世纪中国妇女史研究的一个主要分析框架,在有关妇女地位上升或下降的讨论中,遥相呼应的是妇女解放后"男女平等"的光环。

不过,"后解放"时代,妇女解放在被历史研究或隐或显反复标举的同时,也遭遇了反思。较早做出反思的是一些具有女性主义意识的女性学者。李小江基于对解放后妇女生活状况的观察和自己作为一个女性的切身感受,率先对妇女解放发出了质疑:所谓"妇女解放","不过是妇女走进了原是属于男人的社会,并在法律上获得了和男子一样的社会权利",解放后的社会大力宣传"男女一样""男人能做的事女人也能做",这种"无妇女问题意识"的抹平两性差异的解放,"加重了女人的人生负荷"。② 清季激进女权主义者何震曾表示,"今日之解放妇人","名曰助女子以独立,导女子以文明,然与女子以解放之空名,而使女子日趋于劳苦"。③ 李小江所言可算是何震所言在沉寂了 80 年之后的回响。在李小江之后,孟悦和戴锦华也对牺牲性别差异的妇女解放提出了尖锐的质疑,她们从历史的角度指出:"中国妇女解放从一开始就不是一种自发的以性别觉醒为前提的运动",其重大命题是由近现代史上那些对民族历史有所反省的男性先觉者们提出,而"那些女性性别生活中独有的问题却似乎一直被忽略不计",这种由男性主导的妇女解放一方面在字面上有明显的"性别针对性",另一方面还有"反传统"的"历史针对性",历史针对性决定妇女解放仅是一时之需,当反传统不再是当务之急,妇女解放也就被束之高阁,这造成了女性主体成长的"结构性缺损","女性的隐秘经验"没有昭示

---

① 参见陈弱水:《隐蔽的光景:唐代的妇女文化与家庭生活》,广西师范大学出版社 2009 年版,第 89 页。

② 李小江:《夏娃的探索——妇女研究论稿》,河南人民出版社 1988 年版,第 219—237 页。李小江对妇女解放的反思另可阅其论文《人类进步与妇女解放》(载《马克思主义研究》第 4 辑,人民出版社 1983 年版)。

③ 震述:《女子解放问题》,《天义》1907 年 9 月 15 日第 7 卷,第 10—11 页。

于世,女性主体无法达于最后的完成。由于只谈男女平等而不谈男女差异,女性话语被抹杀,中国妇女在"一个解放、翻身的神话"中,"既完全丧失了自己,又完全丧失了寻找自己的理由和权力"。①

李小江、孟悦和戴锦华对妇女解放的反思所关怀的都是"今天的女性",在诸多类似的反思中比较具有代表性。反思的结果是,中国妇女无论在解放进程中还是在解放之后,和古代一样,依旧活在男权话语的规定中,妇女依然是两性生活中相对被动的客体。20世纪80年代,文化开放、跨国交流连同市场化变革释放了曾经被抑制的"个性",反思"去性别化"的妇女解放,质疑一统的男性标准,当是"个性"在性别层面的一种宣示。这种"个性"的宣示携带了一种波伏娃式的女性主义情怀,质疑集权式的男权文化和由其塑造的超越生理属性的"铁姑娘",并以"回归女人"或"再性别化"的方式挑战"男性中心"依旧的社会。不管这一挑战能否撼动"男性中心"的根基,②其由女性立场看待历史并将历史性别化的做法却别具意义。这种不同以往的观察历史的方式在某种程度上颠覆了人们对中国妇女解放的看法,至少使其看上去不再那么闪光。

与此相关,在对妇女解放运动或隐或显褒扬的历史叙事之外,一种基于女性立场的对男性主导的妇女解放带有批判意味的叙事得以衍生。余华林在研究民国城市妇女婚姻问题时发问:为什么中国自古至今为改革"牺牲的总是妇女,即便在'妇女解放'的旗帜已经高举的近代也不例外呢"? 答案就是:"中国近代的女权运动是由男性倡导和推动起来的,虽然妇女解放运动的先驱们已经比较注意站在男女平等的立场上思考问题,注重维护妇女利益,但是男权意识还是被有意无意地融入到许多妇女解放的主张中。"③杨兴梅对近代

---

① 孟悦、戴锦华:《浮出历史地表——现代妇女文学研究》,河南人民出版社1989年版,第25—44、268页。《浮出历史地表》是一部现代妇女文学史著述,作者主要是想通过研究现代女作家及其作品,来呈现女性在男性中心的文化和话语中的生存与自我表达问题,"妇女解放"在其中是作为一个平行的背景出现,因此也成为该著反复探讨的另一个主题。

② 有学者如杜芳琴对"回归女人"的主张表示了某种担忧,认为它可能会与商业和大众传媒对"女性"的消费合流,再次"将性别本质主义和性别等级主义合理化"。参见杜芳琴:《妇女学和妇女史的本土探索:社会性别视角和跨学科视野》,天津人民出版社2002年版,第64—65页。

③ 余华林:《女性的"重塑":民国城市妇女婚姻问题研究》,商务印书馆2009年版,第2、429—430页。

反缠足运动剥夺缠足女子的发言权提出批评,认为"应尽可能将缠足与反缠足双方的观念和行为平等对待,而不仅仅把缠足女性视作一种'错误行为'的载体"①。刘慧英在谈论"中国女权启蒙"的著作中说:"中国早期的女权启蒙并不是无条件地还妇女以自由,也并没有彻底取消传统对妇女束缚的意思,而是要重新调整妇女在民族国家中的地位,在此基础上建立一种更为完整和合理的以男性为中心的现代政治和文化秩序";五四时期的"妇女主义"虽然"已不再局限于民族国家想象,但却依然是一种以男性主体性为根本出发点和立场的对妇女的想象,它与中国现代初期的女权启蒙一样,是一种男性话语对女性乃至女权的建构,而不是妇女自己创建和从事的事业";中国女权启蒙"首先不是考虑妇女的利益,而是考虑男人或男性的民族国家利益",这是一种"隐患"。② 陈雁在对抗战时期上海女性的研究中指出:女性在男性的号召下加入解放运动,献身民族抗战,然而"男性的民族国家"却并没有善待她们,她们在职场处处遭排挤。③ 通过再现被宏大解放叙事遮蔽的异质的女性个体的声音,以及女子"被解放"的苦趣,批判性叙事揭示了一个悖论,即妇女解放首先不是为了妇女,而是为了男性或民族国家,这多少有些反讽。④

应该说,对妇女解放从褒扬到批判的转向,在某种意义上是中国社会生活领域中的"去性别化"到"再性别化"之转变在学术领域的投射。这一转向,也

① 杨兴梅:《身体之争:近代中国反缠足的历程》,社会科学文献出版社 2012 年版,第 320 页。
② 刘慧英:《女权、启蒙与民族国家话语》,人民文学出版社 2013 年版,第 54、192、198 页。
③ 陈雁:《性别与战争:上海 1932—1945》,社会科学文献出版社 2014 年版,第 36、137—138 页。
④ 其实,如果考虑到中国妇女解放及其展开的历史情境、制约因素以及主导者的性别身份,"妇女解放首先不是为了妇女"倒是合情理的,也是好理解的(详见杨剑利:《国家建构语境中的妇女解放——从历史到历史书写》,《近代史研究》2013 年第 3 期)。相反,如果以此来批评、指责男性主导者,并将女性的被动与缺位归罪于此,会潜在地把作者自身的女性主义意愿和立场当作普适性标准强加给历史当事人,这样做并不是一种恰当的、历史地理解历史的方式。而基于一种男女对立的偏执的女性主义立场把"民族国家"定义为"男性的",把妇女解放描述成一种受男权话语操控的政治谋划,也会像有的学者说的那样,抹杀那些为寻求解放而投身革命的妇女行动本身的自主性(张念:《性别政治与国家:论中国妇女解放》,商务印书馆 2014 年版,第 309 页)。而把男女平等、妇女获得解放当作男性或社会主义的"恩赐",则"可能遮蔽无数女人为争取自由和解放做出的牺牲和努力"(李小江:《对话白露:关于 1980 年代"妇女研究运动"——由〈中国女性主义思想史中的妇女问题〉说开去》,《山西师大学报(社会科学版)》2012 年第 6 期,第 6 页)。

与美国汉学界的中国妇女史研究在世纪之交的转变和输入带来的影响相关。

美国的中国妇女史研究滥觞于 20 世纪六七十年代,在 90 年代之前经历了相反相成的两个阶段。第一个阶段(60 年代末到 70 年代中),服务于美国女权主义的政治议程,中国妇女被塑造为撑起半边天的反抗传统父权制的英雄。第二个阶段(80 年代),当美国女权主义对"左翼的幻象破灭后",其对中国妇女的"浪漫表现"被另一种版本取代:中国妇女乃是"被国家用意识形态的花言巧语误导了的、仍然从属于共产主义政权之下的妇女",她们"仍然是被压迫的",只不过这种压迫是"以一种社会主义的父权制家庭的新形式进行"。[①] 两个阶段所表现的中国妇女形象虽然相反,但在把她们当作传统父权制的受害者这一点上是相同的。到了 90 年代,美国的妇女史家开始对这种把妇女表现为受害者的单一的叙事方式不满。之所以不满是因为在许多学者看来,同质化的"妇女"与不变的"传统"是未经检视的假设,受这一假设支配,中国古代典籍对男尊女卑理念的阐述被错误地"当作了历史上无处不在的普遍的社会实践"[②],中国妇女因此被错误地固定在被动的历史配角的位置。为了摆脱视妇女为从属的旧套,90 年代美国的中国妇女史研究兴起了一种"主体"的转向,即将妇女视为主角,来观察其在体系内的操演,建构其历史主体性。"社会性别(gender)"理论适逢其时,为这一转向提供了资源。按"社会性别"理论的阐释者琼·斯科特(Joan Scott)的说法,"社会性别"是一个分析框架,其核心内容有两点:第一,社会性别是以两性差异为基础的各类社会关系的构成元素,由文化象征、规范化概念、社会政治体制及主体认同这四个互相联系

---

① [美]罗丽莎:《另类的现代性:改革开放时代中国性别化的渴望》,黄新译,江苏人民出版社 2006 年版,第 55 页。第二阶段中国妇女史研究的代表性著作有 Phyllis Andors, *The Unfinished Liberation of Chinese Women*:1949–1980, Bloomington: Indiana University Press, 1983; Kay Ann Johnson, *Women, the Family, and Peasant Revolution in China*, Chicago: University of Chicago Press, 1983; Judith Stacey, *Patriarchy and Socialist Revolution in China*, Berkeley: University of California Press, 1983; Margery Wolf, *Revolution Postponed: Women in Contemporary China*, Stanford: Stanford University Press, 1985。

② [美]贺萧、王政:《中国历史:社会性别分析的一个有用的范畴》,《社会科学》2008 年第 12 期,第 143 页。

但也可独立分析的部分组成;第二,社会性别是表征权力关系的主要方式。①
美国学者一般认为,斯科特对社会性别的这种解释跳出了男女二元对立的女权
主义旧有思维定式,转而强调一种男女互动、共存的性别模式,将之作为分析历
史的范畴,在某种意义上使得妇女史研究可以走出"妇女"本身。斯科特的社会
性别分析框架激发了美国汉学家"性别化中国(Engendering China)"②的雄心,
并于 20 世纪 90 年代及其后催生了一批颇具分量的中国妇女史研究成果。

　　美国汉学家"性别化中国"的行动,除了自身的学术旨趣和理论关怀,也
含有一份对 20 世纪中国本土妇女史研究的批评和矫正。代表性学者高彦颐
(Dorothy Ko)提出了"从五四妇女史观再出发"这一颇具冲击力的命题,她在
《闺塾师》中称:中国妇女史作为现代化民族主义事业的组成部分,自发端起
始终受"五四妇女史观"支配,其中包含一些不当预设,将传统社会定义为封
建的、父权的和压迫性的,将妇女认定为其中的受害者或牺牲品,而封建的、父
权的、压迫的"中国传统"不过是一项"非历史的发明",是"五四新文化运动、共
产主义革命和西方女权主义学说"这三种意识形态和政治传统"罕见合流的结
果";"受害的'封建'女性形象"是五四前后"强烈的民族主义情绪"和"妇女解
放"想象的政治蓝图渲染出来的,是"一种政治和意识形态建构",缺乏"从女性
自身的视角考察其所处的世界"的历史性维度,"它不仅曲解了妇女的历史,也
曲解了 19 世纪前中国社会的本质"。五四模式的历史在很大程度上"衍生于对
理想化准则的静态描述",其错误在于无视"理想"(准则)和"实际"(生活)之间
的鸿沟,"将标准的规定视为经历过的现实"。为了"消除这种非历史的偏见和
改写女性受害者形象",高彦颐提出,要把"社会性别"与中国历史结合起来,"分
阶层、分地域和分年龄"考察妇女是如何生活的,在性别关系的互动中把握她们

① Joan Scott, "Gender: A Useful Category of Historical Analysis," *American Historical Review*, Vol.
91, No.5, Dec., 1986. 该文后来被译成了中文,收入李银河主编的《妇女:最漫长的革命》(生
活·读书·新知三联书店 1997 年版);后又收入美国学者佩吉·麦克拉肯专门为中国读者
主编的《女权主义理论读本》(广西师范大学出版社 2007 年版)。
② 哈佛大学 1992 年就斯科特的社会性别理论召开了一次专门学术讨论会,会上提出了一个别
具意味的研究计划,名为"Engendering China"。有关斯科特的社会性别理论对美国学界产
生的影响参见贺萧、王政:《中国历史:社会性别分析的一个有用的范畴》,第 151 页。

的主体性和能动性，重建中国的传统与妇女的历史。①

在《闺塾师》中，高彦颐借用斯科特的社会性别分析框架对儒家伦理系统进行了再解释，通过"理想化理念、生活实践、女性视角"的交叉互动，重构了明末清初江南才女们的社交、情感和精神世界，向我们展现了一幅与五四史观迥异的妇女生活图景。在这幅图景中，儒家性别规范具有相当大的弹性，它虽然剥夺了女性的法律人格和独立的社会身份，但并未剥夺她们的个性或主体性，反而给她们提供了一定程度的"自由"；妇女可以利用有限然而具体的资源，在日常生活中经营"自在"的生存空间，在实践层面享受生活的"乐趣"，而框定她们的"男女关系"或"社会性别体系"就是长年累月在她们的经营下累积起来的；她们主动承担道德教化的重任，是能动的主体，"不是儒家文化权力运作的受害者，而是有份操纵这一权力的既得利益者"。而这"或许可以解释为什么她们缺乏动力，去推翻建立在'三从'基础上的流行体系"。② 借助描绘江南才女的"主体性"图像，高彦颐颠覆了五四妇女史观。而在之后出版的另一部著作《缠足》中，她又通过对缠足女子的"主体性"或"欲望世界"的揭示，对五四模式的历史叙事进行了解构：缠足女子有一个被现代偏见屏蔽了的"女性欲望"世界，以她们自身的视角看这个世界就会发现，"缠足不是一种负累，而是一种特权。缠足的存在，不仅是为了向外在世界宣告身份地位和可欲性，对女人本身而言，这还是自尊的一种具体体现"。③ 通过"解译"承载了缠足女子"主体经验"的足服、足饰和身体语言，高彦颐向我们揭示了一幅缠

---

① Dorothy Ko, *Teachers of the Inner Chambers*: *Women and Culture in Seventeenth-Century China*, Stanford：Stanford University Press，1994，pp.1-9. 本段引述同时参考了中文版：［美］高彦颐：《闺塾师——明末清初江南的才女文化》，李志生译，江苏人民出版社 2005 年版，第 1—10 页。五四以来中国本土的妇女史研究当然不是铁板一块，高彦颐的归纳和评价是否恰当这里不论。需要指出的是，她指责五四史家混淆了伦理规范与实际生活，则有失允当。以她批评的陈东原为例，陈东原实际上对所谓"理想"与"实际"之间的差异是有明确认知的，如他观察到宋代的贞节观念加重，有"女子不能再嫁"的规范，但他同时也指出，社会生活中女子再醮或改嫁的事并不鲜见，并就此特别指出，"事实"与"礼"（规范）不符，是"跟着实际社会走的"（陈东原：《中国妇女生活史》，第 138—141 页）。

② ［美］高彦颐：《闺塾师——明末清初江南的才女文化》，第 6—9、19、309 页。

③ ［美］高彦颐：《缠足："金莲崇拜"盛极而衰的演变》，苗延威译，江苏人民出版社 2009 年版，第 288—289 页。

足女子如何活用和对抗自己的身体,以及在同侪竞争中力求抢眼的"主体性和能动性"图像,反转了那种视缠足为传统中国"压迫妇女、故步自封、蛮横专制、漠视人权"①等落后的表征的看法。

高彦颐是美国汉学界反五四妇女史观旗帜最鲜明的,也是表达最完整的。美国妇女史家与她旨趣相近的有不少,共同掀起了一股追寻妇女主体性的风潮。其中,最早对"把妇女表现为受害者"模式表示不满的伊沛霞(Patricia Ebrey)在其研究宋代妇女的婚姻与家庭生活的力作《内闺》一书中指出,虽然宋代理学强化了"男女之别"等礼教规范,妇女受这些规范的束缚,但并没有表现出难以忍受的沮丧,相反,多数女人都发现顺应体制并在其中运作对自己比较有利;她们可以"在法律和经济对一个女人在婚内和婚外形象规定的限度以内"创建"自己的生活";把自家女人藏起来是精英阶层表示自己特殊性或道德优越的一种途径,而女人身处内闺,虽受限制,但也因此得到权力,"合法地成为家内的权威"。简言之,宋代妇女并不仅仅是受控于男性的被动者,也是创造、解释、掌控自己生存状况的"行动者",她们愿意献身家庭生活,"忍受苦头积极劳作",并从中获得回报与满足。②

与伊沛霞和高彦颐相类,曼素恩(Susan L.Mann)在寻找中国妇女的主体性时也明确反对把其看成"被传统文化压迫的牺牲品"。通过解读盛清时期女性的诗作,《缀珍录》指出,盛清时期的才女在父权文化中创造了她们自己的话语,"这种话语一方面惟礼是从,一方面却又使得隐隐然将欲冲溃礼教堤防的心潮与情思声闻于外";性别隔离并未影响到受过教育的妇女,她们"迫切希望通过出版或与男女同行的交流来展示自己的才华和丰富自己的知识"。而这就表明,这一时期"远远不是所谓女性受到绵延不断的压迫的时代"。③ 在稍后写就的《张门才女》中,曼素恩再次通过对才女作

---

① [美]高彦颐:《缠足:"金莲崇拜"盛极而衰的演变》,第4页。
② [美]伊沛霞:《内闺:宋代的婚姻和妇女生活》,胡志宏译,江苏人民出版社2004年版,第7、10、28、38、230—232页。
③ [美]曼素恩:《缀珍录:十八世纪及其前后的中国妇女》,定宜庄、颜宜葳译,江苏人民出版社2005年版,第3—19、104、277—280页。

品及生活的解读，强化了对传统时代的这一理解，指出，明清时期的意识与文化"为精英女性所提供的选择与机遇是同时期的西方女性所无法企及的"，其对女性的家内劳动和才学的重视也"远超过现代民族国家"；妇女的生活与历史并非一成不变，"张门才女们表明 19 世纪的闺秀一直在向'新女性'转变"。①

与作为上层妇女的才女的主体性相对照，贺萧（Gail Hershatter）在《危险的愉悦》一书中提供了另一类妇女的主体性。在探讨 20 世纪上海的娼妓问题时，贺萧用社会性别与后结构主义方法审视了伴随中国现代化进程而生产的有关妓女的话语，指出妓女受压迫的被动受害者形象，是 20 世纪的改革者出于种种现代化议程的需要建构出来的，与她们真实的生存状况并不相符。各类言说妓女的话语留下的"印迹"与"裂隙"提示，她们是"主动的行为者"，而不是"与娘家失去联系的受害者"。譬如，妓女会动用心计来操纵客人，会"安排自己当妾"以换取大量的钱财，会到法院告鸨母，面对执法官，也"明白哪一种表白自我的方式会使她们得到最宽大的处理"；高等妓女不仅关心妓院业务，也关心国家大事，她们可以选择自己的伴侣，安排自己的工作环境，通过各种方式向老鸨叫板，虽然受到种种约束，但回旋有余；为了避免被贴上坏女人的标签，街头拉客妓女会上法庭自述深受人贩子之苦；妓女并不希望被改造，她们中的大多数对自己的职业表示满意。所有这些，"使所谓妓女是牺牲品或危害了社会秩序的说法捉襟见肘"。②

贺萧的观点在程为坤《劳作的女人》中得到了呼应。与上海的妓女相似，在清末民初的北京，妇女进入娼门颇似成为自雇佣的工人，因为这项职业带来的收入比其他工作多，能让家人远离饥饿；妓女也有自由意志，高级妓女常常看不上她们的客人，"她们最喜欢的男人是年轻漂亮的男演员"，"倒嫖"男戏子是常有的事；下等妓女也会拒绝她们不喜欢的客人，"为了自由的意志"，她

---

① ［美］曼素恩：《张门才女》，罗晓翔译，北京大学出版社 2015 年版，第 161、200 页。

② ［美］贺萧：《危险的愉悦：20 世纪上海的娼妓问题与现代性》，韩敏中、盛宁译，江苏人民出版社 2003 年版，第 13、17、28、215、324、336 页。

们不惜以命相博,而不希望自己"只是一个听凭男性摆布的商品"。这表明她们并不是所谓"顺从的受害者"。①《劳作的女人》研究的是 20 世纪初北京底层妇女的生活,妓女只是其中的一类,至于范围更广的其他底层妇女,如贫寒家庭的主妇、三姑六婆、女佣、女商人、女演员等,也各有各的主体性。程为坤指出,门类各异的底层妇女的主体性根植在她们的日常生活,为了生活,她们会打破阻隔她们的地理界限,利用城市街道和其他公共场所赚钱谋生;她们会在城市公共空间叫骂斗殴获取同情,也会利用城市公共空间发展社会网络找工作或找乐子。而这修正了"所谓传统中国女性是顺从的受害者的刻板印象"②。

揭示妇女的主体性以反驳"被动受害者"模式最有力的作品,或许要数芦苇菁的《矢志不渝》一书。该著以"贞女"这个被史家视为传统时代性别压迫例证的特殊现象为研究对象,通过对明清时期贞女的诗词及行为的解读,论证了守贞是女子的自主选择。芦苇菁指出,年轻女子选择为已死的未婚夫守贞,往往会在家庭内外引发极大的紧张:她们的父母出于对女儿的爱会极力阻止,夫家人因为经济利益也会表现出极大的不情愿;儒家文人为此争论不休,支持者视其为道德楷模,反对者则目之为"淫奔者"。她们对未婚夫的忠贞超越了对父母的孝顺,为情或义而冲破重重阻碍,自觉选择"矢志不渝",实现了对自我身份的认定。贞女的自我牺牲让她们站在了道德的制高点,朝廷的旌表将她们定义为最高级别的道德典范,这种独特的道德资本"可以转化成影响力甚至权力,从而削弱传统的性别等级、辈分原则对她们的限制,扩大自己对生活的控制力"。故此,贞女并非包办婚姻的受害者,她们通过与父母抗争来维护最初被包办的婚姻,这一点强烈排斥五四话语对包办婚姻的谴责,但后者的压制使得这个曾经的"最强音"在后来的历史叙说中"寂然无声"。贞女现象横跨了社会各阶层,她们的故事表明"明清社会为某些年轻妇女选择自己的生活留下了空间";并且,她们的牺牲精神与 20 世纪新女性为追求

① ［美］程为坤:《劳作的女人:20 世纪初北京的城市空间和底层女性的日常生活》,杨可译,生活·读书·新知三联书店 2015 年版,第 186—192 页。
② ［美］程为坤:《劳作的女人:20 世纪初北京的城市空间和底层女性的日常生活》,第 25 页。

理想信念而献身的精神具有类似的主体性，"在这中间，存在着过去与现在的一线联系"。①

以上所列只是美国的中国妇女史研究在中国学界较有影响的部分译著，虽然远远不能囊括其对中国妇女主体性发掘的全部②，但已足够拼凑一幅别具意义的中国妇女主体性的图像。像有的学者说的那样，这幅拼图能"让我们头脑中的被婆家拐卖的'祥林嫂'的形象轰然倒塌"③。才女、贞女、妓女、缠足女子、上层女子、底层女子等等，以各种各样的主体性向视传统为"吃人"的五四模式发起挑战，传统的面貌于是大为改观，它不再是那么刻板、压抑和野蛮，而是不乏变通、弹性与温情。由于女子并不是传统社会的受害者，那么变革传统的妇女解放还有必要吗？答案似乎不言而喻。

近代中国趋新学人为了国族复兴，存在努力把传统"讲坏"的倾向④。与此相反，美国研究中国妇女史的学者自20世纪90年代以来为了超越"东方主

---

① [美]芦苇菁：《矢志不渝：明清时期的贞女现象》，秦立彦译，江苏人民出版社2010年版，第2—15、258—263页。

② 美国学者对中国妇女史的研究当然不是只有"主体性"，还包括许多其他方面的内容（具体可参见程为坤：《西方学术界的中国妇女与性别研究》，《四川大学学报(哲学社会科学版)》2007年第6期）。不过，就像姚平所指出的那样，其20世纪90年代以来最显著的特点还是"发掘女性的能动性和主体意识"（姚平编：《当代西方汉学研究集萃·妇女史卷》，上海古籍出版社2012年版，"前言"第3页）。被译成中文且在国内较有影响的著作，除了上揭，还有白馥兰的《技术与性别：晚期帝制中国的权力经纬》（江湄、邓京力译，南江苏人民出版社2006年版），该著虽然以"妇女科技"为主题，但也表明了一种"主体性"旨趣，即揭示妇女是意识形态的"主动的参与者"，而非中国传统文化的牺牲品。与译成中文的著作相较，美国学界致力于揭示中国妇女的主体性或与此相关但未被译成中文的著作要多得多。*Chinese Women in the Imperial Past: New Perspectives*（Harriet T. Zurndorfer ed., Boston: Brill Academic Publishers, 1999）, *Engendering China: Women, Culture, and the State*（Christina K. Gilmartin, Gail Hershatter, Lisa Rofel, and Tyrene White, eds., Cambridge: Harvard University Press, 1994）, *Beyond Tradition and Modernity: Gender, Genre, and Cosmopolitanism in Late Qing China*（Grace S. Fong, Nanxiu Qian, and Harriet T. Zurndorfer, eds., Boston: Brill Academic Publishers, 2004）是与主体性相关的三部颇有影响的论文集，被广泛引征。美国学者发掘妇女主体性的研究意趣对中国学者也产生了影响，叶汉明的《主体的追寻——中国妇女史研究析论》（香港教育图书公司1999年版）、柳素平的《晚明名妓文化研究》（武汉大学出版社2008年版）是代表性成果。

③ 宋少鹏：《革命史观的合理遗产——围绕中国妇女史研究的讨论》，《文化纵横》2015年第4期，第53页。

④ 罗志田：《权势转移：近代中国的思想与社会》，北京师范大学出版社2014年版，第186页。

义",似乎要努力把中国传统"讲好"。两种努力带来了两种历史,而后一种历史带有解构前一种历史的意味。"一切历史都是当代史"(克罗齐语),这里无意于两种历史的长短。不过需要指出的是,美国史家提供的"主体性"图谱,几乎囊括了妇女生活、行动的全部,这种泛化,实际上使得"主体性"退化成了一个近乎无用的概念。人是能动者,任何人都有他的主体性,包括"受害者"和"被压迫者"。应该说,儒家性别规范的压迫性和女子在其下的能动生存,是并行不悖的两件事。用女子的"主体性"悬置儒家性别规范,并不能改变这一体系的性质。而换一种视角看,美国史家的"主体性"图谱所刻画的女子的生存策略,无论是顺从儒家性别规范还是与之抗争,在某种程度上恰恰反衬了它的压迫性。回避儒家性别规范的作用,或以再现妇女的"主体性"隐射儒家性别规范无须变革,或其变革应由女子发起并主导,皆无助于理解它在近代实际发生的变迁。

儒家性别规范关涉男女双方,其压迫性并非单单指向女子,也指向男子,如五四时期的人说:"女子坐在监狱里面,我们男子也坐到监狱里面去了。我们帮了女子进监狱的力,我们也同时进到监狱里面去了"[1];女子是"囚徒",男子也是"囚徒"[2];男女相互束缚,"好像一条带子绾起来两个结",都需要解放[3]。至于何谓"解放",陈独秀说:"解放就是压制的反面,也就是自由的别名。"[4]作为一种"纸上的文化运动"[5],五四时期妇女解放主要是批判儒家性别规范,由于这种批判也关涉男子解放,以致有人称"女子解放与男子解放是一个问题,不是两个问题。女子解放就是男子解放"[6]。从字面看,"妇女解放"是解放女子,这种解放应该主要是为了女子,而不是为了男子。正是基于这一理解,上揭近年来的一些研究认为近代中国的妇女解放因男子主导并包含字

① 李人杰:《男女解放》,《星期评论》1920年1月1日第31号,第1页。
② 苍园(汤苍园):《女子神圣观》,《星期评论》1919年11月2日第22号,第4页。
③ 光佛:《女子解放当从男子解放做起》,《星期评论》1919年11月2日第22号,第2页。另见执信:《男子解放就是女子解放》,《星期评论》1919年11月9日第23号,第2页。
④ 陈独秀:《随感录·解放》,《新青年》1920年1月1日第7卷第2号,第160页。
⑤ 郑振铎:《我们今后的社会改造运动》,《新社会》1919年11月21日第3号。
⑥ 李人杰:《男女解放》,《星期评论》1920年1月1日第31号,第1页。

面之外的诸多用意而名不副实,正当性存疑。其实,类似的质疑在妇女解放运动如火如荼展开的五四时期就已出现,当时有不少人也认为"妇女解放"的提法不妥,如张崧年认为,男子"打着高大尊贵的腔调,说什么吾把你们解放",实含有"轻侮"女子的意味,他建议用"女子独立"替换"妇女解放"①;张东荪认为,"解放"是针对弱者、受难者而言的,不适合用于妇女,"因为妇女不是纯粹的弱者,也不是单纯的受苦"②。不过,五四时期更多的人还是认为"妇女解放"的提法没有轻贱女子的意思,并无不妥,如罗家伦说,"解放的意思就是打开束缚,人家可以为他打开束缚,他自己也可为自己打开束缚。换一句话说,解放不仅是被动的,也是自动的",妇女解放要关注实际,不要纠缠于无谓的"名词之争"。③ 历史是呈现,而非褒贬。五四及近今关于妇女解放的语义之争提示,介入近代中国妇女解放的历史应避免预设的女性立场和解放思路,而以事关妇女解放又超越妇女解放的性别观念的变迁为视角,或可跳出成见,刷新历史。

三、近代性别话语的中西问题

本书主要探讨性别观念在近代中国的变迁。关于中国近代以来变化的动因,比较有影响的解释模式有两种,一种是费正清(John K.Fairbank)等人提出的"冲击—回应"论,另一种是由柯文(Paul A.Cohen)阐发的"中国中心观"。"冲击—回应"论认为,中国从传统向现代的过渡是由西方的入侵推动的,是对西方冲击的回应。按这种解释,西方是引起中国近代重大变化的主因。在柯文看来,这种解释模式是"西方中心"的,用西方的标准看中国,将中国传统想象为一个静止的、被动的、负面的存在,歪曲了中国历史。为了纠偏,他提出了另一种解释模式——"中国中心观",认为研究中国的历史要以中国为中心,从中国的标

---

① 张崧年:《女子解放大不当》,《少年中国》1919 年 10 月第 1 卷第 4 期,第 41—43 页。
② 东荪:《妇女问题杂评》,《解放与改造》1919 年 12 月第 1 卷第 8 号,第 1 页。
③ 罗家伦:《妇女解放》,《新潮》1919 年 11 月第 2 卷第 1 号,第 1 页。陈独秀在《新青年》发文表达了与罗家伦几乎一样的看法(陈独秀:《随感录·解放》,《新青年》1920 年 1 月 1 日第 7 卷第 2 号,第 160—161 页)。当时赞成"妇女解放"提法并为此辩护的文章还有很多,兹不赘。

准看,中国传统并非一成不变,而是动态的,充满活力,中国也不是要靠"西方的一击"来拯救的对象,其自身有一种"内在的连贯性",19世纪以后发生的变化"有一种从18世纪和更早时期发展过来的内在的结构和趋向"。① 简言之,推动中国近代以来历史发展的主要因素不在外来的西方,而在中国自身。

一般认为,"冲击—回应"论与"中国中心观"对中国从传统走向现代之历史(或者说近世史)的解释皆有一定的说服力。但不可忽视的是,这两种模式的对峙也凸显了解释上的矛盾。毋庸讳言,"西方"是探讨中国近现代历史绕不开的话题,本书也不例外,因为西方确实给中国带来了冲击,这种冲击除了坚船利炮,还有"男女无别"。在近代中西接触的早期,西来的传教士对中国女子幽居闺阁、不学、缠足等习俗进行了尖锐的批评,视此为儒家社会贱视女子的不文明表现,而清廷派出的使臣在西洋也感受了"男女无别""重女轻男"的冲击,在中西对比中将其与国力关联起来;维新变法时期,改革者参阅西法,掀起了废缠足、兴女学的运动;清季十年,女权倡导者引介西方女权思想,大力鼓吹男女平权;五四新文化运动时期,主张"全盘西化"的新文化人将空间维度的"中西"转化为时间维度的"新旧"②,利用被当作新文化的西方思想资源对儒家旧传统包括性别观念进行了无情的批判,力主男女平等、交往自由。所有这些对"西方"的推崇叠加累积,促成了闺门的退隐。不过,如果据此认为中国近代性别观念的变迁是由西方因素决定的,也未免失之简单。

按柯文,西方是一个变化的、相对的存在,本身就带有"自相矛盾的性质",中国人接触的西方只是其"整体中的一部分",对它的认识也前后不一,不加分析地把中国的变化笼统归结为西方的冲击和中国的回应并不恰当。③诚然,促成近代中国许多变化之观念的源头在西方,但橘逾淮而为枳,作为源头的观念和最后起作用的观念往往并不等同。观念"塑造历史"④,只有遇到

①　[美]柯文:《在中国发现历史——中国中心观在美国的兴起》,林同奇译,中华书局2002年版,第1—8、168—170、201、205—210页。

②　罗志田:《裂变中的传承——20世纪前期的中国文化与学术》,中华书局2009年版,"自序"第15页,第128—130页。

③　[美]柯文:《在中国发现历史——中国中心观在美国的兴起》,第4—8页。

④　张汝伦:《现代中国思想研究》,上海人民出版社年2014年版,第26页。

适宜的土壤才会生根发芽。就本书的主题性别观念来说，近代中国从西方进行移植，而被移植的观念往往经过了种种格义，包含中国人自身的选择，并不纯粹是西方的。比如，在晚清早期关于女子习俗的议论中，传教士选择性传递并为中国人接受的"西方"，以及中国人亲身感受到的"西方"，都经过中西双重语境的比较和编码，从而是亦中亦西的。又如，清末对西方女权学说的译介便含有明确的偏好，这种偏好一方面表现在对思想家的选择（近代中国人往往是根据自己的需要选择译介这个而不是那个思想家，如斯宾塞、约翰·穆勒和黑格尔差不多是同时代人，清季主张女权者只引介斯宾塞和穆勒，而对黑格尔不闻不问，因为黑格尔是反女权的，他对女子的看法与中国传统非常一致，认为"女人是共同体的内在敌人"，其品质只有在私人领域才有光彩①。而对同一个思想家的学说，中国人也有取有舍，如卢梭，因为宣扬"自由""平等""天赋人权"被清季主张女权者推崇，而卢梭本人实际上并不赞成"男女平等"），另一方面也表现在对所译介学说之内容的取舍，这种取舍是为变革的目标服务，往往带有很强的自主性和目的性，如柯文所说："甚至当中国人谈到'全盘西化'时，在他们心目中实际上也并不是用西方的社会与文化来机械地代替中国的社会与文化，而是按照经过精选的、他们心目中的西方形象来改造中国。"②简言之，西方的思想观念只有通过译介才能对中国产生影响，在译介和传播过程中又不可避免发生这样那样的转义，真正对中国人产生影响的正是这种经过多重转义后的思想观念，而这种思想观念离原汁原味的"西方"已相去甚远。再有，西方在中国人眼中的形象也是变化的，如近代早期中国人把西方视为男女平等的样板，后来却发现西方男女实际上并不平等，排外的守旧者甚至反过来借此为传统的"男尊女卑"辩护③，但这种变化并没有妨碍"男女平等"的追求者继续假"西方"之名宣扬自己的主张。而就"男女平等"

---

① ［德］黑格尔：《精神现象学》，先刚译，人民出版社 2013 年版，第 269—299 页。
② ［美］柯文：《在中国发现历史——中国中心观在美国的兴起》，第 5 页。
③ 如有人 1902 年在《申报》发文说：泰西"男女虽不甚远嫌，而女究受制于从男，从未闻议院中有女子操选举之权，政府中有女子膺清要之职，帑库中有子司出纳之事……曷尝与男子平其权哉？""若欲男女平权，夫妇平权，则泰西先未有行之者，而谓中华能创此千载未有之奇事哉？"（《与人论创兴女学事》，《申报》1902 年 9 月 13 日。）

这种西方观念来说，近代中国人对它也有两种不同的理解或使用，一种是用它批评内外之别，另一种恰恰相反，用它为内外之别辩护。这种矛盾性消解了"西方冲击"。

在近代中国的言说中，"西方"常常与"三代"相提并论，或被当作"新"的别名。这种使用一方面表明西方对中国有极深的影响，另一方面也提示，"西方"在中国人的言说中带有想象的性质，与其说是指现实的西方，还不如说是使用者为了强化自己主张的合理性而采用的一种修辞。当然，摆脱"西方中心"，避免把西方视为中国近代变化的决定性因素，并不意味应像"中国中心观"那样反过来把中国自身视为决定性因素。与从外部视角看中国历史的"西方中心"相对，"中国中心"强调一种基于中国自身的内部视角，这一视角固然可发现中国传统的变化及其内在动力，但在中国被纳入西方国家主导的世界体系之后，如果过分强调中国的内在因素，轻视或无视外部西方的作用，也是偏颇的，难以自圆其说。①

"西方中心"和"中国中心"都是在讲述关于中国"现代性"的故事，而中国的现代性是各种关系的交织与聚合，是前进与复归、新与旧的复杂混合物和集结中西并模糊内外的矛盾体，要在其中明确界分内生中国因素与外来西方因素，并确定什么是重要的或不重要的、什么是决定性的或非决定性的，"在认识论上几乎是不可能的"②。如果说在"冲击—回应网络"中，"不论冲击或回应都应该既是中国的又是西方的"③，那么在全球语境中，关于中国现代性的叙事也应该是中西结合、内外结合的。近代中国性别观念的变迁是中国现代性的一个表征。④ 偏向男性视角的五四以来的妇女解放的历史和基于女性视角发掘女子主体性的历史提供了两种关于中国性别现代性的故事，前者讲述男子（现代）对女子（传统）的解放（冲击）以及女子对解放的反应，大致可

---

① 对"中国中心观"的评论，参见杨剑利：《从柯文的相对主义看中国中心观》，《光明日报》2015年2月4日。
② 刘禾：《跨语际实践》，宋伟杰等译，生活·读书·新知三联书店2002年版，第40页。
③ ［美］柯文：《在中国发现历史——中国中心观在美国的兴起》，第44页。
④ 性别与现代性的关系有关论述见王政《社会性别与中国现代性》（载《文汇报》2013年1月12日），该文把性别与现代性的关系视为研究近代中国历史的一条主线。

以说是"冲击—回应"论在性别领域的变种,而后者强调女性中心,似乎又是"中国中心观"在妇女史的翻版。如果说关于中国现代性的叙事需要超越内外视角的偏好,健全的性别史似乎也不应只满足于单纯的男性视角或女性视角,而需要多种视角的交叉融合。

本书探讨近代中国性别观念的变迁,主要也是为了讲述一个在全球语境中发生的性别现代性的故事。全书在"导论"之外分四章,第一章涉及近代早期(甲午前)有关女子习俗的议论。女子习俗是性别观念的载体,在近代中西交往中,由于关系判定中西文明的优劣而成为舆论热衷的话题,晚清出洋使臣以中观西对西方女俗富有历史现场感的记述,来华传教士对中国女俗的批判、对西方女俗的宣扬,以及中西交汇口岸城市的公共舆论关于中西女俗的议论,表现了中西性别观念在当时的差异和冲突,提供了中西社会各自的性别共识和儒家性别伦理的活形态。第二章主要讨论维新时期的反缠足和兴女学,这是一项由国族危机和进化论激发的从身体到心智全面再造中国女子的运动,当时的相关议论包含了对女子性别角色的重新定位,触及了规范女子生活的根本伦理,呈现了男外女内之性别观念变与不变的紧张。第三章主要梳理女权观念在 20 世纪前十五年的兴起与演变,以及与之相生相伴的女学的发展,在这一过程中,"男女平等"的女权新思潮与"男女有别"的女德旧观念展开了复杂的博弈,女学夹在其中,既被寄望于培养"国民之母"以提振女权,也被寄望于培养"贤母良妻"以光复女德,三者的互动博弈构成了一道奇景。第四章探讨五四新文化运动时期性别伦理的重建,这一时期一方面是复兴孔学的道德复古,另一方面是新文化反礼教的伦理革命。在新与旧的刘峙中,性别伦理是冲突的焦点,相关讨论在"男女平等"与"男女有别"的争执和纠缠中展开,涵盖了节烈贞操、女子教育、男女交际、恋爱婚姻、性道德等环环相扣的诸多议题。从近代早期的外来批判,到五四时期中国人的自我批判,中国的性别观念在文与野、中与西、新与旧、国族与个人、男性与女性等多重观照以及大大小小各种议题的争执迂回中完成了缓慢的蜕变。

第一章　中西文明冲突中的"女俗"：
晚清早期的议论

　　鸦片战争后,中国被纳入了西方国家主导的世界体系,"华夷隔绝之天下,一变为中外联属之天下"[①]。在中西文明竞争中,女子的生活习俗,或说"女俗",被用来表征文明高下或教化优劣,成了社会舆论的中心话题。将女俗推向舆论的中心主要是来华传教士、亲历西方的中国使臣和开放口岸的士绅。在中西接触的早期,他们基于各自的立场和关怀对女俗进行格义,比较中西,褒贬附会,女俗不仅成为道德与文化的标签,还关系国家的荣誉和盛衰。寓意不同、关怀各异的种种议论叠加累积、冲突发酵,在甲午后触发了被视为中国妇女解放之始的反缠足与兴女学运动。

　　女俗是与其互动互构的作为观念形态的性别伦理的活的载体。晚清早期中西双重语境下关于女俗的种种议论,为中国性别伦理的变革准备了资源。近代中国性别伦理的蜕变无疑受了西方的影响,并以西方为参照。不过,其中的"西方"并不是纯粹的西方,而是在中西互动中经过种种格义,含有中国因素并为中国人所选择和认同的西方。那么,在晚清早期的女俗议论中,西方是怎样被格义的? 格义后是什么呢? 中国又是什么呢?

一、"不以男女当别为义":"天使"看西洋

　　郭嵩焘在光绪二年(1876)出使英伦前的一则日记曾怅然谈及,"不知洋

---

① （清）薛福成:《筹洋刍议·变法》,载丁凤麟、王欣之编:《薛福成选集》,上海人民出版社1987年版,第555页。

情,所向皆荆棘也"①。而洋情,"非身亲而目击者不知也"②。迫于时势,清廷在第二次鸦片战争之后纡尊降贵,开始向外遣使,打开了中国人直接接触西方世界的官方渠道。自此,以前多凭想象臆测或靠道听途说而知的西方世界,通过使臣的记录和言说,以中国人亲历的方式进入了中国人的视界。晚清使臣有一个使命是记录国外的"风土人情"并向朝廷汇报。光绪四年(1878),总理衙门就此作了明文规定:"凡有关系交涉事件,及各国风土人情,该使臣皆当详细记载,随事咨报。"③而使臣咨报的风土人情的一个重要内容便是当地的"男风女俗"。

初使印象

探寻西洋风土人情的开路先锋是斌椿。同治五年(1866),在担任中国海关总税务司的英国人赫德(Robert Hart)的撮合下,清廷组建了一个"外交使团"出访欧洲诸国,迈出了主动与"化外"世界接触的第一步。使团领队斌椿,年已周甲,曾做过知县,赋闲后助赫德办理文案;随员有其子和同文馆三名年未弱冠的学生,其中一位是后来当过光绪皇帝英文老师并出任过驻英大使的张德彝。斌椿一行没有外交任务,按恭亲王的说法,其主要使命是"沿途留心,将该国一切山川形势、风土人情,随时记载,带回中国,以资印证"④。

在有惊无险抵达欧洲后,斌椿一行用不到四个月的时间游访了法英普俄等十多个国家。与洋人打过交道的斌椿对西方世界多少有些了解,出访时还携有徐继畬赠送的《瀛寰志略》备考,但扑面而来的新世界还是让他吃惊。从第一站马赛,经里昂到巴黎,都市一个比一个繁盛,他见后禁不住感叹连连:街

---

① (清)郭嵩焘:《伦敦与巴黎日记》,载《走向世界丛书》Ⅳ,岳麓书社 2008 年版,第 1 页。本书中《走向世界丛书》均为岳麓书社 2008 年 10 月出版的修订本,以下《走向世界丛书》均不标注出版社与年份。

② (清)戴鸿慈:《出使九国日记·序》,陈四益校点,湖南人民出版社 1982 年版,第 24 页。

③ (清)薛福成:《出使英法意比四国日记》,载《走向世界丛书》Ⅷ,第 59 页。

④ (清)宝鋆编修:《筹办夷务始末》同治朝卷三九,民国十九年故宫博物院影印清内府抄本,第 3 页。斌椿使团应该算一个非正式的外交使团,有关其介绍另见[美]理查德·J.司马富、约翰·K.费正清、凯瑟琳·F.布鲁纳编:《赫德与早期中国现代化:赫德日记(1863—1866)》,陈绛译,中国海关出版社 2005 年版,第 450—465 页。

市"气局阔大"，楼宇"高列云霄"，夜晚市肆灯火"密如繁星"，"通明如昼"。① 同行的张德彝也不例外，观巴黎后说："道阔人稠，男女拥挤，路灯灿烂，星月无光，煌煌然宛一火城也。朝朝佳节，夜夜元宵，令人叹赏不置。"② 都市繁华令他们惊叹，而随处可见的"奇技淫巧"同样令他们侧目。斌椿和张德彝在游记中对西洋的火轮车、自行车、自行屋、火轮造钱、火轮织布、电机寄信、照相、显微镜等都做了生动描述。仿佛乡下人进城，他们在惊奇中感受文明，也在无形中"受到指导"③。

除了器物，西洋人情亦令他们耳目一新。

在中土到泰西的火轮船上，斌椿就观察到，"二十七国"各色船客，"惟泰西各大国，则端正文秀者多，妇女亦姿容美丽，所服轻绡细縠，尤极工丽"。泰西夫妇的举止吸引了他：妇"每起，则扶掖登船楼，偃卧长藤椅上。而夫日伺其侧，颐指气使，若婢媵然。两餐后，或挟以行百余武。倦则横两椅并卧，耳语如梁燕之呢喃，如鸳鸯之戢翼，天真烂漫，了不忌人"。④ 徐继畬编《瀛寰志略》有奥地利女子"美姿容，淫佚无闺教"一说⑤，魏源编《海国图志》有葡萄牙"重女而轻男"、英吉利"贵女贱男"、佛兰西"其女巧言如簧，甚悦人意，但不甚守礼"等说，⑥斌椿笔下的此情此景与先前这些转述颇为相合。

火轮船上的见闻只是开始，西洋人情随后向斌椿一行展示了另一种光鲜。先是让他们倍感奇妙的剧院表演。到巴黎第二天，"中土西来第一人"即受邀观剧。第一次看西洋剧，斌椿惊异又着迷："台之大，可容二三百人。山水楼阁，顷刻变幻。衣着鲜明，光可夺目。女优登台，多者五六十人，美丽居其半，率裸半身跳舞。剧中能作山水瀑布，日月光辉，倏而见佛像，或神女数十人自

---

① （清）斌椿：《乘槎笔记》，载《走向世界丛书》I，第107—109页。
② （清）张德彝：《航海述奇》，载《走向世界丛书》I，第490页。
③ 此行的组织者赫德有一个没有挑明的愿望，即让中国人见识西方的文明，"受到指导"，然后放下架子，"善待西方若干技艺和科学"（《赫德与早期中国现代化：赫德日记（1863—1866）》，第513页）。
④ （清）斌椿：《乘槎笔记》，载《走向世界丛书》I，第100—101页。
⑤ 《瀛寰志略》第5卷，上海书店出版社2001年版，第137页。
⑥ （清）魏源：《海国图志》，陈华、常绍温、黄庆云等点校注释，岳麓书社1998年版，第38卷第1135页；第52卷第1433页；第41卷第1206页。

中降,祥光射人,奇妙不可思议。"①张德彝也颇有同感,除了表演本身,他还观察到,"卖座者服色一律,年齿相约,皆二八丽姝","看戏者男女咸集,皆手持千里眼,有戏看戏;止戏时则以之四面看人"。② 戏里戏外的景象皆儒家社会稀见。

宫室宴会给斌椿留下了难忘的印象,他记下了赴白金汉宫会宴的场景:"是日入宫者,公侯大臣四百余人,命妇八百余人。……乐人于楼上奏乐,音节铿锵。男妇跳舞十余次。武职衣红,文职衣黑,皆饰以金绣。妇人衣红绿杂色,袒肩臂及胸。珠宝钻石,项下累累成串,五色璀璨,光彩耀目。"法英官员隔三岔五的宴请给斌椿的印象也颇深:法相国家,"门内外烛光如昼","姗姗其来"的各官夫人"无不长裾华服,珠宝耀目,皆袒臂及胸","罗绮盈庭,烛光掩映",令他如觉在"贝阙珠宫";英勒姓大臣家,"罗绮满堂,极人物宫室之美",女客有鼓琴者,"歌声绕梁,音韵动人",让他似觉"董双成下蕊珠宫";侯爵米君公所,"女客咸集,不下一二百人","罗绮丛中,女居停应接不暇";伯爵德君家,"高朋满座,夫人款待甚周",园中女客击球,伶工奏乐,"翠袖红裙,芳菲满眼";海关税司察公家,"屋宇壮丽,园林幽胜",家眷同席宴饮,入夜"鼓琴作乐,音韵锵然";等等。③ 西方上流社会男女相杂、其乐融融的场景给了斌椿别样的刺激。

西俗"男女无防"给斌椿留下了很深的印象,而男女相见"以握手为礼,间有接吻者",尤让他倍感诧异。④ 也许受行程和精力所限,除了上流社会和他感兴趣的戏剧表演,斌椿对西方其他社会层面的记述不多且相对简略。年轻的张德彝比他观察要广,记述也丰。其实,作为随团译官,张德彝并没有写游记咨报的任务,但他是个有心人,逐日书所未见未闻之事,回国后集录成册并刻行。或因年轻,张德彝比斌椿对新鲜事物更敏感,笔下的西洋也更生动具体。

---

① （清）斌椿：《乘槎笔记》,载《走向世界丛书》I,第109页。
② （清）张德彝：《航海述奇》,载《走向世界丛书》I,第493页。
③ （清）斌椿：《乘槎笔记》,载《走向世界丛书》I,第110—120页。
④ （清）斌椿：《乘槎笔记》,载《走向世界丛书》I,第108页。

就世俗人情而言,与斌椿一样,张德彝记述的也是一个与中土大不相同的西洋。譬如,巴黎的店铺,开铺者多是须眉,而伙计则多是"袅娜佳人","有人买物,必有娇女酬应",如此主顾会"不忍驳价"①;英国女子多工作,织布处"女工二千余名,男工六百余名",造针处"男女作工各三百余名",造纽扣局"红颜少女三百余人"②;不同于儒家女子,洋女"先读书,后习天文算学,针黹女红一切略而不讲,性嗜游玩、歌唱、弹琴、作画、跳舞等事",还能上大学院,某所"内有男女学生三百余名"③;有别儒家"父母之命,媒妁之言","西俗男女婚嫁,皆自主之。未娶未嫁之时,彼此爱慕,相交如友。再计其一年所得财帛,比之相等。然后告之父母,复同往官署声明,官以一纸书,内载某人娶某氏为妻,某女嫁某男为夫,彼此情愿,男不许娶二室,女不许嫁二夫"④;与"男女授受不亲"不同,"闻西俗或久别或远行,男女皆彼此接吻为礼,以示亲近之意,虽父母兄弟夫妻姐妹皆然,甚至至亲要友亦如之"⑤;又观英国德比赛马,当中"游人皆买吹筒豌豆,无论男女,彼此对吹。……又女子有立门首者,与游人彼此嬉笑,各以嘴啜自己手背,其意如交颈亲吻,以示爱慕之诚。车上男女相遇乍逢,而彼此垂情溢于眉目,已去而秋波回顾,百态横生,虽铁石人,亦为之情荡"⑥;在俄国遇二女,交谈数语,"途中又遇二女乘车,女欲隔车携手,明(张德彝)饬车急行,彼亦急随,盖欲并车,以便携手交谈"⑦;等等。

张德彝耳闻目睹的这些奇闻逸事,连缀起来就是一幅与中土反差极大的西洋"男风女俗"图,尽管其中不乏想象、演绎和曲解。与儒家"男女有别"相对,这幅图的主旨是"男女无别"。从繁华街市、奇妙剧场、满眼芳菲到"妓女莫多于泰西",西洋令人心动的"男女无别"的浮华下似乎隐伏人情的堕落。

---

① （清）张德彝：《航海述奇》,载《走向世界丛书》I,第 491 页。
② （清）张德彝：《航海述奇》,载《走向世界丛书》I,第 529、527 页。
③ （清）张德彝：《航海述奇》,载《走向世界丛书》I,第 520、523 页。
④ （清）张德彝：《航海述奇》,载《走向世界丛书》I,第 581 页。
⑤ （清）张德彝：《航海述奇》,载《走向世界丛书》I,第 582 页。
⑥ （清）张德彝：《航海述奇》,载《走向世界丛书》I,第 504—505 页。
⑦ （清）张德彝：《航海述奇》,载《走向世界丛书》I,第 553 页。

斌椿说,儒家"重书礼","戒奢靡","今上圣且仁,不尚奇巧技"①;张德彝说,泰西"好兵喜功","贵武贱文","虽曰富强,不足多焉"②。斌椿与张德彝虽然年龄相差大,阅历也大为不同,但这一老一少的独白却有相通之处,也别有一番意味。

西洋男女再述奇

随斌椿"率天下之人共游"③后,张德彝同治七至八年(1868—1869)随总理衙门章京、花翎记名海关道志刚等人再度出访④,目的地是美国和欧洲。与第一次相仿,他本次游历还是以猎奇的心态来记述西洋的男风女俗。

第一站是美国。或因美国地广,行程紧张,张德彝的记述相对概略。合众女子"莲船盈尺",给他的总体印象是"少闺阁之气,不论已嫁未嫁,事事干预阃外,荡检逾闲,恐不免矣。甚至少年妇女听其孤身寄外,并可随相识男子远游万里,为之父母者亦不少责。不为雌伏而效雄飞,是雌而雄者也"。⑤ 与"天尊地卑"相对,合众"乾卑坤尊","贱男贵女","男子待妻最优,迎娶以后,行坐不离,一切禀承,不敢自擅。育子女后,所有保抱携持皆其夫躬任之,若乳母焉。盖男子二十岁后,即与其父析产,另树门墙,自寻匹配。而女子情窦初开,即求燕婉,更数人而始定情,一则财产相称,一则情意相符。故娶妻求完璞,实戛戛其难之。"⑥儒家讲阃内阃外,女子更讲从一而终,合众女子反其道而行,难免会让有"完璞"情结的儒家士子诧为奇事。当地新闻纸连续报道的一则男女私通事件引起了张德彝注意:

(初四日)闻有傅尔达者,私于武官卫卜之妻吴氏,其夫廉得之。是

---

① (清)斌椿:《天外归帆草》,载《走向世界丛书》I,第202页。

② (清)张德彝:《航海述奇》,载《走向世界丛书》I,第521页。

③ 李善兰读《乘槎笔记》后说:"令读其书者,亦若身至之而目见之也。然则斌君非独一人游,率天下之人而共游之也。"(见斌椿《乘槎笔记》"李善兰序",载《走向世界丛书》I,第87页。)

④ 这次出使由前任美国驻华公使蒲安臣率领,史称"蒲安臣使团"。蒲安臣使团是清廷向西方国家派出的第一个正式的外交使团,由三位"办理中外交涉事务大臣"组成,除蒲安臣与志刚,还有礼部郎中孙家谷。

⑤ (清)张德彝:《欧美环游记》,载《走向世界丛书》I,第670页。

⑥ (清)张德彝:《欧美环游记》,载《走向世界丛书》I,第650—651页。

日,募二侦役;俟其妻出,令二役尾之,每事通一报。先报云,二人在某馆早餐,继则游于某处,末则宿于某店。其夫鸣之于官,遴干役数名,缘梯登楼,破窗而入,二人被获。

（初五日）见新闻纸云,卫卜之事经官审定,奸夫罚洋银五百圆赎罪,淫妇令伊父领回,因其夫不喜也。若其夫仍恋旧情,不忍他适,官亦听之。是璧虽不完而镜可重圆矣。

在他看来,这起有伤风化之事的起因还在当地的风俗:"盖国外风俗,妻禁其夫,不令一夕宿于外,而妻终夜街游,其夫莫之敢问。"①

美国的风俗让张德彝訾议。美国之后,他来到英、法,旧地重游,采风问俗,令他感慨良多的还是当地的"淫风"。他戏谑而又不无鄙夷地记道:伦敦大小园囿数十处,囿内"每隔数武,安设椅凳,土人名之春椅、春凳。盖每夕自六点钟至一点钟,街市游行妇女率多不洁,而囿内尤多。男子欲寻春者,即于囿中择其尤者,携登凳椅,权作鸳帷,沿途颠鸾倒凤,同入阳台。昔人云,同床异梦,今则异床同梦矣。气灯虽亮,而入夜永系雾气迷漫,不知淫风流行而天光蒙蔽,以示儆耶";圣诞节,女有从圣诞树下过者,"男女必狎抱接吻以为欢";又"闻英都每夕女子街行,有男子狎抱,接唇为戏,而不为无礼者,殊堪诧异"。②巴黎与此相类,"法京妓馆,处处棋布星罗。……其游妓每夕往来闾巷,以候寻春之客,拥挤如蚁。男女相悦,或投宿旅舍,或携手归家。有托为雇车者,告由某处至某处,车行如电掣风驰,车止则云收雨止矣";法京浴堂,"男女皆浴,夫妻可以共屋,更有同盆而浴者";又观假面会,"男女跳舞,嘲笑亵狎,无所不至,任听欢喜,严禁怒詈。跳至天明,有相识者则男女同入酒肆沽饮";又"闻法京妇女家道稍裕者,其梳裹妆饰,一切需人而理。若鬓发超群,裙衫别致,必缓步街游,以供途人顾盼,斯亦诲淫之甚者矣"。③

张德彝耳目所及,英法女子以取悦、吸引男子为能事:"闻西洋女子修饰容止,意外翻新,有将脚小趾旁之骨令医生损去二三分,以求其瘦小者;有面孔

---

① （清）张德彝:《欧美环游记》,载《走向世界丛书》I,第674页。
② （清）张德彝:《欧美环游记》,载《走向世界丛书》I,第708、719、724页。
③ （清）张德彝:《欧美环游记》,载《走向世界丛书》I,第730—731、775页。

洁白,故着黑点于口旁目下,以张其美者。一则矫揉造作,一则点污清白,殊乖培养脂粉之道。近又有以乱头为俏,侧帽称佳者。至于眉目面庞,无不极力粉饰,以邀情人一盼,能不令人魂消耶?"①据他观察,与美国娶妻难求完璞相似,英法女子虽不乏节义之人,但"不贞者亦复不少"。贞与不贞,"定情之夕,不能立辨真伪",如"英吉利王韩利第八,连聘六室。其第五者名郝阿,系世袭侯爵讷莍之侄女,甚丽;娶后数月,始知于未嫁之前,已先时而破瓜矣"②;而法国男女私交不为例禁,奸生子女最多,"男女初婚,其是否处女不得而知"③。

这些见闻强化了张德彝的初访印象与想象,也印证了"男女无别致淫辟"之儒家说教。而在"淫风"和"浮浪"之外,西洋女子在工作、教育等方面则给他留下了与上次大致相似的印象。

同治九至十一年(1870—1872),张德彝又随崇厚使法。时逢巴黎公社起义,张德彝得以目睹让他倍感惊奇的法国贫民女子"是雌而雄者"的一面。他在"三述奇"中写道:叛民"男皆当兵,女则有造火药者,有缝布袋装沙石以筑土城与炮台者,有能文工书草露布者,竟有荷戈而骁勇倍于男者,奇甚";"未正,由楼下解去叛勇一千八百人,妇女有百余名;虽被赭衣,而气象轩昂,无一毫袅娜态";"又由楼下解叛勇一千二百余人,中有女子二行,虽衣履残破,面带灰尘,其雄伟之气,溢于眉宇"。不过,这些"助虐"女子在让张德彝惊叹之余,也让他觉得可怖:她们"所到之处,望风披靡。居则高楼大厦,食则美味珍馐,快乐眼前,不知有死。其势将败,则焚烧楼阁一空,奇珍半成灰烬"。④

巴黎公社起义期间,中国使者有一段时间趋避凡尔赛,穿越法邦各处。有感于洋人曾笑华人不洁,张德彝也看到了洋人光鲜之外的另一面,其"下等人不颒面,不整容,衣服褴褛,多生虱蚤……女子则首如飞蓬"⑤。尽管是非常时期,张德彝发现,巴黎之外上等人生活却褒狎依旧,"女扶男腿,男捧女腮,大

---

① (清)张德彝:《欧美环游记》,载《走向世界丛书》I,第 720 页。
② (清)张德彝:《欧美环游记》,载《走向世界丛书》I,第 734 页。
③ (清)张德彝:《欧美环游记》,载《走向世界丛书》I,第 739 页。
④ (清)张德彝:《随使法国记》,载《走向世界丛书》II,第 446、454、451—452 页。
⑤ (清)张德彝:《随使法国记》,载《走向世界丛书》II,第 421 页。

笑亲吻"的"殊不雅相"之举随处可见。①　而起义失败后,巴黎的世俗生活也很快回归从前:"马逼"园开,"妓女结群,轻盈绰约,宛如仙子临凡。而纨绔子弟之往来追随者,亦举国若狂也"。这些熟悉的景象皆"风俗使然也"。②

同治年间连续三次随访,张德彝以猎奇的方式描绘了一幅"男女无别"的西洋风情图。除了"不拘男女"的教育等为数不多的方面让他赞赏外③,这幅与中土完全不同的风情图让他多觉"不适""不雅"。志刚的体会与张德彝大致相似,他观察到,西洋的舞会、冰嬉、观剧、海澡,乃至立君主,"皆不拘于男女",宴会座位也是"男女相间",每与中土异。"然不可行之中国者,中国之循理胜于情,泰西之适情重于理"。④　"中国重理而轻情,泰西重情而轻理",或可看作儒家士子给西洋"男风女俗"图下的一个画外脚注。

"男女无别"的两种观感

光绪二年(1876),清廷开始在建交的西方大国设立使馆,派常驻使节。是年冬,首任驻外使节郭嵩焘使英,陪同人员包括副使刘锡鸿以及第四次出洋的译官张德彝。除张德彝继续述奇外,首次出洋的郭、刘二使也都记述了对西洋"男女无别"的观感。

刘锡鸿是一个讲礼教的保守官员,抵伦敦未久他就发现,英人"不以男女当别为义":"凡妇女产子,皆男医为之接生",有违"中国圣教";白金汉宫国主接见会,"凡妇女皆肉袒,不以男子挤拥为嫌";外相夫人茶会,"妇女盛饰,袒露胸背之半,摩肩蹑踵于堂,与男子见,辄握手"。让他更为吃惊的是,竟"有白石琢成裸女子形,全体胥露,卧立不一,在于众目交集之地";而跳舞会上,

---

① (清)张德彝:《随使法国记》,载《走向世界丛书》II,第 433 页。
② (清)张德彝:《随使法国记》,载《走向世界丛书》II,第 478—479 页。
③ 西洋教育不拘男女,张德彝观察到其女子不乏聪慧绝伦、才学出众者,堪比《镜花缘》黑齿国之才女。他总结说:"西国儿童,不拘男女,凡八岁不送入学者,议罚有例。故男女无论贫富,无不知书识字。而学堂之制亦善,有男学堂、女学堂、大学堂、小学堂。"(张德彝:《随使法国记》,载《走向世界丛书》II,第 404、479 页。)
④ (清)志刚:《初使泰西记》,载《走向世界丛书》I,第 325、332、314 页。

"女袒其上,男裸其下,身首相贴,紧搂而舞","殊不雅观也"。① 与张德彝此前观察到的"浮浪"相似,刘锡鸿发现英俗"女荡而男贞":男女婚配,"女有所悦于男,则约至家相款洽","问其有妻否,无则狎而约之",男则"不敢先也";而"新婚后如何成妇礼、明妇顺,均未之闻"。② 另外据他观察,西洋"女子恒厌有夫之拘束,不如无夫之放荡自得,以是终身不嫁者比比"③。

到伦敦两个月后,刘锡鸿有感于所见总结道:"细察其政俗,惟父子之亲、男女之别全未之讲,自贵至贱皆然。"④而在他看来,"男女有别"才是天地间"至明显亦至精深"的"应然之礼"。⑤ 不过,身处"男女无别"之地,刘锡鸿心中的应然之礼亦难免不遭质疑,他记述了自己对儒家阃教的一次捍卫:

> (洋人)博朗与刘孚翊论中国阃教之严。博曰:"妇女亦人也,何独幽诸室而不出?"刘无以答。洎晚,余谓刘曰:"君何不云,胸吾体,背亦吾体,何为胸则前而背则后乎?以胸阳而背阴也。头吾皮肤,少腹以下亦吾皮肤,何为头则露,而少腹则覆之乎?以头阳而少腹阴也。"他日刘君述之,博亦无以答。⑥

刘锡鸿颇为自得地接此言道:"洋人性情,能于论辩间据理相驳,愈透彻则愈佩服。否则,自以为是,其焰遂张。"

刘锡鸿对英伦的观感与此前的少年卫道者张德彝十分相似,在离开之前(刘锡鸿因与郭嵩焘不合,在英伦只待了九个多月即被调离),他对这里的政俗作了个有趣的总结:

> 英人无事不与中国相反。论国政则由民以及君,论家规则尊妻而卑夫(家事皆妇倡夫随,坐位皆妻上夫下,出外赴宴亦然。平时,夫事其妻如中国孝子之事父母,否则众訾之),论生育则重女而轻男,论宴会则贵主而贱客(主人居中客夹之),论文字则自右而之左(语言文字皆颠倒其

---

① (清)刘锡鸿:《英轺私记》,载《走向世界丛书》Ⅶ,第96—97、100—101、151—153页。

② (清)刘锡鸿:《英轺私记》,载《走向世界丛书》Ⅶ,第181—182页。

③ (清)刘锡鸿:《英轺私记》,载《走向世界丛书》Ⅶ,第224页。

④ (清)刘锡鸿:《英轺私记》,载《走向世界丛书》Ⅶ,第109页。

⑤ (清)刘锡鸿:《英轺私记》,载《走向世界丛书》Ⅶ,第182页。

⑥ (清)刘锡鸿:《英轺私记》,载《走向世界丛书》Ⅶ,第171页。

先后，如伦敦的套儿，则曰套儿的伦敦；父亲的花园，则曰花园的父亲，此翻译之所以难也），论书卷则始底而终面（凡书自末一页读起），论饮食则先饭而后酒。盖其国居于地轴下，所戴者地下之天，故风俗制度咸颠而倒之也。①

无独有偶，或因同行常交流之故，张德彝也有一个相同的总结："英俗无事不与中国相反：论国政则民议君听，论家规则妇倡夫随……其故或由赋性使然，或因其地在中华对面，故风俗制度，颠而倒之欤？"②面对"颠而倒之"的西洋风俗，持守礼教的儒家士子批评之余，疑惑重重。

与刘锡鸿"咬牙切齿，充满了对西方的恶毒诋毁"③不同，被英人誉为"所见东方最有教养者"的郭嵩焘，对西洋"男女无别"则持一种相对接受甚至欣赏的态度。光绪四年（1878），他记述了赴白金汉宫参加跳舞会的观感：

> 男女杂沓，连臂跳舞，而皆着朝服临之。西洋风俗，有万不可解者。……跳舞会动至达旦，嬉游之中，规矩仍自秩然。其诸太子及德国太子，皆与跳舞之列。以中国礼法论之，近于荒矣。而其风教实远胜中国，从未闻越礼犯常，正坐猜嫌计较之私实较少也。④

郭嵩焘是当朝士大夫中少有的认为西洋"政教修明，具有本末"⑤的一位，尽管也觉得其"无男女""无上下"等现象"万不可解"，但与讲繁文缛节的儒家社会比，"猜嫌计较"反而较少，他又不由得不赞许。

让他更为欣赏的是，西人无论男女皆"尚学问"；即便是贫女院，"其所以教女子者，皆中国士大夫所未闻见者也"。⑥据他观察，西洋教育普及有方，学堂等次分明，教学循序渐进，成就人才之法"尽善尽美"。就女子而言，"妇人

---

① （清）刘锡鸿：《英轺私记》，载《走向世界丛书》VII，第 205 页。
② （清）张德彝：《随使英俄记》，载《走向世界丛书》VII，第 532 页。
③ 晚清来华著名传教士丁韪良（W.A.P.Martin）读刘锡鸿游记后如是说。见［美］丁韪良：《花甲忆记：一位美国传教士眼中的晚清帝国》，沈弘、恽文捷、郝田虎译，广西师范大学出版社 2004 年版，第 259 页。
④ （清）郭嵩焘：《伦敦与巴黎日记》，载《走向世界丛书》IV，第 580 页。
⑤ （清）郭嵩焘：《使西纪程》，陆玉林选注，辽宁人民出版社 1994 年版，第 42 页。
⑥ （清）郭嵩焘：《伦敦与巴黎日记》，载《走向世界丛书》IV，第 677、762 页。

之学有专精,亦司教事","盖凡妇女入学五年,粗有成,可以授读",即可入女子师范学馆课以授读之方,"如传授某艺应如何入门,如何分别次序,如何立言开导,使童子易明。如是两年。……两年学成,国家遣人就试之,取中者记其名。乃令入各小学馆授读,试其能否,然后给以文凭,听人延请课读"。① 西洋各国于人才教育不分男女,不遗余力,而中国则"漠然处之","切切焉以评论西人长处为大戒"。② 两相比较,郭嵩焘不禁大为感慨:

> 三代以前,独中国有教化耳,故有要服、荒服之名,一皆远之于中国而名夷狄。自汉以来,中国教化日益微灭;而政教风俗,欧洲各国乃独擅其胜。其视中国,亦犹三代盛时之视夷狄也。中国士大夫知此义者尚无其人,伤哉!③

与刘锡鸿坚守夷夏观念不同,郭嵩焘有心法西,居西国能依西俗行事④,或因为此,他对"男女无别"也能持开放态度。不过,他对"男女无别"的欣赏并不是孤例,其实在他之前,漫游欧洲的民间使者王韬就曾有过一番类似的"颂美"。

同治六年(1867),王韬因助英国传教士、汉学家理雅各(James Legge)译儒典而随其到了欧洲,在此游历、生活两年多时间,感受了西洋的方方面面。初来乍到,王韬眼中的西洋既有斌椿式的"光怪陆离",也有张德彝式的"戏狎淫泆"。⑤ 但随着考察和与西人交往的深入,他的观感起了变化。王韬主要居于英伦,英人重"实学",心思慧巧,制造精奇,"日竞新奇巧异之艺,地少慵怠游惰之民",给他留下了深刻印象。而"尤可羡者,人知逊让,心多悫诚。国中士庶往来,常少斗争欺侮之事。异域客民族居其地者,从无受欺被诈,恒见亲爱,绝少猜嫌",此风见中土亦罕。据他观察,英伦"风俗醇厚",人知向学,且

---

① (清)郭嵩焘:《伦敦与巴黎日记》,载《走向世界丛书》Ⅳ,第435—437页。
② (清)郭嵩焘:《伦敦与巴黎日记》,载《走向世界丛书》Ⅳ,第733页。
③ (清)郭嵩焘:《伦敦与巴黎日记》,载《走向世界丛书》Ⅳ,第491页。
④ 张德彝记述了郭嵩焘的一次请茶会,郭欲依西俗以太太名印请帖,张知后进言:"在西国,若如夫人出名,自然体制无伤。苟此信传至中华,恐人啧有烦言,不免生议。"郭听后仰思良久而作罢。(张德彝:《随使英俄记》,载《走向世界丛书》Ⅶ,第560页。)
⑤ (清)王韬:《漫游随录》,载《走向世界丛书》Ⅵ,第82—88页。

"最重文学"，女子与男子同，皆有学，"幼而习诵，凡书画、历算、象纬、舆图、山经、海志，靡不切究穷研，得其精理"，而"中土须眉，有愧此裙钗者多矣"。①

西俗令王韬感触最深的是"男女无防"：

> 每莅访友之舍，悉皆倒屐相迎，逢迎恐后。名媛幼妇，即于初见之顷，亦不相避，食则并席，出则同车，觥筹相酬，履舄交错，不以为嫌也。然则花妍其貌而玉洁其心，秉德怀贞，知书守礼，其谨严自好，固又毫不可以犯干也。盖其国以礼义为教，而不专恃甲兵；以仁信为基，而不先尚诈力；以教化德泽为本，而不徒讲富强。②

有意思的是，王韬在写这段感触时还特别加了个声明："余亦就实事言之，勿徒作颂美西人观可也。"从当初的"戏狎淫泆"到"秉德怀贞，知书守礼"，从"中国为西土文教之先声"③到西人"以教化德泽为本"，久居地轴之下，王韬的观感也完全"颠而倒之"。

与王韬相仿，第四次造访的张德彝对英伦的观感也起了微妙的变化。尽管仍觉"男女无别""重女轻男"颠而倒之不可解，但英俗并非如此前所感的那般"淫狎浮浪"，而是有自己的礼数。譬如："男女相识者遇诸途，必待女先鞠躬，或点首，男子方敢答礼。……男女遇诸园囿山林，皆男趋女旁，偕行数武。男女同游，则女前男后，非老妇不得携手并肩"；"登车必女先男后。女坐正面，男坐对面"；跳舞会，"男女相见，必待女子先施，方敢与之相握"，"女不愿跳则辞之，男不愿跳则不得，必陪跳一场，方为尽礼"。④ 英人不仅有"礼"，而且有"教"，行事也相对文明："英人虑喜逸而恶劳为人之至情，难善而易恶为人之习染，乃设法教养，使就范围。为子女广设学校，给以衣食，教以文字各艺。言语有时，步履有方，规矩极其严肃"；"伦敦闾巷之间，终日往来男女，既无伛偻提携，亦无前呼后应，更无手提雀笼者。虽值盛暑，鲜有露胸袒背赤脚科头者"；"伦敦绅富以及学士名人，相接以礼，鲜有骄傲强横，以势夺人者"，

---

① （清）王韬：《漫游随录》，载《走向世界丛书》Ⅵ，第107页。

② （清）王韬：《漫游随录》，载《走向世界丛书》Ⅵ，第126—127页。

③ （清）王韬：《原学》，载《弢园文录外编——王韬集》，辽宁人民出版社1994年版，第8页。

④ （清）张德彝：《随使英俄记》，载《走向世界丛书》Ⅶ，第399、400、515页。

仆婢"亦皆循谨"，无"张狂恶习"。① 张德彝这种体悟此前未有，他的变化或是受郭嵩焘影响，或如他自己所言："前三次在伦敦，不及半年，一切多未详考"，浮光掠影，所见多是表面，而此次随使八九月以来，"细察英国风土"，感觉自有不同。局部观感的改变带来了泛及整体的联动效应，昔者目英人"浮浪骄饰"，今则"诚实，不尚虚文"，循规蹈矩，"不伪为殷勤，不故为谦让"，不妄言负约，"可谓严以处己矣"。②

去男女之别可致富强

郭嵩焘与刘锡鸿代表了观西洋"男女无别"扞格的两类，而洋务学人薛福成或可算是居其间者。光绪十六至二十年（1890—1894），薛福成奉命出使英法意比四国。出国之前，薛福成像大多数同僚一样，认为西国富强有余而政教不足，听郭嵩焘"叹羡西洋国政民风之美"，"亦稍讶其言之过当"。③ 不过，抵欧洲后，他开始相信郭嵩焘所言不诬，也表达了对西洋政教的赞赏："西洋各国经理学堂、医院、监狱、街道，无不法良意美，绰有三代以前遗风。至其所奉耶稣之教，亦颇能以畏天克己、济人利物为心，不甚背乎圣人之道。"④当中尤可歆者为其"教民之法"："凡男女八岁以上不入学堂者，罪其父母。男固无人不学，女亦无人不学，即残疾聋瞽喑哑之人亦无不有学。其贫穷无力及幼孤无父母者，皆有义塾以收养之。……非仅为士者有学，即为兵为工为农为商，亦莫不有学。"薛福成认为，"此西洋诸国所以勃兴之本原"。⑤

不过，在他看来，西洋各国当勃兴之际，虽"一切政教均有可观"，然其"君臣""父子""夫妇"三伦均"稍违圣人之道"，"三纲之训，究逊于中国"。就夫妇一伦而言，他有与张德彝、刘锡鸿类似的观感：

> 西俗贵女贱男。男子在道，遇见妇女则让之先行。宴会诸礼，皆女先

---

① （清）张德彝：《随使英俄记》，载《走向世界丛书》VII，第610、534、539页。
② （清）张德彝：《随使英俄记》，载《走向世界丛书》VII，第489页。
③ （清）薛福成：《出使英法义比四国日记》，载《走向世界丛书》VIII，第124页。
④ （清）薛福成：《出使英法义比四国日记》，载《走向世界丛书》VIII，第272页。
⑤ （清）薛福成：《出使英法义比四国日记》，载《走向世界丛书》VIII，第290—291页。

于男。妇人有外遇，虽公侯之夫人，往往弃其故夫，而再醮不以为异。夫有外遇，其妻可鸣官究治，正与古者扶阳抑阴之义相反。女子未嫁，每多男友，甚或生子不以为嫌。所以女子颇多终生不嫁者，恶其受夫之拘束也。此其夫妇一伦，稍违圣人之道者也。①

基于男本位的礼法或"圣人之道"，薛福成对西国女子亦可继承王位的做法也颇有"微词"：

> 西洋各国通例，有子立子，无子立女。女复传其子，则以外孙为孙矣。又有立其姊妹之子者，则以甥为子矣。即如英君主维多利亚，赘日耳曼某国公为夫，生子为太子，是英之国统，暗中已易姓矣。在中国必有莒人灭鄫之嫌，且有"不歆非类，不祀非族"之说。然耶稣之教，本以祭祀为非，英人视之，并不谓为易姓也，以为仍系旧主之后人而已矣。今荷兰、西班牙诸国，亦皆立女为王，而俄皇实非彼得罗皇帝之后，盖日耳曼某国公爵之裔也。余是以知西人辨别族姓，究不如中国圣人之精。②

出使前，薛福成力倡变古就今，效法西人富强之术。抵西国两年，他借西人言总结富强之要有三："曰安民，曰养民，曰教民。"③前揭"男女无别"的"教民之法"即为其一。不过，此见不独薛福成所有。十多年前，郭嵩焘就曾指出，西方诸国强盛之因在教育。④ 而与郭嵩焘差不多同期出访的李圭则更为详尽地申述了其中之理："天下男女数目相当，若只教男而不教女，则十人仅作五人用。妇女灵敏不亚男子，且有特过男子者，以心静而专也。若无以教导之提倡之，终归埋没"，而观泰西，其风俗"男女并重，女学亦同于男。故妇女颇能建大议，行大事。……近年来，各国女塾，无地无之。英国大书院，男女一律入学考试。德国女生八岁，例必入塾读书，否则罪其父母。美国女师、女

① （清）薛福成：《出使英法义比四国日记》，载《走向世界丛书》VIII，第 272—273 页。
② （清）薛福成：《出使英法义比四国日记》，载《走向世界丛书》VIII，第 531—532 页。
③ （清）薛福成：《出使英法义比四国日记》，载《走向世界丛书》VIII，第 589 页。
④ （清）郭嵩焘：《伦敦与巴黎日记》，载《走向世界丛书》IV，第 642 页。

徒多至三四百万人。其所以日兴日盛者，亦欲尽用其才耳"。① 李圭是在光绪二年（1876）作为清廷工商业代表赴美国费城参加世界博览会观"女工院"时写下这番言论的，或可算是近代中国最早谈及女学与国家强盛关系之人。与同治年间的张德彝不同，他对"举止大方，无闺阁态，有须眉气"的美国女子是"心甚敬之，又且爱之"。

教男教女并重可致国家富强，是李圭、郭嵩焘、薛福成等人的共见，不过，薛福成在此之上还有更进一步的发现。他在光绪十八年（1892）二月二十日记道：

> 泰西风俗无男女之别，余意其自古以来相沿久矣，而正不然。闻三四百年以前，法国某王始改妇女之礼，其用意专以谋致富强为主，而欧洲诸国从而效之者也。古者欧洲妇女守礼之严，大旨亦与中国相似；男女不同席而坐，不共几而食，恪循闺训，不出户庭。法王思致富强之术，莫先于人民之繁庶；繁庶不可骤几也，则莫如化妇女之无用为有用；欲求妇女之可用，则莫如略其礼法，去其防闲，于是毅然以改俗变礼为务。其初不得不用非常之劝惩，驱迫于无形之中，厥后风气浸成，而妇女之为用，果不异于男子。用之战守，则男子荷戈，妇女馈饷矣；用之学问，则男子精锐，妇女沉静矣。于是通国之中，向之有十万人者，不啻骤得二十万人，向之百万人者，不啻骤得二百万人。②

薛福成反观西洋历史，在"男女之别"与"国家富强"之间建立了有趣的联系。有意思的是，在变古就今求富强的他看来，改"男女有别"之圣道古礼以求富强却并非正道，于地广人众的中国也不合适。法国之所以有此下策，乃是"由于地不甚广，民不甚众，而欲创霸国之雄图，不得已而出此也"。而"迨其计既行，其效既著，欧美诸洲各国无不效之；今各国之人视为当然，

---

① （清）李圭：《环游地球新录》，载《走向世界丛书》VI，第237—238页。李圭访美前曾在上海谋生，他这里所言与《申报》此前刊发的《论女学》（《申报》1876年3月30日）一文近乎雷同，他当读过此文无疑，所不同的是他点明了女学兴旺与国家强盛的关联。

② （清）薛福成：《出使英法义比四国日记》，载《走向世界丛书》VIII，第516—517页。

渐忘其所以然,且有见中国之礼而笑之者矣"。① 泰西忘本,依薛福成之见,是不应该的。

《国语·鲁语上》云:"男女之别,国之大节也,不可无也。"毋庸置疑,"男女有别"是儒家社会最根本的伦理法则,儒家典籍对这一法则有非常具体的解释,如"男子居外,女子居内","男不言内,女不言外。……外内不共井,不共湢浴,不通寝席,不通乞假,男女不通衣裳。内言不出,外言不入","男女不同席,不共食"(《礼记·内则》),"男女不杂坐,不同椸枷,不同巾栉,不亲授。嫂叔不通问,诸母不漱裳。外言不入于梱,内言不出于梱。女子许嫁,缨,非有大故,不入其门,姑、姊、妹女子子已嫁而反,兄弟弗与同席而坐,弗与同器而食。……男女非有行媒,不相知名。非受币,不交不亲"(《礼记·曲礼上》),等等。长久以来,"男女有别"的法则形塑了儒家男女尤其是中上层群体的世俗生活,并内化为他们观察和思考世界的一种方式。

晚清使臣正是通过"男女有别"观看西方并做了一番别有意味的格义。从斌椿到薛福成,他们无一例外在西洋看到了一幅与中土迥异的"男女无别"的图景。不过,他们对这幅图的感受并不一样。有人觉得新奇,不无诱惑,但充满道德危险;有人觉得淫辟丛生,几近禽兽之道;也有人觉得秩序井然,风教独擅其胜。不仅不同的人感受不一,即便是同一个人,感受前后也有变化,有的还是颠覆性的。儒家士子用他们共同持有的"男女有别"的性别观念观看西洋,所得的道德体悟却是分裂的。

二、半文明国家:"上帝"观中土

鸦片战争后,西方传教士获得了由条约保障的在华传教自由,加速东进。"上帝最终与这个民族开始打交道了",先期来华的美国传教士卫三畏(Samuel Wells Williams)欣慰憧憬道:"他会与他们一起进入最后的审判,并会

---

① (清)薛福成:《出使英法义比四国日记》,载《走向世界丛书》VIII,第517页。

向他们展示仁慈。"①为了"将世界皈依基督"这项"最光辉、最激动人心的事业"②,"上帝"的使者深入中国各地,传道授业。

　　与繁华的西洋令"天朝"的使臣惊羡不同,古老的东方帝国似乎让"上帝"的使者大失所望。1848年,美国来华传教先驱裨治文(Elijah Coleman Bridgman)在上海看到与租界毗邻的中国人居住区:"建筑拙劣,黑暗而肮脏;狭窄的街道充斥碎屑、垃圾、赌徒、乞丐等等,徒步或乘轿穿越其间,是怎么也不会感到惬意的。"③英国传教士杨格非(Griffith John)1855年初抵上海捕捉的印象也是:市容"极为肮脏",环境"极为恶劣。"④一个开放的口岸城市如是,其他地方留给传教士的印象亦多不见好。1859年,卫三畏在给一位友人的信中描述了他所见的北京:路况"糟糕得无法形容","城市中乞丐成群、凋敝破败、尘土飞扬的景象"大出所料。⑤ 1877年,美国传教士怀礼(Isaac William Wiley)在阔别中国25年后再次造访,看到北京"走向衰败,到处覆盖着污垢",其他如天津、上海、福州、广州,街道也"极为肮脏","嘈杂";中国的村庄"散发臭气和不整洁",更加难以想象。⑥

　　在传教士眼中,被鸦片蚀空了的帝国破败肮脏,而与此相配的则是中国人的道德。宣称传教士比其他西方人更能摸清中国人品格的卫三畏认为:中国人"从外表看来还体面,可是邪恶和败坏却到了可惊的程度;他们在谈话中充满了污秽的表现,生活充满不道德的行为。他们多少受到家庭圈子所形成藩篱的约束,因此诱奸通奸比较少见,诱奸甚至可以说很稀罕;可是妓院和来住宿的人在各地的陆上水上都有"。而"比肉体的罪恶更不容抹掉的是中国人的虚伪",他们就像 一个"奇特的混合体","虚饰的仁慈与内在的猜疑,礼仪上

① [美]卫斐列:《卫三畏生平及书信:一位美国来华传教士的心路历程》,顾钧、江莉译,广西师范大学出版社2004年版,第64页。
② [美]丁韪良:《花甲忆记:一位美国传教士眼中的晚清帝国》,第307页。
③ E.C.Bridgman:"Walks about Shanghai,"*The Chinese Repository*,1848,Vol.17,p.469.
④ [英]罗夫·华德罗·汤普森:《杨格非:晚清五十年》,赵欣、刘斌斌译,天津人民出版社2012年版,第31页。
⑤ [美]卫斐列:《卫三畏生平及书信:一位美国来华传教士的心路历程》,第213页。
⑥ [美]怀礼:《一个传教士眼中的晚清社会》,王丽、戴如梅译,国家图书馆出版社2012年版,第34、62、96、170、77、110页。

的客气与实际上的粗鲁,部分的创造力与低下的模仿,勤俭与浪费,谄媚与自立,还有其他黑暗与光明的品质,奇异地结合在一起"。①

中国人的"肮脏"与"虚伪"让传教士不适,同样让他感到别扭的还有中国人"稀奇古怪"的习俗。卫三畏在其1848年完成并出版的《中国总论》中引用一个西方旅行家的游记说:"到了海外,我遇到那么多事情,跟我早先的正确概念相对立,我欣然赞同一位朋友的看法,认为除了地理位置遥遥相对外,中国人在许多方面和我们恰恰相反。"譬如,读书"是从我一直认为是书末的地方开始";接待尊贵的客人,"别忘了让他在你的左边,因为这是表示尊敬的位置。要注意不要脱帽,这样才合乎礼貌";中国人丧服"一身白","和我们的黑色丧服和黑纱完全不同";"我们穿过一条僻静的街道,听到一个院子里有人在呜咽哭泣,我问是不是有人死了或生病",结果是有"女孩子要出嫁";"这个国家的监狱不像我们那样把罪犯的头发剪掉,而是不允许把头剃光";"响亮的嘈杂声引我们向大开的门里张望,看看在做什么,原来是十来个男孩在读书,每人都像拍卖商那样叫喊,有个孩子背朝(不是面向)老师,正在背诵孔子的书,另一个人在学写字,将纸蒙在样本上面照着摹,不是像我们的孩子那样看着写";"我们从一位时髦的女士身边走过,她正从轿子里出来。她头上戴花而不是戴帽,不戴手套,颈部也不戴什么。脚上紧套着红绸花鞋,不到四英寸长;打褶的绣花裙子比外衣长一英尺,看不见腰身";他们在"父亲还活着就送棺材,这种习惯和我当初设想的孝道大不相同";等等。② 恰如清廷的使臣在西洋感受到"颠而倒之",来华的传教士也感受到了中西习俗的巨大反差:他们有的甚至"用笑来表示悲伤"③。

而在众多奇特的中国习俗中,持续吸引传教士关注的则是与女性生活相关的部分。

---

① ［美］卫三畏:《中国总论》上,陈俱译,上海古籍出版社2014年版,第581—583页。另参见［英］约·罗伯茨编著:《十九世纪西方人眼中的中国》,蒋重跃、刘林海译,时事出版社1999年版,第9、202—205页。
② ［美］卫三畏:《中国总论》上,第576—580页。
③ ［美］盖洛:《扬子江上的美国人:从上海经华中到缅甸的旅行记录》,晏奎、孟凡君、孙继成译,山东画报出版社2008年版,第218页。

以女俗论教化

鸦片战争前，美国传教士特雷西(Ira Tracy)曾在《中国丛报》①上发文称："一国之教化(civilization)可以用女子的社会地位来评估"，如果以此衡量，当时的中国就远非其标榜的那样处于文明的顶层，难称文明之国。因为，中国社会历来鄙视女性，女婴不受欢迎，常被溺杀；女子社会地位低下，无个人意志，未嫁时盲从父母，出嫁后顺从丈夫，"奴隶般的服从"是给她安排的职责与对她的"最高褒扬"。他于是呼吁："愿仁慈的天父尽快将荣耀的福音送达中国，以便将中国女子从目前的降格中提升。只有基督教才能赋女子恰当的地位，并保护这个弱势性别的权利免遭那个强势性别的侵犯。"②特雷西祈求福音降临中国的愿望，在鸦片战争之后变成了现实，而他基于基督教的平等观念提出将女子的地位作为判定教化优劣的标准，则获得了来华传教士的认同。

以妇女地位的高低作为"文明"的"最可靠的检验和最正确的尺度"，在19世纪下半叶已成为西方历史学家和哲学家的共识③。1885年，英国传教士傅兰雅(John Fryer)以一种较为曲折的方式把西方思想界的这一共识推介给了中国人。在为中国人编译的《佐治刍言》中，傅兰雅称："野人之国……其俗男女不成婚配，人家妇女皆以奴婢视之。即父之于子，其束缚亦无人理，往往强者凌弱，弱者即巧诈顺承"，而"文教之国……男女则夫妇敌体，非如野人之

① 《中国丛报》(*The Chinese Repository*)是西方传教士于1832年在广州创办的一份英文期刊，按其第一任主编裨治文所说，该刊要"全部地成为上帝的工作"，"促进上帝的荣耀，和他所造人类的幸福"。参见 Eliza J.Gillett Bridgman, *The Pioneer of American Missions in China：The Life and Labors of Elijah Coleman Bridgman*, New York：A.D.F.Randolph, 1864, p.74。

② Ira Tracy, "Remarks, concerning the Conditions of Females in China," *The Chinese Repository*, Nov. 1833, Vol.2, pp.313-316, 晚清中国人包括懂汉学的西方传教士，在19世纪多以"教化"/"有教化"来对译西文"civilization"/"civilized"，较少将其译成"文明"，而且"文明"一词也多是在与"野蛮"相对的意义上使用，意思大体与"教化"等同。有鉴于此，这里将特雷西文中的"civilization"译为"教化"，而且也不对"文明"与"教化"二词的含义做特别区分。关于"文明"一词的意义在近代中国的扩展与变化，参见黄兴涛：《晚清民初现代"文明"和"文化"概念的形成及其历史实践》，《近代史研究》2006年第6期。

③ ［英］约翰·斯图尔特·穆勒：《妇女的屈从地位》，汪溪译，商务印书馆2007年版，第306页。该著写于1869年。

以主仆相称也"。① 与特雷西相仿,傅兰雅在此借翻译之便,以男女是否"敌体"作为国之"文""野"的判别准则,暗批"男主女从"的儒家中国非文教之国。

以妇女地位为国之教化优劣的表征,在美国传教士林乐知(Young J. Allen)专为中国人撰写的《全地五大洲女俗通考》中有最为集中的阐释。该著大旨即"欲查考中国教化于万国古今教化等级之中,并当列入何等何级",而其查考之法则是"以女人之地位表其如何看待女人之情形,为教化之标志"。为何妇女的地位可以单独作为教化的标志?林乐知解释说:相对于男子,女子"弱而无力",世之重男轻女,女子地位低下,概系"以强凌弱,以有力虐无力"所致,而"以强凌弱,以有力虐无力,下等动物之所为也";"凡人未离以强凌弱、以有力虐无力之见识者","表明其未离下等动物之性质",而"文明有道之人"则"不以女子之弱而轻之,不以女子之无力而贱之,一惟以上帝爱人之道为主"。职是之故,"凡人欲论列一国之教化,而考其地位当居何等,不必博考多端,但观一端足矣! 即查考其国中看待女人之情形也"。② 换言之,"教化之优劣,观于妇女而知之"③。

林乐知是来华传教士向中国人鼓吹"以女俗论教化"最力的一个。他通观中国女俗后,将凌虐女子者总结为三大端:一为"幽闭女人",二为"不学无术",三为"束缚其足"。

"幽闭女人"是林乐知对"男女有别"的换一种说法,淡化了其对男子的限制,而突出了对女子单方面的束缚。何谓"幽闭女人"? 林乐知解释说:"幽闭者,释放之对面也。虎兕之闭于柙,恐其伤人也;凶犯之幽于狱,恐其害人也。今以知能同具、身灵全好之女人,使终身禁锢于闺门内室之中,不得出门一步,不得与闻男人之事,不得与男人通问,不得与男人授受,且不得与男人见面,虽在至亲骨肉,已嫁之后,亦不得同席而食,以为必如是而风俗可美,教化可盛,

---

① ［英］傅兰雅:《佐治刍言·论文教》,上海书店出版社 2002 年版,第 8 页。
② ［美］林乐知撰,任保罗述:《论女俗为教化之标志》,《万国公报》月刊,第 172 册,第 21733—21734 页,光绪二十九年四月(1903 年 5 月),台湾华文书局 1968 年《万国公报》影印本。该文系《全地五大洲女俗通考》之末章总论。
③ ［英］布兰飓著,［美］林乐知译,蔡尔康录:《美女可贵说(并引)》,《万国公报》月刊,第 125 册,第 18533 页,光绪二十五年五月(1899 年 6 月)。

否则风俗必坏，教化必衰矣！"在林乐知看来，以女人出外难免"男人之引诱"而禁之，这种做法是"因噎废食"，而"伤风败俗之事"仍不能免。"幽闭女人"犹如蒙古人对牧马群的保安之法，"不许有一牝马厕于其中"，由此可见，"幽闭之例，不但轻慢女人，使枉受其恶名，且贱视男人，使与牛马等谓矣！"①

在林乐知之前，批评"男女有别"的传教士也不乏其人。卫三畏就认为，男女两性的隔离在限制中国女子活动的同时，也给男子的生活带来不便，"使娱乐活动很难得而且缺少趣味，即使是最讲道德的人也以赌博来打发时间，在赌桌上寻求乐趣，或者当营业、学习、劳动的需要还不足以激励他们的时候，只有闲混度日"。中国的道德家用"男女有别"来"预防他们无力制止的坏事，尽力抵制腐化堕落"，实际却适得其反。② 教会刊物《万国公报》1879年发文批评"男女有别"的闺门之训指出："故女子不出户庭，则见闻狭隘，知识拘墟，原其女子不出之意，特生清疑之心。夫人为万物之贵，人为万物之灵，岂可以禽兽目之，岂可以禽兽测之。噫！何轻谅人若是耶！从此为母者囿于黑暗，而为子者亦复如是，曲则常处于曲也，昧则常处于昧也。"③

关于"不学无术"，林乐知认为其理同"男女有别"，他说："中国女子，既幽闭其身，不使与人同群，复禁锢其心，不使与人同学，守女子无才为德之训，任其不识字、不明理，顺服男人，不使自主，不但于家无分，即于人群，于人国，亦皆无与焉"，这也是以"待禽兽之道待女人"。他认为，中国士子往往以女子易受淫书所惑而反对其读书，是"因一体而废其全体"，"以世间不能无淫书，致贻女人不学之苦，此非女人之罪也"，因为"淫书为男人所撰"，当归罪男人；不禁"男人之撰淫书"，但求女人不读书，不识字，与"幽闭女人"一样是"不思除害，但思避害"，"世岂有若是之治法乎？"④他感叹道：以男人之罪致女人于不

---

① ［美］林乐知撰，任保罗述：《论女俗为教化之标志》，《万国公报》月刊，第172册，第21735—21736页，光绪二十九年四月（1903年5月）。

② ［美］卫三畏：《中国总论》上，第546—547页。

③ 《续教化论》，《万国公报》周刊，第12年554卷，第6631—6632页，光绪五年七月二十日（1879年9月6日）。

④ ［美］林乐知撰，任保罗述：《论女俗为教化之标志》，《万国公报》月刊，第172册，第21736—21737页，光绪二十九年四月（1903年5月）。

学,世间"不公之事,孰有逾于此哉!"。① 在一些传教士看来,中国女子从伦理道德上说其实是"中国更好的那一半人口",她们"谦卑、优雅和俊秀",在智力上"并不愚笨,只是无知","由于不能上学,她们只能在若明若暗的朦胧状态中长大成人"②,这无异于暴殄天物。而"妇女失教,非惟家道不成,而国亦坏其强半矣"③。女子知学能去恶从善,关系家国甚重,但自孔子以来,中国"圣训百世不变",中国女子"至今无长进之盼望",中国之教化也因此不能有"长远之景象"。④

凌虐女子的第三大习俗是"缠足"。林乐知认为:此乃"中国最恶之风俗,亦为中国汉人独有之风俗","究之作淫巧,残形体,有百害,无一利,未有如缠足之甚者"。⑤ 丁韪良亦觉得"它的残暴性超过了西方任何一种变态趣味,包括对蜂腰和扁头的嗜好"⑥。对于这一相沿甚久、朝廷禁而不止的习俗,《万国公报》同治年间创办不久就开始发文对其追源溯流,展开批评。传教士比较普遍的看法是,缠足"诲淫邪状","戕乎天质,逆乎天理",有负上帝造人之道,也违背了"身体发肤,受之父母,不敢毁伤"的中国孝道古训,不仅令女子"痛苦难堪","跬步不端","坐视如缚",也妨碍生计,废伤人伦,败坏心术。⑦ 在裨治文看来,这种逆天害理的习俗之流行,表明了中国道德教化的"无效"⑧。

---

① [美]林乐知撰,任保罗述:《论中国变法之本务》,《万国公报》月刊,第169册,第21548页,光绪二十九年正月(1903年2月)。

② [美]丁韪良:《花甲忆记:一位美国传教士眼中的晚清帝国》,第51页。

③ [英]韦廉臣:《治国要务论》,《万国公报》月刊,第1册,第10164页,光绪十五年正月(1889年2月)。

④ [美]林乐知撰,任保罗述:《论女俗为教化之标志》,《万国公报》月刊,第172册,第21736—21737页,光绪二十九年四月(1903年5月)。

⑤ [美]林乐知撰,任保罗述:《论中国变法之本务》,《万国公报》月刊,第169册,第21549页,光绪二十九年正月(1903年2月)。

⑥ [美]丁韪良:《花甲忆记:一位美国传教士眼中的晚清帝国》,第8页。

⑦ 《裹足论》,《万国公报》周刊,第10年第503卷,第5364—5365页,光绪四年八月初四日(1878年8月31日);[英]秀耀春:《缠足论衍义》,《万国公报》月刊,第4册,第10365页,光绪十五年四月(1889年5月);天足会闺秀著,广学会督办译:《缠足两说》,《万国公报》月刊,第77册,第15275—15276页,光绪二十一年五月、闰五月(1895年6月)。

⑧ E.C.Bridgman, "Small feet of the Chinese females: remarks on the origin of the custom of compressing of the feet; the extent and effects of the practice; with an anatomical description of a small foot," *The Chinese Repository*, April 1835, Vol.3, p.537.

除了林乐知总结的三大端,中国女俗引传教士群起而攻之的还有溺女现象。溺女现象中国古已有之,如《韩非子·六反》所记:"产男则相贺,产女则杀之。"虽然中国历代官方均禁溺女,清代曾明令将溺女之人照故杀子孙律治罪,但民间一些地方或因贫不能育,或虑遭嫁滋累,或恐乳哺耽误生男,"甫下胞胎,立时致毙"的"忍心灭性"之事时有发生,而告发者寥寥。① 1843年,美国传教士雅裨理(David Abeel)以他在福建的长期观察与记录为据,向西方人披露了中国民间这一秘而不宣的习俗。② 溺女习俗经传教士披露后在西方传播甚广,张德彝与李圭出洋期间均遇有西方人向他们打听详情。③ 丁韪良初到中国曾在浙江乡间山谷见过许多劝诫不要杀婴的传单,他在回忆中说道:"当我就这个话题询问别人时,有一位男子玩世不恭地表示,之所以要打发掉那些女婴,是因为怕她们长大以后会给父母带来羞辱。另一个人则坦白说他有好几个女儿(我忘了究竟是几个)一生下来就被扼杀。"在他看来,这种令人震惊的犯罪在中国许多地方肆虐,是国家荣誉的"重大污点","足以使一个民族声名狼藉"。④ 传教士相信溺女现象在中国各地普遍存在⑤,在他们看来,这一现象伤天害理却厉禁不止,其根源就在中国人重男轻女、缺少教化。

传教士还注意到了中国的婚俗,卫三畏在《中国总论》中介绍说:中国人

① 朱批奏折,乾隆八年十一月十一日,署理福建巡抚周学健,"奏为汀州有溺女婴之恶习请设育婴堂以补溺女之危事",档号:04-01-01-0091-003,中国第一历史档案馆藏;朱批奏折,乾隆五十七年十月二十日,陈淮(江西巡抚),"奏为奉谕复陈查办江西婢女揥留不嫁及溺女恶习事",档号:04-01-01-0444-047,中国第一历史档案馆藏;录副奏折,同治五年二月初十日,陕西道监察御史林式恭,"奏为广东等省民间溺女积习未除请饬各省督抚严行查禁事",档号:03-5079-002,中国第一历史档案馆藏。

② David Abeel,"Notices of infanticide collected from the people of Fukien,"*The Chinese Repository*,Oct.1943,Vol.12,pp.540-548.

③ (清)张德彝:《随使法国记》,载《走向世界丛书》II,第396页;(清)李圭:《环游地球新录》,载《走向世界丛书》VI,第238页。

④ [美]丁韪良:《花甲忆记:一位美国传教士眼中的晚清帝国》,第69—70页。

⑤ 溺女在中国是个别行为还是普遍现象是有争议的,英国驻上海领事麦华陀(W.H.Medhurst)1872年就对传教士溺女普遍性的看法表示了质疑,认为溺女普遍存在的说法是误解、想象与夸大同时制造出来的,他说:"有些城市和地区有杀死女婴的习俗,有的很不显著,有的则更少;也有些地区根本没有这一习俗,我认为同欧洲某些城镇盛行的陋习相比,在大多数城市里这种行为并算不了什么,害处也不比欧洲的大,其唯一的目的便是企图掩盖过失。"参见[英]约·罗伯茨编著:《十九世纪西方人眼中的中国》,第111—112页。

的婚姻大事操控在家长手中，家长通常在子女十一二岁就为他们订立婚约，而女子订婚后一直到出嫁，都要"严格地与外人隔绝"，这与西方大不相同。由于男女隔绝，"在办婚事的全过程中，有时可能出现骗局，上轿的不是订了婚的那一位，而是另一人，或是男的弄错了他想娶的女子的名字"，譬如，有人"在街上看中了一个女郎，请媒人向她的父母提亲，得到同意，但是他弄错了他迷上的是她家第几女，结果娶来的是第五女而不是他想要的第四女，使他深感懊悔"。中国女子在婚姻中"被剥夺了自主选择伴侣的权利"，她婚后得到的同情和爱也"比不上基督教国家的妇女所能享受到的。她的婆婆还常常是她最大痛苦的根源，要求她有着孩子般的顺从和奴隶般的劳动，不服从和怨恨是常有的事"。① 中国女子在婚姻中受轻视，被薄待，她还得忠于丈夫和家庭，"指控妻子不贞"是丈夫与妻子离婚的"最好借口"②，而与此相对，男子纳妾现象却相当普遍。卫三畏报道说，虽然社会下层纳妾稀见，"但商人、官员、地主因景况较好而娶了一个或更多的妾；在这类家庭中可能占五分之二。尽管他们相信'十妇九妒'的谚语，意识到多妻妾会引起不和，而讲排场、赶时髦成了增添女人人数的原因。也许可以说多配偶的最大支持来自妇女方面。妻子寻求增强自己的地位，弄了更多的女人进屋，以减轻自己的事务，满足自己的幻想。中国人解释这一关系，将妻比做月、妾比做星，两者各得其所，都围绕太阳转"。③

　　传教士对中国女俗的批评涉及中国女子生活的方方面面，归结起来就是中国女子"地位低贱受歧视"④。当然，中国女子来自不同的阶层，传教士发现她们并不是生活在同一条轨道，下层女子与上层女子的生活很不同。怀礼报道：

　　　　在停泊岸边的小船上，你可看见她在狭小的屋里，地位低下，受到忽略，她乘船穿梭在广阔的河面上，以打鱼维持生计，在困苦中养育孩子。

---

① ［美］卫三畏：《中国总论》（上），第548、551、553、554页。
② ［英］约·罗伯茨编著：《十九世纪西方人眼中的中国》，第105页。
③ ［美］卫三畏：《中国总论》上，第552页。
④ ［英］约·罗伯茨编著：《十九世纪西方人眼中的中国》，第102页。

你可以看到她在烈日炎炎的酷暑中劳作,播种、收获,并用她的肩膀挑起货物到市场,而同时她的漠不关心的丈夫在和孩子们嬉闹,或在家里吸烟或鸦片。你可以看见她走街串巷,挑着沉重的担子,做着仆人的活计,像男子一样从事体力劳动,并和粗鲁、半裸的男人们竞争着。而在社会的另一个阶层,你可看到她幽闭在家里,深居简出,有着妻子的名分,却被用作主人的奴隶,承担着家庭的责任,但得不到爱和感激的回报。你可以看见在更高的社会阶层中,她像是"内室"里浮华、装饰性的同居者,与世隔绝,拥有着空洞无价值的妻子的名分,却充当着被买来的侍女的角色,她可以用音乐、刺绣和打扮来自娱度日,还时刻想着取悦主人,满足主人的愿望,从没有梦想过她有权成为他平等的伴侣,或期望因她的爱慕和善良而得到任何回报。你还会看到,在卖淫和声名狼藉的简陋小屋里,有最悲惨、贫困的女人,她们的堕落并非出自自愿,而是因为她的无情、贫困的父母将她卖给丧失人性的人。①

怀礼无意中重申了法国传教士古伯察(Evariste Régis Huc)的观点,后者在1852年出版的《中华帝国》中说:"中国妇女的状况是最惨的,受苦、受难、受歧视,各种苦难和贬抑无情地伴她从摇篮一直走向坟墓。她一降生就被公认为是家庭的耻辱……如果她没有立即被溺死……就被当作一个卑贱的动物,几乎不被看作人……"②中国地广人众,不同地域、不同族群、不同群体的人的生活方式或多或少会有所不同,传教士的发现和感受会不一样,但就像怀礼带有想象性的报道所表现的那样,他们几乎一致地认为中国女子从上到下普遍被不公正地对待。除了成为母亲和婆婆,借此变为"女神",她们难有出头之日③。

"文明"的课业

其实,为了揭露中国女子所受的对待是野蛮的,表明文明教化的中劣西优,为福音开道,传教士一直在树一块"文明"的样板,即向中国人介绍西方女

① [美]怀礼:《一个传教士眼中的晚清社会》,第196—197页。
② [英]约·罗伯茨编著:《十九世纪西方人眼中的中国》,第104页。
③ [美]卫三畏:《中国总论》上,第554页。

子的生活与习俗,以此作为传教之外的另一种课业。这类活动可追溯到鸦片战争前。1838 年 2 月,德国传教士郭士立(Karl Friedrich August Gutzlaff)创办的《东西洋考每月统计传》就登有介绍英国女俗的文章,借远游英伦华人之口对英国"男女不别""不拧脚筋""设女学馆"等大加赞赏①。

　　传教士"文明"课业的一个重点是介绍与男学并重的西方女学。1873 年,德国传教士花之安(Ernst Faber)辑《西国学校》在中国刊行;1883 年,丁韪良又组织同文馆译员将德国人辑的另一本书《各国学校考》译成了中文。这两本书对西方学制的介绍非常详备,突出了男女并重的特点。以《各国学校考》为例:英国"学制共分三等,曰大学院,曰学堂,曰书塾,凡男女幼童,初学入书塾,继入学堂,肄业有成则入大书院。岁加甄别,苐其甲乙";法国"国中高材博识之士时不乏人也,特是学业不但盛于儒生,而教化又下及乎女子,国中女塾公私并设,不栉之流咸工笔墨而娴吟咏琴歌,化理数学方言,无不兼通,并擅统计,国中男女学生约二百九十万";德国"各处城乡皆有学堂,由地方官捐建经理,通国幼童无论贫富,男女自七八岁起,皆入学,至十五岁为小成";美国"学制有六等,一曰初学学堂,即所谓公学由国家供给者也,凡府州县城以至都图乡镇无不设焉。凡七岁以上至十四五岁之幼孩,无不入焉。……人无论男女,境无论贫富,位无论贵贱,皆于公学中教训之";瑞典"幼童俱入塾不收其资……七十一年查得民间自八岁至十五岁无分男女,悉皆入塾读书,约十分居九分七矣,男师五千三十九人,女师二千七百七十六人"。② 除了这些专门著作,传教士办的刊物如《遐迩贯珍》《中西闻见录》《万国公报》等亦不时宣传,称英国女子读书"与男子同"③,"西俗妇女向来读书,与男子少异"④,"泰西各国男女皆读书"⑤。

---

① 《侄外奉姑书》,《东西洋考每月统计传》1838 年 2 月。
② 《各国学校考》,见东山主人编:《新辑各国政治艺学分类全书》,光绪壬寅(1902)季秋袖海山房藏板鸿宝书局石印,第 2—11 页。
③ 《瀛海再笔》,《遐迩贯珍》第 8 号,1854 年 8 月。
④ 《各国近事》,《中西闻见录》第 19 号,1874 年 2 月。
⑤ 《大英国事·相女为师》,《万国公报》周刊,第 15 册,第 15 年 708 卷,第 9347 页,光绪八年八月十九日(1882 年 9 月 30 日)。

传教士对西国学制的介绍与清朝使臣观察到的情形基本一致。在传教士看来，重女学是基督教世界"文明"的一种体现，"既创男学而不办女学，殊非男女平等之道"①。花之安指出，"妇女为学是至要之事，盖妇女具有灵魂才能与男子无异，男子需学道以明理，通书以增识，妇女亦然"②，而中国只讲求"妇人能事舅姑，躬织作足矣，他非所尚"，又以"古来才女多蹈淫"，遂置女学不讲，③"妇女不知书，只为酒食是议，则酒食之外，岂知尚有无穷道理乎？人生只为饮食居处，与禽兽何异？天赋人以灵明之性而人泊之，是慢天亵天也，慢天亵天者，能逃天谴乎？"在他看来，女学不仅能让女子明理，摆脱"禽兽"生活，其本身也事关教化育人，因为"丈夫在家之时少，妇人在家之时多，训子女，母之功多于父，苟为母未尝学问，何能训子？"。④ 花之安以泰西为例来说明女学的作用：

> 妇女有学，今在泰西甚要，有关于政治民生。苟贫家之妇无学，难于觅食，盖纺纱纂组缝纫，诸女工今多以火机为之，一机可抵百人工速，而物美且价廉，人手为之获值无几。昔日之女工今可为者，不能十分之一，以全国论，贫妇不知凡几，谋食之门既窄，祸有不可胜言，不能不另开生面，是以妇女需学。今泰西贾肆多妇人助其夫，督理各事，以省夥伴，书馆多妇人为师，书信馆亦用妇女抄写，翻译绘事有以妇人为之，使妇人无学何能胜任。⑤

《万国公报》在光绪七至八年（1881—1882）发起了"女学有益"的讨论，其中有人撰文指出，华人信"女子无才便是德"，以致女学不讲，"家之内政"无足

---

① 江宗海：《上海中西女塾记》(1892)，见陈学恂主编：《中国近代教育史教学参考资料》，人民教育出版社1987年版，第226页。

② ［德］花之安：《德国学校论略·小引》，《西国学校》，见东山主人编：《新辑各国政治艺学分类全书》，光绪二十有七年辛丑(1901)，第10页(文页)。

③ ［德］花之安：《德国学校论略·女学院第四》，《西国学校》，见东山主人编：《新辑各国政治艺学分类全书》，光绪二十有七年辛丑(1901)，第11页(文页)。

④ ［德］花之安：《德国学校论略·小引》，《西国学校》，见东山主人编：《新辑各国政治艺学分类全书》，光绪二十有七年辛丑(1901)，第10页(文页)。

⑤ ［德］花之安：《德国学校论略·女学院第四》，《西国学校》，见东山主人编：《新辑各国政治艺学分类全书》，11页(文页)，光绪二十有七年辛丑(1901)。

重轻,"闺范之凌夷于斯为极"。① 丁韪良则以美国为例来表明"女子无才便是德"系"瞽说":

> 美国学校男师有九万七千余,女师有十四万,无论男女,十岁以下者,率从女师受教,故女子多有舌耕而广宣文化也。……夫闺秀身列学宫,一切《女经》《女诫》,无不洞澈于怀。既终年伏案,诗书之气必深,斯一旦结褵,琴瑟之情自笃,不但与妇德无损,且守己倍著,贞操教子亦垂义训也,然则女学之设盖可忽乎哉?②

通过中西对比,传教士一方面树立了基督教世界重女学的文明形象,另一方面也表明了中国女学不讲于教于德均有害无益。

来华传教士在宣扬西方女学观念的同时,也在实践、创办女校。1844 年,传教士在通商口岸宁波创办了中国内地第一所教会女塾,随后,教会女塾在中国沿海、沿江的通商口岸相继设立,至 1876 年已有日校 82 所,学生 1307 人,寄宿学校 39 所,学生 794 人。③ 1881 年,林乐知在上海创办中西书院,曾计划招收女生④。十年后,他在上海专门创办了一所女塾,创办前一年在《万国公报》登启事曰:

> 教女之法,古者中国有之,后世轻女重男,其制不立,遂若读书明理专为男子之事,与女子无预,识者未尝不难其偏,而以西国男女并教为至善也。……创立中西女书塾,鸠工庀材,一俟落成,即行开塾,监督特派女士海淑德主理其事,中西并授,制与中西书院无异,所有章程容缓刊布。凡闺秀名媛愿来肄业,务望先期报名。⑤

---

① 《续中西书院之益(课卷)》,《万国公报》周刊,合订本第 14 册,第 14 年 683 卷,第 8890 页,光绪八年二月十四日(1882 年 4 月 1 日);严麟:《中西书院之益(课卷)》,《万国公报》周刊,合订本第 14 册,第 14 年 684 卷,第 8908 页,光绪八年二月二十一日(1882 年 4 月 8 日)。

② [美]丁韪良:《西学考略》卷下,《续修四库全书》第 1299 册,上海古籍出版社 2002 年版,第 729 页。

③ *Records of the General Conference of the Protest Missionaries of China Held at Shanghai, May 10—24, 1877*, Shanghai: American Presbyterian Mission Press, 1878, p.485.

④ 《书设立中西书院启后》,《申报》1881 年 10 月 25 日。

⑤ 《中西女书塾启》,《万国公报》月刊,第 12 册,第 10905—10906 页,光绪十五年十二月(1890 年 1 月)。

当然，教会女塾的创办与传教事业有紧密关联。《万国公报》称："自耶稣教传入中华，各处传道西国牧师开设男女义塾，收养男女生童，衣之食之者有之。男则读圣书外，犹读儒书，长则能工传教者，派之传教，否则送以习业；女则能工传教之，亦派之传诵圣书于妇女之中，且幼小读书时，犹教习女工、针黹，厚德最大。"①

传教士"文明"课业的另一个重点是介绍一夫一妻的西洋婚俗。花之安在《自西徂东》中说："凡西国合婚，务必男女意无龃龉，方为夫妇，若有一不允，即父母亦不能相强，以夫妇为人生终身之事，苟既完婚，断无乖离，倘非彼此情愿，恐日后不能和谐，定难相处。盖夫妇贵保守以谐白首，男既不能多娶，而女亦从一而终，此男女有同情也。夫从道理而行者，必爱敬其妻，敬妻之人，则不敢为恶而自顾体面。"②在他看来，"从一而终""男女同情"是上帝建立的"夫妇之伦"，"在昔上帝之所谕：'胶漆其妻'。盖夫妇虽异形，有偕老之义，无中道之弃，名分一定，则终身不可易。……故信之者，虽天子之尊亦不得有二妻，而不闻有三夫人、九嫔、二十七世妇、八十一御妻，而其下更不必论也"。夫妇之伦失，则"纳妾之弊"开。③除了上帝之谕，在世俗层面，花之安提到，西国夫妻的法律地位平等，"妻可以告其夫，而夫亦可以告其妻，以夫妇无分上下，但当闻其合理与否耳"，不仅如此，"且官府更宜保护妇女，以女子软弱，易被凌虐也"。④

花之安对西国婚俗的介绍含沙射影，有讥中国之意。一夫一妻是传教士眼中的人间"正理"，"人伦之一，风化所关"⑤。英国传教士艾约瑟(Joseph Edkins)在《泰西妇女备考》中说："何以知一夫一妻之为正理乎？不观天之生

---

① 《男婚女嫁》，《万国公报》周刊，第 8 年 364 卷，第 1765—1766 页，光绪元年十一月初一日（1875 年 11 月 27 日）。

② ［德］花之安：《自西徂东》卷二，上海书店出版社 2002 年版，第 80 页。《自西徂东》是花之安在广东传教期间写就，1879 年至 1883 年在《万国公报》连载，1884 年正式出版，后被大量翻印，由传教士分送中国士子。

③ ［德］花之安：《自西徂东》卷三，第 129 页。

④ ［德］花之安：《自西徂东》卷二，第 80 页。

⑤ 《满蒙教迁居墨西哥》，《万国公报》周刊，第 7 年 327 卷，第 739 页，光绪元年二月初六日（1875 年 3 月 13 日）。

人乎，天地间男男女女，畛域各判，彼此似不相谋，而统计万国男女之大数，其寡多不甚悬殊者，冥漠中未必无深意于其间也。即以势而论，一夫一妻，或治外，或治内，各有专司，交相为助，以之齐家而家齐，以之治国而国治，以之治天下而天下亦无不平。若一夫而娶数妻，权纵不致旁落，而人多则疑生，疑生则情隔，情隔必至于纷争。"①依传教士看，西国一夫一妻合"上帝造人之道"，行的是"正理"，而与此相对，中国纳妾"靡靡之习"走的无疑就是"歪道"。《万国公报》讥讽"歪道"说，"有贱丈夫焉，甫咏结缡，即谋纳宠，不以为非理之正，且以为事所当行，姬妾盈前，居然以多多益善也"②。

传教士的"文明"课业还涉及对西方女子的财产权、阃外活动等内容的介绍，前者如花之安所言，女子不论已嫁未嫁，有权"与兄弟均分家财"，亦"有权料理家业"③；后者可见《万国公报》的"西国近事报道"栏目，其中不乏对西方女子当下生活的介绍，如"凫水""行医""手工""从军""周游"等，凸显西方女子出入无禁、择业自由，与儒家女子囿于阃内形成了鲜明对比。林乐知以西比中说：

> 中国男女，分别最严，西国男女，往来无禁，乃中国之女俗，反不如西国。中国女子出门，为父母者，当存疑惧之心；西国女子出门，为父母者，不设防闲之法，乃西国女子，反较中国为善。

林乐知认为，问题就出在西人有"公德"，以之范围男女，而"华人不知以公德化其人民，但以分别男女，冀稍遏其私欲"，此无异于"逐其末而不端其本"。④

李提摩太（Timothy Richard）说："天主当初造物，一男一女，参阴阳之妙化，配天地之自然，原无轩轾于其间。"⑤西方男女并学、一夫一妻、男女平分家

---

① ［英］艾约瑟：《泰西妇女备考》，《益智新录》，第 2 年第 5 卷，光绪三年九月（1877 年 10 月）；又见《万国公报》周刊，第 10 年 497 卷，第 5192—5193 页，光绪四年六月十四日（1878 年 7 月 13 日）。

② 《满蒙教迁居墨西哥》，《万国公报》周刊，第 7 年 327 卷，第 739 页，光绪元年二月初六日（1875 年 3 月 13 日）。

③ ［德］花之安：《自西徂东》卷二，第 80 页。

④ ［美］林乐知撰，任保罗述：《论女俗为教化之标志》，《万国公报》月刊，第 172 册，第 21736 页，光绪二十九年四月（1903 年 5 月）。

⑤ ［英］李提摩太：《续救世教益·四章·有益于俗》，《万国公报》月刊，第 30 册，第 12113 页，光绪十七年六月（1891 年 7 月）。

财以及同等自由等,从不同的方面体现了基督教"上帝面前人人平等"的理念,代表了"文明"与"教化"之美。林乐知选译西人所撰《美女可贵说》一文,以美国作为"文明"世界的榜样,对此做了集中表述:"万国之中有美国,其人最喜指其妇女之地位,以表其国之教化",分而述之,其要者有:男女财产平权,"女虽未嫁,已有治产之权,其产或父母所传,或积赀而得,或他人所赠,皆得自主";女子操业几与男同,其"操上工者,为行医、教书、主笔、治律之属,多于欧洲各国";女之向学"盛于欧洲",男女"同学同班,学日以进,女子皆不亚于男子"①;女子"出入无禁",时有上等女子出远门,"购买车票,只身往来,旁人既不以为奇,而且敬礼之",城市中人亦视女子出门为常事,"闺阁涩缩之风,一扫而空矣!"综而言之,天下重女子者无逾美国,女子以礼自持,狎亵之风不禁自绝,境中教化较欧洲"更进一步"。②

以女子为教化的表征,传教士树立了一个"文明"的西方形象,同时明示了一个与此相对的"野蛮"的中国形象。文明的西方是基督教世界的样板,传教士对这一样板的来历做了一番说明。艾约瑟说,耶稣教未行之先,泰西诸国之妇女甚为卑贱,"即衣食亦不得与男子并","迨耶稣教行,男治外,女治内,各无相渎,而妇女视从前较胜一筹矣!"③换言之,西方女子所享有的"男女平等"的地位并非古已有之,而是沐天主之恩。《万国公报》明确说:"基督之道,为振拔女人之道"④,"泰西女子,其地位有如是之高,必有一大根源在宗教是也。英美之宗教,在释放女子,提挈女子……故耶稣福音所至之国,男女平等之说,渐以发明,而昔时所谓必幽闭愚昧、方足保其贞节之谬谭,不复能行。"⑤

---

① [英]布兰飔著,[美]林乐知译,蔡尔康录:《美女可贵说(并引)》,《万国公报》月刊,第 125 册,第 18533—18536 页,光绪二十五年五月(1899 年 6 月)。

② [英]布兰飔著,[美]林乐知译,蔡尔康录:《续美女可贵说》,《万国公报》月刊,第 126 册,第 18625—18626 页,光绪二十五年六月(1899 年 7 月)。

③ [英]艾约瑟:《泰西妇女备考》,《益智新录》,第 2 年第 5 卷,光绪三年九月(1877 年 10 月);又见《万国公报》周刊,第 10 年 497 卷,第 5192 页,光绪四年六月十四日(1878 年 7 月 13 日)。

④ [美]林乐知译,任廷旭述:《论振拔女人之源流》,《万国公报》月刊,第 214 册,第 24830 页,丙午年十月(1906 年 11 月)。

⑤ 《纽西兰女子之地位》,《万国公报》月刊,第 209 册,第 24398—24399 页,光绪丙午年五月(1905 年 6 月)。

林乐知在通考全球五大洲女俗后说："凡有道之邦，即信上帝之真道者，其男女无不平等；无道之邦，即不信上帝之真道，而别有所谓一切道者，其男女无一平等。此可知男女之平等不平等，在于其所信之道，道如是，则其教化亦如是，即其待女人亦必如是矣！""夫以中国固有之儒教，加以印度传来之佛教，及天方诸国传来之回教，皆为暴虐女人之教道，何怪乎轻视女人之风俗，成为华人之公见乎？"①传教士关于基督与文明的附会，似在向中国人传达：听从福音，方能善待女人；拥抱基督，亦即拥抱文明。

三、复古与开新：《申报》论女俗

习俗承载文化。在近代中西竞争中，中西习俗孰优孰劣关乎文化的优劣，从而也关乎文明征服的政治。传教士带着改良的善意与征服的雄心来华，对中国女俗展开批评，并借此将中国判定为半文明、半教化国家，而"半文明"或"半教化"，其实是 18 世纪晚期在西方已开始出现并在 19 世纪趋于流行的对中国的定位②。不过，在近代中西交往的早期，或者说在中国遭受甲午重创之前，大多数中国人并不认同西方对中国的这一定位。视中国人"接近于洪荒时代"的杨格非在 1869 年致伦敦传道会的一封信中曾抱怨说："我们不是比他们优秀得多吗？我们难道不是比他们更有气概、更加睿智、技术更好、更有人情味、更加文明，说得更确切一点，在任何方面都更加令人尊敬吗？"但是，

---

① ［美］林乐知撰，任保罗述：《论女俗为教化之标志》，《万国公报》月刊，第 172 册，第 21733—21734 页，光绪二十九年四月（1903 年 5 月）。

② 1856 年，理雅各为中国学生编译出版了一本英汉对照教材《智环启蒙塾课初步》，该书"第 154—157 课"将世界上的国家按进化发展程度由低到高的顺序列为四等，分别为："国之野劣者"（savage nation）、"国之野游者"（barbarous nation）、"国之被教化而未全者"（half-civilized nation）和"国之被教化而颇全者"（civilized nation）。其中，"野劣"之国，人全无教化，衣兽皮，食野果草根，或猎兽取肉；"野游"之国，"国无都城定处，民游各方，寻旬以牧群畜，或寻机以侵邻部"；"被教化而未全"之国，"于格物致知，已有所获，于教化政治，已有所行，但仅得其偏，而未得其全"；"被教化而颇全"之国，"其中士子谙熟技艺文学（science）"，"其民为天下之至明达者"（［英］理雅各：《智环启蒙塾课初步》，香港英华书院，1864 年）。理雅各引介的文明等级说是 19 世纪早期在西方已流行开来的版本，其中已将中国列为半教化（half-civilized）国家。

"在他们的思维里,中国过去是,现在是,将来也永远都是真正文明的起源和中心"。① "经言夷夏之辩,以礼义为限,不以地界而分"②,中国人习惯于以"伦常名教"论教化,定夷夏文野。传教士对中国女俗的批评虽然咄咄逼人,直指儒家纲常,但"中学为体,西学为用",中国人赖以安身立命的伦理根基在这一时期并未见因此而有多大动摇。

尽管如此,传教士的批评还是引起了中国人的注意,其"文明"教程在某些方面也触动了部分中国人。在得风气之先的口岸城市,比如上海,一些士人在19世纪70年代已开始关注、谈论女俗,西方人办的中文报如《上海新报》《申报》《字林沪报》等成为发表议论场所。其中,最突出的是由英商出资、华人主笔政的《申报》,该报在1872年创办后不久便成为发表有关议论的主阵地。《申报》谈论的女俗主要涉及女学、男女之别、男女轻重这三个相互关联的话题。

兴女学正风俗

女学与教化有直接的关联,是女俗当中最受《申报》关注的话题。1876年3月30日,《申报》发表了署名"棣华书屋"的《论女学》,揭开了讨论的序幕。作者有感于泰西诸国女学"日盛一日",而中国女学自"三代"振兴,降及后世反而"渐废",提出应行古道复兴女学。文章说:"妇女之灵性与男子同,有高明者,有沉潜者,均可随质施教。并非身为女子,遂尔秉性阴柔,别为一类。第教男而不教女,是得半之道也。何则?天下男女之数大略相当,半为男而半为女,若不有教无类,则十人只作五人之用,岂不有负大造生人之意乎?"③在作者看来,女子不学,无以为用,人皆贱之,是故"溺女之事,世所时有",设女子有学,待学业有成,或"为女学山长,品重席珍",或"著书立说,传之后世","显亲扬名",或有"一技一艺堪为糊口之赀",家贫亲老藉之"以沾升斗","溺女之惨不禁而自止。否则,虽禁之,而仍有阳奉阴违者"。不宁惟是,女学还可

---

① 参见[英]罗夫·华德罗·汤普森:《杨格非:晚清五十年》,第176—177页。
② 宋育仁:《泰西各国采风记》(1895),岳麓书社2016年版,第138页。
③ 棣华书屋:《论女学》,《申报》1876年3月30日。下引该文出处同。

助长男学，"女学兴而男学亦臻臻日上"：一方面，女子有学可用于教子，"家垂母教即国储贤才"；另一方面，"女子学即所嫁之男子亦学，则夫妻同学愈切观摩，是夫妇也而兼朋友之谊矣。女子学而所嫁之男子失学，则枕席之规箴更胜父师之约束，一若以夫子为弟子也。由是循循善诱，则为之夫者自顾须眉有惭巾帼，不禁积惭思奋而恐后争先"。

《论女学》主要想说明女学可化女子之无用为有用，改变世人对待女子的态度。当中值得注意的是对女学的定位：

> 今夫女学之要，原非女工一端可竟其业。凡格致治平之道亦宜通晓，庶学不限于小成，若徒以工刺绣、司酒食为能，则失之远矣。盖刺绣所以悦目，酒食所以适口，均是人也，奈何仅予以悦目适口之能而不施教化？

作者扩展了女学的内容，认为女学当同于男学，女子该受与男子一样的教育，这一看法突破了传统女学与男学的界限，与前揭花之安1873年辑《西国学校》所言雷同，当受其影响无疑。有意思的是，作者挪用了传教士的说法，但转换了提法："中国三代以上早已振兴女学"，今兴女学，"并非仿照西法，盖今之西国女学适与古之中国暗合，夫亦犹行古之道也"。

《论女学》倡行"三代"古道，行文间也依稀流露了对当下世风的不满。女学不讲则妇道不立，妇道不立则妇德不彰，于是世风日下，人心不古。文章的着眼点在复古礼、救世风人心。几天后，《申报》接着刊登了署名"悟痴生"的《书论女学后》，以为呼应，就女学与风俗人心的关系展开申论："余谓女学兴，而风俗人心可以大正，切指之则有四端焉。"其一，兴女学可止皈依朝拜及僧尼引诱之风：盖女子禀性阴柔，"易为流俗所惑"，"上自大员官眷，下至村妇妓女，无不皆然"；其耕作之辈，习为皈依朝拜之事，"甚有归教会"，"而男女混杂者，或有宿山门而行奸寺内者，其流弊不可胜言"；至于大家妇女，"或防范偶疏，僧尼抄化，邪说横行，惑人听睹，轻则馨囊而赠，重则入寺烧香为奸"。此皆不读书、不明理所致也。其二，兴女学可绝夸侈斗靡之风："女子性多静，既无他事扰，其心思仅刺女红、司酒食，以为完其职分。然聪明者智巧无所施，乃专于儿女情中作工夫，调脂抹粉也，装新样袜履也，梳好光头也，自昼至夜，无非为蛊惑夫男、取媚为容起见。若夫大家婢妾更易为功，着于身者，由布而绢，由绢而绉而缎;饰于首者,由银而金,由金而珠而翠。玩物丧志,习为华丽,而风俗日形奢靡矣。……此皆闲居无事、钩心斗角之所由渐致也。今既读书,则夫妇相庄俨如师友,各有所事,而一切外好不足以纷其心……夸侈斗靡之风可以渐绝。"其三,兴女学可除女子"撒泼猛戾之习":"妇人既不读书明理,其沉潜者能自安分,若禀资桀骜者,则其鸷戾之性无可驭制,于是有忤姑嫜者、不敬丈夫者、妒婢妾者、不睦妯娌者,甚有为人后室而虐待前妻之子者、怂恿愚夫求与兄弟分产者,又有乡间蠢妇骂邻里者、抛头露面打街骂巷者",往往"一妇直前,千夫退避"。若男女皆兴学,则断无此"悍泼性成""无法无天""无伦无理"之人。其四,兴女学可使为父母者男女并重,不仅溺女、鬻婢之习会自息,还可抑制赁女为妓"专以媚悦男子"之现象,"淫荡妖冶之习可以渐除"。①

四天后,《申报》以"本报讯"发《再论女学》,续接前二文,援西比中,引古论今,进一步申论兴女学之必要。作者说,西国"训女"有方,中国古昔女子学亦"同于男子",今时之人则"深以女子能有才学为讳",而女学废,女子能知礼明义者鲜。比如富贵之家,"其妇女往往视其夫家之兄弟子侄,泛如陌路,疾如仇雠"。在作者看来,女子不学,不仅不明礼义,亦不知礼乐,而"礼乐等事,本当男女皆知",今"妇女能通音律,反笑为娼妓之流",其"一举一动,皆用防闲,直使妇女毫无生人之趣矣"。以作者所见,兴女学既可改良世风,还可增添人生乐趣,不仅"泼妒之风可化,勃谿之事可无",而且"妇女皆知礼乐,则男子出游四方,非徒可以持家,而且可以训子,及男子一旦归来,则闺中自有良友可以共谈,可与同乐,或鸣琴而戒旦,或举古以证今,闺房已为极乐之国,不必再为狭邪之游、博局之赴,岂不美哉"。②

《申报》半月之内连发三文讨论女学,无疑是想引起世人对女学的关注。或是为了增强说服力,博取占社会主导地位的男性士人的认同,三文的论说多着意于表现兴女学会给男子带来好处(当然,不排除论者的本意就是为男子着想)。半年后,《申报》结合时下有关"士习"的议论,以"本报讯"再发一文,

---

① 悟痴生:《书论女学后》,《申报》1876年4月7日。下引该文出处同。
② 《再论女学》,《申报》1876年4月11日。下引该文出处同。

将兴女学与端士习挂钩，继续申论女学于男子、于社会均有大益。该文举古昔圣贤立论，认为妇女有学知礼方可为人贤母，母贤，其子女亦贤。比如古时，女有学，其为母者无事无时不教子女以礼义，"故其子成立之后必能克家，其女遣嫁之后必能宜室"，如此则"士习断无不端"，"民风断无不厚"。今"欲四民皆敦于古处，凡国之男女皆须设学以教之，使之博古知今，明理达义"，而为妇女者"庶几可以为人贤母、为人贤妻矣"。①

兴女学，使女子知礼明义，成为贤德之人，是《申报》以上诸文共同表达的愿望。但社会上流行"女子无才便是德"，诸文分别对这一阻碍女学的观念提出了批评。《论女学》说："语云女子无才便是德，斯言误矣。夫所谓才者，岂惟咏风雪月露之词而已哉？以是为才，宜其无德。"《书论女学后》说："谚云女子无才便是德，又云女子无才便是福。一言天下古今有才之女，无不咏风花雪月之词，习为纤巧淫亵之语，以至丧贞失德者有之，故不如尤才之为愈也。一言有才之女多流俗不偶，故不如无才之为愈也。然所谓才者，岂止今之所谓才哉？"《再论女学》说："自宋儒兴，而后有女子重德不重才之说，从此女学遂废。然有德之人而又能有才以济之，不更为全备乎？但训女之学不必令学风云月露之词，惟当令学礼乐诗书之事，是虽才也，仍不外乎德矣，又何必定使女子废学乎？"依诸文所见，女子之才并不像"女子无才便是德"的格言所提示的那样与德决然冲突，它有"无德"与"有德"之分，前者是"风花雪月"，后者是"礼乐诗书"，前者当绝，后者该学，因前者而废学，使女子成为无学无才无德之人，是"因噎废食"。

女子的学、才、德问题是明末以来争论不休的一个话题。社会通常的看法是，女子的学、才往往与德冲突，为了维护女德，最好令女子不学。如明末士人陈继儒说："男子有德便是才，妇人无才便是德"②，为了捍卫女子"不淫"的道德底线，他主张以"德"抑"学"。康熙初年国史院学士靳辅解释说："女子通文识字而能明大义者，固为贤德，然不可多得。其他便喜看曲本小说，挑动邪心，甚至舞文弄法，做出无耻丑事，反不如不识字，守拙安分之为愈也。陈眉公云：

---

① 《论设女教以端士习》，《申报》1876 年 11 月 1 日。
② （明）陈继儒：《安得长者言》，见《四库全书存目丛书》子部，第 94 册，上海古籍出版社 1987 年版，第 467 页。

'女子无才便是德。'可谓至言。"①靳辅所言在康熙末年被石成金原封不动地编入了"传家宝"②。不过，对于这一流行说教，明末也有一些士人持有异见，如提倡"闺智"的冯梦龙就质疑道："语有之：'男子有德便是才，妇人无才便是德。'其然，岂其然乎？……夫才者，智而已矣。不智则愦，无才而可以为德，则天下之愦妇人，毋乃皆德类也乎？"③

《申报》诸文明确反对"女子无才便是德"之以"德"抑"学"、废弃女学的做法，而主张兴"学"立"德"，用"礼乐诗书"匡正女学，扭转"风花雪月"的偏失，使之朝向女德。不过，《申报》诸文这类设想，乾嘉学派章学诚100多年前就曾提出过。他有感于当世之人以"春闺秋怨，花草荣凋，短什小篇，传其高秀"为妇才，而所谓才女"以纤佻轻薄为风雅"，"以造饰标榜为声名"，"后生炫燿，士女猖披"，以致"人心风俗，流弊不可胜言"，于是写了《妇学》，以"救颓风，维世教，饬伦纪，别人禽"。在他看来，妇学（女学）本是"三代"大道，"德言容功，所该者广，非如后世只以文艺为学也"，妇学"必以礼为本"，"妇学废，而士少齐家之效"，与"小学废，而儒多师说之歧""师说歧，而异端得乱其教"一样，贻害无穷。为了复兴"三代"妇学，扭转当世妇学"因诗而败礼"的偏失，章学诚将"四德"（德、言、容、功）作为妇学之目，强调女子要由学及才、德才兼备，所谓"古之贤女，贵有才也"，而"材须学也，学贵识也"，将妇学与女子识礼明德视为一体。④ 章学诚的《妇学》面世不久，"即翻刻许多板，流传极广"，晚清士人对其并不陌生。⑤《申报》诸文所论即沿袭了章学诚《妇学》的

---

① （清）靳辅：《庭训》，见徐梓编注：《家训——父祖的叮咛》，中央民族大学出版社1996年版，第333页。
② （清）石成金编著：《传家宝全集》第2册，线装书局2008年版，第112页。
③ （明）冯梦龙：《智囊·闺智部总序》，载魏同贤主编：《冯梦龙全集》第5册，江苏凤凰出版社2007年版，第594页。
④ （清）章学诚：《妇学》《妇学篇书后》，载《文史通义》，刘公纯标点，上海古籍出版社1956年版，第168—176页。
⑤ 陈东原：《中国妇女生活史》，第270页。李圭在《环游地球新录》（238页）写过一段有关"三代"妇学的话："考周官有女祝、女史，汉制有内起居注。妇女之于学，往古盖有所用之矣。妇学之名，见于天官内职，德、言、容、功，所赅甚广，原非若后世只以文辞为学也。故《易》训正位乎内，《礼》职功妇丝枲，《春秋》传称赋事献功，《小雅》言酒食是议。"此段文字即取自章学诚的《妇学》。

理路。不过，由于有泰西女学的参照，诸文所言女学的范围有了突破，部分已显现出向男学看齐的倾向，尽管作为闺范的"四德"仍是核心内容。

《申报》1876 年发起的这波女学讨论，受了传教士的影响，也引起了传教士的注意，同城教会刊物《万国公报》1878 年发文称此为"中国辨论女学之始"①。或是鉴于中国女子不学"积弊已深，实非一朝所能挽回"，如《再论女学》的作者所言，"吾恐女学之举虽有此言，仍终无其事也"，《申报》在开启女学辩论之后的十年间，几乎未再发专文讨论女学。不过，经过此番讨论，在中西对比中，女学当兴似乎渐入人心，关联并渗透到了其他女俗话题的讨论中。

"别男女"新说

前揭郭嵩焘使英期间对西方"男女无别"习俗赞赏有加，也常能依西俗行事。有意思的是，《申报》1878 年曾报道过他依西俗办茶会之事，云"郭钦使驻英，仿行西礼，大宴英国绅商士女，令如夫人同出接见，尽欢而散。英人以钦使能行是礼，津津道之"②。有人有感于此，指出"此一会也，假在中国官衙宴客之所则传为笑柄，而群指郭公为淫佚放荡之人矣"，并撰《论礼别男女》一文对中国"男女有别"的防闲之法提出了批评。文章认为"中国素称秉礼"，然"礼有本末，近世则惟沿袭其文，故自上迄下，凡行礼皆伪迹耳。礼之最重者，为男女之节。古人制礼有《内则》一篇，论女子事父母、妇事舅姑之仪极详。盖先王虑人不能尽知其本，特严其末节，以防后世之放纵淫佚耳，非谓内言不出、夜行以烛诸节竟为防闲"③。文章对比中西，认为泰西不泥于礼，反能合"礼之本"，而中国知之甚详，却徒存"礼之末"：

> 泰西人于男女交接之间，似属不甚讲究，而其防闲之法，若又胜于中国。跬步不出，外亲罕睹，而帷薄不修者，往往秽德彰闻，此中国拘于礼之过也。落落大方，士女宴会，而私奔苟合者则反不有其人，此泰西略于礼

---

① 《中国女学》，《万国公报》周刊，合订本第 8 册，第 15 年 500 卷，第 5276—5277 页，光绪四年七月初五日（1878 年 8 月 3 日）。

② 《论礼别男女》，《申报》1878 年 8 月 9 日。

③ 《论礼别男女》，《申报》1878 年 8 月 9 日。下引该文出处同。

之效也。惟其能略,乃所以成其严耳。

作者用"本末"来为革新的主张辩解,在他看来,作为礼之末的男女隔离的防闲之法其实并未行于中国古代,如:"皇英治内,职并九男,邑姜称臣,协力望散,并不以相见不相见为礼也。而且仪礼聘夫人,使臣往见,夕则还劳,且以相见为礼也。春秋贤妇有德有才,何尝韬晦深闺、足迹不出哉?"后人忘礼之本而存其末,徒以男女不相见为礼,"相习成风,日甚一日",反酿海淫之恶果:

> 夫人情,惟罕见之物最足注念。因女子有不轻见人之态,当见之时,自必仔细端详,由头面而及于足。苟遗世之貌,能无动心?设有私邪,彼此相诱,其弊遂不可问,何如与男子相等同在晋接应酬之间,反觉熟视无睹哉?且女子惟不轻见人,则深处闺中,除酒食、针黹二事,毫无用心,一旦见客,其意似觉我今见人,固以色身相示也。羞愧之念参其半,粉饰之念亦居其半。故逢亲朋庆吊内眷往来,必搋挡衣饰,务极华丽,而后可为观美,至有十日半月以前先行筹备者。即游春之时,亦必若是。于是狎邪之子,轻薄之儿,乃有品题妍媸、信口月旦者,甚而雌媒鸨户辗转勾致,陷人不义,坏人名节,则因不轻见人而酿为风俗人心之患矣。

一年多后,《申报》再发一文,亦对比中西,对中国禁女子外出的防闲之法提出了批评。其中说:天地生人,乾道成男,坤道成女,本无厚薄于其间。然观于中国,"男则可以恣意游观,及时行乐;独至妇女,断不听其出外,拘拘于闺内之禁,闺房深锁,即以为女道克贞,不至冶容海淫以贻帷薄之耻。然而奸淫之案件仍不能免也,因奸致死之事时有所闻也"。与此相对,"泰西男女,绝无异视,男子所为之事,妇女皆得而为之,男子所游之地,妇人皆得而游之",而奸案反少于中国,原因就在于"妇女日在外边,与男子酬应,则见惯者初不为怪,而落落大方,转足以杜苟且之行"。文章批评指出,"夫男女之分,中国自唐虞以来数千百年,于今为烈",而天下不平之事莫过于待女子若"狱中之囚",终年深锁,"狴处而犴守之";今应"举从前之风气",视男女为一体,"不当禁妇女之出外娱游"。①

---

① 《论中国妇女之苦》,《申报》1880 年 2 月 27 日。

　　1882 年,《申报》借西人之口发文对中国"严内外之防"再次提出批评,认为女子无论家富家贫,"深居房帏之内,绝不与闻外事、交接外人",出门则"非其父兄同行,即与夫男偕往,或以佣妇婢女相从,跬步不离,有如监察之者,且一去即返,不许信宿流连",防闲若此,"然而帷簿不修之耻,即世家巨族亦所不免"。与此相对,泰西女子与男子并重,"凡有妻女者,必于饮食起居之间求其适意,出门则携手偕行,指点风光,畅尽游兴,一车两马,欢乐与同。倘有宴会,则主家必敦请内子,亲朋聚语,谈笑大方。即在食力自给之家,纵日用不如搢绅,而为男子者,既有妻室,则必令其妻畅意满愿、终身无怨而后已,而一切淫邪放侈之行寂无所闻,不若中国之严防而终于溃防而一决也"。文章批评中国待妇女过苛,"贱女而贵男","其视妇人,役使之若奴仆,堤防之若盗贼,抑制之若猛兽,使之在家必守出门之戒","怨不能泄,愤不能舒,意不能畅",于是有媒孽引诱之人蛊惑而开"浸润之端"。文章对比中西后总结说,"泰西之于妇女,虽曰宽之,正以见其严也,中国则似严而实则不严",故中国可效法泰西,"必使人家有女者视之无异于男,而既以教男者并教其女,无轻重贵贱之别,然后天下之妇女无不修身明理,可以居家,可以处世,骎骎乎风俗日上矣"。①

　　《申报》以上诸文关于"男女之别"的议论,无论是回向"三代"的复古,还是效法泰西的开新,皆重在批评男女隔离的防闲之法,斥其为中国女子人生的一大苦趣,与同期传教士对"幽闭女子"的批评相类。这类批评在《申报》时断时续,一方面认可男女当别,另一方面则认为中国"别男女"的办法欠妥,不仅未能防淫,反助长了女子的淫欲,如十多年后的一篇文章所言:

　　　　夫男女有别,人伦之大端,所以别于禽兽者也。所谓别者何也? 有规矩礼义以防闲之耳,非以不出户庭、深居邃室而始谓男女有别也。试观西国之风俗,男子有宾朋燕乐也,而妇女亦有之;男子有遨游四方采风问俗者,而妇女亦有之,其一切行为实与男子无异,是故妇女之气舒而宽,而淫欲之心反从淡泊矣。中国则异于是,幼则不知教以规矩礼义,长则惟有深

---

① 《述西人谕中国贵男贱女之俗》,《申报》1882 年 4 月 17 日。

藏不出，宾朋则无也，游览不能也，凡男子可以开怀行乐之事，妇女皆不与焉。……今乃如龙蛇之蛰，则其气郁而不畅，不免抚时生感，触景生情，而淫欲之心反因此而起……①

《申报》的这些议论既批评"男女隔离"又认同"男女有别"，其实是将"男女隔离"从"男女有别"的规矩礼义中剥离。这一剥离以泰西为参照，其中的泰西（女子出入无禁，落落大方，且无苟且之行）与前揭清廷使臣言下"不以男女当别为义"的泰西寓意不同，不再是"男女有别"的对立面，而是"防淫"的典范，一个与上古三代相类的"礼之本"的所在。"礼失求诸野"，效法泰西在此与回向"三代"的复古一样，皆是"返本"。不过，由于"男女隔离"是"男女有别"的一种展开或具体化，《申报》的这些议论参照泰西将二者分割开，其实制造了"礼"之本末的内在紧张，在某种意义上又动摇了"男女有别"的理念；且这些议论以泰西风俗为善，与当时社会视中国为"礼数之宗"的主流意见并不合，故这些议论尽管像主流意见一样着眼于重塑风俗闺范、提振女德人心，却并不被主流意见认可。《申报》1897 年刊发的一篇谈男女当别的文章就指出："勉今人而复古礼则可，强中国而从西俗则不可。盖中国为礼数之宗，男女之别最严。……今中国动言崇尚西法，且谓西国之所以强，皆由妇女之能识大体。然尝思之，泰西之人性情沉挚，上下一心，其富强之策固可步趋。至礼法之精焉，中国先圣昔贤所厘定者，实已无可损益，惟在后人能修明之而弗使损坠，自可蒸蒸日上，初何必舍本有之良法，而随声附和徒赞美外邦之风俗哉！"②

男女轻重说

前述有关女学和男女之别的讨论涉及了《申报》颇为关注的另一个话题，即男女轻重问题。前揭来华传教士发现中国"重男轻女"，与此形成有趣对照的是，中国出洋使臣多发现泰西"重女轻男"。泰西"重女轻男"当是中西男女习俗的反差带给中国人的错觉，西方人未必认同，中国"重男轻女"却渊源有

① 《论中华妇女之苦》，《申报》1895 年 9 月 18 日。
② 《论男女宜有别》，《申报》1897 年 10 月 7 日。

自。《诗经·小雅·斯干》有云："乃生男子，载寝之床，载衣之裳，载弄之璋。……乃生女子，载寝之地，载衣之裼，载弄之瓦。"表明男女轻重有别，一出生就被区别对待。《周易·系辞》则用天地、乾坤、阴阳比附男女，将"重男轻女"现象理念化："天尊地卑，乾坤定矣。卑高以陈，贵贱位矣"，"乾阳物也，坤阴物也"，"乾道成男，坤道成女"。汉儒董仲舒循易理，用"阴阳之道"为"男尊女卑"辩护①，宋明以降，"男女有尊卑之序，夫妇有倡随之理"②，已成为礼教常理。

"重男轻女"现象与"男尊女卑"观念如影随形。1878 年，《申报》"本报讯"刊登了《扶阳抑阴辨》，发出了批评之声。文章认为，"重男轻女""男尊女卑"缘起流传久远的"扶阳抑阴之说"，此说之所谓阴阳屈伸消长系"误读《易经》"，因为阴阳匹偶天地相对之象，"然天地相对，阴阳为偶，宜有并尊"。其实，"凡事之对待者，不可比例于阴阳而为反正之说也。盖刚健柔顺两象并著，即两德互用，凡扶阳抑阴之说不足以言易理也。阴阳既相为用，男女亦无所别"。文章接着援引西方天文学进一步申论："现时窥测之学日精于古，知天皆空气，地为圆形，则天地二者本无相对之形"，天地不能并称，则"阴阳之象无所谓轩轾高下，即无所谓屈伸消长"，亦就无所谓"阳衰阴盛"。男子为阳女子为阴，只是"并重并用并生并育而已"。总之，"以古今天地并立之说申之，而男女皆重；以现时天空地圆不相对待言之，而男女亦并重"。③

明末清初的思想家王夫之对易学有过革新，曾提出"乾坤并建"，认为乾坤两卦象相反相成，乾德与坤德相互依存，同等重要。④《扶阳抑阴辨》讲的"阴阳并尊"理与此同。不过，该文以此与西方自然科学来主张男女应平等对待，在中国近代早期实属罕见。文章在论证男女并重的同时，亦联系到女学，援引泰西"男女并教"与东瀛近来"大开女塾"为证，指出教男教女应该"同

---

① （汉）董仲舒撰，（清）凌曙注：《春秋繁露》卷一二《基义》，中华书局 1975 年版，第 432—433 页；《春秋繁露》卷一一《阳尊阴卑》，第 393 页。
② （宋）朱熹、（宋）吕祖谦编：《近思录》卷一二，中州古籍出版社 2008 年版，第 403 页。
③ 《扶阳抑阴辨》，《申报》1878 年 7 月 15 日。下引该文出处同。
④ 参见朱伯崑：《易学哲学史》卷四，昆仑出版社 2005 年版，第 16 页。

功"。作者认为中国女子失学是扶阳抑阴之说制造的奇冤，是"重男轻女"的表现，并代女子对此进行控诉："人禀气质而生，为男为女因乎自然之化，而二千余年间之女子有此奇冤，无人昭雪，试为一言，其理不几令普天下女子一齐痛哭哉？"

《扶阳抑阴辨》打开了男女并重的话题，1885 年，《申报》刊登了署名"山阴述戴子"的《中西男女轻重不同说》一文，接续这一话题，并联系女学和男女之别，对比中西，对"毗于阳而偏于阴，重视男而轻视女"的中国之人情提出了批评。文章首先比较了古今的不同：

> 夫古人生女，则教之以傅母，习之以保母，其教亦与男子无异。故女子在家，则守其闺箴；既嫁，则修其妇职。观《内则》一书，女事父母与妇事舅姑，其事与男子无异，是古人之视男女，不过分其内外之职、阴阳之名，未尝有所偏重也。今则不然，男子七岁出就外傅，女子则全不使之读书，泥于"女子无才便是德"之俗谚，家贫者尚责之以纺织烹调等事，若稍有家赀者，衣则需之职袿职针，食则需之庖人饔人，所责乎女者，不过闺房刺绣而已。此外则任其嬉戏，作为无益，且闺中一呼，堂上百诺，一似恐触其气而逆其性者。幼时既习于晏安，及长即放乎理法，女道妇德素所未闻，如是而欲求其女之明大义有才能，难矣！①

在作者看来，教男而不教女是轻视女子的表现，与古道相背，于妇德有损，"凡天下之赛会、信神、烧香、佞佛，以及夫妇之反目，妇姑之勃谿"，皆为"不使女子读书而轻视女子之弊也"。而泰西则不然："泰西之人生女无不令其入学，凡有学堂，男女皆可肄习"，"此泰西之重视女子也"。除了教与不教，文章还比较了中西女俗的另一些不同：中国女子"每多安处一室"，不轻露其面，以为"大家之风范"，泰西之女则"游行于街市，眺望于林坰，无妨也"；中国女子以"呼朋引类""逢人相诉"为大忌，泰西则"男有友，女亦有友"，然"中国之女子每有不平，无可往诉，致抑郁以成疾者比比皆然"，泰西"有事可以共商，有屈不难共白"，则无此抑郁之气。作者比较之后总结道：

---

① 山阴述戴子：《中西男女轻重不同说》，《申报》1885 年 10 月 23 日。下引该文出处同。

举动皆有节,中国之视女也,似重而实轻;出处当其宜,泰西之视女

也,似轻而实重,此又中西不同之大较也。

作者欣赏泰西对待女子的方式,认为泰西之所以"若此放达",是因为女子皆读书明理,中国今欲学泰西之"放达",而不致有"风化之患",则"宜先设女学塾":"其例亦如育婴、义塾各善堂等,官先为之倡,聘请宿儒耆老于其中,亦教以经史等书,讲明其义理,不必学腐儒之寻章摘句,但使明其大略,使之知古今之得失,明事理之是非,习至十四五岁,略有心得,即令其另学女红,则诗书可以化气质,可以益神智,天下自无不明义理之女子矣。……故中国若女塾之事一兴,不但比美于泰西各国,而且远迈乎汉唐之风化矣。"作者谈男女轻重,最终关怀还是"风化",其中有意思的是,在对中国未来风化的设想中,女塾被寄予厚望,成为整合泰西之放达、中国之妇德和男女之别的熔炉。

男女轻重或女子地位问题牵涉教化的优劣,在中西比较中,来华传教士曾将中国女子受轻视、地位低下视为中国教化低劣的表征。上文作者似乎接受了传教士的观点,承认中国的教化不如泰西,不过,就中国女子的地位而论,其有关中国之视女"似重而实轻"的说法在某种意义上又模糊了传教士对中国女子地位的看法,使得中国女子地位低下这一论断变得不确定起来。中西对待女子的方式轻重有别,但究竟何者为轻何者为重,其实是让时人颇感困惑的一个问题。1888 年,《申报》刊登了《轻重颠倒说》,呈现了这一困惑,同时也用答疑的方式对中西男女轻重问题提出了一个别具一格的解释,认为"西人重女而轻男,华人重男而轻女"与"华人重女而轻男,西人重男而轻女"这两种说法一正一反,都有道理。文章首先谈及了西人重女而华人轻女:

今夫西国人口男多而女少……其男女自择,必情投意合,而后系之以赤绳,一与之齐,终身不改。其出门也,必夫妇同行,行则女先于男,坐则男后于女,虽在极富贵之子,对妇女不敢吸烟,惧其亵也。即在做会请客之时,必以内主人为重,且一切家事皆妇人主持,或开行铺,亦听主妇之指挥,主人亦惟命是听,故外洋妇女大都读书识字者居多。有女学堂,其妇女习业亦与男子等,农工商贾皆习之,无所殊焉。女子长成,父母即不复拘束,任其游行,以至于择人而嫁。其嫁也,必在于教堂,告之主教,此在

信教者则然，即非教中人，云亦皆然，则其重之也可知矣。中国则咸与相反，妇女不得轻出闺门，无异于幽囚一室，从未闻有专延女师以教女子者。设或出门，妇从其夫，行必在夫后，坐必依夫侧，不敢与外人交谈，不敢纵行一步。夫死妇不得再醮，虽律所不禁，而咸知以再醮为耻，妇死则男即续弦焉。……此其轻之也可知矣。①

文章对比了中西习俗，将西国婚姻自主、出行女先男后、家事妇主夫从、男女并学等视为重视女子，反此道而行的中国则是轻视女子，所见与前揭出洋使臣无异。文章接着话锋一转，谈及了华人重女而西人轻女：

然而中国之女，日在深闺，无所事事，不过习学刺绣，间或谋及中馈洗手调羹，而一家数口仰事俯蓄之资，则皆责成于男子，女子不问焉。其出也，大家富室则陆必以舆，水必以舟，不若男子之长途跋涉也。即在贫贱之家，妇女出门亦且有其夫或其兄弟为之扶送，所劳者不过一二小事，或主持内务，略略操心，断未有若男子之劳心劳力终日不息者。……雍雍一室，乐意无穷，冬则围炉，夏则雪藕，一切丰啬不问也。而为之父及夫者，则且爱之如掌上明珠，奉之如枕中秘籍，唯唯受命，诺诺听从，爱衣红者不敢奉以绿，爱食甘者不敢进以酸也。……至于西人之妇，其未出嫁时，课之勤读，日从事于学堂，亦与男子无异，未有若中国女子之安坐于闺房也。……一跬步必与其夫俱，不啻行监坐守，则又何乐之有？侑酒在中国为之贱务，而西人且以妇主席，以是为重，则轻之至也。中国妇女不轻见外客，不轻与男子交谈，其重之也深矣。观于外洋各国风土诸志，其妇女多有为佣以自食其力者，其劳苦较男子有过之无不及。而中国妇女从未有此，即在各处佣妇，其事亦皆轻巧，即近来拣茶、糊盒等事，皆以妇女为之，而究竟事尚轻微，断未有男子之责而责之于妇人者，则其重视妇人也。

文章完全颠覆了传教士的中国重男轻女以及女子受苦受难之说，将中国女子坐闺房视为"得现成之福"，"在家享安闲"，认为中国男子承担了养家谋衣食的重任，女子所做之事则相对轻巧，男外女内、男女有别是中国重视女子

---

① 《轻重颠倒说》，《申报》1888 年 10 月 11 日。下引该文出处同。

的表现。相反,西国劳苦女子,使女子做"贱务",自食其力,是轻视的表现。文章最后总结说,华人与西人行事方式不同,"在中国视之以为轻者,西人反视之为重;在中国视之以为重者,西人反以为轻。"中西轻重之不同,"盖亦各凭其所见而已"。于是,中西女子地位的高下以及由此而定的中西教化的优劣,在中西视角的切换中也就被消解了。

女学再议

前文叙及,《申报》1876年开启了一波女学讨论,随后便趋于沉寂。不过十年之后,受传教士林乐知在上海筹建女塾一事激发①,《申报》一度消停的女学讨论再度热闹起来。

1888年1月5日,《申报》刊发《女学堂议》,有感于中国女子不像男子束发受书,从师负笈,亦无书院、义塾甄陶作育使明德知礼,"遂致蠢蠢然,无知无识,荡检逾闲,竟不解贞为何物,节为何物",比如杭垣某氏,"未习闺箴,未娴内则",不明"不事二夫之大义","熏心于锦绣之辉煌、绮罗之炫耀,因而窭贫生厌,操作生憎,视其婿如赘疣,弃其夫如敝屣","不贞""不节""寡廉鲜耻"以至于极,提出当设女学堂,以"挽浇风,易陋俗"。文章以古喻今、以西比中说道:

> 古者上自王后及公侯之夫人,莫不受学……下至委巷之女,亦莫不有师。传云贤而四十无子,则为人间女师。是三代以上女教如此,其隆女学如此,其备也至。……英法普美诸国,其通都大邑皆设有女学堂,规模宏敞,制度严肃,其女学生从师受业,彬彬守礼,为之师者量其才能,课其功程,考其学问,皆无异于男子。至于制造纺织诸所,亦间有用女子司事者。是以泰西之通才博学、奇技异能尝有女子而过于男子者,职是故也。②

在作者看来,"三代"与泰西是为学的典范,今之中国殊异,其所谓佳人才

---

① 1887年,林乐知在上海买地准备建一所女书院,《申报》1887年7月24日刊《中西女书院记》对此事进行了报道。四年后,女书院建成,名中西女塾。中西女塾从筹备到建成都引起了《申报》的关注。

② 《女学堂议》,《申报》1888年1月5日。下引该文出处同。

女者，"弄月吟风，熏香摘艳，聊寄于缘情绮靡之作，谬托于斯文气类之通。放诞也，而以为风流；纤佻也，而以为雅丽；狂荡也，而以为倜傥；轻薄也，而以为聪明。或传傅粉之丽词，或著画眉之佳句，居然自命为卓文君、朱淑贞一流。甚至赠芍同归，摽梅有感，订陌上桑间之约，寻花前月下之盟，谓天下有情人当如是耳"，舞文弄墨，越礼逾分，败坏风俗政教；而"有鉴其弊而矫其失者，则又执无才便是德一语，辄欲困其材力，囿其心思，相安于獉狉浑噩之天，渐流为村俗庸愚之辈，以为可以保其贞，全其节，不知此亦因噎废食之谋，而非穷流溯源之论也"。作者重复了《申报》十年前对才女与"女子无才便是德"的批评，在他看来，"夫弄文墨聘才华之女子，其弊不在学，而正在于不学，彼之所谓学者，非吾之所谓学也"，真正的"学"要"纳之于道德礼义"，女学堂要"裨于风化"，"益于政教"，其使命也正在于教女子"以夫妇之伦、妯娌之和、亲族之礼、男女之别、内外之严、贞淫之辨而已，举凡骄奢靡侈之习，不得一交于耳目，惝心佚志之术，不得一接于燕闲"。女学堂在此的作用是重树礼法，使女子"不屑为凯风之母"，"不复学负薪之妻"。而女学堂的创设之法则是：名门大家乡绅世族先设于家，延师定课以教宗族乡党之女子，俾其愚鲁者"识德言容功之大意"，秀颖者"明道德，知礼义"。作者设想，待其法已立，其效已著，"必有慕其风仿其制踵而行之者，则女学堂可与男子之书院义塾并重于世，由此渐摩沦渍，虽游女荡妇亦知所耻而矢死靡他"，风教正焉。

或是言犹未尽，《女学堂议》作者一年后在《申报》又发表了《女学堂余议》一文，表示女学堂之章程规例应"悉仿泰西"，女学堂培养女子，当"教之以技艺，课之以工程，责之以事功，授之以禄位，视其才智之高下、志量之广狭而区别之，及其长也，皆有以自立于当世"[1]。如果说作者前文谈论女学堂想要阐明的是以礼法将女子塑造为有德之人，这里想要补充说明的则是用西法将女子培养成能内能外的有用之人，促成"国富兵强"。作者认为，中国民数多于泰西，而国未见富，兵未见强，端赖女子，因为中国女子是无用的"废材""弃物"，既不读书识字，又受缠足所害"不敢胡行乱走"，不知"世故人情事机物

---

① 《女学堂余议》，《申报》1889 年 2 月 22 日。下引该文出处同。

理","惟调脂弄粉刺绣穿针,以为尽女之能事,由是十指巧而才技愈拙,双眉长而知识愈短,粉白黛绿立于街衢之间,望之者以为神仙,及闻其言,见其行,则蠢蠢然与鹿豕等",间有所谓"贤内助","富者治家不过问舍求田数盐计朱而已,贫者相夫不过挽车椎髻举案齐眉而已"。女子若此,"实为天坏之废材、国家之弃物也",作者痛批道:

> 天下惟废材足以害材,惟弃物足以害物。……今中国之为女子者,未嫁则仰食于父兄,已嫁则仰食于夫婿,尸位素餐,无所事事,是非暴珍天物、虚縻天禄而何? 其父兄夫婿既以全力赡其身家,又安得余力以及于他人乎? 而女子之不安于室者,或且藐视其父兄,虐待其夫婿,束缚之,驰骤之,交讪相闻,勃谿时作,是非徒无益而又害之而何? 一家如此,一邑可知;一邑如此,一国可知。是以中国之民数虽众,男居其半,女居其半,得半之道,不足为众。……既失其众,又有所害,则国虽富而贫,兵虽强而弱矣。

在作者看来,中国女子为害"不可胜言",国家积贫积弱便是受其拖累,而这一切又源自女子无学不能自立,"向使中国省会城镇设有女学堂,聚贵贱贫富之女子以教之,与男子一视同仁,无稍宽假,勿以姑息爱人,勿以苟且从事,学成而后皆有以自立于当世,可使中国民数之众有益无害,不致为废材,为弃物……则国可以富而兵可以强矣。"

《女学堂议》与《女学堂余议》二文前后相继,将女学描述为改善风俗与增强国力的良方,同时也将中国女子刻画成了"无德""无用"之人。作者寄望以女学堂育女子之"德",成女子之"用"。其中,"德"是中式的贞节、闺范,是"男女之别""内外之严";"用"是突破内外界限的西式的"内而家庭之政,外而邦国之助"①,是"女子自立"。在这一鱼和熊掌兼得的畅想中,原本冲突的中式的"德"与西式的"用",被奇妙联结了起来。

1890年,在林乐知筹建的中西女塾即将落成之际,《申报》刊登了"一得居士"有感而发的《中西女塾说》,再次批评中国长期以来囿于"女子无才便是

---

① 《日本重定女学高等师范学校规则说》,《岭学报》1898年第4期,第9页。

德"之语，教男不教女，以致"人心日漓，世风日偷，徒令有心人有莫可如何之叹"。作者亦在古今中西的比较中论述了女学有助于相夫教子，于家于国均有好处，所谓"天下多一才德妇人，即多数辈才德男子，才德妇人日益多，即才德男子日益盛。故欲一国大治，必一国之女子尽受教而后可欲天下大治，必天下之女子无不受教而后可移风易俗"。① 或是被此文触动，当时在《申报》担任编辑的王韬在文后加了一则按语说："此一得居士来稿。……妇德由读书始，可谓得其要领矣。"

1890 年之后，或是关注女学的人越来越多，《申报》对女学的讨论也变得更频繁起来。这些讨论与此前诸说相仿，多着眼于女学堂的创建，援古论今，援西比中，意旨或侧重于"德"，或侧重于"用"，或"德""用"并举。兴女学的紧迫感在这种反复申论中得到了凸显。

晚清早期有关女俗的议论在中西文明冲突的背景下展开，涉及了当时妇女生活的方方面面。女子的社会地位、性别角色、言行举止等因与"文明""教化"相关联受到了特别关注。来华传教士以西方为文明表率，以西比中，对中国女俗以及规范女子生活的以"男女有别"为核心的性别伦理进行了种种批评，矛头直指儒家礼教。为了表明文明"中劣西优"，他们对西方女俗也积极进行引介。在这一传递中，西方女俗，包括一些原本不能视为女俗的"女俗"（如不拧脚筋、出入无禁），因为有中国的参照而获得了特别的意义。在传教士对中西女俗的比较和谈论中，其批评的中国与其选择性传递的西方互为镜像，相互格义，当中只有中国女俗的"恶"和西方女俗的"善"。而与传教士一味抑中扬西相比，当时的中国人看待西方女俗则要复杂得多：褒者有之，贬者有之，褒贬参半者亦有之，且其褒者多将"泰西"与"三代"并提并称，使两者几乎等义。

晚清早期，虽然大多数中国人在文化、心理上不认同西方，但在西强中弱的现实压力下，开放口岸部分士绅已开始以西方为参照来反思中国女俗，中国

---

① 《中西女塾说》，《申报》1890 年 2 月 23 日。

女子不学、男女之别、重男轻女等现象受到了不同程度的质疑和批评。这些批评受了传教士的影响,带有革新的意味,并或多或少触及了礼教的痛点。不过,与传教士不同的是,中国士绅批评中国女俗并没有颠覆礼教的意图,恰恰相反,他们大多把中国女俗的败坏归结为礼教的缺位,所谓"礼教之不讲,政化之所由日衰也"①,其中多数批评带有强烈的重树礼法、维护礼教秩序的意味,继承了在西方的"冲击"到来之前儒家道德批评的那种传统。在他们的批评中,中国男女虽然苦乐不均,但中国女子并不像传教士说的那样是纯粹的受害者;她们被同情,也遭谴责,生活景象与传教士描述的大不相同。

关于女俗,最受晚清士绅关注的是女学。在中西比较中,他们将女学与风俗教化的好坏、女子的地位和处境以及国家富强关联了起来,批评中国女子不学导致闺范凌夷、世风日下、家国不振,表达了倡兴女学、变革现实的愿望。晚清士绅用以提振女子、改良风俗、造福家国的女学带有"中体西用"的意味,一方面标举传统中国的妇道妇德妇学,重申了"男女有别"的儒家伦理,另一方面参考西法,在一定程度上又突破了传统男外女内的界限。关于女学的种种议论相互激荡,由内及外,由家及国,包含了内在的紧张。这些议论在建构中国女子日趋负面化形象的同时,也为她们的性别角色做了新的安排。

---

① (清)郑观应:《盛世危言》,载夏东元编:《郑观应集》上册,上海人民出版社 1982 年版,第287页。

第二章　进化论与维新时期的女子再造

甲午后,中国进入了激变时代。一方面,海战惨败于日本,"朝士纷纷,多虑国亡"①,求变图存的呼声日盛;另一方面,西方进化论传入,给中国人带来了精神上的强击,"优胜劣败,适者生存"成为时代意识,主动求变成为时代强音。变局之下,先前饱受訾议的中国女俗首当其冲,其中,女子缠足和不学因为"祸国害种"更成了"变"的标靶。为了保种强国,焦虑不安的变革家将反缠足与兴女学作为急务纳入维新变法的议程,掀起了一场从身体到心智全面再造中国女子的运动。

维新时期的反缠足与兴女学引起了"多数人的注意"②,后来的历史学家多将其视为中国妇女生活发生质的改变的开始。当然,再造女子,改造她们的生活,不可避免要触动、冲击规范其生活的以"男女有别"为核心的伦理准则。前章叙及了在中西接触早期的教化之争中外来批评对这些准则的冲击,需要补充说明,这样的冲击在维新时期及其后仍在持续,并逐渐融入了由中国人自己发起的声势更大的批判潮流。维新时期的反缠足与兴女学是中国人自我批判潮流的开端。本章将梳理其种种批评性论述,续接前章,分析这些论述的关切及其伦理意蕴,从"今日之我"与"昨日之我"的交战揭示性别伦理变与不变的紧张。

维新时期的反缠足与兴女学受国族主义驱动,由于这一运动连同促其兴起的国族主义都把进化论当作变革的理论武器,在进入正题之前,有必要解

---

① 康有为:《康南海先生自编年谱》,见蒋贵麟主编:《康南海先生遗著汇刊》(廿二),台北宏业书局 1976 年版,第 30 页。

② 陈东原:《中国妇女生活史》,第 316 页。

释:为何进化论可以推动"尚义不尚利"的中国走向社会变革?

一、聚焦种族竞争:中国版的进化论

甲午战争,全面学习西方的日本击败讲"中体西用"的中国,成为中国人眼中西学致强的榜样。是役之后,西学开始加速传入。晚清传入的西学,对中国影响最大的当推进化论。学界一般把引介进化论的首功归于严复,其实,在他之前,由传教士翻译的多种格致书已附有对进化论的介绍。如丁韪良奉总理衙门之命编写的《西学考略》,介绍达尔文(Charles Robert Darwin)生物进化论云:"四十年前有英国医士达尔温者,周游四海,查勘各地动植,乃举赖氏之说[引者按:即法国博物学家拉马克(Jean-Baptiste Lamarck)的进化学说]而重申之。伊云:各类之所以变形者,其故有三:一在地势,如北方天寒,物多厚毛,南方气暖,物虽同类而无毛,且地之各层所藏骨迹可取而证之。盖太古之时,地面多水,其生物水陆皆宜,后水陆分界,陆地禽兽始出,至人则在地之最新一层方有骨迹,可知人生最后也。一在择配各物之形,偶有变异,必求其同形者配合之,如海鸟初不能飞,偶有能飞者,牝牡必相聚而传新类。一在强弱以决存亡,盖天时之寒暑,地势之高下,逐渐改变,惟物类之形体相宜者强而能存。咸丰九年达氏著书以此理,名曰物类推原,意深词达,各国争译而广传之,今学者多宗其说"①。传教士夹杂在西学中传递的"适者生存"的进化论引起了部分朝士的注意,据英国传教士韦廉臣(Rev. Alexander Williamson)1890年的一则记述,清朝的高级官员曾举办过以"达尔文与斯宾塞的哲学"为题的有奖征文活动。②

不过,传教士引介的进化论尚比较简略,也不够系统,影响范围很有限。真正将进化论系统引入中国并带来革命性影响的是严复。1895年2月至5月,曾留学英国的严复感于当世时局,在天津《直报》连续发表《论世变之亟》

---

① ［美］丁韪良:《西学考略》卷下,载《续修四库全书》第1299册,第739—740页。
② 参见胡卫清:《近代来华传教士与进化论》,《世界宗教研究》2001年第3期,第64页。

《原强》《辟韩》《原强续篇》《救亡决论》五篇政论,疾呼变法。在《原强》中,他介绍了达尔文"争自存、遗宜种"的生物进化论和斯宾塞(Herbert Spencer)"持世保民以日进于郅治"的"群学"理论,以此阐发救亡图存的主张。① 随后,他着手翻译《天演论》,把进化论全面而系统地引入了中国。

《天演论》是严复对英国博物学家赫胥黎(Thomas Henry Huxley)《进化论与伦理学》(*Evolution and Ethics and Other Essays*)②的意译。赫胥黎的原著包括导论和正文,其中,正文前半部分讲进化论,后半部分讲伦理学,《天演论》只选译了部分导论和正文前半部分,并重新进行了编排。而对节译内容,严复也进行了多种形式的加工,其中有不悖原文的"信"译,也有为求"达""雅"而进行的增删、改写。另外,严复在译文后还附加了不少案语,引述斯宾塞的观点,将其与赫胥黎的对比,并糅合中国传统儒术与道学,借题发挥,以表达自己的见解和主张。这使得作为"译作"的《天演论》看起来更像是一部"创作",带有"原文注我"而非"我译原文"的"独创性"③。

"天演"是严复用来释译万物生存变化而创造的核心概念。据严复理解,世间万物变动不居,而天演是变中不变之理,他在译著开篇便引入了这一概念:

> 天运变矣,而有不变者行乎其中。不变惟何? 是名天演。以天演为体,而其用有二:曰物竞,曰天择。此万物莫不然,而于有生之类为尤著。物竞者,物争自存也。以一物以与物物争,或存或亡,而其效则归于天择。天择者,物争焉而独存。则其存也,必有其所以存,必其所得于天之分,自致一己之能,与其所遭值之时与地,及凡周身以外之物力,有其相谋相剂者焉。夫而后独免于亡,而足以自立也。而自其效观之,若是物特为天之

---

① 严复:《原强》,见王栻主编:《严复集》第1册,中华书局1986年版,第5—15页。原载《直报》1895年3月4—9日。

② 赫胥黎是著的新近译本可参见宋启林等译:《进化论与伦理学》,北京大学出版社2010年版。

③ 何怀宏:《试析〈天演论〉之双重"误读"》,《北京大学学报(哲学社会科学版)》2013年第6期,第60页。关于严译《天演论》与赫胥黎原著的差别另可参见[美]本杰明·史华慈:《寻求富强:严复与西方》,叶美凤译,江苏人民出版社1996年版,第96—104页;欧阳哲生:《中国近代思想史上的〈天演论〉》,《广东社会科学》2006年第2期,第99—106页。

所厚而择焉以存也者,夫是之谓天择。天择者,择于自然,虽择而莫之择,犹物竞之无所争,而实天下之至争也。斯宾塞尔曰:"天择者,存其最宜者也。"夫物既争存矣,而天又从其争之后而择之,一争一择,而变化之事出矣。①

严复在此用"物竞""天择"来解释"天演",并引述斯宾塞,突出了"物竞天择,最宜者存"。一般认为,斯宾塞是社会达尔文主义的代表,而赫胥黎则不认同社会达尔文主义将物竞天择的自然律不加限制推至人类社会。严复深谙两者的差别,他在《天演论》"自序"中说,"赫胥黎氏此书之旨,本以救斯宾塞任天为治之末流"②;在案语中又说:"斯宾塞之言治也,大旨存于任天,而人事为之辅,犹黄老之明自然,而不忘在宥是已。赫胥黎氏他所著录,亦什九主任天之说者,独于此书,非之如此,盖为持前说而过者设也。"③严复翻译赫胥黎著作,并引述斯宾塞参比,实有统合二者学说之意。

赫胥黎用来补"任天为治"或"前说过者"的是"人治"。在《天演论》中,"人治"与"天行"相对,严复解释说:"天行者以物竞为功,而人治则以使物不竞为的。天行者倡其化物之机,设为已然之境,物各争存,宜者自立。且由是而立者强,强皆昌;不立者弱,弱乃灭亡。皆悬至信之格,而听万类之自已。至于人治则不然,立其所祈向之物,尽吾力焉,为致所宜,以辅相匡翼之,俾克自存,以可久可大也。"④"故人治者,所以平物竞也,而物竞乃即伏于人治之大成。"⑤在赫胥黎看来,人类社会光讲"物竞"不讲"人治",或光讲"人治"不讲"物竞",皆不可行,盖"物竞为乱源,而人治终穷于过庶"⑥,"物竞"太甚,"自营大行",会导致社会解体,而"人治"太过,"克己太深",又会让"自营尽泯",人也就丧失了与自然和对手竞争的能力,两者都会带来种灭群亡。⑦ 好的保

---

① [英]赫胥黎原著,严复译述:《天演论·察变》,商务印书馆1932年版,第2—3页。
② 严复:《译〈天演论〉自序》,见《天演论》,第3页。
③ [英]赫胥黎原著,严复译述:《天演论·互争》,第5页。
④ [英]赫胥黎原著,严复译述:《天演论·人择》,第16—17页。
⑤ [英]赫胥黎原著,严复译述:《天演论·汰蕃》,第24页。
⑥ [英]赫胥黎原著,严复译述:《天演论·最旨》,第36页。
⑦ [英]赫胥黎原著,严复译述:《天演论·制私》,第31页;《天演论·恕败》,第33页。

群自存之道是要求得"物竞"与"人治"的平衡。

不过，赫胥黎言下的"人治"针对的是群内，或一个社会内部，一个国家内部，所谓"合群者所以平群以内之物竞，即以敌群以外之天行"①。而在这之外，群与群或国与国之间无政府，除了"物竞"，是难言"人治"的。严复深知这一点，他在译著中将此揭示出来，并结合时势解释说：

> 今者天下非一家也，五洲之民非一种也。物竞之水深火烈，时平则隐于通商庀工之中，世变则发于战伐纵衡之际。是中天择之效，所眷而存者云何？群道所因以进退者奚若？国家将安所恃而有立于物竞之余？虽其理诚奥博，非区区导言所能尽，意者深察世变之士，可思而得其大致于言外矣夫！②

在严复看来，当今天下种族相争，弱肉强食，落后民族难以立足，比如"墨、澳二洲，其中土人日益萧瑟"；中国虽大，然积弱已久，列强环伺，若不思"保群进化"，也难免蹈土人覆辙。基于强烈的忧患意识，严复在案语中比较中西，纵古论今，向"徒高睨大谈于夷夏轩轾之间者"发出了亡国灭种的严厉警示。③

种族竞争是严译《天演论》夺人眼球的主题。这一话题在赫胥黎的原著中其实并不醒目(尽管其中有所论及)，是严复以自己特有的翻译方式将这一话题凸显了出来。严复在"自序"中说，赫胥黎是书所论"与吾古人有甚合者，且于自强保种之事，反复三致意焉"④，其中的"自强保种"应该是严复立于中国情境对并无此焦虑的赫胥黎的一种"误读"。而在随后的释译和案语中，严复又不断强化了这一"误读"，使得种族竞争、自强保种成了贯穿《天演论》的主旨，也使得《天演论》与中国的现实产生了紧密切实的关联。当然，严复翻译《天演论》本有刺激中国人变法自强的显明用意。最早读该著并为其作序的吴汝纶在致严复的一封信中就指出："抑执事之译此书，盖伤吾土之不竞，

① [英]赫胥黎原著，严复译述：《天演论·恕败》，第33页。
② [英]赫胥黎原著，严复译述：《天演论·最旨》，第36页。
③ [英]赫胥黎原著，严复译述：《天演论·趋异》，第11页。
④ 严复：《译〈天演论〉自序》，见《天演论》，第3页。

惧炎黄数千年之种族,将遂无以自存,而惕惕焉欲进之以人治也。本执事忠愤所发,特借赫胥黎之书,用为主文谲谏之资而已。"①

赫胥黎提倡"人治"是为了调节群内的"物竞",求得社会的和谐,严复创造性地将其转换成了群与群或国与国之间竞争求胜的法宝。他在案语中谈及了英国的成功,指出其原因在于英人"不仅习海擅商,狡黠坚毅为之也,亦其民能自治,知合群之道胜耳",并感叹说:"中国廿余口之租界,英人处其中者,多不逾千,少不及百,而制度厘然,隐若敌国矣。吾闽粤民走南洋非洲者,所在以亿计,然终不免为人臧获,被驱斥也。悲夫!"②在严复看来,欲救中国以达"郅治之隆","必于民力、民智、民德三者之中,求其本也。故又为之学校庠序焉。学校庠序之制善,而后智仁勇之民兴,智仁勇之民兴,而有以为群力群策之资,而后其国乃一富而不可贫,一强而不可弱也。"③而"民力、民智、民德"以及教育救国,正是严复先前在《原强》等文中表达的主题。

严复在《原强》及1896年的"修订稿"中说:生民之大要、国之强弱存亡系于三端,"一曰血气体力之强,二曰聪明智虑之强,三曰德行仁义之强"。西洋观化言治之家"莫不以民力、民智、民德三者断民种之高下",如斯宾塞,"宗天演之术,以大阐人伦治化之事",其群学"精深微眇,繁富奥衍","于一国盛衰、强弱之故,民德醇漓、合散之由,则尤三致意焉";"其教人也,以浚智慧、练体力、厉德行三者为之纲"。盖"一身之内,形神相资;一群之中,力德相备",民力民智民德"未有三者备而民生不优,亦未有三者备而国威不奋者也"。严复认为,西洋政教"皆以其民之力、智、德三者为准的。凡可以进是三者,皆所力行;凡可以退是三者,皆所宜废;而又盈虚酌剂,使三者毋获致偏焉",是以西洋强且富。反观中国,其"民力已苶、民智已卑、民德已薄",是以"往者日本以寥寥数舰之舟师,区区数万人之众,一战而夺我最亲之藩属,再战而陪都动摇,三战而夺我最坚之海口,四战而威海之海军熸矣",若再不变法自强,恐作"印度、波兰之续"。在严复看来,富强之要政统于三端:"一曰鼓民力,二曰开民

---

① 《吴汝纶致严复书》(1897年3月9日),载《严复集》第5册,第1560页。

② [英]赫胥黎原著,严复译述:《天演论·善败》,第20页。

③ [英]赫胥黎原著,严复译述:《天演论·乌托邦》,第21—22页。

智,三曰新民德。"其中,民力为国家富强之基,鼓民力即"练民筋骸、鼓民血气者也";民智为"富强之原","欲开民智,非讲西学不可";民德以爱国为上,如西洋贵平等、自由,"使其民皆若有深私至爱于其国与主",今"欲进吾民之德,于以同力合志,联一气而御外仇,则非有道焉使各私中国不可也"。严复强调,"此三者,自强之本也,不如是,则虽有伊尹、吕尚为之谋,吴起、李牧为之战,亦将寖衰寖灭,必无有强之一日决矣"。①

严译《天演论》可以说是《原强》的展开版,主旨与其无二。该著出版后,严复还发表了《有如三保》《保种余义》等文,继续阐发"物竞天择""保种强国",亟言"天下之事,莫大于进种"②,"世法不变,将有灭种之祸,不仅亡国而已"③。

《天演论》"使读焉者怵焉知变"④,引起了轰动。该著于 1896 年 10 月译就,在 1898 年正式出版前,各种抄本已开始流传,索观者甚众。梁启超、康有为、吴汝纶、夏曾佑、吕临城等政学界名人是最早一批读者,读后皆大为称颂。⑤ 其中,梁启超更是多次致信严复,表达自己对进化论的理解和看法,并在系列政论文中加以宣扬。梁启超宣扬的进化论更加强调"生存竞争""优胜劣败",他说:"自有天演以来,即有竞争,有竞争则有优劣,有优劣则有胜败,于是强权之义,虽非公理而不得不成为公理"⑥;"世界之中,只有强权,别无他力,强者常制弱者,实天演之第一大公例也。……生存竞争,优胜劣败,此强权之所由起也"⑦;"及达尔文出,发明物竞天择、优胜劣败之理,谓天下惟有强权(谓强者有权利谓之强权),更无平权。权也者,由人自求之自得之,非天赋

---

① 严复:《原强修订稿》,载《严复集》第 1 册,第 15—32 页。
② 严复:《保种余义》,载《严复集》第 1 册,第 88 页。原载《国闻报》1898 年 6 月 11、12 日。
③ 严复:《有如三保》,载《严复集》第 1 册,第 78 页。原载《国闻报》1898 年 6 月 3、4 日。
④ 吴汝纶:《天演论·吴序》,载《天演论》,第 2 页。
⑤ 参见王天根:《〈天演论〉的早期稿本及其流传考析》,《史学史研究》2002 年第 3 期,第 68—73 页;俞政:《严复翻译〈天演论〉的经过》,《苏州大学学报(哲学社会科学版)》2002 年第 4 期,第 108—112 页。
⑥ 梁启超:《国家思想变迁异同论》,《清议报》第 95 册,第 2 页,明治三十四年(1901)十月廿二日。
⑦ 梁启超:《论强权》,《清议报》第 31 册,第 6 页,明治三十一年(1899)十二月廿七日。

也。……苟能自强自优,则虽剪灭劣者弱者,而不能谓无道,何也? 天演之公例则然也"①。梁启超的这些激烈言论与中国旧有的"成王败寇"说意蕴相通,是对进化论的一种极端化解释。当然,与严复相仿,他的这些言论主要也是针对国家间的种族竞争,意在激起中国人变法图强的雄心。盖国际无公理,国家惟有恃强而立。

蔡元培曾指出:"《天演论》出版后,'物竞'、'争存'等语,喧传一时,很引起一种'有强权无公理'的主张。"②的确如是。严译《天演论》迎合了中国求变求强的时代诉求,而经过梁启超等人的简化、再解释和宣传,"物竞天择、优胜劣败"的进化原理以及由此衍生的"强权即公理",成了影响一代中国人的最大的意识形态。如胡适在回忆中所言:"《天演论》出版之后,不上几年,便风行到全国,竟作了中学生的读物了。读这书的人,很少能了解赫胥黎在科学史和思想史上的贡献。他们能了解的只是那'优胜劣败'的公式在国际政治上的意义。在中国屡次战败之后,在庚子辛丑大耻辱之后,这个'优胜劣败、适者生存'的公式确是一种当头棒喝,给了无数人一种绝大的刺激。几年之中,这种思想像野火一样,延烧着许多少年人的心和血。"③

传统中国一直用天道循环、三统相承来解释社会的发展变化,严译《天演论》用社会进化论打破了这种循环,为中国人观察世界、理解历史提供了一种新方式,也为中国变法图强提供了与传统有别的思想资源。受进化论影响,康有为在《孔子改制考》一文中对儒家"据乱世""升平世""太平世"之三世说提出了新解释,触发了世界观的革命;西方的文明论也被越来越多的中国士人接受。如果说此前绝大多数中国士人对中国文教尚保有一份自信,以为"观今日之泰西,可以知上古之中华;观今日之中华,亦可以知后世之泰西,必有废巧

① 梁启超:《论民族竞争之大势》,《新民丛报》第 2 号,第 5 页,光绪二十八年元月十五日(1902年 2 月 22 日)。
② 蔡元培:《五十年来中国之哲学》,载高叔平编:《蔡元培全集》第 4 卷,中华书局 1984 年版,第 354 页。
③ 胡适:《四十自述》,见季羡林主编:《胡适全集》第 18 卷,安徽教育出版社 2003 年版,第58 页。

务拙、废精务朴之一日"①，那么随着进化论的传播，在中西文明的比较中，这份自信便逐渐蜕为"自居野蛮"。越来越多的人认为，中国不仅军事、物质落后西方，文教亦不如。康有为说，"文明百分，今则中国仅有一二分，而西人已有八九分"②；梁启超感慨，"世界之进无穷极也，以今日之中国视泰西，中国固为野蛮矣"③。

夷夏既已翻转，全面师法西方致强似成不二之选。所谓"大地既通，万国蒸蒸，日趋于上，大势相迫，非可阏制。变亦变，不变亦变；变而变者，变之权操诸己，可以保国，可以保种，可以保教。不变而变者，变之权让诸人，束缚之，驰骤之"④，"能变则全，不变则亡，全变则强，小变仍亡"⑤。既然"变"是不二法则，那么当如何去"变"呢？代表性的看法如严复：中国欲行西法致强，首先要变革"风俗人心"，风俗人心不备，良法不立，"盖政如草木焉，置之其地而发生滋大者，必其地之肥硗、燥湿、寒暑与其种性最宜者而后可。否则，萎悴而已，再甚则僵槁而已。"⑥在进化论的观照下和进种强国的呼声中，中国此前饱受批评的女俗进入了"变"的议程。

二、保种强国语境中的反缠足与兴女学

甲午前，对中国女俗的批评主要来自西方传教士，中国开放口岸的部分士绅虽然受传教士影响，不乏对女俗的反思与批评，但声势不大，影响也很有限。甲午后，随着亡国灭种焦虑的上升和积累，情况发生了改变。越来越多的忧时

---

① 曾纪泽：《出使英法俄国日记》，载《走向世界丛书》V，第177—178页。
② 梁启超：《与严幼陵先生书》(1896)，见张品兴主编：《梁启超全集》第1册，北京出版社1999年版，第72页。
③ 梁启超：《论中国宜讲求法律之学》，《清议报》第5册，第256页，光绪二十四年十二月二十一日(1899年2月1日)。
④ 梁启超：《论不变法之害》，《时务报》第2册，光绪二十二年七月十一日(1896年8月19日)，见《强学报·时务报》第1册，中华书局1991年版，第77页。
⑤ 康有为：《上清帝第六书》(即"应诏统筹全局折"，1898年1月29日)，载蒋义华、张荣华编校：《康有为全集》第4集，中国人民大学出版社2007年版，第17页。
⑥ 严复：《原强修订稿》，载《严复集》第1册，第26页。

之士开始接受传教士的说法,承认中国女俗野蛮,并逐渐取而代之成为批判的主角。在他们看来,中国女子亟须改变的习俗有两个,一为缠足,一为不学,前者戕害女子的身体,后者糟践女子的心智,两者相互关联,损害民力民智民德,阻碍种族进化,导致国弱民贫,在万国竞争中陷中国于不利。如严复说,今全球各族相争,不进则退,"退之不已,可以自灭,况加以白人之逼迫哉!"中国女子"均身体弱智识昏之人","凡事仰给于人","其人愈多,为累愈甚",不思改变,"灭种是矣"。① 一场从身体到灵魂再造女子的反缠足与兴女学运动由是而起。

缠足:从阃内琐屑到国之大害

缠足在中国风行千年,作为一种对女子具有明显伤害的习俗,历代对它不乏批评。早在南宋,车若水针对其时已蔚然成风的缠足就曾质疑:"妇人缠脚,不知起于何时。小儿未四五岁,无罪无辜而使之受无限之苦。缠得小来,不知何用?"②清乾嘉时期,李汝珍在小说《镜花缘》中通过戏拟男子缠足痛苦的丑态反讽缠足不仁,袁枚、钱泳、俞正燮等学人亦斥缠足于史无据,有害无用③。这些批评多是出于对女子遭受苦趣的同情,但空谷足音,在"金莲崇拜"的狂热中几无回响。更多的士大夫对缠足是习以为常,即便知其非,也多当为"女子之分",以为"事亵且微","阃内琐屑,非男子之所宜问"。④

其实,缠足在有清一代也不被朝廷认可。清入关前,皇太极曾下旨严禁满人缠足,犯者"俱加重罪"。⑤ 这一禁令在清入关后的各朝被反复重申并得到

---

① 严复:《保种余义》,载《严复集》第 1 册,第 87—88 页。原载《国闻报》1898 年 6 月 11、12 日。

② (宋)车若水:《脚气集》,文渊阁《四库全书》影印本,第 865 册,第 516 页,台北商务印书馆1982 年版。

③ (清)袁枚:《随园诗话》卷四,顾学颉校点,人民文学出版社 1982 年版,第 114 页。钱泳:《履园丛话》卷二三,中华书局 1979 年版,第 627、630 页。俞正燮:《癸巳类稿》卷一三《书旧唐书舆服志后》,《续修四库全书》第 1159 册,第 543、546 页。

④ 无名氏:《劝汉装女子遵古制》,《万国公报》周刊,合订本第 2 册,第 7 年 336 卷,第 1002 页,光绪元年四月十一日(1875 年 5 月 15 日);罗惇融:《倡办顺德戒缠足会叙》,《集成报》第 16册,第 9 页,光绪二十三年九月初五日(1897 年 10 月 30 日);浙江洪文治撰:《戒缠足说》,《湘报》第 15 号,第 113 页,光绪二十四年三月初二日(1898 年 3 月 23 日)。

⑤ 《清太宗实录》卷四二,第 554 页,崇德三年七月丁丑,《清实录》第 2 册,中华书局 1985 年影印本。(清)钱泳:《履园丛话》卷二三,第 630 页。俞正燮:《癸巳类稿》卷一三,第 546 页。

执行。其中，康熙三年（1664），朝廷还将禁令从满人推至汉人，谕礼部："近见民间妇女俱行裹足，毁伤全体。是皆亡国陋习，相沿未改。自康熙元年以来，所生女子应停其裹足。"①康熙帝谕令暗示明亡与汉族女子缠足有关，将缠足拔高到了攸关国家生死的高度。不过，康熙七年（1668），左都御史王熙以民风不易改奏请弛禁缠足，获准，汉族女子缠足之风得以继续盛行。② 清初弛禁缠足对某些汉族男子而言或许具有特别的意义，有人把"禁缠令"与"剃发令"并论，视二者为满族对汉族男女双管齐下的民族征服政策。与男子剃发易服表示归顺相比，女子不改缠足被视为对民族性的一种坚持，表示汉族的另一半并未被征服，缠足由是被提升为民族尊严和气节的一种象征。③ 这种出于聊以自慰的民族心理和历史错位附会构拟的意义，在缠足不被朝廷认可的清代，也许为缠足继续流行添加了一种动力。

缠足的命运真正发生转折——从被欣赏、受崇拜走向被批判、遭唾弃——出现在晚清。海禁开后，外来传教士乍见缠足，"莫不惊骇"④，以为天下最恶之风俗，纷纷在教会刊物发文批评，并成立天足会。1879 年，署名"抱拙子"的

---

① 《明清史料·丁编》卷八，台北"中研院"历史语言研究所，2008 年，第 749 页。
② （清）钱泳：《履园丛话》卷二三，第 630 页。
③ 夏晓虹：《晚清女性与近代中国》，北京大学出版社 2004 年版，第 128—133 页。夏著对造成这一结果的民族心理以及后来晚清反满志士选择性的历史记忆做了精彩分析，也比较了剃发令与禁缠令，认为后者未像前者那般严格执行，是因为女子地位低下，对满族的统治没有威胁。这有一定道理。不过，剃发令与禁缠令其实并不能等量齐观。剃发令在清入关之初征服汉族的过程中被强推，而明确禁止汉族女子缠足之令出现在汉族已被征服的康熙朝，此前顺治朝虽然三番五次发布禁缠令，针对的是满人，并未包括汉人，如王熙在上疏中说："顺治十八年以前民间之女未禁裹足，康熙三年遵奉上谕，下议政王、贝勒、大臣、九卿科道官员会议，元年以后所生之女，禁止裹足。"（钱泳：《履园丛话》卷二三，第 630 页；另见郑观应：《盛世危言·女教》，《郑观应集》上册，第 288—290 页。）笔者指导的学生岳诗宛在《清代禁缠足诏令考》（中国人民大学本科毕业论文，2017 年 4 月，论文编码：RUC-BK-060101-2013201458）中通过考证、爬梳清代历朝缠足禁令，并综合官方、民间对缠足的记载指出，有清一代明令禁止所有民间女子缠足只出现在康熙三年，这一禁令实际上也仅实施了数月就被废除，在汉族士人当中几无反响；满族统治者始终未将缠足视为汉人的忤逆行为，缠足在清初并不指代"女不降"，放足在当时汉族士人眼中也只不过是难登大雅之堂的琐碎之事，并不是损害民族气节的大事；满族统治者对缠足的态度不会刺激民间的反满情绪，所谓"民族气节"只是少数汉族士人的附会，并不具有普遍性。
④ ［英］秀耀春：《缠足论衍义》，《万国公报》月刊，第 4 册，第 10366 页，光绪十五年四月（1889 年 5 月）。

教士在《厦门戒缠足会》中批缠足"倾家败国"，认为"妇女缠足，不能操作，致使男人而作女工，以此民用空乏而国计困穷"；另外，"妇女既缠足，多不能赴稍远之会堂听道礼拜，又不能就塾读书，大伤闺阃风化，此不第害及其身，并害及其魂"。① 1889 年，英国教士秀耀春（F.Huberty James）发文谴责缠足有"六大害"：一是"辜天恩，悖天理，逆天命，罪恶丛生"；二是"导女子于不孝"；三是"不慈"；四是"败俗"；五是"失助"；六是"藐视天道"。② 1895 年，又有女教士细数缠足有"七宗罪"：一是"违天意"；二是"蔑古制"；三是"召痼疾"；四是"戕生命"；五是"妨生计"；六是"伤人伦"；七是"坏心术"。③ 传教士的批评凸显了中国人的"愚昧"，缠足在此也被他们视为中国"教化缺失、文明低劣"的表现。

　　传教士对缠足的批评，尤其是缠足妨害国计民生之说，随着教会刊物的流转在甲午前已引起了晚清士人的注意，有人开始以此立论来批评缠足。1892年，陈虬撰文说：缠足祸害女子无穷，承平之日"遏其生机"，乱离之秋"坑之死地"，且女子又加不学，几近无用，中国欲"自强"并"争雄于泰西"，必当废缠足。④ 陈虬所论或代表了中国人废缠足求强国的先声。这种声音在甲午后民族危机的催化下开始剧增，也越来越激烈。各种报刊成为助推者，其中，先前断续发声批评缠足的《申报》1895 年 12 月发起了反缠足征文活动⑤，反缠足的先锋《万国公报》不甘于后，也加大了反缠足的力度，维新派新创的《时务

---

① 　抱拙子：《厦门戒缠足会》，《万国公报》周刊合订本，第 10 册，第 6117—6118 页，光绪五年二月三十日（1879 年 3 月 22 日）。该文后来稍加修改更名为《劝戒缠足》，光绪八年九月初三日和光绪十九年二月的《万国公报》又重刊了两次。

② 　[英]秀耀春：《缠足论衍义》，《万国公报》月刊，第 4 册，第 10365—10366 页，光绪十五年四月（1889 年 5 月）。

③ 　天足会闺秀著，广学会督办译：《缠足两说》，《万国公报》月刊，第 77 册，第 15275—15276 页，光绪二十一年五月、闰五月（1895 年 6 月）。

④ 　陈虬：《弛女足》，见《治平通议》卷五，《续修四库全书》第 952 册，第 587 页。

⑤ 　《申报》1895 年 12 月 21 日刊登了《求著缠足论启》："问缠足一俗，于众人伦谊交接、富强经营、身体健壮有何碍？能废此俗可获益？今日废起时宜否？时果合宜，当用何善法使之速变而复原初欤？"并允诺"著作论说合式者"，第一名酬洋三十元，次名酬洋二十元。另，《申报》1872 年 5 月 24 日、1879 年 2 月 4 日、1891 年 12 月 1 日，以"缠足说"为名断断续续对缠足进行了批评，所论与钱泳等人和同期传教士相仿。

报》《知新报》《湘报》等更是后来居上，视反缠足为己任。各种反缠足的声音，一方面渲染缠足之惨，痛斥缠足戕贼仁义，另一方面则痛批缠足祸国害种，贻诮万邦，共同掀起了反缠足的狂潮。

关于缠足，民谚"小脚一双，眼泪一缸"，十分形象点出了其"痛"。维新时期的反缠足论述在"痛"之上，强化了对缠足之"惨"与"酷"的描述。1895年9月，《申报》刊发一文斥缠足曰："当其初缠也，昼则寸步难行，夜则寝不安席，痛苦入于心，号呼闻于邻，目睹者心惨，耳闻者心伤……且其幼时，正值知识日开、聪明日增之际，而加以酷毒痛苦之事，则四肢不舒，饮食不化，终日忧愁，绝无乐趣，非第智识聪明不能日增月开，而且身体羸瘦，疾病丛生。及长，则虚弱而不能耐劳，力小而不能任重，动辄需人扶持，是何以异于残废之人乎？"①

文章突出了缠足之惨酷，不仅令幼女痛苦难耐，且致残终身。关于缠足之惨酷，《万国公报》的说法可能更为经典。该报1896年刊发一文，形容缠足"其残忍不亚于火葬溺女，其关系无殊于烟瘾酒狂"②，次年又发一文，斥缠足为"终身刖足之刑"："束缚之，腠削之，血肉狼藉，声色俱变，百端哀免，靳置不闻。且腠刖一痛即已，兹则肌骨日销，饮食忘味，捧足而泣，罔问晨昏，寒夜无温，炎宵愈酷，瘵茧交迫，呼号达于九衢……"③类似的描述散见于维新时期反缠足为数众多的几乎每一篇论述，包括康有为上达宸聪的《请禁妇女裹足折》。郑观应指出："'身体发肤，受之父母，不敢毁伤'，古之训也"④，缠足"真所谓戕贼人以为仁义，亦惑之甚矣！"⑤。黄遵宪指出："赤子何罪？横加五刑，

---

① 《论中华妇女之苦》，《申报》1895年9月18日。近年来有一种观点认为，缠足属于个人日常生活，或者说是个人自主的，反缠足是对个人生活的干预（杨兴梅：《以王法易风俗：近代知识分子对国家干预缠足的持续呼吁》，《近代史研究》2010年第1期；[美]高彦颐：《缠足："金莲崇拜"盛极而衰的演变》，苗延威译，第86、261页）。就成年缠足女子而论，这种观点可能有一定道理。不过，从幼女被强迫缠足看，缠足其实是一种群体行为，很难理解为个人生活方式，更谈不上个人自主。
② 鸳湖痛定女士贾复初：《缠足论》，《万国公报》月刊，第91册，第16218页，光绪二十二年七月（1896年8月）。该文的内容题式与上述《申报》征文启事完全相合，似是应该次征文而作。
③ 番禺愚叟：《卫足说》，《万国公报》月刊，第97册，第16657—16658页，光绪二十三年正月（1897年2月）。
④ 郑观应：《易言·论裹足》（三十六篇本，成书于光绪元年），见《郑观应集》上册，第163页。
⑤ 郑观应：《盛世危言·女教》，载《郑观应集》上册，第289页。

几席之间,忽来屠伯之酷;闺房之内,竟同狱吏之尊。谓天谓地,踽踽无所逃;呼父呼母,疾痛之弗恤。由斯而言,天理安在?"①陈黻宸说:缠足"遏其生长之机,而激其怨毒之气,戕其自然之性,而启其刻忍之心",真是"伤教害义"。②梁启超指出:"眼、耳、鼻、手、足,受诸天,受诸父母。有一不具,若残缺者,谓之废疾,谓之天之僇民,古王之制刑也,为劓为刵为刖,将以天僇僇不肖以威天下,仁者犹或讥之,恶其伤天而残人类也","中国缠足,其刑若斮胫",真残忍无仁义也。③ 康有为指出:"女子何罪,而自童幼加以刖刑,终身痛楚,一成不变,此真万国所无,而尤为圣王所不容者也。"④袁世凯亦指出:"妇女之缠足者,自幼年以迄成人,束缚磨折,备尝痛苦,甚至骨节溃落,血肉消耗,趑趄踽踽,举步维艰,以故中国女子大都孱弱多病。徇世俗之好,而伤残父母之肢体,忘人性之亲爱,而忍令其女受百般之酷虐,岂仁者之所为乎?"⑤在如此这般的渲染中,缠足这一迎合汉族男子"纤纤细步"之审美趣味的曾经的时尚⑥,被彻底定义为"不仁""不义""不慈""不孝""不智"之"恶俗"。"缠足即残废"成为一时之共识⑦,而在这一共识的挞伐下,缠足也彻底失去了美的光环。

　　维新时期的反缠足更侧重于阐发缠足对家国和种族的祸害。既然缠足致

---

① 《皋宪告示》,《湘报》第55号,第466页,光绪二十四年闰三月十九日(1898年5月9日)。

② 陈黻宸:《书〈治平通议〉驳女足章后》(1895年),见陈德溥编:《陈黻宸集》上册,中华书局1995年版,第513页。

③ 梁启超:《戒缠足会叙》,《时务报》第16册,光绪二十二年十二月初一日(1897年1月3日),见《强学报·时务报》第2册,第1038页。

④ 康有为:《请禁妇女裹足折》(1898年8月18日),载《康有为全集》第4集,第381页。

⑤ 《直督袁慰帅劝不缠足文》,《万国公报》月刊,第180册,第22329页,光绪二十九年十二月(1904年1月)。

⑥ 高世瑜:《缠足再议》,《史学月刊》1999年第2期,第20—24页。

⑦ 该说较早见于《保师母与年会议论缠足信》(载《万国公报》周刊,第1册,第560页,同治十三年十二月初九日(1875年1月16日)),其中有"女子一缠足即残废矣"一语。维新时期的反缠足人士普遍持有这一看法,认为缠足女子不能自如行走,无异于"终身为残废之人"([美]卜舫济:《去恶俗说》,《万国公报》月刊,第131册,第18950页,光绪二十五年十一月(1899年12月))。不过,缠足女子终身痛苦且不能自如行走这一说法也有争议。譬如有人认为,"缠之得法,终身并无所苦"(《论劝戒妇女缠足宜先广设女塾以清其源》,《申报》1896年6月13日)。一个反缠足的女子在讲缠足之害的文章中说,她曾经也想裹脚,原因是"一到上海,就看见许多人,都是尖尖的脚,走也快,又是好看"(陈超来:《缠足之害》,见张玉法、李又宁主编:《近代中国女权运动史料》(上),台北龙文出版社股份有限公司1995年版,第521页)。

女子终身残废，那么女子自然就成了家国的拖累，所谓"二万万女子，嗷然待哺，重困男子，生计艰窘，家既如此，国亦随之"；缠足于是被视为"国家积弱之根，世局败坏之源"。①

1895 年，陈黻宸在谈及女足时说，缠足"弃二万万人于无用之地"，中国自唐以后千余年，衰运祸乱接踵，"受侮于夷狄"，盖缘于此；"女足不弛，中国必不强，人才必不盛，白种必不可胜，升平必不可至，此天道之至常也。"②谭嗣同亦认为，北宋之后汉人屡失江山的一个原因就在强迫女子缠足："彼北狄之纪纲文物，何足与华人比并者，顾自赵宋以后，奇渥温、爱新觉罗之族，迭主华人之中国，彼其不缠足一事，已足承天畁佑，而非天之误有偏私也。"③1897 年，有人投书《时务报》，言"中国缠足一病实阻自强之机，并肇将来不测祸"④。康熙谕令之后，缠足再次被目为"亡国陋习"。

宣扬进化论并力主变法的严复认为，缠足于国于种均是大害，荼毒不亚于鸦片。他在《原强》中说："中国礼俗，其贻害民力而坐令其种日偷者，由法制学问之大，以至于饮食居处之微，几于指不胜指。而沿习至深、害效最著者，莫若吸食鸦片、女子缠足二事。"作为受鸦片毒害的瘾君子，严复将缠足与鸦片并提别有意味。在他看来，缠足残害女子身体，而女子体健与否关涉人种进化，譬如近世欧洲诸国，便特别注意"饮食养生之事"，"操练形骸，不遗余力"，其男子如此，"妇女亦莫不然"，"盖母健而后儿肥，培其先天而种乃进也"。反观中国，鸦片、缠足盛行，"种以之弱、国以之贫、兵以之窳"。严复警告，此二事若"不早为之所，则变法者，皆空言而已矣"。⑤

乾嘉派学人钱泳在谈及缠足之害时曾说："妇女裹足，则两仪不完，两仪

---

① 《士绅刘颂虞等公恳示禁幼女缠足禀》，《湘报》第 53 号，第 448 页，光绪二十四年闰三月十七日（1898 年 5 月 7 日）。
② 陈黻宸：《书〈治平通议〉弛女足章后》（1895），载《陈黻宸集》上册，第 513 页。
③ 谭嗣同：《仁学》，见蔡尚思、方行编：《谭嗣同全集》下册，中华书局 1981 年版，第 303 页。
④ 黄鹄生来稿：《中国缠足一病实阻自强之机并肇将来不测祸说》，《时务报》第 35 册，光绪二十三年七月十一日（1897 年 8 月 8 日），载《强学报·时务报》第 3 册，第 2397 页。
⑤ 严复：《原强修订稿》，载《严复集》第 1 册，第 28—29 页。

不完,则所生男女必柔弱,男女一柔弱,则万事隳矣!"①明言缠足祸害子孙。1880 年,郑观应批评缠足时引述了钱说,认为缠足残女子肢体,束其筋骸,伤赋质之全,不利于传种。② 到维新时期,经过进化论和优生学的包装,缠足害种成为通行之说。1897 年,张之洞在为梁启超的《戒缠足会章程》所作的序中说:"人子之生,得父母气各半,其母既残其筋骸,瘁其血脉,行立操作,无不勉强,日损无已,所生之子女,自必脆弱多病","吾华民之禀赋日薄,躯干不伟,志气颓靡,寿命多夭,远逊欧美各洲之人,病实坐此"。缠足不去,数百年以后,"吾华之民"将"人人为病夫,家家为侏儒,尽受殊方异族之蹂践鱼肉,而不能与校也"。③ 有人向《时务报》撰文哀叹:"今白人并其男女之全力以向我,我不能自强其种,而犹以戕贼同类为得计,若惟恐白人之鸟兽我,鱼肉我,犹不足以尽黄种之族类,先倒戈以乐其漂杵也。不亦哀哉! 不亦哀哉!"④

对种族未来的这种担忧使得禁缠足成为急务。戊戌变法前夕,湖南士绅刘颂虞等 14 人联名上禀时署湖南按察使的黄遵宪,"恳示禁幼女缠足",其中说:"夫今日之急务,必咸曰富家富国以新气象,强种繁种以固基本,而不禁缠足,终无起点之术。……闻西人强种之法,必令妇人皆习体操,而后其子肤革充盈,筋力雄健。今中国举步艰蹇,滞其血输,故妇人多产难,生子多羸瘠,致令举国之人,潜消暗蚀……黄种之式微,不忍言其究竟矣! 可不哀哉!"⑤黄遵宪阅后深以为然,批示:"今强邻环迫,种类日弱,利权日移,利源愈绌,毁天然有用之肢体,减物产固有之利权,举凡缫丝、织布、种茶、植桑,皆积衰递弱,每况愈下,势岌岌不可终日",劝禁幼女缠足"自属当务之急"。⑥ 随后,黄遵宪

---

① (清)钱泳:《履园丛话》卷二三,第 631 页。

② 郑观应:《易言·论裹足》(三十六篇本),载《郑观应集》上册,第 164 页。

③ 《南皮张尚书〈戒缠足会章程〉叙》,《时务报》第 38 册,光绪二十三年八月十一日(1897 年 9 月 7 日),见《强学报·时务报》第 3 册,第 2623 页。

④ 江都王景沂来稿:《驳驳不缠足会议》,《时务报》第 61 册,光绪二十四年四月初一日(1898 年 5 月 20 日),见《强学报·时务报》第 5 册,第 4160 页。

⑤ 《士绅刘颂虞等公恳示禁幼女缠足禀》,《湘报》第 53 号,第 448 页,光绪二十四年闰三月十七日(1898 年 5 月 7 日)。

⑥ 《黄公度廉访批》,《湘报》第 53 号,第 449 页,光绪二十四年闰三月十七日(1898 年 5 月 7 日)。

颁布了《劝谕幼女不缠足示》，胪列了缠足七大害：废天理、伤人伦、削人权、害家事、损生命、败风俗、戕种族。其中前六害所言与上述传教士的"六害""七罪"说大体重合，第七害"戕种族"为新增，当中说："人生得半于母气，今在母先损其胎元，禀赋已薄，则躯干不伟；屡弱多疾，则志气日颓，本实先拨，无怪枝叶之凋；鱼肉自戕，若待刀砧之供。"①所言与张之洞节符拍合。戊戌变法期间，康有为上书亦痛斥缠足害种："血气不流，气息污秽，足疾易作，上传身体，或流传孙子，奕世体弱。是皆国民也，羸弱流传，何以为兵乎？试观欧美之人，体直气壮，为其母不裹足，传种易强也。回观吾国之民，尪弱纤偻，为其母裹足，故传种易弱也。今当举国征兵之世，与万国竞，而留此弱种，尤可忧危矣！"②

维新士人的反缠足论述着眼于种族竞争，融会了进化论，在缠足与祸国害种之间建立了"真实"的关联："今者欲救国，先救种，欲救种，先去其害种者而已。夫害种之事，孰有如缠足乎！孰有如缠足乎！！"③这种论述具有强大的裹挟力，即便对进化论有所抵触的传教士亦随声附和。1899 年，美国传教士卜舫济（Francis Lister Hawks Pott）谈及去缠足，理由之一便是缠足"大伤生理"，"必贼及后世之人"。他解释说："泰西格致家讲种子之理，谓人之生也，自前代所遗者，不仅在形体，即心思脑力，亦自遗传而来，倘此一代人，学问、聪明、品性进而益上，其后代必当有似之者。倘此代人，学问、聪明、品性每况愈下，其后代亦当有更甚者。我等时惜中国今不及古，何也？因中国久已为诸般颓风陋俗所害，故日逊一日，远不逮姬周炎汉时矣！今欲复兴中国，必当修葺其种类；欲善其种，必先去诸般恶俗。缠足，恶俗中之一也，故在所当去。盖妇人因缠足而身弱，而脑微，而胆怯，则所遗之子孙，何能成为有用之材？考《希腊

---

① 《臬宪告示》，《湘报》第 55 号，第 466—467 页，光绪二十四年闰三月十九日（1898 年 5 月 9 日）。
② 康有为：《请禁妇女裹足折》，载《康有为全集》第 4 集，第 381 页。类似的说法亦见《万寿大庆乞复祖宗行恩惠宽妇女裹足折》（1898 年 8 月 18 日），载《康有为全集》第 4 集，第 378—379 页。
③ 新化曾继辉撰：《不缠足会驳议》，《湘报》第 151 号，第 1478 页，光绪二十四年七月二十五日（1898 年 9 月 10 日）。

史》记载,泗巴塔人颇知种子之理,彼欲使男子强壮,勇敢善战,特立女子体操之法,盖欲其所生者,皆强健壮实,有英武之概也。反是以观,愈知此风之不可不去矣!"①卜舫济认为,中国复兴的首要条件是去缠足,"修葺"缠足女子以善其种。

维新士人与传教士以"国之大害"为名联合绞杀缠足,不过,相对作为外人的传教士,"国之大害"对中国士人而言还有另一层意思,即在万国交通中,缠足因招外人讥笑而成为蒙羞之"国耻",从而不能不去之。黄遵宪自述:"早岁随槎,环游四国,先往东海,后至西方,或作文身,或束细腰,虽属异形,尚无大害,若非洲之压首使扁,印度之雕题饰观,虽有耳闻,并未目睹。惟华人缠足,则万国同讥,星轺贵人,聚观而取笑;画图新报,描摹以形容,博物之院,陈列弓鞋;说法之场,指为蛮俗;欲辩不能,深以为辱。"②康有为上奏亦禀明:"方今万国交通,政俗互校,稍有失败,辄生讥轻,非复一统闭关之时矣。吾中国蓬荜比户,蓝缕相望,加复鸦片熏缠,乞丐接道,外人拍影传笑,讥为野蛮久矣!而最骇笑取辱者,莫如妇女裹足一事,臣窃深耻之。"③缠足招外人讥笑成为中国士人的切肤之痛,其中,1903 年与 1904 年,缠足甚至被当作"劣等民族"的习俗,先后在日本大阪博览会"生番馆"和美国圣路易博览会上展出,"腾笑五洲",从虚拟的"民族尊严"化为"莫大之奇辱"。④ 而缠足走进博览会,实昭示了它后来消亡的命运。

梁启超指出,缠足"内违圣明之制,外遗异族之笑,显罹楚毒之苦,阴贻种族之伤"⑤,从"内""外""显""阴"四个维度概括了缠足之害,维新士人对缠足的批判大致不出此范围。而在诸如此类的议论中,缠足祸国害种也就被建

---

① ［美］卜舫济:《去恶俗说》,《万国公报》月刊,第 131 册,第 18951 页,光绪二十五年十一月(1899 年 12 月)。

② 《臬宪告示》,《湘报》第 55 号,第 467 页,光绪二十四年闰三月十九日(1898 年 5 月 9 日)。

③ 康有为:《请禁妇女裹足折》,载《康有为全集》第 4 集,第 381 页。

④ 《香山女学校学约》,《女子世界》第 7 期,第 72 页,1904 年 7 月;《庆云天足会公启》,《大公报》1904 年 12 月 12 日。两次博览会及其给中国人的刺激见杨兴梅:《缠足的野蛮化:博览会刺激下的观念转变》,《四川大学学报(哲学社会科学版)》2012 年第 6 期,第 82—90 页。

⑤ 梁启超:《论学校六·女学》,《时务报》第 25 册,光绪二十三年四月初一日(1897 年 5 月 2 日),见《强学报·时务报》第 2 册,第 1664 页。

构为"真理"。不过,当时也有人不认同这一"真理"。夏清贻就认为,缠足虽是一种该去的陋习,但未必影响富国强兵。比如西女缠腰,"挛筋骨,使不得舒,生机促,脑气伤,故不寿者夥",与缠足无异,然其国富兵强。① 1903 年,《大公报》刊发一文,反对将"国家积弱""女子无用"归咎缠足,认为缠足女子所生子女未必不强壮,女子"无用"不过是"不令干预外事所致,初不因乎缠足不缠足"。② 1904 年,《申报》一记者说,世陈缠足之弊,"大抵谓血脉不和,则易生疾病,此害于卫身也;气血不旺,则生子不强,则害于种族也",此"或为缠足者所不能免",但"世之福寿康强,年登大耋者未必皆两足如霜者也","世有雄武绝伦之伟大夫,其母未必非玉趾纤纤者也"。他认为,女子缠足虽然有害,但也不宜"陈义过高"。③ 趋新女子薛绍徽也认为,"所谓弱种强国兴业持家之说",在"女德""妇道",而非缠不缠足。④ 这些异见并非赞成缠足,但与"保种强国"的主流论述有距离,似不见容于当时。

缠足与反缠足的伦理

维新时期,为"拯切肤之隐痛,杜亡种之奇殃"⑤,各地戒缠足会勃兴,清廷1902 年也颁布了劝戒缠足的上谕:"汉人妇女,率多缠足,由来已久,有伤造物之和。嗣后搢绅之家,务当婉切劝导,使之家喻户晓,以期渐除积习。"⑥不过,反缠足运动自上而下,虽然有声有势,通都大邑的搢绅之家也多纷纷响应,但对民间的触动似乎并不大,"乡曲愚贱"依然故我。封疆大吏端方 1909 年仍无奈表示:"十余年来,纶音诰诫于上,士大夫讲明于下",然"乡曲愚贱,及内

---

① 嘉定夏清贻来稿:《不缠足会章程叙》,《时务报》第 61 册,光绪二十四年四月初一日(1898 年 5 月 20 日),见《强学报·时务报》第 5 册,第 4162 页。

② 江南悲悯生稿:《阅天津某茂才拟请袁宫保严禁缠足禀书后》,《大公报》1903 年 1 月 14 日。

③ 《禁止妇女缠足说续本月十八日稿》,《申报》1904 年 12 月 26 日。

④ 薛绍徽:《覆沈女士书》,见《薛绍徽集》,林怡点校,方志出版社 2003 年版,第 144 页。

⑤ 浏阳唐才常撰:《书洪文治戒缠足说后》,《湘报》第 17 号,第 130 页,光绪二十四年三月初四日(1898 年 2 月 25 日)。

⑥ 朱寿朋编:《光绪朝东华录》第 4 册,光绪二十七年十二月乙卯,中华书局 1958 年版,(总)第 4808 页。

地顽钝无识之徒,仍复不知改变","进步迟缓,痼疾依然,荏苒十年,因循如故"。①

其实,即便是仕宦之家,戒缠足亦非一蹴而就。发起天足会的立德夫人(Mrs. Archibald Little)1900年在劝戒缠足时提及一则趣事:

> 湖南某君不喜缠女之足,屡戒其妻,毋肆摧花斫柳手段,妻嫌其聒,因曰:"君留辫发,何所用之?"曰:"习俗使然也。"妻曰:"女子缠足,何以异是?君若能剪其辫,则不但即放女足已也,妾亦将从而解之。"某君曰:"卿戏余耶?"曰:"何戏之有?"五问,五以是对,某君即取并州快剪刀,效雄鸡之自断其尾,俄而修修然下绕其足,俨如常山之蛇。

此事发生在两年前,立德夫人听某君讲述时其发辫"已复旧观",其女之足也"因父发而得全"。在立德夫人看来,此事表明看似简单易行的戒缠足实有"出人意表之难"。②

1896年,《万国公报》刊发鸳湖痛定女士贾复初稿,谈到戒缠足有三难:其一,"中华妇女,鲜有读书明理,率视缠足为不可少之事,积习相沿,牢不可破,男子虽极力阻止,妇女未必听从";其二,"世人娶妇,不问妇德,先问女足,若使莲船盈尺,则虽德容兼备,必将指为大疵,故父母虽欲不缠,而不能不为择配计";其三,"妇女衣服装饰,尚思争胜,况显然足之大小乎?同辈聚处,俯视裙下,独不如人,未免启笑同侪,或且取憎夫婿,当此之时,有反谓宁受痛楚,而怨其父母不早为缠小者"。作者认为,"因是三难,士大夫家,遂至因循,且古今不少豪杰之士,而于此卒未敢轻议者,职是故也"。③ 四年后,《万国公报》刊发一文中再次谈到女子不缠足的阻力:"一虑联姻之不合俗,二虑亲友旁观之

---

① 《前两江总督端札饬各属禁止缠足章程》,《东方杂志》第6年第12期,第48页,宣统元年十一月二十五日(1910年1月6日)。

② 首倡天足会司事立德夫人:《劝戒缠足丛说》,《万国公报》月刊,第138册,第19429页,光绪二十六年六月(1900年7月)。

③ 鸳湖痛定女士贾复初:《缠足论》,《万国公报》月刊,第91册,第16218页,光绪二十二年七月(1896年8月)。

贬驳，三虑沦奴婢之贱，四虑姒娣之藐视，五虑夫男之因此纳妾，六虑绅士之不容。"①这些说法其实在某种程度上表明，"乡曲愚贱"对缠足之害并非一无所知，但惯习力量强大，不缠足会被贱视，缠与不缠也就不完全取决于个人。如康有为说："夫父母之仁爱，岂乐施此无道之虐刑于其小儿女哉？徒以恶俗流传，非此不贵。苟不缠足，则良家不娶，妾婢是轻，故宁伤损其一体，而免摈弃其终身。此为一人一家之事，诚有茹苦含辛而无如何者。"②

作为女子生活的一部分，缠足在漫长的流传中除了受"美"的影响，也与左右女子生活的伦理紧紧绑在一起，从而被道德化，衍生出伦理意蕴。以缠为贵、不缠为贱便是表现之一。缠足在民间曾被视为是富贵女子的一种"特权"，是身份地位的象征和"自尊"的表达。③《岭南杂记》提到，康熙年间，岭南人已用缠足来别贵贱，贫贱女子缠足会招众人"诟厉"，"以为良贱之别"④。由于以缠为贵，为人父母者自然争相为之，缠足之风也因此愈炽。

针对这种助长缠足之风的观念，维新时期的反缠足者进行了批驳。有人说："敬闻皇太后、皇后与夫妃嫔以次之位列璇宫者，从不缠足；且传闻有不准裹足妇女入宫之禁，此正践土者流，所当敬步芳尘者也。人曷不以帝室为法？"⑤再者，"满洲、蒙古以及汉军素不缠足，初未损其尊贵也。"⑥且"缠足而为娼为优者，比比皆是"⑦，"娼妓足虽纤小"，"能入君子之门乎？"⑧既然

---

① 苏州顾子省、冯守之同拟稿：《天足旁论》，《万国公报》月刊，第139册，第19492页，光绪二十六年七月（1900年8月）。

② 康有为：《请禁妇女裹足折》，见《康有为全集》第4集，第381页。

③ ［美］高彦颐：《缠足："金莲崇拜"盛极而衰的演变》，第288—289页。

④ 《岭南杂记》，载李永祜选编：《食史选注》，中国人民大学出版社1994年版，第366页。

⑤ 天足会闺秀著，广学会督办译：《缠足两说》，《万国公报》月刊，第77册，第15276页，光绪二十一年五月、闰五月（1895年6月）。后来还有人赋诗赞美太后皇后不缠足："本朝太后与皇后，通国当推为女型。深宫不尚潘妃步，小民何苦受严刑？"（无名氏：《女界进步之前导》（1907），载张玉法、李又宁主编：《近代中国女权运动史料》上，第522页。）

⑥ 蜀南赵增泽润琴氏：《劝释缠脚说（并跋）》，《万国公报》月刊，第99册，第16784页，光绪二十三年三月（1897年4月）。

⑦ 番禺愚叟：《卫足说》，《万国公报》月刊，第97册，第16659页，光绪二十三年正月（1897年2月）。

⑧ 蜀南赵增泽润琴氏：《劝释缠脚说（并跋）》，《万国公报》月刊，第99册，第16785页，光绪二十三年三月（1897年4月）。

"贵"人有不缠足者,"贱"人又不乏缠足者,缠足便与贵贱无涉,不宜用来"别贵贱"。

不过,由于贵贱的观念始终存在,反缠足者虽然驳倒了缠足为贵的观念,但往往又不经意滑向另一端,视缠足为贱、不缠足为贵。1897 年,《申报》一篇呼应张之洞的文章在谈禁缠足之法时说,禁缠足应先从"士夫之家"开始,"贫贱之户听之,于是人知不缠足为贵矣。人知不缠足之为贵,此风自易转移"。①同年,番禺愚叟建言:"自今十二岁以内,仍缠足者,不得作良家论,不得据家嫡,不得邀封典,违者罪之,坐及家长。惟优娼不禁,且略为服饰以别之"②。他特别提出不禁优娼缠足,实含以之表缠足为贱之意。宋恕也有类似的主张:"惟娼妓许状缠足,自非娼妓,概不许状缠足,犯者重惩"③。1902 年,盐城陈惕庵孝廉在上奏中更是明确提出,应"以不缠足为良为贵,缠足之为污为贱。惟倡伎不在禁例之中,人人明知朝廷好恶之所在,不待严刑峻罚亦将羞恶而不为"④。而随着反缠足运动的推行,为了表明缠足为"贱",有地方甚至明令娼妓不许放足,"以示区别,用杜滥冒文明"⑤。反缠足者在切断缠足与贵贱的关联之后,又通过另一种方式把缠足与贵贱关联了起来。

在传统中国,缠足的伦理意蕴除了"别贵贱",更为根本的是"别男女"。元伊世珍辑《瑯嬛记》引《修竹阁女训》:"本寿问于母曰:富贵家女子必缠足,何也?其母曰:吾闻之,圣人重女而使之不轻举也,是裹其足,故所居不过闺阃之中,欲出则有帏车之载,是无事于足者也。圣人如此防闲,而后世犹有桑中之行、临邛之奔。"⑥缠足在此除了表示尊贵,也被视为男女之防的一种方式。

---

① 《书南皮张尚书戒缠足会章程叙后》,《申报》1897 年 10 月 5 日。

② 番禺愚叟:《卫足说》,《万国公报》月刊,第 97 册,第 16662 页,光绪二十三年正月(1897 年 2 月)。

③ 宋恕:《书不缠足会后》(1897 年 7 月),见胡珠生编:《宋恕集》上册,中华书局 1993 年版,第 270 页。

④ 《盐城陈惕庵孝廉拟敬陈管见折》,《申报》1902 年 12 月 10 日。

⑤ 参见杨兴梅:《贵贱有别:晚清反缠足运动的内在紧张》,《社会科学战线》2013 年第 2 期,第 98 页。

⑥ (元)伊世珍辑:《瑯嬛记》,见《丛书集成新编》第 87 册,台北新文丰出版公司 1985 年版,第 429 页。

清《女儿经》说："为甚事裹了足？不因好看如弓曲。恐她轻走出房门，千缠万裹来拘束。"①缠足被视为拘女子于闺门之内的手段，被赋予了明确的礼教意涵。维新时期，主张缠足者的一般看法也是："妇女以谨守闺房为尚，既缠其足，即不敢驾言出游，而放浪形骸矣！"②所谓"男正位乎外，女正位乎内"，"男女赖以为分别者，足为之也"③，"妇女若不缠足，恐恣意嫚游，易启淫奔之渐，以缠其足者，拘束其身，所以禁乱步，非徒为观美计也。"④有人明确说："中国男女之别甚严，即缠足亦其一端，何容轻改？况以国初禁令之严剃发与不缠足同例，乃一法行而一法卒，不果行者殆亦以顺人情而存古礼也。"⑤

1896 年，有人就以"男女有别"来反驳戒缠足，并投书《申报》，《申报》次年将之当作反面教材夹在《再书南皮张尚书〈戒缠足会章程〉叙后》中刊出，其中说：

> 天道分阴阳，地道分柔刚，人道分男女，自古有别，不能混一。厥惟禽兽，雌雄牝牡，同一毛羽，同一喙翼，同一蹄角。人则不然，男之与女，居处有别，职事有别，服饰有别，而自汉唐以后，因时制宜，则又别之以缠足。其不缠足者，边省僻县也，农民小户也。此外，上自勋戚，下至闾阎，凡诗礼之家，搢绅之族，无有生女而不缠足者。中国民数女多男少，自缠足之风行千余年来，未闻女数日减，可知虽有拘苦，终鲜夭折。至于逃兵避火，皆属变端，不出闺门，是为常训。……中国女子缠足，虽非古礼，久惬群情，从俗从宜，王者弗强。……今欲令弃其小屦，弛厥行缠，其意将使服饰无别，以至职事无别，居处无别，溃男女之大防，同人道于牛马……三千年文物之邦恐撄实祸。⑥

---

① 宛委山庄梓：《女儿经》，大兴安岭地委宣传部翻印，1974 年。

② 天足会闺秀著，广学会督办译：《缠足两说》，《万国公报》月刊，第 77 册，第 15276 页，光绪二十一年五月、闰五月(1895 年 6 月)。

③ 新化曾继辉撰：《不缠足会驳议》，《湘报》第 151 号，第 1475 页，光绪二十四年七月二十五日(1898 年 9 月 10 日)。

④ 永嘉祥：《戒缠足论(并序)》，《万国公报》月刊，第 118 册，第 18087 页，光绪二十四年十月(1898 年 11 月)。

⑤ 《论劝戒妇女缠足宜先广设女塾以清其源》，《申报》1896 年 6 月 13 日。

⑥ 《再书南皮张尚书〈戒缠足会章程〉叙后》，《申报》1897 年 10 月 10 日。

《申报》认为该文"其辞甚辩",而"今天下之迂儒"识见如此者"正复不少"。

针对以缠足来别男女、辨贞淫,反缠足者也做了相应的批驳。天足会一闺秀说:"缠足之妇女,岂尽端庄静好,如白玉之无瑕乎? 欲妇德之纯全美备,不在裹其足,而在束其心,道义之说,日萦绕于方寸,即使闲作清游,亦依然谨守也。"①天足会戒缠足征文比赛第一名获得者永嘉祥亦认为,"贞淫邪正,止关教化",与缠足无关,比如"古者共姜、伯姬,夙称贤淑,何曾加以系缚? 彼娼妓者流,足鞋纤微而远涉江湖,安在其能禁绝也"。② 有意思的是,娼妓在此再次成为反例,用来表明缠足与别男女、辨贞淫无关。宋恕与永嘉祥所见略同,针对"有等不通的读书人,每每说'妇女定要缠脚,放了脚就容易不正经了'",他反问:"上海青楼中人个个是脚短的,难道青楼中人反算正经的妇女么?"③唐才常也认为,以缠足辨贞淫纯属无稽,他以自己所见举例说:"才常浏人也,浏东界义宁,其间分土客二籍,土籍以客籍弗缠足,羞与连姻,然客籍闺门极肃,虽贫不失礼,土籍庸未之逮也。且曾见穷乡胼胝勤苦之赤足妇皆淫奔,而娼寮妓馆之纤益求纤者为贞节乎?"④

当然,与驳"以缠足别贵贱"相仿,维新时期对"以缠足别男女、辨贞淫"的批驳,也多是将缠足与"男女之别"分离,而对"男女之别"并无多少质疑。恰恰相反,以"男女之别"为核心内容的传统妇德反倒被不少人用来驳斥缠足。譬如,有人说:"夫授受不亲,礼也。勤俭宜家,义也。恃缠足之故,疏于奉养,时或坐役其夫,而行路颠危,忽抓途人而倚之,且或雇而背负之,礼义廉耻,不几扫地耶?"⑤有人批评,缠足"冶容诲淫",有损妇道,"伤风败俗,

① 天足会闺秀著,广学会督办译:《缠足两说》,《万国公报》月刊,第 77 册,第 15276 页,光绪二十一年五月、闰五月(1895 年 6 月)。
② 永嘉祥:《戒缠足论(并序)》,《万国公报》月刊,第 118 册,第 18087 页,光绪二十四年十月(1898 年 11 月)。
③ 《遵旨婉切劝谕解放妇女脚缠白话》(1902 年 11 月 1 日),载《宋恕集》上册,第 339 页。
④ 浏阳唐才常撰:《书洪文治戒缠足说后》,《湘报》第 17 号,第 130 页,光绪二十四年三月初四日(1898 年 2 月 25 日)。
⑤ 番禺愚叟:《卫足说》,《万国公报》月刊,第 97 册,第 16660 页,光绪二十三年正月(1897 年 2 月)。

莫甚于此"；①"大抵荡子狂儿，挥千金买一笑，必先评弓影，次及花容。试思鸨入青楼居为奇货，有一莲船盈尺者乎？且香闺闲坐，寸步难移，于是杨柳陌头，芙蓉灯下，春风秋月，处处移情"②。如同从"贵"滑向"贱"，缠足在此并未摆脱被道德化，又从"贞"滑向了"淫"，从闺门之补益化为闺门之贻害。再如，有人规劝："周官妇学之法曰，妇德、妇言、妇容、妇工。所谓妇容，即足容重、手容恭之类，今行则趔趄，立则跛倚，妇容失矣！缲而弗织，妇工失矣！问安视膳，因兹渐废，而妇德亡矣！妇德亡，家政荒，大乱之道也。"③有人谴责："为父母者，不闻以四德三从诸大法，教训女子之心，而独以此恶陋之习，残毁其足，既背圣君之教，又非圣人之意。"④对传统习俗缠足的批驳在此化为了对传统女德的张扬。

"天下积弱之本，自妇人不学始"：梁启超论女学

为保种强国，维新时期与反缠足并举的还有兴女学。绝大多数改革家认为，去缠足与兴女学互为条件。一方面，女子无学、不明义理被视为缠足之"病源"，去缠足的根本就在让女子接受教育。如当时《申报》记者就说，缠足"权操之妇女"，若能"振兴女学校，令女子幼而入塾"，识道明理，"二十年后中国永无缠足之女子，所谓清其源者此也。倘不此之务，而惟以劝戒缠足为词，恐徒托空言而已矣。"⑤贾复初便当兴女学是去缠足的"治本"之策。⑥ 宋恕亦

---

① 永嘉祥：《戒缠足论（并序）》，《万国公报》月刊，第 118 册，第 18086 页，光绪二十四年十月（1898 年 11 月）。缠足"冶容诲淫"之说其实使缠足与贞淫无关的论说不攻自破，而针对该说，维护缠足者有针锋相对的反驳，所谓"贞淫本乎性生，足小者不乏名媛，足大者岂无荡妇？"参见《论劝戒妇女缠足宜先广设女塾以清其源》，《申报》1896 年 6 月 13 日。

② 新化曾继辉撰：《不缠足会驳议》，《湘报》第 151 号，第 1476 页，光绪二十四年七月二十五日（1898 年 9 月 10 日）。

③ 浙江洪文治撰：《戒缠足说》，《湘报》第 15 号，第 113 页，光绪二十四年三月初二日（1898 年 3 月 23 日）。

④ 蜀南赵增泽润琴氏：《劝释缠脚说（并跋）》，《万国公报》月刊，第 99 册，第 16784—16785 页，光绪二十三年三月（1897 年 4 月）。

⑤ 《论劝戒妇女缠足宜先广设女塾以清其源》，《申报》1896 年 6 月 13 日。

⑥ 鸳湖痛定女士贾复初：《缠足论》，《万国公报》月刊，第 91 册，第 16218—16220 页，光绪二十二年七月（1896 年 8 月）

认为,女子缠足多由不识字不明理、"视裹足为世间女子之公法"所致①,去缠足的上策是"追三代之典,师东邻之制,下教育之令:令民男女六岁皆入学"②。另一方面,改革者也将去缠足视为兴女学的先决条件。唐才常说,"中国最重男女之别,非先严缠足之禁,而广设女学堂,必多未便"③,视缠足为兴办女学的一大阻碍。梁启超也认为,缠足"毁人肢体,溃人血肉,一以人为废疾,一以人为刑僇,以快其一己耳目之玩好,而安知有学? 而安能使人从事于学? 是故缠足一日不变,则女学一日不立"④。不独中国的改革者所见如是,传教士如卜舫济也同样认为:"既缠其足,必累其脑,两足纤削,终身不越闺门,亦何能仰观俯察,远瞩高瞻? 讵知生人之知识,大半从见闻阅历而来,故耳目实为引进知识之门,苟因足小而不出户庭,则于一切世故,直皆懵无见闻,妇女之知识,每多浅陋,坐此弊也。"⑤

如前所揭,女学在甲午前已得到部分士绅关注,而经甲午一役,围绕女学与国家富强的关系,有关议论更趋热烈。其中,强邻日本继泰西之后也成为参照,频现各类言说。1895年5月,《申报》发文即指出,"中日和约已告成矣,向之不共戴天者,今又可重敦友谊矣。……日本之所以能称强于宇内者,虽由于事事效法泰西,一改从前旧习,实则通国多设各种学校,所以能作育人才也。日本学校除私设者棋布星罗不可胜计外,其由官设者多至三万一千七百九十二所,教习多至九万六千八百三十三人,收集男女生徒……通国之中无地无人才,即无人不向学",提出应效法日本,不分男女,广设学校。⑥ 郑观应也以日本为例说,"今日本师泰西教养之善,培育人才,居然国势振兴",中国如能效仿,"衰弱之时痛除积痼,幡然一变,各省亦援照西法,广开学堂书院,认真讲

---

① 宋恕:《六字课斋津谈·风俗类第八》(1895年2月),见《宋恕集》上册,第71页。
② 宋恕:《书不缠足会后》(1897年7月),见《宋恕集》上册,第270页。
③ 唐才常:《学法须新有次第不可太骤说》,见湖南省哲学社会科学院研究所编:《唐才常集》,中华书局1980年版,第23页。
④ 梁启超:《论学校六·女学》,《时务报》第25册,光绪二十三年四月初一日(1897年5月2日),见《强学报·时务报》第2册,第1664页。
⑤ 〔美〕卜舫济:《去恶俗说》,《万国公报》月刊,第131册,第18950页,光绪二十五年十一月(1899年12月)。
⑥ 《日本学校考实》,《申报》1895年5月12日。

求……则各艺人材何患不出？自足与泰西争强竞胜矣！"①各类言说将兴办学校，尤其是女学，作为强国之急务。

维新时期关于女学的言说林林总总，其中影响最大的是梁启超1897年3月发在《时务报》并纳入《变法通议》中的《论女学》。该文主旨在阐明女学强国。梁启超在开篇痛陈，世人不以女子不学"近于禽兽"为耻，反"以为是固宜然"，而以他所见，"天下积弱之本"恰始于是。为了论证自己的观点，梁氏首先引"西方公理家"的生计学说："凡一国之人，必当使之人人各有职业，各能自养，则国大治。其不能如是者，则以无业之民之多寡，为强弱比例差。何以故？无业之人，必待养于有业之人，不养之则无业者殆，养之则有业者殆。斯义也，西人译者谓之生利、分利。"梁氏据是申论：中国之所以弱，即源于生利者少，分利者众，其"以男子而论，分利之人，将及生利之半"，就女子而言，其"二万万，全属分利，而无一生利者"，"今中国之无人不忧贫也，则以一人须养数人也，所以酿成此一人养数人之世界者，其根原非一端，而妇人无业，实为最初之起点。"在梁启超看来，妇人无业实缘其无学，"盖凡天下任取一业，则必有此业中所以然之理，及其所当行之事，非经学问不能达也。""学也者，业之母也"，设女子有学，平男子之贵，均男子之劳，"使人人足以自养，而不必以一人养数人"，则民富而国强。②

用生计学阐释女子不学致国家贫弱并非梁启超首开，其中之理前揭传教士和《申报》其实已多有涉及，梁说算是对前说的一个整合。梁说的突出之处在于将"学"与"业"与"生利"等而视之，并只当"外事"为"业"，暗含了对女子"内业"的全盘否定，实际上也就颠覆了"男子治外，女子治内"的传统理想。这一设定杀伤力十足，不过其不合情之处似乎也显而易见，梁启超后来做了修正："论者或以妇女全属分利者，斯不通之论也。妇人之生育子女，为对于人群第一义务，无论矣。即其主持家计，司阃以内之事，亦与生计学上分劳之理

---

① 郑观应：《盛世危言·英、法、俄、美、日学校规制》，载《郑观应集》上册，第261页；《盛世危言·英、德、法、俄、美、日六国学校数目》，载《郑观应集》上册，第264页。
② 梁启超：《论学校六·女学》，《时务报》第23册，光绪二十三年三月十一日（1897年4月12日），见《强学报·时务报》第2册，第1525—1527页。

相合。盖无妇女,则为男子者不得不兼营室内之事,业不专而生利之效减矣。故加普通妇女以分利之名,不可也。"他修正后的看法是,女子由于无学,于人群生计未尽其才,无"从事于室外生利事业者",其十之六七仍属分利。①

　　女子不学有害生计是梁启超《论女学》阐明的第一要义。随后,梁文对造成女子不学的才德观提出了批评。传统道德家以女子之才通常与女德相背而主张女子不学,是以有"女子无才即是德"之语。晚清早期的女学论述多含有对此语的批评,当其是因噎废食(参前章)。梁启超同样认为此语乃"瞀儒"之"謷言",批评以才女之才有背女德而令天下女子不学是"祸天下之道"。在他看来,有背女德的才女之才原本不是"学",不能作为女子不学的借口,他批评说:"古之号称才女者,则批风抹月,拈花弄草,能为伤春惜别之语,成诗词集数卷,斯为至矣!若此等事,本不能目之为学,其为男子,苟无他所学,而专欲以此鸣者,则亦可指为浮浪之子,靡论妇人也。"②梁启超对才女的这一批评同先前的批评一样,暗含对所批评的"瞀儒"之"謷言"的某种认同,当然,与"瞀儒"借才女背德而主张女子不学不同,梁启超反对因"才"废"学",因为在他看来,"所谓学者,内之以拓其心胸,外之以助其生计,一举而获数善,未见其于妇德之能为害也。"这里"内之以拓其心胸,外之以助其生计"是梁启超对女子之"学"的再定义,这一定义着眼于致用,"识见"与"生计"是其要点,才女败礼之"诗"才因为无用而被剔除。基于对女子之"学"的再定义,梁启超批评道:女子不学,"必其所见极小","今夫妇人之所以多蔽于彼者,则以其于天地间之事物,一无所闻,而竭其终身之精神,以争强弱、讲交涉于筐箧之间,故其丑习,不学而皆能,不约而尽同也。"在梁启超看来,女子不事生计尚只是累男子之"形骸",如此则坏了男子之心气,弊害更大:"若夫家庭之间,终日不安,入室则愀,静居斯叹,此其损人灵魂,短人志气,有非可以常率推者。故虽有豪

---

① 梁启超:《新民说》,《新民丛报》第 20 号,第 5 页,光绪二十八年十月十五日(1902 年 11 月 14 日)。关于女子分利说,后来的学者已从不同方面做了反驳与批评,有关评论可参见刘慧英:《女权、启蒙与民族国家话语》,人民文学出版社 2013 年版,第 23—35 页。
② 梁启超:《论学校六·女学》,《时务报》第 23 册,光绪二十三年三月十一日(1897 年 4 月 12 日),载《强学报·时务报》第 2 册,第 1527 页。

杰倜傥之士，苟终日引而置之床笫筐箧之侧，更历数岁，则必志量局琐，才气消磨"，如此国家焉能不弱。依他所见，欲革此弊，惟有令女子学，"使其人而知有万古，有五洲，与夫生人所以相处之道，万国所以强弱之理，则其心也，方忧天下悯众生之不暇，而必无余力以计较于家人妇子事也。"

让女子胸怀天下，这样的设想带有颠覆性，使得梁启超的《论女学》超越了前说。在梁启超看来，有心系天下之女子，才有心系天下之男子，这就触及了他谈论女学的第三义：母教。前人曾言，女学有助于教子，"家垂母教即国储贤才"。梁启超在谈女学的功用时也沿袭了这一说法："孩提之童，母亲于父，其性情嗜好，惟妇人能因势而利导之，以故母教善者，其子之成立也易，不善者，其子之成立也难。"在他看来，母教决定人的"性质志量"，"苟为人母者，通于学本，达于教法，则孩童十岁以前，于一切学问之浅理，与夫立志立身之道，皆可以粗有所知矣！"然而，中国女子不学，母教不善，孩童"所日与为缘者，舍床笫筐箧至猥极琐之事，概乎无所闻见。其上焉者，歆之以得科第，保禄利，诲之以嗣产业，长子孙，斯为至矣！故其长也，心中目中，以为天下之事，更无有大于此者，万方亿室，同病相怜，冥冥之中，遂以酿成今日营私趋利，苟且无耻，固陋蛮野之天下"，去泰西远甚。梁启超因此总结说："治天下之大本二，曰正人心，广人才，而二者之本，必自蒙养始，蒙养之本，必自母教始，母教之本，必自妇学始，故妇学实天下存亡强弱之大原也。"[1]

在用母教阐释女学的育人功能后，梁启超接着用"胎教"阐释了女学与进种的关联，这也是其《论女学》有别于前说的另一所在。所谓"胎教"，即传种保种之道。梁启超引西国公理家考物种人种递嬗递进之理说：人类繁衍是一个进化过程，"两种化合之间，有浸淫而变者，可以使其种日进于善，由猩猴而进为人也，由野番贱族而进为文明贵种也，其作始甚微，而将毕至巨也"，故西人以"胎教"为种族学之"第一义"。又引严复"天演论"说："胎教"为"生学公例"，"一人之生，其心思、材力、形体、气习，前则本数十百代祖父母之形神、阅

---

[1]　梁启超：《论学校六·女学》，《时务报》第23册，光绪二十三年三月十一日(1897年4月12日)，载《强学报·时务报》第2册，第1528—1529页。

历积委而成,后则依乎见闻,师友与所遭之时,与地而化",故欲言保种,"则胎教为之根原"。在梁启超看来,西国重进种,其"以强兵为意者,亦令国中妇人,一律习体操,以为必如是,然后所生之子,肤革充盈,筋力强壮也,此亦女学堂中一大义也"。当下中国列强环侍,忧天下者"曰保国,曰保种,曰保教",而欲保国,必使其国强,欲保种,必使其种进,所谓"进诈而为忠,进私而为公,进涣而为群,进愚而为智,进野而为文,此其道也"。他据是申论:"教男子居其半,教妇人居其半,而男子之半,其导原亦出于妇人,故妇学为保种之权舆也。"①

借由"生计""识见""母教""胎教",梁启超《论女学》阐明了女学之于强国强种的意义。在这种关联中,女子的社会角色顺带被重新定位,其职责除了传统的治家育人,还有意义深远的"进种",如梁启超在稍后的《倡设女学堂启》中所言,"上可相夫,下可教子,近可宜家,远可善种"②,女学则成为达成这一切的抓手。

《论女学》亦分析了中国女子不学的缘由,除了传统才德观的影响,梁启超认为其根源还在于长久以来男子对女子的压制:"臣妾、奴隶之不已,而又必封其耳目,缚其手足,冻其脑筋,塞其学问之途,绝其治生之路,使之不能不俯首帖耳于此强有力者之手,久而久之,安于臣妾,安于奴隶,习为固然",是故"无或以妇学为治天下所当有事"。而在他看来,不仅男子当学,女子亦当学,且"男女之于学,各有所长,非有轩轾"。他以日本为例指出:"日本明治以前,民智锢塞,工艺窳劣,翻然维新,遂有今日,非日人拙于曩而巧于今也。其脑筋伏而未动,其灵髓塞而未通,从而导之,机捩一拨,万线俱动矣。彼妇人之数千年莫或以学名也,未有以导之也。妇人苟从事于学,有过于男子者二事:一曰少酬应之繁,二曰免考试之难。其居静,其心细。故往往有男子所不能穷之理,而妇人穷之;男子所不能创之法,而妇人创之。"又以游学异国、成学而

---

① 梁启超:《论学校六·女学》,《时务报》第 23 册,光绪二十三年三月十一日(1897 年 4 月 12 日),载《强学报·时务报》第 2 册,第 1529—1530 页。
② 梁启超:《倡设女学堂启》,《时务报》第 45 册,光绪二十三年十月二十一日(1897 年 11 月 15 日),载《强学报·时务报》第 4 册,第 3052 页。

归的康爱德与石美玉为例，表明女子"学焉而可以成为有用之材"。梁启超认为人才乃国家强盛之基，他在比较天下诸国后说："是故女学最盛者，其国最强，不战而屈人之兵，美是也。女学次盛者，其国次强，英、法、德、日本是也。女学衰，母教失，无业众，智民少，国之所存者幸矣！"①

梁启超的《论女学》随着新兴报刊的流播产生了深远的影响，其将女学与国家和种族命运紧密关联起来的论述方式，迎合且挑动了当时普遍存在的救亡的焦虑，极具感召力。郑观应读后曾赞道，"梁卓如孝廉所论中国积弱之本由于妇人无教育始，备陈四大义，极中肯綮，实获我心"②，并将其部分内容转述于《盛世危言》。经元善认为《论女学》"有未经人道之处，读者咸服其精详"，并受其激发，决心创办"中国女学堂"。③ 应该说，梁启超《论女学》激发了时人谈论、兴办女学的热情，女学由此成为时代的焦点。其后十多年，关于女学的言说大量涌现，这些言说很大一部分是在重述梁说。而在不断重述中，女学关系国家存亡与种族胜败也就成了时代之共识。

三、家外闺阁："男女有别"与女学最初的实践

随着女学讨论的进行，时兴报刊关于创办女学校的呼声也越来越盛。梁启超认为，女学本含有女学校之意，因为所谓"学也者"，"匪直晨夕伏案，对卷伊吾而已。师友讲习，以开其智，中外游历，以增其才，数者相辅，然后学乃成"。④ 在救时之士看来，学校是"造就人才之地，治天下之大本"⑤，女学校更

---

① 梁启超：《论学校六·女学》，《时务报》第25册，光绪二十三年四月初一日(1897年5月2日)，载《强学报·时务报》第2册，第1662—1663页。
② 郑观应：《盛世危言后编·学务·致居易斋主人论谈女学校书》(宣统元年成书)，载《郑观应集》下册，第265页。
③ 经元善：《中国女学集议初编·女学集说附》(1898年3月)，载朱浒编：《经元善卷》，中国人民大学出版社2014年版，第102页。
④ 梁启超：《论学校·女学》，《时务报》第25册，光绪二十三年四月初一日(1897年5月2日)，载《强学报·时务报》第2册，第1663页。
⑤ 郑观应：《盛世危言·学校上》，载《郑观应集》上册，第245页。

是"当今急务救本之始基"①。维新之前,传教士在中国创办了为数众多的教
会女校,这一点曾令救时之士十分汗颜,梦想有朝一日能有中国人自己创办的
女学校。维新时期,在多方共同努力下,这一梦想最终变成了现实。

"中西合参"的中国女学堂

1897 年 11 月,经元善牵头,联名严信厚、郑观应、施则敬、陈季同、康广
仁、袁梅、梁启超等人公禀南洋大臣刘坤一,倡议在上海创办女学堂②,同时在
各新闻报刊广布消息,为此"千古未有之创格"③造势宣传,创办女学堂正式启
动。鉴于"沪上西儒女塾颇多",创办者在拟创女学堂前冠以"中国"两字以为
分别,名之曰"中国女学堂"。④ 1898 年 5 月 31 日,中国女学堂在上海城南桂
墅里落成并开课。

与教会女塾由洋人开办不同,中国女学堂是中国人自己一手创办,被认为
是开风气之先,它一开始就被寄予厚望,带有"杜异教之浸灌"⑤的特殊意义。
梁启超为之起草了《倡设女学堂启》,其中就说:"教会所至,女塾接轨",然此
"譬犹有子弗鞠,乃仰哺于邻室,有田弗芸,乃假手于比耦。匪惟先民之恫,抑
亦中国之羞也"。⑥ 经元善禀刘坤一说,"吾有妇女,使之受教于他人,惭汗甚
矣",且传教士在上海创设女塾日多,女学生日久无不信奉耶教,故创办女学
堂实乃"不可再缓,至为切要之图"。⑦ 而参与筹办女学堂的部分贤媛亦持类
似看法,如康有为之女康同薇在一次中西女客共同出席的筹备会上说,西人因
中国妇女无学而视中国为半教化之国,"所到之处,多开女学,以辱我国。以

---

① 郑观应:《致居易斋主人论谈女学校书》,载《郑观应集》下册,第 263 页。
② 经元善:《中国女学集议初编·缘起》,载《经元善卷》,第 68 页。
③ 经元善:《中国女学集议初编·内董事张园安垲第公宴中西官绅女客会议第四集(十一月十
三日)》(1897 年 12 月 6 日),见《经元善卷》,第 80 页。
④ 《女学堂禀南洋刘大臣稿》,《女学报》第 4 期,光绪二十四年七月上旬(1898 年 8 月 20 日)。
⑤ 《南洋大臣两江总督部堂刘批》,《女学报》第 4 期,光绪二十四年七月上旬(1898 年 8 月
20 日)。
⑥ 梁启超:《倡设女学堂启》,《时务报》第 45 册,光绪二十三年十月二十一日(1897 年 11 月 15
日),见《强学报·时务报》第 4 册,第 3052 页。
⑦ 《女学堂禀南洋刘大臣稿》,《女学报》第 4 期,光绪二十四年七月上旬(1898 年 8 月 20 日)。

堂堂之中国，而无一女学堂，耻孰甚焉"，号召"素蕴闺学"的"诸贤媛"为女学堂出力。①

　　尽管中国女学堂被目为中西文化相争中阻异教侵蚀、脱"半教化"羞惭的壮举，且其倡设者亦多标举上兹古制，但由于事实上并无古之先例可循，倡设者在女学堂实际筹办过程中多又心照不宣地将"仿西例""中西合参"列为办学方针。梁启超在《倡设女学堂启》明确提出要"复前代之遗规，采泰西之美制，仪先圣之明训，急保种之远谋"②，《女学会书塾开馆章程》同样声明"采仿泰西、东瀛师范，以开风气之先，而复上古妇学宏规"③。中国女学堂的课程设置与学生培养也体现了"中西合参"的方针："堂中功课，中文西文各半。皆先识字，次文法，次读各门学问启蒙粗浅之书，次读史志、艺术、法治、性理之书"④，"以资质之高下，定课程之多寡"⑤。具体而言，女学堂中文功课有"《女孝经》《女四书》《幼学须知句解》《内则衍义》、十三经义、唐诗、古文之类"⑥；西学功课设有算学、医学、法学三种"颛门之学"，以及"专讲求教育童蒙之法"且"于各种学问，皆须略知本末"的师范科，堂中学生可选择其一专习，"学成者由堂中给以文凭，他日即可充当医生、律师、教习等任"⑦；学生功课之余兼习体操、音乐、绘画、针黹等⑧。

---

①　经元善：《中国女学集议初编·内董事桂墅里会商公宴驻沪中西官绅女客第三集（十一月初八日）》（1897 年 12 月 1 日），见《经元善卷》，第 77 页。

②　梁启超：《倡设女学堂启》，《时务报》第 45 册，光绪二十三年十月二十一日（1897 年 11 月 15日），见《强学报·时务报》第 4 册，第 3053 页。

③　《中国女学会书塾章程》，《湘报》第 64 号，第 557 页，光绪二十四年闰三月二十九日（1898 年5 月 19 日）。

④　《上海新设中国女学堂章程》，《时务报》第 47 册，光绪二十三年十一月十一日（1897 年 12 月4 日），见《强学报·时务报》第 4 册，第 3197 页。

⑤　广学会书记拟稿：《上海创设中国女学堂记》，《万国公报》月刊，第 125 册，第 18533 页，光绪二十五年五月（1899 年 6 月）。

⑥　广学会书记拟稿：《上海创设中国女学堂记》，《万国公报》月刊，第 125 册，第 18532 页，光绪二十五年五月（1899 年 6 月）。

⑦　《上海新设中国女学堂章程》，《时务报》第 47 册，光绪二十三年十一月十一日（1897 年 12 月4 日），载《强学报·时务报》第 4 册，第 3197—3198 页。

⑧　广学会书记拟稿：《上海创设中国女学堂记》，《万国公报》月刊，第 125 册，第 18533 页，光绪二十五年五月（1899 年 6 月）。

　　中国女学堂中西参半的课程设置,一方面寄托了倡设者女学强国的宏愿,另一方面也表现了对传统女德的维护,既有对"内"的突破,也有对"内"的强化,是"内"与"外"的一种奇特结合。其中,仿西法设置的算学、医学、法学、师范四科,以及体操,"正欲女子之有业也"①,寄托了经元善、梁启超们对未来中国女子应该如何的独特考量和浪漫想象:她们是家外社会建设的参与者、促进国家强盛的有用之才、繁衍种族的体健之人。与此相对,为杜耶教浸灌而设的《女孝经》《女四书》《内则衍义》等中文课程,则承载了中国旧学的理想,这些功课连同课外"针黹",继续提醒中国女子"治内"之天职。

　　内与外的结合延伸到了女学堂的管理。对中国人来说,女学堂是新生事物,与传统家内闺塾不同,它在空间上突破了"内"的限制,本身已是一种家外存在。在讲男女内外之别的中国,对这一容纳女子的家外之物的管理自然要别费思量。这是教会女塾曾经面对过的难题。来华传教士对中国的"男女有别"虽心有不满,但为了获得中国人的认同,他们创办女塾多高悬内外之别,由女子负责教学,接洽外事,管理内务,并严禁男子入门。这一办学模式为中国女学堂的倡设者取法。在女学堂筹创阶段,严信厚就向经元善提议,西女塾"不准男子入门,非女董接洽不可",中国女学堂"现在建造房屋,一切布置非向西女塾周谘博访不可"。② 他的这一提议切合中国"男女有别"的伦理实际,被经元善采纳。

　　梁启超在《论女学》中对"男女有别"曾不无微词,认为中国女学不昌的原因之一即在妇女"深居闺阁,足不出户"③,但在实际筹办中国女学堂时,他还是要高举"男女有别"。学堂章程由他负责起草,其中对学堂事务就做了明确的性别分工,并郑重声明要"严别内外"。按《上海新设中国女学堂章程》:中国女学堂的办事人员分为教习、提调、内董事、外董事和司事。具体而言,教习

①　《中国女学集议初编·论上海创设女学堂之善》(《苏海汇报》1897 年 11 月 15 日),载《经元善卷》,第 75 页。
②　《会议女学堂章程问答》,《新闻报》1897 年 11 月 19 日。
③　梁启超:《论学校六·女学》,《时务报》第 25 册,光绪二十三年四月初一日(1897 年 5 月 2 日),见《强学报·时务报》第 2 册,第 1663 页。

设四人，"中文西文各半，皆延请华妇主之"；提调设二人，"华妇西妇各一，皆常川驻学，照料学生出入，管束堂中女仆人等"；内董事十二人，"皆以曾经捐款之妇人为之；主轮日到学稽察功课，并助提调照料管束一切"；外董事十二人，"皆以曾经捐款之人之子若夫若兄弟为之，主在外倡集款，延聘教习提调，商定功课，稽察用度等"；司事二人，"以男子主之；主管银钱出入及堂内外琐务，由外董事公择老成谨愻能会计者为之"。为避免"内言出梱"之议，学堂章程堂规部分更是特别声明："凡堂中执事，上自教习提调，下至服役人等，一切皆用妇人。严别内外，自堂门以内，永远不准男子闯入。其司事人所居在门外，别辟一院，不得与堂内毗连。其外董事等或有商榷，亦只得在外院集议。"①

传统道德家曾言："王化始于闺门……最为重要的在于严内外之分，别男女之辨。"②中国女学堂"严别内外"之堂规，使其堂门成为家庭之外的另一道闺门，学堂本身也因此变身为家外之闺阁。这一变身回向并强化了既有的传统，虽有某些无奈，但益处是显而易见的：它为女学堂提供了道德屏障，让其尽可能远离伤风败俗之訾。而作为一种保护装置，家外闺阁也成为后来开办女学堂的标配，延续了很长时间。

中国女学堂寄托了"造就裙钗，文明中国"③的企望，中外热心人士也希望其能"历久""垂久"④，但它的运行并不顺畅，困难迭出，从开办到关停只维持了两年时间。学堂计划招收 8—15 岁的良家少女，虽广登告示，但报名者不多，创办之初只招到 16 人，第二学期增至 20 人，仍不及额数之半。⑤ 学堂虽

---

① 《上海新设中国女学堂章程》，《时务报》第 47 册，光绪二十三年十一月十一日(1897 年 12 月 4 日)，见《强学报·时务报》第 4 册，第 3198 页。
② 戴舒菴：《天台治略》下册，康熙六十年刻本，台北成文出版社 1970 年版，第 471—473 页。
③ 《女掌教来沪》，《湘报》第 168 号，第 1679 页，光绪二十四年八月十六日(1898 年 10 月 1 日)。
④ 《女学先声》，《湘报》第 124 号，第 1200 页，光绪二十四年六月二十三日(1898 年 8 月 10 日)。
⑤ 广学会书记拟稿：《上海创设中国女学堂记》，《万国公报》月刊，第 125 册，第 18532 页，光绪二十五年五月(1899 年 6 月)。

然迎合传统,标举"严别内外",仍被"守旧之徒引为诟病"①,开办后"莠民时往骚扰"②,主张"妾妇之道"者则责其有"逾闾之嫌,出外之訾",且"悖牝鸡司晨之诫,而昧无才为德之旨"③。开办一年后,学堂规模有所扩大,在城内设了分塾,总招生增加到七十余人,④然而好景不长,有好事生非者杜撰京官参奏裁撤谣言,制造恐慌,致其1899年8月一度宣布停办,虽然后来谣言澄清,但伤害已出,势难挽回。⑤ 而戊戌政变则给了它致命一击:主办人经元善因通电反对废光绪被通缉,1900年1月被迫远走澳门避祸,失去主心骨的中国女学堂难以为继,勉力维持半年后最终停办。⑥ 经元善当初曾设想,把中国女学堂立为一"总堂","以开风气之先,徐图逐渐推广","欲尽两年之内,沪上南北城中分设六堂"⑦。随着中国女学堂的关停,经元善本人雄心勃勃的燎原计划也就此告吹。

当然,中国女学堂尽管历时短暂,影响却很深远。它是女学的具象化,提供了一个时人可以观察、品评、思考的范例,其言论、事迹经各新闻报刊广为传布,进一步刺激了女学讨论。应该说,几年后民办女校与官办女校在各地相继兴起,中国女学堂功不可没。

内言出闱:闺秀论女学

作为家外闺阁,中国女学堂其实是一个矛盾的所在。它一方面标举"男女有别",另一方面又推动女子参与家外学堂事务,实质性突破了"男女有

---

① 《中国宜维持女学说》,《中外日报》1899年8月21日。

② 《谕禁骚扰》,《申报》1898年7月9日。

③ 《中国宜维持女学说》,《中外日报》1899年8月21日。

④ 广学会书记拟稿:《上海创设中国女学堂记》,《万国公报》月刊,第125册,第18532页,光绪二十五年五月(1899年6月)。

⑤ 《记女学堂停止原委》,《中外日报》1899年8月28日;《女公学书塾告白》,《中外日报》1899年8月25日。

⑥ 经元善:《居易初集·答原口闻一君问》(1900年11月7日),载《经元善卷》,第126页。

⑦ 《女学堂上总署各督抚大宪夹单禀》、《女学堂上蔡权使书》(1897年12月3日),《新闻报》1897年12月15日、《新闻报》1897年12月5日。

别"。在筹备之时，考虑到女学堂"事关坤教，非大启巾帼之会，不足以广集益之思"①，经元善等人组织了一次"我华二千年来绝无仅有"的"裙钗大会"。会议当天，应邀而来的中西女客有 122 位，与会中国女子以主人身份招待西方女宾，并与她们共同商讨如何办理学堂。② 更突出的是，中国女学堂成立后，还创办了中国第一份由女子主办的报刊《女学报》，"以通坤道消息"③，学堂的内董事或提调或教习充任主笔④，并以此为平台发表自己对女学的看法。这一做法切实打破了"内言不出阃"的传统规条，如其主笔之一潘璇说，"直把戒外言内言的这块大招牌，这堵旧围墙，竟冲破打通了"⑤。

《女学报》是中国女学堂的"机关报"，除了报道学堂事务，"为开中国女学风气"，也向"海内文人闺秀"征稿，⑥当中集结了维新时期初出闺门的一批女子的女学言论。

闺秀谈论女学主要是面向女性同侪，劝导她们向学。薛绍徽认为，女学是时代的需要，也是女子得以改变自身、提升自身的不二法门，她在为《女学报》写的序中说："今日各国所学灿然秀发，有出诸子百家外，吾辈日处闺阃，若仍守其内言外言之戒，自画其学，安足以讲致知而合于新民之旨耶？"⑦刘纫兰在《劝兴女学启》中也反复规劝安于闺阁的女性同胞不要"以聪慧之淑质，自甘于野蛮之俗"，在她看来，"中国女子，柔弱巽懦，每被欺凌。有女学则知识日广，慧智日生"，"不惟有益于妇女，并可有益于其夫"，还能用于教子，且"广识群理，兼收众艺，即有他故，不致冻馁"。既然女学"有数善而无一失，世之为

---

① 《裙钗大会图》（1897 年 12 月 6 日），《女学报》第 2 期，光绪二十四年六月中旬（1898 年 8 月 3 日）。
② 《中国女学集议初编·内董事张园安垲第公宴中西官绅女客会议第四集（十一月十三日）》（1897 年 12 月 6 日），载《经元善卷》，第 79—81 页。"裙钗大会"的详细描述可参见夏晓虹：《晚清女性与近代中国》，第 9—17 页。
③ 《中国女学拟增设报馆告白》，《申报》1898 年 5 月 21 日。
④ 《〈女学报〉主笔》，《女学报》第 2 期，光绪二十四年六月中旬（1898 年 8 月 3 日）。
⑤ 上海女士潘璇撰：《论〈女学报〉难处和中外女子相助的理法》，《女学报》第 3 期，光绪二十四年六月下旬（1898 年 8 月 15）。
⑥ 《本馆告白》，《女学报》第 2 期，光绪二十四年六月中旬（1898 年 8 月 3 日）。
⑦ 薛绍徽：《女学报序》，《女学报》第 1 期，光绪二十四年六月上旬（1898 年 7 月 24 日）。

女子者,何苦不自致于文化之域,而自甘于禽兽也哉"。①

　　在阐释女学于女子利好、鼓动女子向学的同时,《女学报》的闺秀与其男性先导一样,也把女学与国家兴亡关联起来论述。她们接纳了梁启超等人的生利分利说,亦当女子无学、不能从事生利之业是国家贫弱的主因。女学堂中文兼绘画教习蒋婉芳说:"以中国四百兆人民,男女各居其半,而独使二百兆女子,沉沦湮没,不知学术","无论大家小户,皆闭门不出,皆男子为养",正如"务农之人一,而食粟之人不一;谋利之人一,而分利之人不一,奈之何国不穷且弱耶"。反观泰西各国,"男女并重,其女子当及岁时,皆须入塾学习,学成后亦可行事谋利,是以富强立见。"她因此建议,女学"当以讲求实效为务","中西并习","如期满所学有成,或即拔为堂中之教习,或由学堂给凭,俾至各处行其所学。即不愿行世,而本所学以教子相夫,亦不失为内助之贤,而不致虚糜食用,一无所能矣。"②主笔裘毓芳则撰文指出,中国女子即便识字,也仅"略通文墨,亦惟吟弄风月,沾沾自喜,绝不足助生计。而遂以块然无用之身,群焉待养于男子";男子都背负妻子之累、室家之忧,"富者坐养数十人,以分其财,贫者竭毕生之力,而不足数女子之奉。一人如此,人人可知,一邑如此,天下可知。是国家之财,匮于无用之男子者固多,匮于坐食之女子者尤倍之也"。她同样拿泰西作为中国之反例说,泰西各国女子逾八岁无不入学塾,其学业有成者,"为工为商,为医生,为教习,与男子无异。开女子谋生之学,即可减男子分利之忧,而即为国家生利之助。故泰西之富,富于工,富于商,又富于女子之自能谋生也"。基于此,她呼吁女子应与男子受同样教育,以昌国运:"向使中国之人,无论男女,各有谋生之学,自养之术,将见商通而国愈富,人众而财益增,何贫弱之有?"③

　　类似的言说在《女学报》中比比皆是。这类言说虽然很大程度上是在重

　① 古高城女士刘纫兰淑蕙谨启:《劝兴女学启》,《女学报》第 4 期,光绪二十四年七月上旬(1898 年 8 月 20 日)。
　② 上虞女士蒋婉芳撰:《论中国创兴女学实有裨于大局》,《女学报》第 9 期,光绪二十四年八月下旬(1898 年 10 月)。
　③ 金匮女士裘毓芳梅侣撰:《论女学堂当与男学堂并重》,《女学报》第 7 期,光绪二十四年八月上旬(1898 年 9 月)。

述梁启超们的说法，但背后传递了言说者作为女子的一种"自主"的报国意识："天下兴亡"，不独匹夫有责，"女子亦有责焉!"①这种报国意识将男女等量齐观，在某种意义上已突破了男外女内的界别。

《女学报》中表现女子报国意识的代表性文章是卢翠的《女子爱国说》。该文指出，民不分男女，参与"国事"亦是女子之分，其中说："方今瓜分之局已开，国势日危，有声同叹。前月明诏特下，谕各庶民，皆得上书。夫民也者，男谓之民，女亦谓之民也。凡我同辈亦可以联名上书，直陈所见，以无负为戴高履厚之中国女子也。"在作者看来，女子不学便不知"国事"，更谈不上"报效"国家。为了改变这种状况，她请求"联名上书"，倡兴女学，并陈管见数条："一、请皇上继祖宗孝治天下之心，将世祖章皇帝仰承皇太后慈训，所制《内则衍义》一书，并撰序文，颁行天下，提倡女学。一、请皇太后、皇后，如西国设贵妇院例，设贵妇院于颐和园，召各王公大臣命妇，一年一次，会集京师，并远聘各国女士，同入斯院，讨论女学。兹拟十二事于下：立女塾、设女学报、植女公会、启女观书楼、劝女工、恤孤老、奖节孝、赏才艺、设女书会、立女医院、赛美会、练女子军。一、请皇上命贵妇院，公举十二人，为女学部大臣，分任各省，广开女教，并准荐拔高等女学生及闺媛，入贵妇院授职理事。一、请皇太后、皇后诏天下，凡妇女请诰封者，须捐金入女学部，以品为差。能捐多金者，准举荐入贵妇院。一、请皇上举女特科，定女科甲。一、请皇上重申缠足之禁，违者罪其父母。一、请皇后游历地球一周，期以三年，并召选宗室之女，聪明美秀者，咨送外洋游学。"②关于女学的这些建议，一方面谨遵"男女有别"的传统理想，另一方面将女学与国事、政事挂钩，实际上又突破了闺门之限，模糊了内外之分。

除了议论国事，《女学报》对男女之别的突破，还更为直接地表现在其对相关伦理准则的批评。蒋畹芳在谈创兴女学时曾批评"扶阳抑阴"，认为其是

---

① 古高城女士刘纫兰淑蕙谨启：《劝兴女学启》，《女学报》第4期，光绪二十四年七月上旬（1898年8月20日）。

② 新会女史卢翠撰：《女子爱国说》，《女学报》第5期，光绪二十四年七月中旬（1898年8月27日）。

造成女子失学以致"国势贫弱"的罪魁,男女平等的性别意识昭然。① 潘璇直言,办《女学报》是要"救我们二万万人,得平权的起点"②。而为了"平权",《女学报》开办不久便推出了《男女平等论》。这是一篇批评"扶阳抑阴""重男轻女"的专文,其中说:"阴阳之为道也,孤阴不生,独阳不长,阴盛则阳衰,阳亢则阴竭。故燮理之道,在乎剂其平而已。""扶阳抑阴"违背了"相资相济"的阴阳之道,造成"男有权而女无权"。文章控诉:"天下之事,皆出于男子所欲为,而无所顾忌;天下之女,一皆听命于男子,而不敢与校。立法以防闲之,重门以锢蔽之,而千载之女子,几不得比于人类矣! 夫饮食男女,生人之大欲也。乃男可以广置姬妾,而女则以再醮为耻。"文章质问:"男何以不贞节,不责之男而仅责之女,其可乎?"③如此这般的控诉和质问,传递了《女学报》闺秀对传统性别伦理的不满,以及寄望女学加以改变的诉求。

《女学报》为女学张目,也为女子提供了一个难得的自主的言论空间。它一出现即引起了关注,"远近来购者云集,期印数千张,一瞬而完"④,"坤道消息"随之广布。《女学报》与中国女学堂同命运,虽然昙花一现,但开启了近代中国女性自办报刊的潮流,男性的公共言论空间从此迎来了越来越多的女性"私衷"⑤。

"不中不西"的批评

创办中国女学堂是开风气之举,当初得到了许多报刊的支持。最先发起女学讨论的《申报》便是其一。1898 年 5 月 21 日至 6 月 8 日,《申报》连续 15 次刊登了中国女学堂创立的告示,6 月 9 日至 15 日又 4 次刊登了《中国女学

---

① 　上虞女士蒋蜿芳撰:《论中国创兴女学实有裨于大局》,《女学报》第 9 期,光绪二十四年八月下旬(1898 年 10 月)。

② 　上海女士潘璇撰:《论〈女学报〉难处和中外女子相助的理法》,《女学报》第 3 期,光绪二十四年六月下旬(1898 年 8 月 15 日)。

③ 　王春林:《男女平等论》,《女学报》第 5 期,光绪二十四年七月中旬(1898 年 8 月 27 日)。

④ 　《〈女学报〉告白》,《中外日报》1898 年 10 月 6 日。

⑤ 　金匮女士裘毓芳梅侣撰:《论女学堂当与男学堂并重》,《女学报》第 7 期,光绪二十四年八月上旬(1898 年 9 月)。

会书塾告白》，10 月 17 日又帮刊登了招生告示。不过，在中国女学堂惨淡收场之后，《申报》改变了此前的态度，1901 年 6 月 15 日刊发一文说：创学堂为开民智慧之举，然其中亦隐伏弊病，"不可不预筹杜渐防微之道"，譬如康梁之辈，"主张民权，讪谤朝政，在弦诵鼓歌之地潜肆其悖逆犯上之谋"，"甚至袭女学之美名，创为学会，媚其闺中姬妾，令居教习之尊，罗致良家闺媛，导令吊诡矜奇，不中不西，非邪非正，何莫非学堂阶之厉耶？"①文章指名道姓对中国女学堂进行攻击，直将"亦中亦西"斥为"不中不西"。7 月 11 日，《申报》又发一文载："沪上女学堂创之者经莲珊元善，而阴助其成者，则康梁诸首逆及随风而靡之各省官绅也。推康梁之意，岂真欲女子皆读书明理，蔚为闺房之秀，使免逸居无教之讥哉？彼盖见妇女之言易使丈夫动听，而宁馨之子又时时依恋其母，不能须臾离，以故设为学堂，阴导以悖逆之词，使之入耳会心，牢牢在念，庶他日长而遭嫁，得于枕边传播，俾诐词邪说流衍无穷，而官绅之随风而靡者，又以宠其艳妾之故，欲使居堂中提调教习之席以媚之，彼用心虽各不同，而其败坏纲常则一。经惟暮年昏耄，是以误入其彀，以致末路顿隳耳。"②对中国女学堂讥诮有加，措辞、语气与前文同。

《申报》态度的转变耐人寻味。它对中国女学堂有落井下石之嫌的批判无疑与维新变法失败后政治气候的变化相关，不过亦不尽然。

在批判者看来，中国女学堂所教者"即无悖逆之语，亦非女子所应为"："彼所以教女子者，西文也，西语也，音乐也，体操也，医术也，算学也，其中惟医与算二者，尚可以以卫身而操家，至于西语西文，男子习之固当今之急务，彼女子谨守内言不出于阃之义，即使学极淹博，亦曷能与西人应对周旋？若夫音乐体操，男子且无所用之，而何事用以教女子？"中国女子不能像泰西女子那样学而"为医生""为船主""为律师""为主计"，其所宜学者"即《内则衍义》中所谓孝耳、敬耳、教耳、礼耳、让耳、慈耳、勤耳，外此则书画诗文为闺房消遣之具，缝纫酒食为中馈操作之常"，因为中西礼俗不同，"西人不甚重男女之

---

① 《防微杜渐说》，《申报》1901 年 6 月 15 日。
② 《兴女学议》，《申报》1901 年 7 月 11 日。

别,男子所事之事,女子皆得事之。中国则礼教森严,万不能使女子而与男子参错,虽学有成就,亦安能出而应世? 更何必敝精劳神以训之欤?"①

中国女学堂的批判者当男女之别为中国不可移易的伦理准则,其顾虑的是,西法女学与中国准则存在冲突,如果落实,势必废而黜之。《申报》1902年9月13日刊发的一篇文章就明确表达了这一顾虑,其中说:女学堂教女子不裹足尚可,"若使之习蟹行书,习体操,习泰西之医化史学与夫天文地质航海测量,试问终身不出闺门者,习此将何所用? 故必废男女远嫌之说,而后可以学西法,而后可以出所学以与丈夫并驾齐驱。"在该文作者看来,西法女学是"欲以女子而行男子之事,使不受制于丈夫也",其实质是"男女平权,夫妇平权","新党"创办女学堂的"宗旨"即在于此。②

《申报》给"新党"女学堂扣以"男女平权"的帽子,其实并非凭空演绎,而是有所本。除了上揭《女学报》"男女平等论","新党"首领梁启超先前在谈论女学时就曾将"女学"与"男女平权"并提,视两者为相互关联的强国手段。如《论女学》说:"西方全盛之国,莫美若;东方新兴之国,莫日本若。男女平权之论,大倡于美,而渐行于日本。"③《倡设女学堂启》亦言:"夫男女平权,美国斯盛,女学布濩,日本以强,兴国智民,靡不始此。"④其中,"女学"与"男女平权"互为表征,相互构成。

关于"女学"和"男女平权",值得注意的是,《申报》早在"新党"之前曾提出过类似的主张。如前章所揭,《申报》1878年曾对中国之"扶阳抑阴""重男轻女"提出了质疑,主张男女要平等对待,像泰西那样"男女并教";1889年建议创兴女学堂,提出要"悉仿泰西",使女子"自立",促成"富国强兵",而"女

---

① 《兴女学议》,《申报》1901年7月11日。关于女学堂课程,最令批评者不满的大概是体操,有人曾担心,女子习体操"必致胆日大而力日强,在姿质不驯者,甚且弑父弑夫亦或由之而起,而纲常名教久必无一留存"(《兴女学说》,《申报》1903年10月12日)。

② 《与人论创兴女学事》,《申报》1902年9月13日。

③ 梁启超:《论学校六·女学》,《时务报》第25册,光绪二十三年四月初一日(1897年5月2日),见《强学报·时务报》第2册,第1663页。

④ 梁启超:《倡设女学堂启》,《时务报》第45册,光绪二十三年十月二十一日(1897年11月15日),见《强学报·时务报》第4册,第3053页。

子自立"正是《申报》言下"新党"之"男女平权"的核心内容。关于"男女有别"，《申报》早先也曾多有訾议。按说，在"女学"以及与之相关的"男女有别""男女平权"诸问题上，《申报》当属"新党"之引路人或同道。

其实，梁启超《论女学》发表后不久，《申报》在1897年4月至7月还多次发文对其加以声援，其中4月连发二文，称颂被梁当为西法女学表率的康爱德、石美玉二氏，并借题发挥，批评"男女有别""扶阳抑阴"，其中说：

> 夫天之为道，阴阳相生；地之为道，刚柔并重；人之为道，男女对律。《易》有交易、变易、不易之理，《家人》卦象所谓"男正位乎外，女正位乎内"，未尝言正位乎外者不与内事，正位乎内者不与外政也。《礼记》多汉儒臆说，乃有"内言不出，外言不入"之文，是殆知不易而不知交易者。至于《春秋》之义，扶阳抑阴，亦本汉儒解经，在圣人初无是语。自是以降，中国妇女遂视同玩物，等诸废人。①

然而到了10月，《申报》在"男女有别"与"男女平权"的问题上"画风突变"。10月7日，《申报》刊发《论男女宜有别》，认为中国要坚守"男女有别"的"本有之良法"，不可强从西俗。12月14日，《申报》又刊发了《男女平权说》，基于"本有之良法"对"男女平权"进行批评。其开篇即说：

> 《周易·家人》之卦曰："男正位乎外，女正位乎内，男女正，天地之大义也。"古之圣王制作礼乐，以范围人伦，俾尊卑有等，长幼有序，贵贱有别，厘然秩然，不使稍有紊乱。而于男女之间，尤处处闲之以礼，授受则不使相亲，饮食则不使与共，诚为之辨别嫌疑，整齐风俗，以立男女之大防者，其意固深且远也。泰西各国崇尚富强，国中制造之厂星罗棋布，一切工艺，男子不敷工作者，不得不分任于妇人，以故闾阎弱质，其幼而入塾读书，长而出门求友，皆与男子相等。于是女子之桀骜者，倡为男女平权之说，凡国家利益一律均沾。此风起于美而盛于东西洋各国。中国士大夫之好为新论者，转谓中国女子，惟使之司提汲、职缝纫，而于国家治乱兴亡

---

① 《记奇女子》，《申报》1897年4月5日；《论本报所纪奇女子事》，《申报》1897年4月7日。另，《申报》1897年4月30日刊发了《论中国宜广设女学塾》，1897年7月11日刊发了《振兴女学议》，这两文所论与"新党"女学大体一致。

之故不能了然于心,是四百兆人,无用者已去其半,以致民智日湮,而国势亦因以不振。虽然,试为平心论之,中国之视妇女诚未免过轻,然抑阴扶阳亦天地自然之理。

文章所论与前说适相反对。在作者看来,即便泰西,也不悖"抑阴扶阳",因为其"男女平权"只留在口头,"未能自践其言"。譬如,其"国家之大政事、大典礼,仍惟是二三老臣相与斟酌损益,从未闻有闺阁名媛得以参议于其间";公使、议员等要职"仍惟男子,而不闻谋及妇人";学堂亦非男女平权,如"英国堪白里治大书院为国中巨擘,开设多年,从未有给予女子文凭"。既然泰西尚且如此,"闺内阃外,界限綦严,尚左尚右,礼文难越"的中国就更不应谈男女平权。借此,作者批评中国好为平权之论者其实是"不察中外之宜,不明古今之制,但欲拾欧美之肤说以立异而矜奇",认为当下该做的是"重复古制,俾民间庶媛稍识礼义之大防,而仍不废酒食之议、桑麻之勤",如是则"已足上可相夫下可教子"。①

1899年4月28日,在中国女学堂开办近一年之际,《申报》刊发了《女学防弊说》,重申女学要复古制,讲男女之别。文章富有见地地驳斥了当时流行的女子分利说,称"治内治外,责各有归,米盐琐屑,亦见经济",认为女子"惟明习古训,始能于治家之道井然秩然",否则,若任其"专心学问",家事琐屑"转将委之于男子"。文章批评今之论者不察,"动辄援泰西男女平权之说",混淆视听,"更可异者,谓男子可以广置妾媵,而妇女则不能面首……一若节义之事,可不必为妇女重者,何其忍俊不禁若是哉?"长此以往,"其流弊所极,恐志气嚣凌,弁髦名教,必尽驱中国妇女于逾闲荡检而后已"。②

从《论男女宜有别》《男女平权说》到《女学防弊说》,《申报》前后相继的这番议论表明其在"女学""男女有别""男女平权"诸关联问题上已意趣大变,在"男女有别"与西法办学的内在冲突中选择了为前者站台,从欣赏泰西转向了排斥泰西。由是观之,其后来对"新党"和中国女学堂的批判在很大程

---

① 《男女平权说》,《申报》1897年12月14日。

② 《女学防弊说》,《申报》1899年4月28日。

度上可以说是这一转变的顺延。

1903 年 4 月 24 日,《申报》刊发《女学堂论》一文,接续先前对"新党"女学堂的批判,重申了"男女有别"的立场,反对仿西法办学。其中说,中国古有女学而无女学堂,"女学堂者,泰西之法,而非中国之所可行也",因为泰西"地广而民鲜,一切工商之事,男子不足",需女子学而佐之,再加"其风俗于男女嫌疑之际不甚讲求,故能耦居无猜,各尽其职",中国则不然,"今中国之教,男正位乎外,女正位乎内,别镰明微,不容稍有紊越。使一旦遽从西国之俗,妇女皆出外就学,姑无论其学之未必成也,即成矣,而所谓酒食之议,浣濯之役,一般琐屑应为之事,试问将委之何人? 岂女子皆令其奋发有为,而男子反使之躬亲琐务乎? 有以知其必不能矣。"在作者看来,办女学要因地制宜,否则将适得其反,譬如今日之女学堂,不仅未能挽从前之"拘挛昏惰",反滋生新的流弊:通衢大道,有女学生"鼻架金镜,足登皮靴",有女监院"手携革囊,身衣异服",有男教习"傅粉""熏香","修容饰貌","不中不西","不男不女",不一而足。为防此流弊,作者建议,"惟有仍以中国古时之女学"教女子,"凡有力之家,自延年高有德之妇女为之师,俾女子略识粗浅之文义、易习之算术,而于酒浆、缝纫一切居家必需之事,尤悉心教导,使之优柔餍饫而无陨越之愆。凡从前批风抹月之浇风与近日荡检逾闲之恶习,一律改革,务绝根株。准此行之,庶闺阁中有完人,而风俗不至日趋败坏乎。"①

这种复古主张强调传统女德和女子"治内"的天职,与"新党"女学要求女子"内外兼修""能内能外"相较,反差巨大。如果说"新党"女学是"外向扩张",要将女子从家内推向家外,《申报》的复古主张则是"内向收缩",希望将女子固定在家内。在该怎样办女学,办何种女学,或者说用什么来教化女子、塑造女子,以及相应地女子在家内家外应当扮演什么样的角色等问题上,复古者与"新党"争执不休,"女学"的意义也因是而走向分裂。

维新时期的反缠足与兴女学是在国族危机的刺激下兴起的,进化论的输

---

① 《女学堂论》,《申报》1903 年 4 月 24 日。

入适逢其时,携带"科学"依据,使得这一运动势不可挡。反缠足要复原女子的身体,兴女学要刷新女子的灵魂,双管齐下的改造运动包含了对女子社会角色的重新考量,触及了规范女子生活的根本伦理。身体工程与灵魂工程联动,统一于保种强国的国族主义话语。不过,两者与伦理的关联有所不同。反缠足常常立足于传统女德来抨击缠足,尽管受旧伦理钳制,但旧伦理并非反缠足需要刻意突破的对象,反倒是其可以灵活借用的资源。兴女学与伦理的关联要复杂得多,它不同于反缠足有简单明了的行动指向,如同样是主张女学,西法女学与复古女学的目标取向和伦理关怀就判然有别,前者要突破旧伦理,后者要维护旧伦理,两者之间存在难以调和的冲突。兴女学内含的伦理紧张,在中国女学堂仿西法办学的具体实践以及复古者对这一实践的批判中展露无遗,男女平权在此逐渐走向了舆论的中心。

第三章　女权与女学的变奏：
从"国民之母"到"贤母良妻"

维新时期的改革者把中国的衰弱归因于中国女子不济,试图通过反缠足与兴女学加以改造,扭转国势,中国女子在此作为问题被关注,成为舆论热衷的话题。与此同时,中国的改革派也在反省造成中国女子不济的制度和文化,在中西比较中开始趋向于视西方为"文明"的标杆,追随西方以女子的地位来度量文明,如康有为说,"人道稍文明则男女稍平等,人道愈野蛮则妇女愈遏抑"①。舆论对女子问题的关注和文明观的转变,促成了以"男女平等"为核心的女权观念在中国的发育。而庚子大辱之后,国族危机加剧,民族主义与革命思潮激荡,在改造旧国家、建造新国家的畅想中,女子作为生产国民的"国民之母"被寄予厚望,女权因事关民权、国权的强弱被大力宣扬,成为流行话语和时代的一个新标签。

女权新思潮对女德旧观念带来了冲击,两者的博弈构成了清末民初思想界的一道奇景。而在女权与女德的博弈中,与女权相生相伴的女学扮演的角色则相当微妙,它既被寄望于培养"国民之母",提振女权,也被寄望于培养"贤母良妻",光复女德。本章将主要梳理女权在庚子之后十四五年间的表现与演变,以及与之关联的女学的发展,力图揭示女权、女学、女德这三者之间互动博弈的思想图景。

---

① 康有为:《大同书》第二,载《康有为全集》第7集,第64页。

一、呼唤"国民之母":"女权"的兴起与演变

晚清中国用"女权"一词表示女子的权利始于 20 世纪初,如柳亚子(1887—1958,字人权,号安如、亚卢)1904 年在《哀女界》中说:"廿纪风尘,盘涡东下,漫漫长夜,渐露光明,'女权!''女权!!'之声,始发现于中国人之耳膜。"①当然,"女权"一词的出现及流行,与庚子之后"民权"的兴起和西方女权思想的输入有紧密的关联。不过,在此之前,构成女权概念之核心的"男女平等"或"男女平权"已频频出现在各类言说中。按前揭,"男女平等"亦源自西方,曾是晚清早期出洋使臣形于笔墨的对泰西的一种观感,以及来华传教士论证文明中劣西优高举的一块标牌(参见第一章)。在当初素朴的理解中,"男女平等"意谓男女应平等对待,尊重而不轻忽女子,男女并学是它的一个基本义。维新运动前,除了少数开明士绅,大多数中国人对这一与"重男轻女"本土传统相背的西方风尚并不认同。维新时期,主张变法的维新党人开始鼓吹男女平权,而这一态势的出现与"新党"领袖康有为对男女平等的宣扬有莫大关系。康有为对男女平等的看法影响了梁启超等门内弟子,在某种意义上也形塑了后来的女权观念,是不可忽视、不可绕过的女权先声。

通大同之法:康有为论男女平等

康有为是宣扬男女平等的一个先行者,他的言说赋予了男女平等非凡的意义。据康有为自述,他 1882 年开始接触西学,随后几年广泛涉猎中西诸书,苦思救世之策,悟得"大小齐同之理",以及用"男女平等之法,人民通同公之法,务致诸生于极乐世界"。② 依他所悟,"人类平等是几何公理"③,以此论之,"女子当与男子一切同之"④;此外,由平等之几何公理还可以导出,男女各

---

① 亚卢:《哀女界》,《女子世界》1904 年第 9 期,第 4 页。
② 康有为:《康南海先生自编年谱》,第 14 页。
③ 康有为:《实理公法全书·总论人类门》,载《康有为全集》第 1 集,第 148 页。
④ 康有为:《大同书》第二,载《康有为全集》第 7 集,第 53 页。

有"自立、自主、自由之人权"①。在康有为看来,平等是"天予人之权",是无须辩护的最高原则与一切"人立之法"之所应依,更是通达"至平""至公""至仁"之"大同"理想世界的法则与前提。他在《大同书》提出"去九界求大同",认为国界、级界、种界、形界、家界、产界、乱界、类界、苦界这九种"界"的割裂与限制造成了人间的苦难与不平,破"界"的条件之一便在"明男女平等,各有独立之权"。《大同书》反复说:

> 全世界人欲去家界之累乎,在明男女平等、各有独立之权始矣,此天予人之权也。全世界乎,欲去私产之害乎,在明男女平等、各自独立始矣,此天予人之权也。全世界人欲去国界之争乎,在明男女平等、各自独立始矣,此天予人之权也。全世界人欲去种界之争乎,在明男女平等、各自独立始矣,此天予人之权也。全世界人欲致大同之世、太平之境乎,在明男女平等、各自独立始矣,此天予人之权也。全世界人欲致极乐之世、长生之道乎,在明男女平等、各自独立始矣,此天予人之权也。②

康有为用"天赋人权"与"公理"来伸张男女平等,并将其与"大同"理想糅合,当中包含了一种超越当下的未来情怀。他认为人类社会将遵循"据乱世—升平世—太平世"之进化过程走向大同,并常常以一种乌托邦的超越视角来反观现实世界,批评不合理的"人立之法"及其制造的男女间的种种不平等。在康有为看来,男女"既同为人,其聪明睿哲同,其性情气质同,其德义嗜欲同,其身首手足同,其耳目口鼻同,其能行坐执持同,其能视听语默同,其能饮食衣服同,其能游观作止同,其能执事穷理同。女子未有异于男子也,男子未有异于女子也",然"天下最奇骇不公不平之事"莫过于世之待女:"抑之制之,愚之闭之,囚之系之,使不得自立,不得任公事,不得为仕宦,不得为国民,不得预议会;甚且不得事学问,不得发言论,不得达名字,不得通交接,不得预享宴,不得出观游,不得出室门;甚且斫束其腰,蒙盖其面,刖纤其足,雕刻其身,遍屈无辜,遍刑无罪"。③ 康有为这里批评的主要是中国,但不限于此,也

---

① 康有为:《大同书》第二,载《康有为全集》第7集,第57页。

② 康有为:《大同书》第六,载《康有为全集》第7集,第163—164页。

③ 康有为:《大同书》第二,载《康有为全集》第7集,第53页。

包含"斫束其腰"的文明的西方。他特别指出，女子遭受"苦趣"是现世普遍现象，中西女子的境遇其实并没有本质差别，因为欧美虽文明程度稍高，"略近升平"，但女子仍"为人私属"，去"公理"甚远，她们只是在学问、言语、宴会、观游、择嫁、离异略可自由些，与中国女子相比被禁锢的程度稍轻，"而其为禁制则一也"，"其与各国偏抑女子之弊，亦五十步百步之比耳"。①

康有为对男女不平等的批评直指传统中国的性别伦理"男女有别"与"男尊女卑"，将这两者比为"囚"与"奴"。在他看来，幽囚女子和奴役女子均是乱世遗制，前者缘于古时为矫"男女大乱之俗"以"正父子"而设，后者则根源于"当初民之始，女子短体弱力，受制男子"②。两大遗制令女子"不得自由"，在文明之世则是"夺人权、背天理"。③

关于男女之别，康有为批评说，中国人"号为闺范，以为礼防"，从者"谓之贤媛"，不从者"以为荡人"，"故中国女子，自非贸丝之妇，倚门之倡，无有交接游观者，凡有此者，辄为不齿"。④ 中国严别男女以"防淫"，然"桑间濮上之风，自郑、齐、吴、楚莫不极盛"，所谓"防淫"不过是"徒有虚名"，盖"人情于前所罕见之物，未有不骇然耸动"，"男女既不得接见，则偶一见之，属目必甚，淫念必兴"；反观欧美之俗，"男女会坐，握手并肩，即艳质丽人，衣香满座，虽忘形尔汝，莫不修礼自持，鲜有注目凝视，更无妄言品评者"，其所以如此，"实司空见惯使然也"。在康有为看来，别男女不徒不能防淫，更大的危害还在于：

> 举数万万女子而幽囚之，一则令其无从广学识，二则令其不能拓心胸，三则令其不能健身体，四则令其不能资世用。夫以大地交通、国种并争之日，而令幽囚之人传种与游学之人传种，其必不美而败绩失据，不待言也。……人之国，男女并得其用，己国多人，仅得半数，有女子数万万而必弃之，以此而求富强，犹却行而求及前也。故言天理则不平，言人道则

---

① 康有为：《大同书》第一、二、三，载《康有为全集》第7集，第6、55、58、90页。
② 康有为：《大同书》第二，载《康有为全集》第7集，第68页。
③ 康有为：《大同书》第二，载《康有为全集》第7集，第58页。
④ 康有为：《大同书》第二，载《康有为全集》第7集，第60—61页。

不仁,言国势则大损,言传种则大败。①

无独有偶,康有为的同党谭嗣同在《仁学》中对男女之别也提出了类似的批评。他说:"男女之异,非有他,在牝牡数寸间耳",男女之别将此生理差异神秘化,视男女之交为"淫",从而隔绝之,"是明诲人此中之有至甘焉",如此防淫,如同"逆水而防,防愈厚,水力亦愈猛,终必一溃决"。其实所谓"淫"不过是"机器之关捩冲荡已耳",无关"善恶",如果让男女相见,"纵之使相习,油然相得,淡然相忘,犹朋友之相与往还,不觉有男女之异,复何有于淫? 淫然后及今可止也"。②

关于"男尊女卑",康有为的议论主要在夫妻范畴。他批评说,一家之中妻之于夫,曰"事"曰"从","比于一国之中臣之于君,以为纲,以为统",惟有"俯首听命",失"自立"之人权,此不独"悖平等之公理",也有违孔圣"妻者齐也"之大义。③

在康有为看来,"男女有别"与"男尊女卑"均为抑女之制,虽然据乱之时有其理据,但当升平之际,为"进全人类而成文明",宜解禁变法。为解救女子,他开出的"第一要方"是许女子以"自由","解同欧美之风"。按照他的理解,"自由"是行动的无拘束、无限制,是权利的根本,禁人"自由"就是夺人"权利",给女子以与男子同等的自由,既是男女平等的内在要求,也是男女平等的外在表现。他把"自由"视为祛除男女"形界"的利器,以及女子摆脱依附,走向独立、自主、自立的先决(《大同书》常把"自由"与"独立""自主""自立"这些表示"靠自己,不依赖他人"的词配套使用),并解释说:"今若听妇女之自由出入游观、交接、宴会,无抑女之事,于公理既顺;除幽囚之苦,于人道既仁";而妇女"得以亲师取友,日闻天下之事理",将增学识,扩心思,"人才骤增其半而公用亦骤增其半";"若其教子有方,则全国之民坐受童幼数年之教;传种多美,则全国之民永得人种文明之益",带来"无上之大效,无极之美利"。④

---

① 康有为:《大同书》第二,载《康有为全集》第7集,第74页。
② 谭嗣同:《仁学》,载蔡尚思、方行编:《谭嗣同全集》下册,第303—304页。
③ 康有为:《大同书》第二,载《康有为全集》第7集,第71、57页。
④ 康有为:《大同书》第二,载《康有为全集》第7集,第74页。

在康有为的大同思想中,自由与平等皆"天授",同为"太平之基"①。康有为自言其大同思想是"合经子之奥言,探儒佛之微旨,参中西之新理,穷天地之赜变,搜合诸教,披析大地,剖析今故,穷察后来"②而成,他对自由与平等的理解无疑受了西方天赋人权说的影响。自由与平等是西方启蒙运动产出的一对孪生子,被认为是人与生俱来不可剥夺的权利,如法国大革命《人权宣言》所言:一切人都生来是、而且永远都是自由的,并享有平等的权利。一般而言,自由指向个人,意指人有"做什么"或"不做什么"的权利,平等意味"与他人一样"或"享有与他人同等的权利",涉及的是人与人之间的关系。自由与平等既相联系也存在紧张,二者在价值顺位上谁更优先是法国大革命之后西方思想界热议的话题,自由主义与平等主义在此问题上一直争论不休,其中,占西方意识形态主流的自由主义认为自由相对于平等具有优先性。③ 与自由主义不同,康有为更看重平等。在他的认知中,平等是孔子的伟大创制④,是比自由意义更宽的社会组织原则,不仅包括权利的分配,还涉及责任和义务,就"男女平等"而言,其中的"平等"不仅意味着同等的个人权利和自由,还意味着同等的社会责任和义务,所谓"女子为天生之人,即当同担荷天下之事者也"⑤。对于自由,康有为的看法则有所保留,他虽然将自由当作太平之基,但同时也认为其于当下之中国"未为尽宜"⑥,似乎过分强调个人的自

---

① 康有为:《大同书》第二,载《康有为全集》第7集,第74页。
② 康有为:《康南海先生自编年谱》,第15页。
③ 自由先于平等比较典型的说法可见新自由主义经济学家米尔顿·弗里德曼(Milton Friedman),他说:"一个社会若是把平等(即结果平等)置于自由之上,那么最终的结果是既没有平等也没有自由。……相反,一个社会若是把自由置于平等之上,那么最终不仅会增进自由,也会增加平等。"([美]米尔顿·弗里德曼、罗丝·弗里德曼:《自由选择》,张琦译,机械工业出版社2008年版,第143页。)对平等作为优先价值进行辩护可见[加]凯·尼尔森(Kai Nielsen):《平等与自由:捍卫激进平等主义》,傅强译,中国人民大学出版社2015年版。
④ 康有为在《大同书》"去级界平民族"中说:"自孔子创平等之义,明一统以去封建,讥世卿以去世官,授田制产以去奴隶,作《春秋》、立宪法以限君权,不自尊其徒属而去大僧。于是中国之俗,阶级尽扫,人人皆为平民,人人皆可由白屋而为王侯、卿相、师儒,人人皆可奋志青云,发扬蹈厉,无咯私德之害。此真孔子非常之大功也。"(《康有为全集》第7集,第40页。)
⑤ 康有为:《大同书》第二,载《康有为全集》第7集,第64页。
⑥ 康有为:《大同书》第二,载《康有为全集》第7集,第74页。

由会不利于国家富强的整体目标①,而他许给女子自由也是带有条件的,即女子须"学问有成"。

为使女子"升同男子",康有为拟定了"女子升平独立之制",第一条便是:"今未能骤至太平,宜先设女学,章程皆与男子学校同。"②其后科条要者有:"学问有成,许选举,应考,为官,为师,但问才能,不加限禁";"婚姻皆听女子自由,自行择配,不须父母尊亲代择婿。惟仍限二十、学问有成以后,乃许自由";"女子有出入交接,游观宴会,皆许自由,惟仍须二十、学问有成以后乃得此权"。康有为明言其谈女子独立自由是为"将来进化计","若今女学未成,人格未具,而妄引妇女独立之例,以纵其背夫淫欲之情,是大乱之道也。""女子所以能自立者,亦以其学问才识备足公民之资格,故许享有独立之权;若其未能备足公民之人格,则暂依附于夫以得养赡,亦人情也。且使女子欲求得独立之权,益务向学,则人才日增,岂不美哉!"他特别声明:"夏葛冬裘,各有时宜,未至其时,不得谬援比例。作者不愿败乱风俗,不欲自任其咎也。"③

应该说,把"学问有成"作为女子获得自由权利的条件,与康有为的尊卑观——"人之尊卑,在乎才智,不在身体"④——是一致的。当然,给女子自由设限,实际上也是在给男女平等设限,这明显有悖天赋人权,暴露了康有为思想内在的矛盾。其实,康有为谈男女平等,内含强国的诉求,其现实关怀与大同理想难免抵牾。他常常把"平等"与"富强"关联起来讨论,如所谓"平等之理日明,故富强之效日著"⑤,其意下的男女平等也包括男女要"各效其劳,各分其职,通力合作以济公益"⑥,这表明,他用自由来解除女子的束缚,其实是

① 康有为在游历欧美之后说:"吾游德国,整齐严肃之气象,迥与法国殊。呜呼!此德之所以强也,俾士麦之遗教远矣。方今中国之散漫无纪,正宜行德国之治,而欲以自由救之,所谓病渴而饮鸩也,其不至死不得矣。"(康有为:《物质救国论》(1904),载《康有为全集》第8集,第71页。)此言大致反映康有为对待自由的态度。当然,康有为游欧美后,对平等、自由的看法(如认为中国二千年来皆自由平等)较先前发生了很大的变化,兹不赘。

② 康有为:《大同书》第二,载《康有为全集》第7集,第75页。

③ 康有为:《大同书》第二,载《康有为全集》第7集,第75—78页。

④ 康有为:《大同书》第二,载《康有为全集》第7集,第68页。

⑤ 康有为:《大同书》第一,载《康有为全集》第7集,第39页。

⑥ 康有为:《大同书》第二,载《康有为全集》第7集,第64页。

为了解放女子的生产力,作为超越性伦理的"男女平等"本身并不超越,它不是目的,而是强国强种的手段。不过,也正是因为作为手段与国族富强关联了起来,男女平等、女子自由才有了切实的正当性,在国族危亡之际,这一正当性似乎要比缥缈的"天赋"的正当性更能打动人心。

康有为关于男女平等的论述主要见于《大同书》。《大同书》的创作始于1884 年,成于1902 年。成书前,大约1890 年前后或最晚在戊戌期间,康有为已经有了比较成形的大同思想,口传门内弟子①。大同思想的核心是平等,梁启超等康门弟子受其影响,也在扩展其影响(如梁启超的《论女学》在谈及"平等"时曾夹注特意指出"南海先生有孔教平等义")。维新变法失败后,女权观念在中国兴起,"男女平等"同"男女有别"正式展开竞逐,应该说,康有为在对此起了先导作用。而以后见之明看,他关于男女平等和女子自由的言说,更像是后来"女权"的某种预演。

"女权"的译介与转义

晚清中国,最先使用"女权"一词并以之来表示女子的权利,是梁启超主编的《清议报》。② 1900 年,该报以"女权"为题编译了日本学者石川半山一篇介绍西洋女子生活状况的文章,其中称:"西洋列国夙崇女权,其俗视崇女子与否,以判国民文野",除了"参政权"之缺憾,西洋女子大多学业有成,"自主作活"。③ 译文把女子受教育、自主择业、参与政事视为女子应享之权利,并以"女权"统之,借西洋表明"女权"是大势所趋。该文刊出后流传甚广,蔡元培

---

① 康有为在1898 年春刊行的《孔子改制考》《春秋董氏学》已公开表露了"大同三世说"。另,梁启超1891 年已知晓康有为的"大同三世说",1897 年在《知新报》《时务报》对该学说做了宣传,并在湖南时务学堂进行讲授。参见茅海建:《戊戌时期康有为"大同三世说"思想的再确认——兼论康有为一派在百日维新前后的政治策略》,《社会科学战线》2019 年第1 期,第79 页。

② 参见[日]须藤瑞代:《中国"女权"概念的变迁——清末民初的人权和社会性别》,[日]须藤瑞代、姚毅译,社会科学文献出版社2010 年版,第17—19 页。

③ [日]石川半山:《论女权渐盛》,《清议报》第47 册,第3044—3045 页,1900 年6 月7 日(光绪二十六年五月十一日)。

1902 年编的《文变》有收录,陈撷芬主编的《女学报》1903 年有重刊。①

不过,第一次比较系统地将"女权"概念引入中国的是马君武。马君武(1881—1940)早年上过新式学堂,支持维新变法;1900 年游学新加坡,拜谒了在此"勤王"的康有为,迷上了"大同"之学,为明志曾更名"马同"。② 1901年,马君武得友人资助赴日留学,结识了在此避祸的梁启超,译书撰文投《译书汇编》《新民丛报》等刊物,"以谋自给"。③ 在译介"女权"之前,马君武翻译了《法兰西今世史》,介绍法国通过革命建立共和由弱变强之事,以为中国借鉴。④ 1902 年,马君武翻译了斯宾塞《社会静学》(*Social Statics*, 1851)中的"The Right of Women"章,译名《女权篇》,与另一译作《达尔文物竞篇》合为一册,同年 11 月由少年中国学会出版。1903 年 4 月,马君武译介约翰·穆勒(John Mill,马译"弥勒约翰")的学说,分三部分刊于《新民丛报》(第 29、30、35号),其中第二部分是《女权说》。⑤ 马君武译斯宾塞《女权篇》与穆勒《女权说》被认为是清季"女权"的西方源头,为后来"女权"的言说提供了根据。⑥

斯宾塞《女权篇》主要是基于"平等之自由(equal freedom)"原则批评英国的法律制度和风俗对妇女的压制,为"男女平权"正名。马译本大致忠实于原文,传递的基本主张有:一、"平等之自由"是自然公理,公理之下无"无男女之别","男女之权,固自相平等,不容有差异于其间也"。⑦ 二、男女平权、夫

---

① 参见夏晓虹:《晚清文人妇女观》,作家出版社 1995 年版,第 67 页。
② 文明国编:《马君武自述》,安徽文艺出版社 2013 年版,第 144 页。
③ 《〈马君武诗稿〉自序》(1913 年 5 月 28 日),见莫世祥编:《马君武集》,华中师范大学出版社 1991 年版,第 395 页。
④ 马君武:《〈法兰西今世史〉译序》(1902 年 4 月 7 日),载《马君武集》,第 4 页。马君武在"译序"中将中国比作革命前的法国,批评其"尘尘四千年乃有朝廷而无国家,有君谱而无历史,有虐政而无义务,至于今日。奄奄黄民,脑筋尽断,血液尽冷,生气尽绝,势力尽消",这其中明显有梁启超"新史学"和"新民说"的印痕。另外,马君武在"译序"中还提到并引用斯宾塞以为立论。
⑤ 参见[日]须藤瑞代:《中国"女权"概念的变迁——清末民初的人权和社会性别》,第 56—62 页。
⑥ 夏晓虹:《晚清文人妇女观》,第 68—71 页。
⑦ 马君武:《斯宾塞女权篇》(约 1902 年 10 月译),载《马君武集》,第 16—17 页。

妻平权代表文明，男主女从"乃野蛮时代之遗风也"。① 三、女子才智不及男子并非天生，而是缺乏教育和训练所致，不能以此为由限制她们的权利，要以女权促女学，因为"女人有生命，即莫不有能力，惟无与男人同等之权，故不能自由练习之，遂较男人为劣耳"②。四、家庭专制与国家专制"并立而不相离"，"欲知一国之中压制之痕迹如何……观于家内男女间之压制如何，则其国君民间之压制如何可知也"。③ 五、依平等之自由原则，女子应有参政之权。④

斯宾塞给"女权"贴上了"文明"的标签，并将其和"反专制"联系了起来。为《天演论》作序的吴汝纶说译书"沦民智"⑤，梁启超言译书为"强国第一义"⑥，马君武显然看到了斯宾塞《女权篇》之于改变中国的意义，他翻译该篇在某种意义上是先前翻译《法兰西今世史》的延伸，带有革中国"专制"之命的意味。当然，其中也寄托了他个人的"新女性"情怀⑦。在译书的同时，受风起云涌革命思潮的影响，马君武还加入了鼓吹反清革命的"爱国学社"，参与演说会并发表演说。⑧ 而这种革命意识也在引导他的译书活动，结果之一便是穆勒《女权说》。

马译《女权说》是对穆勒《*The Subjection of Women*》的选择性介绍，当中有取有舍。其开篇即说："欧洲所以有今日之文明者，皆自二大革命来也。二大革命者何？曰：君民间之革命；曰：男女间之革命。欧洲君民间革命之原动力，

---

① 马君武：《斯宾塞女权篇》（约 1902 年 10 月译），载《马君武集》，第 21—24、27 页。

② 马君武：《斯宾塞女权篇》（约 1902 年 10 月译），载《马君武集》，第 18—19 页。

③ 马君武：《斯宾塞女权篇》（约 1902 年 10 月译），载《马君武集》，第 20—21 页。

④ 马君武：《斯宾塞女权篇》（约 1902 年 10 月译），载《马君武集》，第 25—26 页。

⑤ 吴汝纶：《天演论·吴序》，《天演论》，第 2 页。

⑥ 梁启超：《论学校七·译书》，《时务报》第 27 册，光绪二十三年四月廿一日（1897 年 5 月 22 日），载《强学报·时务报》第 2 册，第 1800 页。

⑦ 马君武对独立自主的新女性颇为欣赏，在翻译《女权篇》前，曾撰写了《女士张竹君传》发于《新民丛报》（第 7 号，1902 年 5 月），对张竹君各方面赞赏有加。据传，马在为张写传之前曾用法文向张求婚，被张以"独身主义"为由拒绝（《女医士张竹君》，载李又宁、张玉法主编：《近代中国女权运动史料（1842—1911）》下册，第 1377 页）。

⑧ "清光绪二十九年三月二十八日，旅沪广西人士邀约各省在沪绅商三四百人在张园开会，马君武、吴敬恒、邹容等均有演说，申明外兵干涉，为中国亡国之原。"（《蔡元培全集》第 1 卷，第 174 页。）

则卢骚之《民约论》（*Contrat Social*）是也。欧洲男女间革命之原动力，则弥勒约翰之《女人压制论》（*The Subjection of Women*）是也。"①马君武这里所言并非穆勒原作所有，而是他自己的添加或革命意识的投射，其中，"女权"推动"革命"、"革命"带来"文明"是他译介《女权说》本身的意义所在。

穆勒的《女人压制论》主要探讨女子应该享有的权利问题，他把权利分为私权与公权，认为无论"公""私"，男女皆应平权。马译《女权说》关注的重点在公权，其将穆勒的观点概括为五点：一、女子有监督组织政府的权利；二、男女能力相当，女子交税而不与公务是不平等；三、女子既然可以做国王，就不应被排除在国家要职之外；四、女子在家常有与其父或夫同等的权利，于国而言也当如此；五、女子享有公权是将来"必至之势"，如此"遂能与国相直接而有国民之责任焉"。② 马君武选择性地将穆勒对女子公权问题的讨论凸显出来，与他本人反专制的革命意识有关。他在文末补充说："凡一国而为专制之国也，其国中之一家亦必专制焉。凡一国之人民而为君主之奴仆也，其国中之女人亦必当为男人之奴仆焉。二者常若影之随行，不相离也。人民为君主之奴仆，女人为男人之奴仆，则其国为无人。无人之国，不国也。苟欲国之，必自革命始，必自革命以致其国中之人，若男人、若女人，皆有同等之公权始。"③

马君武译介斯宾塞和穆勒著述传递的中心思想是："女权"与"革命"相辅相成，两者都是改变国家进而强盛国家的法宝。当然，这并非斯宾塞和穆勒原作本有的意思，而是"跨语际"译介带来的转义。文本的跨语际流动和再生产难免渗入译者的意识，让思想发生变形。前揭严复译《大演论》如是，马君武译介斯宾塞和穆勒亦不例外。有学者通过比较马译"女权说"与斯宾塞和穆勒原作的差异指出：马译本凸显了公权，尤其是政治权，回避了原作对私权的讨论，并且变更了原作的立论基础，将"同等自由"置换为"天赋人权"，将"自

---

① 马君武：《弥勒约翰之学说》（1903 年 4 月 11 日），载《马君武集》，第 142 页。
② 马君武：《弥勒约翰之学说》（1903 年 4 月 11 日），载《马君武集》，第 142—143 页。
③ 马君武：《弥勒约翰之学说》（1903 年 4 月 11 日），载《马君武集》，第 145 页。

由"转化为"责任"，强化了"平等"，弱化了"自由"，使女权服务于建设现代国家。① 马君武的这种转义，既与他反专制的意识有关，也与他受康有为"大同"思想和梁启超"新民"学说的影响有关。前揭康有为在谈及女子之权利时即有重"平等"轻"自由"的倾向。梁启超的"新民"学说更不乏"权利""自由""平等"之议论，而这些议论的指归则在培养"爱群""爱国"的新国民意识或"公德"，以"固吾群、善吾群、进吾群"②。按：梁启超认为，权利是人之为人的规定，"无权利者，禽兽也"，奴隶也。③ 自由是"奴隶之对待"，"天下之公理，人生之要具"。④ 自由与权利如影随形，是"权利之表证"，失之即为"非人"。⑤ 不过，梁启超的权利论和自由论从根本上说都是为国家服务的，因为国家乃"立之以应他群者也"，是"最上之团体"⑥。他谈"权利"，同时也谈"义务"，认为权利初起皆得自义务，"义务与权利对待者也，人人生而有应得之权利，即人生而有应尽之义务，二者其量适相均"⑦，权利不仅是"我对于我应尽之义务"，也是"一私人对于一公群应尽之义务"，若"我"不尽对公群之义务，实难保"我"之权利不受外群"侵压"⑧，"人之生息于一群也，安享其本群之权利，

---

① 宋少鹏：《"西洋镜"里的中国与妇女：文明的性别标准和晚清女权论述》，社会科学文献出版社 2016 年版，第 79—106 页。宋著认为斯宾塞和穆勒"女权说"的理论基础是"同等自由原则（the law of equal freedom）"（马君武译为"平等之自由"），其重心在"自由"而非"平等"，与以"天赋人权"为理论基础有差别。这当中或许存在可商榷之处。"自由"和"平等"是"天赋人权"之两翼，在早期并无孰轻孰重的问题，"同等自由原则"也立足于"天赋人权"，不管将"equal"译为"同等"还是"平等"，它都预设了"平等"，难以断定斯宾塞和穆勒主张"自由"多于"平等"，应该说两者都是他们的立论基础。

② 梁启超：《论公德》，《新民丛报》第 3 号，第 6 页，光绪二十八年二月一日（1902 年 3 月 10 日）。

③ 梁启超：《论权利思想》，《新民丛报》第 6 号，第 2 页，光绪二十八年三月十五日（1902 年 4 月 22 日）。

④ 梁启超：《论自由》，《新民丛报》第 7 号，第 1 页，光绪二十八年四月一日（1902 年 5 月 8 日）。

⑤ 梁启超：《十种德性相反相成义》，《清议报》第 82 册，第 5155 页，光绪二十七年五月初一日（1901 年 6 月 16 日）。

⑥ 梁启超：《论国家思想》，《新民丛报》第 4 号，第 3—4 页，光绪二十八年二月十五日（1902 年 3 月 24 日）。

⑦ 梁启超：《论义务思想》，《新民丛报》第 26 号，第 1 页，光绪二十九年正月二十九日（1903 年 2 月 26 日）。

⑧ 梁启超：《论权利思想》，《新民丛报》第 6 号，第 9—10 页，光绪二十八年三月十五日（1902 年 4 月 22 日）。

即有当尽于其本群之义务"①；他谈"个人自由"，也谈"克己复礼"和"团体自由"，对以自由为名"取便私图，破坏公德"者批评有加，认为自由有其边界，个人自由不能侵害"他人之自由"和"团体之自由"，否则"将为他群之奴隶"②。由于推崇进化论，"新民"时期的梁启超并不主张"天赋人权"，与其师康有为视竞争为"恶"不同，他认为竞争为"文明之母"③，认为强权世界无"平权"，权利要自求自得，并非"天赋"（见第二章），相应地，他对平等的看法也有所保留，没有专门讨论平等，尽管也有谈论权利平等，但这种谈论也多是着眼于国家，为"国权"服务，如所谓"欲使吾国之国权与他国之国权平等，必先使吾国中人人固有之权皆平等"④。当然，梁启超这些言论并非针对女子，他也没有专门谈论女权和男女平等，不过，他的权利和自由思想还是被当时大多数女权论者（包括马君武）吸收和发扬，在某种程度上塑造了晚清女权的形态。

马君武译斯宾塞《女权篇》和穆勒《女权说》流传甚广，后来清季谈女权者几近言必称"弥勒、斯宾塞"。而受其影响和激发，中国人自己也撰写了一部鼓吹女权的著作，名曰《女界钟》。《女界钟》1903 年 8 月由上海大同书局和爱国女学校联合推出，作者金天翮（1874—1947），字松岑，别名金一，兴中会、爱国学社与中国教育会成员，与章太炎、邹容交往甚密，曾资助出版《革命军》。《女界钟》是他在"苏报案"后返回故里写就。⑤

金天翮在开篇"小引"和"绪论"首先表达了对"专制"的不满，对"自由""平等"的向往，暗示撰写《女界钟》的目的即在于：接引"欧洲文明新鲜之天空气"，"击屠毒之鼓，撞自由之钟，张独立之旗"，以告男性同胞，同时唤醒尚不

---

① 梁启超：《论公德》，《新民丛报》第 3 号，第 3 页，光绪二十八年二月一日（1902 年 3 月 10 日）。

② 梁启超：《论自由》，《新民丛报》第 7 号，第 7—8 页，光绪二十八年四月一日（1902 年 5 月 8 日）。

③ 梁启超：《论国家思想》，《新民丛报》第 4 号，第 4 页，光绪二十八年二月十五日（1902 年 3 月 24 日）。康有为的太平世界有"四禁"，其中之一便是"禁竞争"。

④ 梁启超：《论权利思想》，《新民丛报》第 6 号，第 14—15 页，光绪二十八年三月十五日（1902 年 4 月 22 日）。

⑤ 参见杨友仁：《金松岑先生行年与著作简谱》，载金天翮：《女界钟》，陈雁编校，上海古籍出版社 2003 年版，第 108—120 页。

知"男女平权"为何物之"深闺之妖梦者"，争"民权"，共同反抗"压制政体"。① 随后诸节，他分别论及了女子的道德、品性、能力、教育、权利、参政、婚姻，内容几乎涵盖了晚清关于女子问题的所有议题。不过，如其主旨所寓，贯通《女界钟》的关键词是"权利""自由""平权""民权"。这四个关键词互联互通，与女权相系，与专制相对。

承接马译"女权说"，金天翮也以"天赋人权"来为女权张目。他在著中着意解释了何谓"权利"："权利者，快乐之物也"，与财产、婚姻、衣食、住行等"密附"，其之于人，"犹空气之于天地"；又"权利者主权之谓也"，"反主则为奴"，"人而能牺牲其一身之权利，则去奴隶、禽兽不远矣"。② 与梁启超所论相仿，"权利"在此被定义为人之为人的不可剥夺之物。在金天翮看来，权利"伴自由而生"，而"自由"既是人获得权利的前提，也是人最不能被剥夺的天赋之权，所谓"不自由无宁死"是也③；"平权"是女权的应有之义，是"自由"的孪生兄弟，"自由起而后平权立"④；"民权"是身为国民的权利，与"女权"共生共荣，"如蝉联蚳萼而生，不可遏抑"，盖"女子者，国民之母也"，"大抵民权愈昌之国，其女权发达愈速"。⑤

金天翮把对女子道德的批评作为展开女权实质性论述的起始。在他看来，道德有"公""私"之分，中国女子向来只注意"个人之私德"，而不知有"爱国与救世"之"无上"之"公德"。就私德而言，"女训"界定了她们"对于一身之道德"，"相夫"界定了她们"对于男子之道德"，"闺范"则界定了她们"对于家庭之道德"，这些道德多是"剥夺普通个人之权利以为防"，使女子求学读书不得、交友游历不能，从而塑造了她们的"品性"："其或拘挛成习、窒塞无知，则又徘徊灶觚，幽囚妆阁，琐琐筐箧，斲斲锱铢"。⑥ 金天翮认为，"今日女子以活泼机警、英爽迈往、破除迷信、摆脱压制为品性可贵之第一义，而学问次之。

① 金天翮：《女界钟》，第1—5页。
② 金天翮：《女界钟》，第47—50页。
③ 金天翮：《女界钟》，第53、2页。
④ 金天翮：《女界钟》，第79页。
⑤ 金天翮：《女界钟》，第4、56页。
⑥ 金天翮：《女界钟》，第6—12页。

夫能如是也,则半部分之新国民成矣"。为了完善女子之品性,要以"学问"充实其"内界",同时于"外界"也要去除"障害"她们的缠足、装饰、迷信和拘束。①

金天翮的道德批评,尤其是"公德""私德"说,或许受了梁启超和马君武两人的启发。梁启超在"新民说"系列既专门讨论了公德,又专门讨论了私德,其中的公德是指"爱国""爱群"的意识。在《论公德》中,他批评中国人向来"偏于私德,而公德殆阙如",提出了"道德革命",以培养利国利群之公德。② 马君武接梁启超,批评中国之道德为"半文明之时代之道德",其所谓"私德","以之养成训厚谨愿之奴隶则有余,以之养成活泼进取之国民则不足";他提出道德要随时代"进化",改革中国首先要改革中国之道德,培育国民之"公德"和"自由独立之精神"。③ 金天翮将"公德"定义为"爱国与救世",其中的"爱国"大概取法于梁启超,而"救世"则可能取意于马君武。不过,梁启超和马君武的公德论批评的主要是中国男子,金天翮则将矛头转向了中国女子,认为她们也应该具备公德心,因为天下兴亡,不独匹夫有责,"匹妇亦与有责焉","爱国与救世,乃女子之本分也"。④

从马君武译介的"女权说"到金天翮的《女界钟》,借由梁启超式的权利和义务一体两面之论,"女权"在中国完成了从"公权"到"公德"的自然过渡。当然,将公德加于女子,赋予她们爱国与救世的责任,最紧要的是给她们以自由,将她们从闺门内室中解放出来。在中国情境中,"自由"之于女子最根本的意义是出入的自由,因为"出入而不能自由,天下安有他自由之权利哉!"⑤。妨碍女子出入自由的主因是"男女有别"的伦理,关于这一伦理,前人已不乏訾议,金天翮在著述中也不止一次对其进行了批评,认为其阻断了"女权女学

---

① 金天翮:《女界钟》,第13—23页。

② 梁启超:《论公德》,载《新民丛报》第3号,第1、7页,光绪二十八年二月一日(1902年3月10日)。

③ 马君武:《论公德》,载《马君武集》,第152—160页;《论中国国民道德颓落之原因及其救治之法》(1903年3月27日),载《马君武集》,第128—135页。

④ 金天翮:《女界钟》,第5、11—12页。

⑤ 金天翮:《女界钟》,第51—52页。

之发达",致女子"颜色腼腆,词气塞涩,见人则惊而走,如婴儿然。……世间普通情事,说之犹多茫昧",他的根本看法是,"女界之隔绝"无关"道德品性",非文明之法,"夫不以文明之法待人,人乃自弃于文明之外"。①

金天翮认为,"女权革命"是时代的趋势,中国欲进文明,首先应恢复女子被传统道德剥夺的权利,重塑她们的品性。参比欧洲,他胪列了中国女子应当恢复的六项权利,依次为:入学之权利、交友之权利、营业之权利、掌握财产之权利、出入自由之权利、婚姻自由之权利。② 这些权利被认为是西方女子已经享有的私权和西方文明高于中国之所在,康有为"大同"说曾多有论及。私权之外,金天翮也谈及了女子参政之公权问题。在他看来,女子参政是"造未来之新国民"不可或缺的手段,虽然欧洲各国尚无,但面向未来,不能据"陈史"和"现在之事实"说法。他引用马译穆勒和斯宾塞为"未来"立论,批驳了中西反对女子参政诸说,希望中国异日能超越西方,成为女子参政的"理想国","异日中国女子积其道德、学问、名誉、资格,而得举大统领之职","功德圆满"。③

金天翮对未来的畅想描绘了一幅女子的公权与公德完美结合的图画。当然,将这幅图画变为现实,离不开女学。晚清谈论女权者鲜有不涉及女学,金天翮亦不例外,他在谈女子应当享有的权利时还特意把"入学之权利"作为"开宗明义之第一着",以表明女学的重要性。或为避免传统女学与女德纠缠不清带来的歧义,同时拉开与传统的距离,金天翮谈论女学多用"女子教育"一词。在他看来,教育是"造国民之器械",能力的培养和道德的养成均仰赖于此,"女子与男子各居国民之半部分,是教育当普及",否则国将"受其病";而且教育还是"女子之天职",女子学成可以为"蒙学教员""幼稚园保姆",也可"管理学校","游学欧美"。他谈到了女子教育的方法,并参考欧美开列了女子教育的课程,提出要将女子教成:一、"高尚纯洁、完全天赋之人";二、"摆脱压制、自由自在之人";三、"思想发达、具有男性之人";四、"改造风气、女界

---

① 金天翮:《女界钟》,第42、21—22页。
② 金天翮:《女界钟》,第48—53页。
③ 金天翮:《女界钟》,第56—66页。

先觉之人"；五、"体质强壮、诞育健儿之人"；六、"德性纯粹、模范国民之人"；七、"热心公德、悲悯众生之人"；八、"坚贞激烈、提倡革命之人"。① 这八条是金天翮为女子教育设想的目标，勾画出了他心中未来的理想女性形象：她不是传统相夫教子型的温顺家庭女子，而是男性与女性气质兼具的"国民之母"、引领革命的自由女神。

鼓吹女权的柳亚子在为《女界钟》写的"跋"中说，该书"实含有 Revolution 之思想"，给女界敲响了"欲觉之晨钟"。② 20 多年后，妇女史家陈东原亦说，"《女界钟》是一本鼓吹妇女从事革命的书"，其本意是"要女子以殉道的精神加入革命运动"。③ "革命"是金天翮在"苏报案"后愤懑之情的流露，弥漫《女界钟》全书。它有内外双重指向：战民贼，争民权；战外虏，争国权。争民权即反抗专制王权，"爱自由，尊平权，男女共和，以制造新国民为起点，以组织新政府为终局"④，女权是题中之义。当然，如同梁启超将民权作为国权的前设，在金天翮看来，争民权也是争国权的前奏，是为了民族国家的独立，所谓"民权昌"而后"国权固"，"吾欲使我女子苦战于私法之庭，乃欲使我国民血战于公法、国际法之野也"。⑤ 在女权与民权、民权与国权的观照往返中，金天翮呼吁女子起来革命，"自出手腕并死力以争已失之权利"，摆脱"奴之奴"的命运，"自尊自立"，做贞德、玛利侬、批茶、苏菲亚、娜丁格尔那样的女英雄、女豪杰，与男子同跃于"世界竞争之舞台"。⑥ 革命的召唤将女权编入了民族国家的事业，其中隐含的潜台词是：女子只要尽救国的责任与义务，自然会获得与男子同等的权利。

《女界钟》出版后很快流传开来⑦，对中国后来的女权运动产生了深刻的

---

① 金天翮：《女界钟》，第37—45页。
② 柳人权：《后叙》，见《女界钟》，第84页。
③ 陈东原：《中国妇女生活史》，第329、334页。
④ 金天翮：《女界钟》，第82页。
⑤ 金天翮：《女界钟》，第54—55页。
⑥ 金天翮：《女界钟》，第48、36、37、5页。
⑦ "《女界钟》由上海大同书局出版以后，数月之中，即告售罄，后在日本修订重版。"（熊月之：《导言》，载《女界钟》，第13页。）

影响,金天翮也因之获得了"中国女界之卢骚"的美名①。之后,金天翮与中国教育会的同道丁初我(1871—1930,名祖荫,号初我)于1904年1月共同发起创办了宣扬女权的专门杂志《女子世界》,继续未竟事业。《女子世界》的主要作者多为金天翮的友人,论题多出自《女界钟》,可以说是《女界钟》的扩展版。② 其刊名也与金天翮在《女界钟》表露要造"女子世界"之心愿关联:"世界何以造? 造于人之心。国家何以成? 成于人之愿。……吾欲造女子世界,则凭乎吾之心与愿,所谓不普渡众生,誓不成佛也。"③这里的"女子世界"是指女权昌明发达、"女子登极而实行大统领"之世界,《女子世界》杂志因其名也便有了通向共和之普渡方舟的特殊寓意。在为该志撰写的发刊词中,金天翮进一步表明了女权之于国权的意义,称"女权不昌,而后民权堕落,国权沦丧",将倡女权、救女子视为振国权、救国家的不二法门,所谓"欲新中国,必新女子;欲强中国,必强女子;欲文明中国,必先文明我女子;欲普救中国,必先普救我女子,无可疑也"。④

从马君武到金天翮,中国的女权论述完成了从"人权"到"国权"的摆渡,女权本身也借此获得了"天赋"与"救国"的双重正当性。不过,"天赋"与"救国"是两套不同的话语,前者明示权利,后者暗示义务,前者源自西方,后者产自本土。中国之女权在两者之间迂回摆荡,呈现了与西方女权不一样的特色:作为男子的主张,它的根本目的在国家,而非个人或女子;它有为中国女子伸张正义而摇旗呐喊,但更多的还是中国男子自身在国际国内政治和道德生活中被压抑情绪的曲线表达。当然,用国族话语言说女权,并非马君武和金天翮的发明,而是晚清中西交通以来男子谈论女子问题之方式的历史延续,这一方式在维新时期反缠足与兴女学运动中其实已臻成熟,它不仅左右了男子的女权表述,也主宰了绝大部分先觉女子的女权表达。

① 《侯官林女士叙》,载《女界钟》,第4页。该叙又载《江苏》1903年第5期。
② 参见夏晓虹:《晚清女性与近代中国》,第71—74页。
③ 金天翮:《女界钟》,第65—66页。
④ 金一:《〈女子世界〉发刊词》,《女子世界》1904年第1期,第1页。

"国民之母"与"女权"的条件

"国民之母"(或"国民母")是清季倡女权者用来言说女子的流行词,它的出现与"国民"概念的兴起相关,是"母"与"国民"的自然组合,所谓"有女子斯有男子,男子者,女子之产出物也,故一国之女子,一国国民之母也"[1]。金天翮在《女界钟》曾多次用到该词,并将其引介到了《女子世界》,在《〈女子世界〉发刊词》开篇又说"女子者,国民之母也",以表明"新女子""强女子""文明女子""普救女子"的毋庸置疑,推动了该词的流行。当然,金天翮并不是第一个如此使用该词的人,在他之前已有人这样来言说女子,如《岭南女学新报》1903 年 4 月刊发一文谈女子的体育即言:"女子为国民之母,其体格之强弱大小,与国民之体格强弱大小,有相维相系之势,女子体格,虽与男子较为小弱,而所负之责任,较男子为重大。语曰:国家兴亡之机,视女子体育之盛衰,洵非过论。"[2]

在清季,"国民之母"有多种使用。有人用它来反对缠足,如"女子者,国民之母也。……近今我同胞,尚不能保全其肢体,而摧残削弱之,遑论权利。我国民之覆宗绝祀,万劫不复,我女子其罪魁矣"[3];又如"缠其足,环佩当当,莲钩窄窄,吾国少年,视为玩具,外国人民,号曰弱虫……女子者,国民之母也,以最高尚之人格,而当此最龌龊之名词,谁生厉阶,至今为梗,一闻此语,置身何地。……国民之母乃如此,吾国幼稚何望,吾国女子何望,中国前途又何望"[4]。也有人用它来为女子社团站台,如"赤十字社之造福于世界大矣,吾国尚在军人胎育之时代,似不足语及此。虽然,女子者国民之母也,又乌得一日放弃养护国民之责任,苟任放弃,即丧人格,外患深矣,亡种在即。此闻寓日女学生,有立共爱会以从义勇队后者,阅时既久,结果寂然。而今海上复有对俄同志女会之发起,闻其议案之发端,即为创设中国赤十字会,而后知吾中国非

---

[1] 松江女士莫虎飞:《女中华》,《女子世界》1904 年第 5 期,第 85 页。

[2] 藤原文子:《论女子体育关系》,《岭南女学新报》1903 年 4 月第 2 册,第 2 页。

[3] 《黎里不缠足会缘起》,《女子世界》1904 年第 3 期,第 72 页。

[4] 金陵女士陈竹湖:《痛女子穿耳缠足之害》,《女子世界》1904 年第 11 期,第 78—79 页。

无爱国之女子,非无女界之军人。以大慈悲扩大愿力,共种美因,共获善果,此会之前途,其即中国一脉生机之征兆乎"①;又如"世界女子协会"章程说,"女子为国民之母,须有世界观念。今国民程度幼稚,但知竞争乡土权利,而无雄飞世界之思想,致外人疑为奴隶性质。此在母教亦分其咎,同人有见于此,特冠'世界'二字以自警,此本会命名之义也"②。当然,与这些用法相比,当时更常见的是用"国民之母"来主张女权和女学。除前揭金天翮,用"国民之母"主张女权者如:"夫女子者,强国之元素,文明之母,自由之母,国民之母,使弃其权利,而不知天赋之当尽,黑暗无学术,并不知权利之谓何,则他日依其习惯之谬见,施其抑阻之手段,即夫子子女有文明之智识、自由之资性,为所摧挫遏阻者多矣"③,"女子为国民之母,其于家庭之中有密切之关系,苟不于此明其利权,则所谓集会自由、参与政治,虽大欲望,必难几矣"④;用"国民之母"主张女学者如:"以今日而言教育,莫急于教育国民,然而女子者,国民之母也,不教育女子,不能教育国民"⑤,"东西各国的学问,体育、德育、智育三样并重,若是国内的人民,这三样都不讲究,那个国就要亡,那个种就要灭,这是自然的道理,万无可逃的。我们如今要兴女学,自然也要讲究这三样。因为女子是国民之母,国民的学问智识,都从女子养成的"⑥,"要国民强,必先女子强,这是世界的公理,这是天演的公例。……女子为国民之母,千万不可再阻挠女学"⑦,"大凡各国所以首重教育者,重在养成人格,女子为国民之母,养成人格尤不可不亟,固应授以普通之知识,尤贵授以应用之技能"⑧,"女子者,国民之母也,女子教育者,国民教育之母也。日言输入文明,而女学闭塞如故,是为无

---

① 慕卢:《赤十字社之看护妇》,《女子世界》1904年第2期,第39页。
② 《世界女子协会职名章程》,《申报》1911年3月3日。
③ 常熟十三龄女子曾竞雄:《女权为强国之元素》,《女子世界》1904年第3期,第79—80页。
④ 自立:《女魂篇(承前)》,《女子世界》1904年第4期,第11页。
⑤ 杨千里:《女子新读本导言》,《女子世界》1904年第8期,第81页。
⑥ 铁仁:《女子教育》,《安徽俗话报》1905年第20期,第1页。
⑦ 《女子为国民之母》,《顺天时报》,光绪三十一年六月十七日(1905年7月19日)。
⑧ 《两广学务处批女学堂绅董禀请给地拨款由》,《东方杂志》第2期,第155页,光绪三十年二月二十五日(1904年4月10日)。

本之学,而欲使教育普及,养成国民之资格,盖亦难矣"①。诸如此类的用法延续到了民初,甚至进入了女子教科书,如张汉英(1872—1916)在为女子参政立言时说,"须知女子天职为国民之母,家庭之主人,其职即在教育子女加入政界,长其阅历,庶能养成完全之国民"②;《最新女子修身教科书(官话)》开头两篇课文说,"女子为国民的母","有了好母,方有好子","女学兴,人才就多了,人才多,国就强了"③;《高等小学女子新国文》"女国民"一课说,"女子为未来国民之母,母教既失,而欲造就有用之国民,必不可得也"④。

从"国民之母"的各种使用看,它是清季改革派为了强国强种而为中国女子设定的新身份,这一新身份将女子的母职从家庭层面擢升到了国家层面,隐含了对传统"男外女内"之性别秩序的否定。"国民之母"诞育文明康健之国民,承载了国家复兴的希望,女性头顶这一光环,理应被崇敬。一篇题为《女子为国民之母》的文章即如此说唱道:

> 没有女子,安有国民?要培养国民,先培养女子,要崇拜国民,先崇拜女子。国民呀!国民呀!谁产生国民呀?女子呀!我再起立,高唱三声,女子为国民之母!女子为国民之母!女子为国民之母!⑤

"国民之母"将崇高的敬意带给了女子。不过,它只是一项未来的桂冠,在当时许多人看来,现实中的中国女子还根本无力佩戴,她们是"不知养育之弱种""不运动之病种""缠足之害种"⑥,国家衰亡之罪魁,"塞听堕明,弃经绝智","以此今日孱弱污贱之女子,而欲其生伟大高尚之国民,是将化铁为金,养鹩而成凤也"⑦。当时普遍的看法是,欲诞育合格之国民,中国女子先得成为合格之国民,必先经历一番脱胎换骨的改造,所谓"欲铸造国民,必先铸造

① 学术部:《世界女学进化史》,《北洋学报甲编》,第535页,光绪丙午(1906)。
② 张汉英:《本报宣言》,《万国女子参政会旬刊》1913年4月第1期,第4页。
③ 谢允燮:《最新女子修身教科书(官话)》,中国教育改良会1905年版,第1页。
④ 沈颐、戴克敦、范源濂:《高等小学女子新国文》第6册,商务印书馆1912年版,第30--31页。
⑤ 《女子为国民之母》,《顺天时报》光绪三十一年六月十七日(1905年7月19日)。
⑥ 初我:《哀女种》,《女子世界》1904年第6期,第4—6页。
⑦ 亚特:《论铸造国民母》,《女子世界》1904年第7期,第2页。该文十年后署名"孙宋我",重刊于《妇女时报》第14期(1914年)。

国民母始"①。

而合格之国民具有的品质，用郑贯公(1880—1906,字贯一,笔名自立)话来说就是：

> 一来要没有依赖的心肠，便是独立；二来要肯做公共的事情，便是公德；三来自己勿做伤风败俗的事，便是自治；四来要合些同志的人，一同办事，便是合群；五来要不许他人侵犯我，并我亦不可侵犯他人，便是自由；六来任凭什么事，苟是自己分内所应得的，不可让人，便是权利；七来我所应得做的，该应尽心着力的做，便是义务。这七件事以外，尚有一项最要紧、最不可缺的，叫做参与政权。

郑贯公特意提醒女子，这些事情连同"完纳租税,教育子女"，既是"国民的责任"，也是"国民母的责任"，要晓得做国民母"更不容易"。②

为了让女子有国民觉悟，能尽国民母的责任，需要"以教育国民者教育之"③。郑贯公援引《女界钟》提出，首先要讲女学，从"德育""智育""体育"三个方面培养女子，"振刷其脑界,萌芽其淑德"，同时也要讲女权，使女子可以自立。④ 署名"亚特"的作者在《论铸造国民母》一文中给出了三点指南，即"断绝其劣根性,而后回复其固有性；跳出于旧风气,而后接近于新风气；排除其依赖心,而后养成其独立心"，具体而言，要让女子摆脱对男子的依附，用"弥勒约翰、斯宾塞尔、天赋人权、男女平等之学说"洗除其奴性，使其受教育，有"自营生计之力"，脱"家主羁绊"，"对于男子而不亢不卑，对于国家而尽劳尽爱"。⑤ 亚特的观点归结起来也就是要讲女学，讲女权。

关于"国民之母"的种种言论，一方面传递着未来的理想，另一方面也在审判当时的中国女子。既然那时的中国女子有这样那样的弊病，并不是合格的"国民之母"，她们之无权也是因为"自丢本分,甘居黑暗"⑥，为她们伸张女

---

① 亚特：《论铸造国民母》，《女子世界》1904 年第 7 期，第 1 页。
② 自立：《谰言》，《女子世界》1904 年第 2 期，第 14—15 页。
③ 杨千里：《女子新读本导言》，《女子世界》1904 年第 8 期，第 81 页。
④ 自立：《女魂篇(承前)》，《女子世界》1904 年第 3 期，第 9 页。
⑤ 亚特：《论铸造国民母》，《女子世界》1904 年第 7 期，第 3、5、6、7 页。
⑥ 《告全国女子(录十一月初五日俄事警闻)》，《女子世界》1904 年第 1 期，第 66 页。

权便值得怀疑。教育家蒋维乔（1873—1958，字竹庄）1904 年 5 月在《女子世界》发表《女权说》一文，开篇就说："今世之慷慨侠烈号称维新之士，孰不张目载手而言曰：'伸张女权也！伸张女权也！'吾夙闻其言而韪之。"在他看来，在女子之学识、道德养成前，中国不宜倡兴女权，否则容易"紊乱败坏"，比如，奸猾之徒"谬托志士"，假"自由结婚"诓骗女学生，而不安分之女子亦"借游学之名，以遂其奸利之私"。"夫惟有自治之学识、之道德之人，而后可以言自由；夫惟有自治之学识、之道德之女子，而后可以言女权"，故讲女权得先讲女学，而实行女权也得"俟诸数十年后"。当然，蒋维乔并不反对女权，他担心的是，在"女权萌芽时代"，条件未备而空谈女权将适得其反，所谓"恐欲张之，反以摧之也"。①

　　蒋维乔所言涉及了"女权"的条件，这是一个与"女权"的兴起相伴而生的问题。前揭康有为在这一问题上就表现得极为矛盾，他一方面把"学问有成"视为女子获得自由的条件，或者说把女学视为女权的条件，另一方面也明确说女权"足，则女学必兴"②，又把女权视为女学的前设或刺激手段。金天翮的《女界钟》也涉及了这一问题，不过也比较含混。他谈到了女子的权利"资格"，认为实现女权要先讲"资格"，"资格者，非一朝夕之效，乃亦有所豫备者也"，"有奴隶之资格而后奴隶成，有帝王之资格而后帝王成，有立宪之资格而后立宪成，有革命之资格而后革命成，有议政之资格则议政亦可以成矣。"③引而申之，女子有权利之资格而后女权成。金天翮言下的"资格"是一种"豫备"，就实现女权应做的"豫备"而言，它包括女学，也包括对女权的宣扬。在女权的条件问题上，蒋维乔毫不含糊地把女学当作女权的先决条件，同时认为在条件未备时应该慎言女权。他的这番言论一出，立刻招致了极力鼓吹女权的柳亚子的批评。在《哀女界》中，柳亚子愤激地表示：

　　　　吾恶真野蛮，抑吾尤恶伪文明。吾见今日温和派之以狡狯手段，侵犯女界者矣！彼之言曰：女权非不可言，而今日中国之女子，则必不能有权，

---

① 竹庄：《女权说》，《女子世界》1904 年第 5 期，第 1—5 页。
② 康有为：《大同书》第二，载《康有为全集》第 7 集，第 65 页。
③ 金天翮：《女界钟》，第 53 页。

苟实行之,则待诸数十年后。呜呼! 是何其助桀辅桀之甚,设淫辞而助之攻也。

在他看来,权利"与有生俱来,苟非被人剥夺,即终身无一日之可离",如果权利要讲条件,以中国女子无学而剥夺其权利,则"中国男子亦在不能有权之列"。他反问道:"夫女子之无学,岂女子之罪哉? 奴隶视之,玩物待之,女权既丧,学焉将安用之?"进而言之:"昔以女权之亡,而女学遂湮;今日欲复女权,又曰女学不兴不能有权,则女界其终无自由独立之一日矣! 欲光复中国于已亡以后,不能不言女学;而女权不昌,则种种压制、种种束缚,必不能达其求学之目的。"①

柳亚子与蒋维乔在女权之条件问题上的分歧归结起来就是:无学女子该不该拥有女权,或者说该不该享有与男子同等的诸种自由。这一分歧呈现了女权的"天赋"理想与现实操作之间的一种紧张。年轻的柳亚子以"亚洲卢梭(亚卢)"自命,是"天赋人权"的彻底信奉者,故极力主张不为女权设限;年龄稍长的蒋维乔则担心在新秩序未确立前,女权这种好东西被玩坏,而他的这种担心也不是没有根据。《女子世界》的创办人兼主持人丁初我就与蒋维乔有同感,他在杂志创办之初曾像柳亚子一样大力鼓吹女权,但在柳批评蒋的文章刊出后却立刻发表了一篇支持蒋的文章,批评新学界滥用"女权"。其中说:

> 一般粗知字义、略受新学之女流,亦复睥睨人群,昂头天外,抱国民母之资格,负女英雄之徽号,窃窃然摹志士之行径而仿效之,窥志士之手段而利用之。志士亦得借运动女界之美名,互相倚重,互相狼狈,又复互相标榜,互相倾轧,交为奸、交为恶之恶风,渐且弥漫于文明区域。家庭革命

① 亚卢:《哀女界》,《女子世界》1904 年第 9 期,第 5—6 页。《女子世界》对无学女子无资格拥有女权这一说法进行批评的还有杜清持女士的《文明的奴隶》,该文与柳亚子的《哀女界》同时刊出,文中不无讥讽地说道:"我见所谓志士的,看见那种受压制暴威的女子,息喘喘,气奄奄,无以自存,无以自立,也未尝不恻然动容的说:'唉! 可怜可怜! 我何不同他平权呢? 我何不同他平等呢? 但是我怕他屠弱到这个样子,愚蠢到这个样子,就是把权还他,也怕他没有行权的资格;同他平等,也怕他未得平等的才能。没得法,只可由他就罢了。'唉! 这一句话,岂知就是平权平等的阻力。独不想想权是天付他的,女子自己有的,等是天定他的,女子自己生成的,并不是随人付给他的。"(女士杜清持:《文明的奴隶》,《女子世界》1904 年第 9 期,第 11 页。)

之未实行,而背伦蔑理之祸作;自由结婚之无资格,而桑间濮上之风行;男女平权之未睹一效果,而姑妇勃豀、伉俪离绝之事起。

与柳亚子称蒋维乔式"温和派"为"伪文明"相对,丁初我则称这些新学界中的女子和志士为"伪文明",是"文明之蟊贼","戕贼文明之公敌","至旧道德荡然,而新学乃不可问"。他认为,在新学未立之先,应守旧道德,"女子苟无旧道德,女子断不容有新文明"。而有鉴于其时女界假"自由"之名"营私饰奸",他像蒋维乔一样提出要暂缓谈论女权,"毋再予新党以便利,遗旧党以口实,使数十百年后,国民结口不敢谈新学,群以吾女子为文明之罪人,亡国之媒介也"。①

丁初我对新学界的批评有向"男女有别"之旧道德回归的意味。而有意思的是,鼓吹女权并力主破男女之别的先锋金天翮稍后也发表了一篇观点类似的文章——《论写情小说于新社会之关系》。该文在《女子世界》和梁启超创办的《新小说》相继刊出,批评写情小说教坏"粗识自由平等之名词"的"少年学生",使"男子而狎妓","女子而怀春"。金天翮在文中不无担忧地说:"欧化风行,如醒如寐。吾恐不数十年后,握手接吻之风,必公然施于中国之社会,而舞跳之俗且盛行,群弃职业学问而习此矣!"在他看来,中国遏抑男女交际"虽非公道",但"今当开化之会,亦宜稍留余地,使道德、法律得持其强弩之末以绳人",与其滥用"自由"致日后"须眉皆恶物,粉黛尽骷髅",还不如"遵颛顼(颛顼之教,妇人不避男子于路者,拂之于四达之衢)祖龙(始皇厉行男女之大防,详见会稽石刻)之遗教,厉行专制,起重黎而使绝地天之通也"。②在新旧杂糅冲突之际,金天翮也表现出了对"男女有别"旧道德的既拒还迎。

其实,讲女权,许女子以自由,本来就是对中国既有秩序和道德的挑战,针对丁初我等人为旧道德而欲使"女权"偃旗息鼓,柳亚子再次进行了反驳:

夫以数千年压制之暴状,一旦欲冲决其罗网,则反动力之进行必过于正轨。此自然之公理,抑洗尽此奄奄一息之恶道德、恶风俗,固不能不走

---

① 初我:《女界之怪现象》,《女子世界》1904 年第 10 期,第 2—4 页。

② 松岑:《论写情小说于新社会之关系》,《女子世界》1905 年第 2 期,第 6—8 页;又载《新小说》光绪三十一年五月(1905 年 6 月)第 2 卷第 5 号,第 3—5 页。

于极端之破坏也。论者不察,从而议之,含沙射影,变本加厉,而女界之名誉乃不可问矣。夫奇伟磊落之雄,不见容于流俗。我意怜才,世人欲杀,亦复何恨?乃悠悠之谈,不出之于贱儒元恶,而出之于号称提倡女权、主持清议之志士。煮豆燃萁,相煎何急!

在他看来,"同志之中为无意识之抵排冲突",最足为"团体之障碍",而终收"亡国灭种"之恶果。他忧心忡忡地表示:"吾一念及此,而知汉种之灭亡将不及十稔也。"为了避免此种恶果,他呼吁"教育家与言论家"对女界毋恶意相加,"与其以挤排诟詈待女界,不如以欢迎赞美待女界",以免他日抱"我虽不杀伯仁,伯仁由我而死"之"无穷之遗憾"。①

柳亚子与蒋维乔、丁初我之间的论争,还涉及了女子教育的目标和内容。在清季,女学与女权原本相互交缠,互为内容。一方面,女学是女权之一,讲女学被视为是复女权,另一方面,讲女权,培养女子的权利意识,也是改革家言下女子教育该有的项目,两者的目标都是为了培养"国民之母",强国强种,建造新国家。蒋维乔与丁初我所论在女权与女学之间做了分割,强调女子的学问和能力,大有要将培养女子"平等""自由"等权利意识从女子教育中清出的意味,这一点与其时兴起的以培养"贤母良妻"为宗旨的官办女学倒有某些暗合。② 对于这一搁置女权的女学方案,柳亚子极为不满,他讥刺说:

> 使遍中国二万万女子而尽具贤母良妻之资格,其为男子计,内助有人,馈来无虑,固良得矣,而于我女界何利焉? ……由今之道,无变今之俗,虽教育普及于女界,亦徒为男子造高等之奴隶而已。

在柳亚子看来,"神州赤县,扫尽胡氛"也是"我姊妹之责",故此,"与其以贤母良妻望女界,不如以英雄豪杰望女界"。③ 与柳亚子有一样看法的还有苏

---

① 安如:《论女界之前途》,《女子世界》1905年第1期,第4—5页。这里对柳亚子与蒋维乔、丁初我之间争论的梳理,参考了夏晓虹:《晚清女性与近代中国》(第83—92页)。

② 蒋维乔后来明确推崇"贤母良妻"式女子教育,他1910年在致南洋劝业会的一封意见书中说:"女子教育,宜发挥我国固有之长,更吸收外国之长,使人人具有良妻贤母之资格,方为适用。"(庄俞、蒋维乔报告书《教育馆研究意见书》,见鲍永安主编:《南洋劝业会报告》,苏克勤、陈鸿校注,上海交通大学出版社2010年版,第51页。)

③ 安如:《论女界之前途》,《女子世界》1905年第1期,第2—3、5页。

英和秋瑾。苏英在柳亚子之前曾在苏苏女校开学典礼上的演讲中批评道："有一类人，他也常窥见文明的皮毛、新学的肤壳，但是脑中那些腐败恶劣的遗传性，铲除不能净尽，明晓得女学当开，却说究竟不能比男学一样，明晓得女权当重，却说究竟不能和男权平等，人家听了，倒好象近情有理，其实却是吾们女界的大蟊贼，比顽固党还要可恶。照他们的希望，就使吾们同胞姊妹都讲了教育，有了学问，到头来不过巴结到一个贤母良妻的资格，说什么母教，说什么内助，还是男子的高衔奴隶、异族的双料奴隶罢了。"她呼吁女校学生当"二十世纪女权革命之秋"，"要撇脱贤母良妻的依赖性，靠自己一个人去做那惊天动地的事业，把身儿跳入政治界中，轰轰烈烈光复旧主权，建设新政府……才是快心满意的日子呢。"①而署名"黄公"的作者1907年1月在秋瑾主编的《中国女报》创刊号"社说"栏中发表了《大魂篇》，称女权乃"生国魂、为国魂"之"大魂"，并特别指出："振兴女界，万绪千端，挈领提纲，自争女权始。……若犹漫然曰'兴女学！兴女学！'而不谋所以巩固自立之基础，吾恐其教育之效果，不过养成多数高等之奴隶耳！"②

柳亚子与蒋维乔、丁初我之间的论争是清季讨论女权与女学关系的缩影，女权言论家在此走向分化。女权与女学都是清季改革派用来改造中国女子进而改变中国社会的手段，前者直接挑战"男女有别"的伦理观念，对中国既有秩序的冲击更大，也更猛烈，而后者则相对间接与温和，似乎容易得到更多人的认同。争论表现出来的结果也是，坚持女权天赋的柳亚子相对孤独，除了部分主张女权、女学不可偏废的先觉女子，绝大多数论者偏向蒋维乔和丁初我，认为女学在时间上要先于女权，是女权的必要条件。如郑贯公说："女学者，女权之代价也。……女学昌明之日至女权光复之日，所历阶级，所阅时间，殆不可偻指计也。"③又如丹忱说："中国女子，不患无权，患无驭权之资格；不患

---

① 苏英：《苏苏女校开学演说》，《女子世界》1904年第12期，第11—12页。
② 黄公：《大魂篇》，《中国女报》第1期，第9—10页，丙午年十二月初一日（1908年1月4日）。据夏晓虹推测，"黄公"系秋瑾的一个笔名。参见氏著《晚清女报中的国族论述与女性意识——1907年的多元呈现》，《北京大学学报（哲学社会科学版）》2014年第4期，第119—120页。
③ 自立：《女魂篇（承前）》，《女子世界》1904年第4期，第9页。

无驭权之资格,患无驭权之预备","教育者,女权之复之预备也",女子有教育而后"能力强","见解深","善于交际","富于公德","明于大义","善于抉择",如此便可"母国民","参国是"。① 再如《复权歌》,为鼓动女子向学,把女子无学则无权当作自然之理传布,其中唱道:"沉沉女界暗千年,全无尺寸权。无权何以故? 无识无知实贻误。少小弗读书,争道无才福有余。智识不如人,下心低首复何恨? 须知独立自尊第一,学问是根本。二万万同胞,大家努力趱程进。"②

类似的议论此后数年一直在持续。1909 年,一位署名"师竹"的作者甚至主张不要再讨论女子有权无权的问题,"请注意于兴学可矣!"他说:

> 迩来热心志士,痛女子之无学,由男子之压制。于是绞几许脑筋,费若干笔墨,以为女界争权。是说也,余非不谓然。特未至其时而行之,其流弊有不可胜言者,不观今日男界之野蛮自由乎? 自治毫无,放纵卑鄙。动辄贻顽固者之口实,而阻新学之进步。新学界中,亦时有所闻矣! 若女学不兴,妇职不尽。骤然弛其藩篱,在素而贫者,固不必虑。若矜骄之女,鸷鸷之妇,则藉口不受压制,而侵男权者有之;假托游历,而出规则者有之;徒享权利,而无义务者有之。牝鸡乱鸣,宫闱生人彘之惨;怒狮咆哮,庭帏有骨肉之悲。古今来女子不学,而败人家国者,岂少也哉? 故女子不学而无权,其患尚小。女子不学而有权,其患更大也。

女子无学,宁其无权! 师竹的这番议论可以视为代蒋维乔和丁初我在几年后对柳亚子做出的回应。在他看来,像柳亚子那样把女子有权作为兴女学的前提,看似"近理",实则是"亡其缓急,而颠倒其本末也"。③

应该说,言论家将女权议程置于女子学而有成之后,除了出于对女权实践带来的社会失范和"桑间濮上"之风的警惕,还包含了权利获取的经验感悟以

---

① 丹忱:《论复女权必以教育为预备》,《女子世界》1905 年第 3 期,第 1—3 页。

② 《复权歌》,《女子世界》1904 年第 10 期,第 56 页。

③ 师竹:《论女学之关系》,载《近代中国女权运动史料(1842—1911)》上册,第 597 页。原载《云南》1909 年第 19 号。按:在该长文的"绪论"中,作者言"鄙人研究教育"(原载《云南》第 16 号,见《近代中国女权运动史料(1842—1911)》上册,第 586 页),按说对以教育名世的蒋维乔应有所知,"师竹"之名意为"以竹庄为师",亦未可知。

及权利生成的逻辑研判。在许多人看来,权利不会因为"天赋"而自动恢复,要靠强力争取,并承担相应的义务。如郑贯公说,要投入"可惊可愕之精力,最苦最痛之汗血","非入地狱,不得成佛,非经尘劫,不得成仙"。[1] 梁启超说,权利"生于强"[2]。这一流行当时的"天演之公例",被众多女权言论家奉为女权生成的圭臬。1903 年 5 月,署名"张晓湘水生"的作者发的一篇文章阐释了其理:

> 今人论妇女之幸福,动日平权,又日自由,至于平权、自由从何得,则又茫然。此声直以平权、自由为茶前酒后消遣之余谭耳,未知平权、自由之以学为本也。夫强国对于弱国,必不待以平权,一族之人男女莫不皆然,斯天下之大势,亦人之私情,天演之公例也。强与强对,则有平权,弱与强对,则无平权而有强权。无平权则无自由。而天下间惟反拒力足以胜侵入力,反拒力比侵入力大,则侵入力自减少。……故欲自由,宜先求平权之幸福,欲平权,宜自强。强出于力,力由于智,智由于学,学则虽愚必明,虽柔必强。有志女士,宜求反拒力之涨力,不必汲汲于平权、自由之美谈。宜常惕惕于自强不息之资学,养成革命之健军,与男部角逐于疆场,将数千年来男部之压制束缚,一扫而摧倒之,斯时则可以平权,更可以自由矣。[3]

求"权"先求"强",求"强"先求"学",从"强权"到"自强","自强"逻辑借梁启超的"强权"说把"女权"化归为"女学",观点很有代表性。而依据女权这一生成逻辑,"男女平权"也有了新的解释,如署名"铁仁"的作者所直白:"男女平权,好比大平秤金银一样,必须金银和砝码相等,方能算得平权,并非叫这宗无知无识的女子,天天在男子面前拿身份,确是叫女人和男子一样受教育。女子既有了学问,凡男人所能干的事业,女子自然也能干了,到这时候,才

---

①　自立:《女魂篇(承前)》,《女子世界》1904 年第 4 期,第 9—10 页。

②　梁启超:《新民说》,《新民丛报》第 6 号,第 2 页,光绪二十八年三月十五日(1902 年 4 月 22 日)。

③　张晓湘水生:《论女学新报为中国男女不平界之革命军》,《岭南女学新报》第 3 册,第 13 页,1903 年 5 月。

算得男女平权呢。"①或者换言之，按权利与义务相对待的原则，女子欲得平权，先要养成与男子同等的能力，并承担与男子同等的义务，盖"有权利而无义务，人心何以悦服？有义务而无权利，天下亦无此不情"；"今日女子之无权"，实因其无学，"无闻无见，不识不知"，不能尽义务也，"故事事受人压制，处处赖人保护"，而"愚为智用，贤驭不肖，亦世界之公例也"。②

"自强"逻辑将女权化为女学，"义务"逻辑将权利化为义务，当时以及后来不少女子谈论女权遵循的也是这样的逻辑（详后）。在晚清语境中，男子言说的"自强"和"义务"具有双重意蕴，它一方面当然是为了鼓动女子求学，为国效力，获取女权，但另一方面，它又对女权缘起的天赋观念构成了反噬，悬置了"天赋人权"及其对女子受压制的批判，在某种意义上反把女子无权的罪责推卸给了女子。

性别意识的觉醒：女子说女权

清季倡女权者除了男性改革派，还有一批接触过新学的女子。其活跃分子有胡彬夏、陈撷芬、林宗素、秋瑾、何香凝、龚圆常、唐群英、张汉英、燕斌、何震等人，在当时留学风潮中曾先后赴日留学，有些人如秋瑾、林宗素、唐群英、何香凝、张汉英等受革命思潮激动还加入了中国同盟会。女界活跃分子组织女性团体，创办女性报刊，积极为女权发声。当然，与男性导师相仿，她们谈论女权大多也围绕"救国"与"革命"的议题，在国族框架中展开。

1903 年 4 月 8 日，时年十五的胡彬夏（1888—1931）"愤女学之衰败，慨女权之摧折"，联合留日女学生十数人在东京成立"共爱会"③，提出要"拯救二万万之女子，复其固有之特权，使之各具国家之思想，以得自尽女国民之天职"④。与此同时，她还在《江苏》杂志发文，称中国之衰弱"非独男子之罪"，女子亦"不得辞其罪"，因为"二万万女子居国民全数之半者，殆残废无用，愚陋无

---

① 铁仁：《女子教育》，《安徽俗话报》1905 年第 20 期，第 4—5 页（文页）。
② 师竹：《论女学之关系》，载《近代中国女权运动史料（1842—1911）》上册，第 597 页。
③ 胡彬夏：《祝共爱会之前途》，《江苏》1903 年第 6 期，第 162 页。陈撷芬与秋瑾稍后也加入了共爱会。
④ 《日本留学女学生共爱会章程》，《浙江潮》第 3 期，第 167 页，癸卯三月二十日（1903 年 4 月 17 日）。

知"，不能"尽国民之责任，尽国家之义务"。她呼吁中国女子从今往后要"以中国之患难为己之患难"，像西国女子那样"立身端正，心地光明，有独立之精神，无服从之性质，为国舍身，为民流血"，以此来赢得尊重；"若袖手旁观，任其灭亡，而反委过于男子，是直不以人类自处"。① 胡彬夏批评中国女子"无用""无知"，并不是年少意气的独断，而是先前男子创制的流行说法，不过由于身为女性，她"教科书"式的批评又或多或少带有"自责"的意味；而她呼吁女子独立，为国家尽义务，并以此来赢得尊重或女权，则代表了当时大多数先觉女子的心声。

接胡彬夏，追随丈夫廖仲恺留学日本的何香凝(1878—1972)稍后亦在《江苏》杂志发文，"敬告我同胞姊妹"，称"覆巢之下，薪火之上"，若不想"昏然懵然以待亡国"，就要"发奋为雄以与白种竞胜"，抵抗"异族侵凌之惨祸"；她同样呼吁女子要有救国意识，"天下兴亡，吾二万万同胞安能漠视哉！"②1904年，《苏报》主编陈范之女陈撷芬(1883—1923)在《中国日报》发文敬告女界说："吾中国之人数也，共四万万，男女各居其半。国为公共，地土为公共，财产为公共，患难为公共，权利为公共。我辈既有公共责任，宁能袖手旁观，甘亡其国，甘失其财，甘弃利权，甘为亡国之奴隶，甘为印度、波兰也？"③同年，秋瑾在自办报刊《白话》发表《敬告中国二万万女同胞》一文，亦劝导女子要自立："诸位晓得国是要亡的了，男人自己也不保，我们还想靠他么？我们自己要不振作，到国亡的时候，那就迟了。"④1907年，她又在自办《中国女报》发表诗作《勉女权》，激励女子："吾辈爱自由，勉励自由一杯酒。男女平权天赋就，岂甘居牛后？愿奋然自拔，一洗从前羞耻垢。若安作同俦，恢复江山劳素手。"⑤诸如此类的呼吁散见于当时各类报纸杂志。

女性言论家对女界的前途深怀忧惧，她们大多认为，"亡国之惨，女界比男

---

① 胡彬：《论中国之衰弱女子不得辞其罪》，《江苏》1903年第3期，第156—157页。
② 何香凝：《敬告我同胞姊妹》，《江苏》1903年第4期，第144页。
③ 楚南女史陈撷芬稿：《女界之可危》，《中国日报》甲辰年三月十一日(1904年4月26日)。
④ 秋瑾：《敬告中国二万万女同胞》，载夏晓虹编：《金天翮 吕碧城 秋瑾 何震卷》，中国人民大学出版社2015年版，第85页。原载《白话》1904年第2期。
⑤ 秋瑾：《勉女权》，载王灿芝编：《秋瑾女侠遗集》，朝华出版社2018年版，第109页。原载《中国女报》1907年第2期。

界尤甚"①，在国家危难之际，女子惟有自振自立，以救国图自救。陈撷芬说，在"由野进文之过渡时代"，中国女子要"格外的发奋"，抓住为国效力的机会，"争转我们天赋的权利，走到光明世界"②；"改革时之尽义务既与男子等，他日之权利亦必与男子平"③。与绝大多数男子的看法相仿，陈撷芬也认为权利与义务要对等，男女平权的根本在义务平等，女子欲得权利应先尽义务。她劝导女同胞说：

> 从前女界虽权利失尽，然义务亦失尽。既不尽义务，即有权利，亦他人与我之权利，非吾辈自争之权利也。与其得到不全之权利，则全让与彼可也。今日则可尽义务之日矣！得完全权利之日矣！不奋勇向前，岂真如男子鄙我曰：女子者奴隶性质也。故吾辈即欲与之争，须先争尽我辈之义务，则权利自平矣！倘执迷而徒知男女不平之不应，不思如何可以平之，虽日夕愤恨痛苦，岂有分毫之益于女界哉！④

与以国族事业收编女权的男性言说一致，陈撷芬等先觉女子把为国效力作为伸张女权的地基。不过，与男子把女权视为强国的手段不同，她们把为国效力作为争女权的手段，翻转了男子的国族目的，言说中萌动着一种作为女性的自我意识和独立自主意识。

晚清"女权"受男子鼓动，其实，对于男子的这份"好心"，先觉女子固然心存感激，但也怀有警惕。她们大多认为，"女权"是一份属于女子的事业，理应由女子自己来主导。1903 年 3 月，陈撷芬在自办《女学报》发表《独立篇》指出：男子讲的女学、女权"未必其为女子设身也"，"恐仍为便于男子之女学而已，仍为便于男子之女权而已"，女子要获得便于自己之女学、女权，就不能依赖男子，"殆非独立不可"。所谓"独立"，不只是"脱压力，抗阻挠"，"其要在不受男子之维持与干预"，因为"吾女子所以受压力、困阻挠以致今日者"，其始皆由男子之"维持干预"而来。为了避免女子今后再度沦为男子的附属，她

---

① 《粤女界会议西江问题》，《神州日报》1907 年 12 月 5 日。
② 陈撷芬：《婚姻自由论》，《女学报》光绪二十九年四月十五日（1903 年 5 月 11 日）第 3 期，第 2 页；《急宜发愤》，《女学报》第 3 期，第 14 页。
③ 楚南女子：《中国女子之前途》，《女学报》1903 年第 4 期，第 4 页。
④ 陈撷芬：《女界之可危》，《中国日报》甲辰年三月十一日（1904 年 4 月 26 日）。

呼吁"明达女子"要肩负起"兴女学、复女权"之责任。① 龚圆常在《江苏》杂志发表《男女平权说》表达了与陈撷芬类似的"性别"警觉："朝闻倡平权，视其人，则曰伟丈夫；夕闻言平权，问其人，则曰非巾帼。……此于女子果有利钦？吾不敢信。盖期望人者，决不欲其有所依赖，而必求其独立。善自助者，决不乐他人代为筹长策。男子之倡女权，因女子之不知权利而欲以权利相赠也。夫既有待于赠，则女子已全失自由民之资格，而长戴此提倡女权者为恩人，其身家则仍属于男子。……我女同胞犹不振袖疾起，尽义务以求自立，恐载胥及溺之祸之即在眉睫间也。"②林宗素(1877—1944)更是直言："权也者，乃夺得也，非让与也。"③她呼吁女同胞要养成"独立的性质"，脱去"三千年来在男人肘腋之下"的困顿，而所谓"独立"，依她之见即"有男人想损坏吾女人的权，吾女人必与之宣战"。④ 而在有些女子看来，靠男子恢复女权不仅不利于女子养成独立之精神，而且也有损女子做人的尊严，"女子其知愧乎？其知愤乎？……女子曷不自谋恢复？曷不禁他人越俎而增我新中国之光彩乎？"⑤为了"发达其国家之思想，完全吾国民之分子，弃其依赖之性质，养其独立之精神，与男子并存于东亚大陆，演出生龙活虎之大活剧，于二十世纪之舞台"，胡彬夏呼吁："女权摧折残败兮！自我复之。自由废弃堕弛兮！自我举之。"⑥

女子性别意识的觉醒引发了对男子性别压制的批判。1904年，常熟女子汤雪珍喊出了"女界革命"，提出女子要摆脱男子的压制，做世界的主人。她说："天下最苦痛的事情"莫过于"立在不平等的地位，亲身领着压制的滋味，偏又奴颜婢膝，极意承受那残酷手段"，"天下最可耻的事情"莫过于自己不生利，"一切花费，都要靠在别人身上"。"我们的女子，二千年来受这一大的痛

①　陈撷芬：《独立篇》，《女学报》光绪二十九年二月十五日(1903年3月13日)第1期，第2—3页。另注：陈撷芬办的《女学报》不同于前揭1898年中国女学堂办的《女学报》；《独立篇》在《女学报》刊出前几天，曾以"录《女学报》"的名义在《苏报》刊出。详见夏晓虹：《晚清两份〈女学报〉的前世今生》，《现代中文学刊》2012年第1期。

②　龚圆常：《男女平权说》，《江苏》1903年第4期，第145页。

③　《侯官林女士叙》，见《女界钟》，第4页(文页)。

④　林宗素：《讨污蔑女界的大蟊贼》，《国民日日报》1903年10月18日。

⑤　忆琴：《论中国女子之前途》，《江苏》1903年第5期，第130页。

⑥　胡彬夏：《祝共爱会之前途》，《江苏》1903年第6期，第162—163页。

苦、一大的耻辱",却不反抗,并不是"我们的女子,自轻自贱,放弃天职,甘为他人残酷",而是"实实从那压制上来的"。"堂堂皇皇的中国男子"没能奴隶异族,反把受异族欺压的怨气"发在我们的女子身上",用"三从七出""女子无才便是德"这样"软软的手段"剥夺"我们"的权利,"压制我们到不知不识",以致"今日到了这个没奈何地步"。"我们女子"如果不想做"奴隶的奴隶",现在就应该"勉力学问","细细追求独立自强扩充权利的道理"。男子若还要用"压制的手段荼毒我们","我们也不妨坐在桃花马上,张着革命旗号,合我二百兆女同胞的无量热血,溅杀此一般畜类。"在汤雪珍看来,"中国这座锦绣江山"本是女子"产"出来的,现在被男子"弄得遍地腥膻,满天毒雾",因此女子要"夺还自己这座好江山,弗要再为他人作嫁衣裳了"。①

汤雪珍的"女界革命"在民族主义情绪中宣泄了对中国男子的不满,表现了强烈的性别自主意识。不过,她的"女界革命"只限于口号,还比较空洞。将"女界革命"理念化、纲领化,并将性别意识推向极致的是何震。

何震(1886—?),又名何殷震,1907 年与丈夫刘师培一道赴日,在东京创立"女子复权会",并创办《天义报》(第三卷起改名《天义》),宣扬"女界革命",或"男女革命"。是年 6 月,她在《天义报》创刊号"社说"栏发表了作为该志开篇的《女子宣布书》,明言:"男子者,女子之大敌也",自古以来压制女子,以女子为"附属物",而"为女子者,舍治家而外无职务,以有才为大戒,以卑屈为当然";男女不平等既"不公",又"悖天理",女界欲求平等,当行"男女之革命","以暴力强制男子,使彼不得不与己平"。何震认为,"女界革命"是"社会革命"之一端,要与"种族、政治、经济诸革命并行"才能达男女平等之境。她开列了一份女界应争取的"平等"清单:一、行一夫一妻之制,多妻多夫和婚外性者,"制以至严之律","共起而诛之";二、嫁后不从夫姓;三、为父母者"俱男女并重";四、男女享"相等之养育""相等之学术"和"相当之职务","无论社会间若何之事,均以女子参与其间";五、夫妇不谐可离婚;六、嫁娶要对等,"初婚之男,配初婚之女",男子丧妻可再娶,"惟必娶再昏之妇",女子丧

---

① 常熟女子汤雪珍:《女界革命》,《女子世界》1904 年第 4 期,第 13—17 页。

夫可再嫁，"惟必嫁再昏之夫"，"如有以未昏之女嫁再昏之男者，女界共起而诛之"；七、废尽天下娼寮娼女，"以扫荡淫风"。① 与主张男女平等的先贤有所不同，何震的男女平等清单特别在意男女在性道德上的平等，而且她也把她清教徒式的主张带入了"女子复权会"的章程。登在《天义报》创刊号末的《女子复权会简章》，除了明确表示要"以暴力强制男子"，还表示要"干涉甘受压抑之女子"，当中设立了五条"规律"："不得尊信政府"，"不得服从男子驱使"，"不得降身为妾"，"不得以数女事一男"，"不得以初婚之女为男子之继室"。五条"规律"除了第一条表明无政府主义的政治革命立场，剩下四条皆指向性道德。《女子宣布书》之后，何震紧接着发表了未完结的长文《女子复仇论》，细数中国男子历来加于中国女子的种种恶，提出女子"复仇"的办法在：一、"废政府"，因为政府操于男子或少数人之手，必致"非公""失平"；二、"言公产"，将土地、财产均充公，"使男女无贫富之差，则男子不致饱暖而思淫，女子不致辱身而求食"。如是，"在众生固复其平等之权，在女子亦遂其复仇之愿"。② 稍后，何震发表了《女子解放问题》，系统阐述自己的主张。她在文中首先批判了作为"天地之大经"的"男女有别"，指出该制当初不过为"防禁淫佚"，后来则划定了男外女内之职业，致"女子毕身之责任，不外育子及治家二端"，中国男女由上到下的社会生活、政治生活于是被其主宰。在何震看来，"男女有别"、"幽闭女子"，与解放女子之旨"大相背驰"，也"不足以禁女子之不淫"，其"名曰禁淫，实则诲淫而已"。何震对"男女有别"的批评虽然并不新鲜，但在女性同侪当中却属罕有。除了中国，她也批评了欧美的性别制度，与康有为相仿，认为其虽然有胜于中国，但其女子自由、男女平等皆不过"有其名而无其实"，乃"伪自由、伪平等"，而非"真自由、真平等"。在何震看来，女子"取获真自由、真平等"不能依赖男子，因为男子提倡女子解放无不包藏祸心，或出于"求名"，或出于"求利"，或出于"求自逸"，"名曰助女子以独

---

① 震述：《女子宣布书》，《天义报》1907年6月10日第1号，第1—7页。
② 震述：《女子复仇论》，《天义报》1907年6月25日第2号，第10—13页；续载于《天义》第3卷(1907年7月10日)、第4卷(1907年7月25日)、第5卷(1907年8月10日)，又载第8、9、10卷合刊(1907年10月30日)。

立,导女子以文明,然与女子以解放之空名,而使女子日趋于劳苦"。她还特意就此解释说:"昔日女子受幽闭之苦,然其身甚佚。今虽渐趋于解放,然必迫以担任责务,故其身愈劳,而女子之境愈苦。盖昔日之制,男尊女卑,实则男苦女乐;今则女子分男子之苦,男子分女子之乐,而究之,女子之名仍未尝有丝毫之尊。""男子之解放妇人,亦利用解放,非真欲授权于女",因此,"女子之职务,当由女子之自担,不当出于男子之强迫;女权之伸,当由女子抗争,不当出于男子之付与。若所担责务由男子强迫,是为失己身之自由;所得之权由男子付与,是为仰男子之鼻息。名为解放,实则解放之权属于他人,不过为男子所利用而终为其附属物而已。"①何震在此表达的女子自主和对男子的戒心与上揭陈撷芬等人有相似之处,不过更显激进、极端,性别对立的意味也更浓。

何震的"女界革命"张扬平等,带有明显的无政府主义的底色②。其不仅向男子宣战,也向"世界一切之强权""一切现近之人治"宣战,以"实行男女绝对之平等"。③ 所谓"绝对平等"亦即"人人平等","非惟使男子不压制女子",亦"使男子不受制于男、女子不受制于女"④;"不惟排斥男子对于女子所施之强权,并反抗女子对于女子所施之强权"⑤。追求绝对平等,反抗强权,颠覆人

---

① 震述:《女子解放问题》,《天义》1907 年 9 月 15 日第 7 卷,第 5—11 页。

② 何震在"社会主义讲习会"第一次开会的演说中说:"吾于一切学术,均甚怀疑,惟迷信无政府主义,故创办《天义报》,一面言男女平等,一面言无政府。盖无政府之目的,在于人类平等及人无特权。若男女平等,亦系人类平等之一端;女子争平等,亦系抵抗特权之一端。并非二主义相背也"(公权:《社会主义讲习会第一次开会记事》,《天义》1907 年 9 月 1 日第 6卷,第 31 页)。何震意下的无政府主义并非以自由为归的无政府主义,而是以平等为归,刘师培为这种无政府主义辩护说:"吾人确信人类有三大权:一曰平等权,二曰独立权,三曰自由权。平等者,权利、义务无复差别之谓也;独立者,不役他人、不倚他人之谓也;自由者,不受制于人,不受役于人之谓也。此三权者,吾人均认为天赋。独立、自由二权,以个人为本位;而平等之权,必合人类全体而后见。故为人类全体谋幸福,当以平等之权为尤重。独立权者,所以维持平等权者也。惟过用其自由之权,则与他人之自由生冲突,与人类平等之旨或相背驰,故欲维持人类平等权,宁限制个人之自由权。此吾人立说之本旨也"(申叔:《无政府主义之平等观》,《天义》1907 年 7 月 25 日第 4 卷,第 7 页)。

③ 《简章》,《天义》1907 年 10 月 30 日第 8、9、10 卷合刊封二;又载第 11、12 卷合刊(1907 年 11月 30 日),第 13、14 卷合刊(1907 年 12 月 30 日),第 15 卷(1908 年 1 月 15 日),第 16—19 卷合刊(1908 年 3 月)。

④ 震述:《女子解放问题》,《天义》1907 年 9 月 15 日第 7 卷,第 11—12 页。

⑤ 震述:《论中国女子所受之惨毒》,《天义》1908 年 1 月 15 日第 15 卷,第 1 页。

治,使得何震自然而然地将批判的矛头指向了现世的道德和经济。何震把道德和经济视为制造不平等的权力的两大帮凶。就道德而言,它是"权力之变相","定于强者之手",为"强者护身之具","制人于无形",故"欲扫荡现世之权力,必先扫荡现世之道德"①;就经济而论,金钱生强权,主宰了"男女之关系",助富者纵淫佚,陷贫者于卑贱,使婚姻"失自由之乐",故"欲图男女自由之幸福",必举"经济革命","先废金钱","女界革命,必与经济革命相表里"②。当然,无论道德革命还是经济革命,在何震这里都是为了反强权,求平等。而对一切强权说不,也使得何震与当时为了国族目的用强权鼓动女子自强争权的多数论者区别开来。女子同男子争权在何震看来就不再是通常所谓谋职业独立和参政分权,而是"尽覆人治,迫男子尽去其特权,退与女平,使世界无受制之女,亦无受制之男",因为"夫是之为解放女子,夫是之为根本改革"。③ 何震独树一帜,将男女平等的目标设定为"退与女平",而非当时普遍认为的"升同男子",反男性中心的意味昭然。

何震的女权论述含有康有为式的追求"至公""至平"的乌托邦般的超越视角,有高出女性同侪的深刻,但也存在"让人深感讶异"的矛盾④,而且也似

① 震述:《公论三则》,《天义报》1907 年 6 月 10 日第 1 号,第 15—16 页。
② 震述:《经济革命与女子革命》,《天义》1907 年 12 月 30 日第 13、14 卷合刊,第 9—22 页。
③ 震述:《女子解放问题》,《天义》1907 年 9 月 15 日第 7 卷,第 12—14 页。
④ 夏晓虹:《何震的无政府主义"女界革命"论》,《中华文史论丛》2006 年第 3 期,第 330 页。何震的矛盾比较显见的有:一方面坚持保守的"贞淫"观,另一方面又批评说"天下惟'忠贞'二字,最便于专制之人"(《公论三则》);一方面反对一切强权,另一方面又主张"暴力强制";一方面主张自由,另一方面又对婚姻自由表示反感;一方面批评男子自私自利,另一方面又说"男尊女卑,实男苦女乐";一方面主张破除幽闭,另一方面又担心中国女子"幽闭既久,一经解放,思淫之心日切"且"男子莫不好淫,故所生之女,秉其遗传"而纵淫(《女子解放问题》)。夏文认为何震表述上的左支右绌缘于她对"绝对平等"的执念,并指出了其中的不当。何震的矛盾,保守的性道德观、激进无政府主义、"共产"乌托邦的混搭,为后人对她的研究提供了巨大的解释空间。近年来有关研究逐渐增多,其中代表性成果除了夏文,还有刘慧英:《从女权主义到无政府主义——何震的隐现与〈天义〉的变迁》,《中国现代文学研究丛刊》2006 年第 2 期,刘禾、[美]瑞贝卡·卡尔、高彦颐:《一个现代思想的先声——论何殷震对跨国女权主义理论的贡献》,《中国现代文学研究丛刊》2014 年第 5 期,刘人鹏:《〈天义〉的无政府共产主义视野与何震的"女子解放"》,《妇女研究论丛》2017 年第 2 期;另外,刘慧英《女权、启蒙与民族国家话语》(人民文学出版社 2013 年版)与宋少鹏《"西洋镜"里的中国与妇女:文明的性别标准和晚清女权论述》(社会科学文献出版社 2016 年版)皆设有专门章节解释何震。

乎不太符合救国救亡的时局。其实,在许多同样有独立意识的女性言论家看来,讲女权包含为国家尽义务,并不意味要"暴力强制男子",其重点在为国争权,而非与男子争。如吕碧城(1883—1943)说:"女权之兴,非释放于礼法之范围,实欲释放其幽囚束缚之虐权,且非欲其势力胜过男子,实欲使平等自由,得与男子同趋于文明教化之途,同习有用之学,同具强毅之气,使四百兆人合为一大群,合力以争于列强,合力以保全我种族,合力以保全我疆土,使四百兆人无一非完全之人,合完全之人,以成完全之家,合完全之家,以成完全之国。其志固在与全球争也,非与同族同室之男子争也。"① 用"全球"语境言说女权,为女权赋义,是晚清绝大多数倡兴女权者,无论男女,不约而同采用的建构女权正当性的策略。既然"与全球争",自然要男女协作,国家冲突先于性别冲突,主张男女对抗便不合时宜。而且在有些女性论者看来,中国女子走向自立也离不开男子的协助。断断于"自立"的胡彬夏就直言:"我中国之女子,固不能自立者也,一旦责以自立,必手足无所措",特别是"社会之自立,吾女子实无此权力与才识,故不得不假手男子"。② 热心女子教育的张竹君同样认为,虽然女子教育是女子自身之事,但今日则"不能不丐于人","不得不暂时俯首听命于热心之男子"。③ 而呼吁女子自谋恢复女权的"忆琴",更是把教育女子视为男子不可推卸的"责任"。④

当然,"假手男子""听命男子"是女性言说者基于现实考量而"不得不"采用的权宜之计,"不可以为长此终古矣,必蓄志锐力,以求达我自立目的"⑤。绝大多数女性言论家认为,女子自立最终要靠自强,复权要靠尽义务。按强权理论,"强"是"权"的代名词,女子失权恰恰是缘于自身"弱",无力尽义务并

① 吕碧城:《论提倡女学之宗旨》,《女子世界》1907年第4/5期,第60—61页。吕碧城最初以"吕兰清女士"之名将该文发在《大公报》(1904年5月20日),《东方杂志》(第5期,1904年7月8日)、《萃新报》(1904年第6期)、《教育杂志》(第3期,1905年3月20日)对该文有节录。
② 《无锡胡彬夏女士天足社演说稿》,《女子世界》1907年第4/5期,第123页。
③ 《记张竹君女士演说(续昨日)》,《警钟日报》1904年5月3日。
④ 忆琴:《论中国女子之前途》,《江苏》1903年第5期,第130页。
⑤ 《无锡胡彬夏女士天足社演说稿》,《女子世界》1907年第4/5期,第123页。

抵抗外侮;强权激发自强。出于自强的目的,女性言论家大多默认强权之说,而鲜少像何震那样发声质疑强权本身的合理性。"十四岁女子彭维省"说,女子失去自由,"推原其故,皆由于放弃自由者……而放弃自由者,于己之责任既不能尽,则人侵其自由也,有何足怪?"①张竹君也说,中国女子处无权之"厄境","推原其故,半由于男子之压制,半由于女子之放弃。"②先觉女子的这种"自我归责",变相认可了男子推卸过来的女子无权的罪责,其根本目的当是为了刺激女性同胞自强,盖自强之后,权利也就不请而自来。而自强的办法则又如强权论所言,要依托女学,所谓"人有学识斯有权力,有权力斯可抵御外侮,此固强权学者发明之公理"③。

前揭蒋维乔1904年5月提出讲女权要先讲女学,引发了一场争论。其实在此之前,不少女子已发表了类似的看法,尽管出发点与蒋维乔有所不同。陈撷芬创办《女学报》、胡彬夏创立"共爱会",皆以"兴女学,复女权"为志,而"兴女学,复女权"这种表述实或多或少暗示女学应先于女权。1903年,林宗素在为《女界钟》写的序中则明确表示:"处二十世纪权利竞争之世界,苟不先归重于学问,而徒昌言民权、女权,无当也",因为权利靠竞争得来,要"由学问竞争,进而为权利竞争,先具其资格,而后奋起夺得之,乃能保护享受于永久"。④ 留日女生方君笄亦说:"中国女子之无权,实由于无学,既以无学而无权,则欲倡女权,必先兴女学。盖女子若无学问,虽畀以权利,亦不能保。学问充足,品味自高,权利将不求而自至。试观泰西诸国,女学大兴,女权亦盛,可以知矣!"⑤1904年2月,广东女学堂学生张肩任投稿《女子世界》,标题即为"欲倡平等先兴女学",指出:"今欲倡平等,乌可不讲求女学,女学不兴,则平等永无能行之一日。"⑥同年5月张竹君在爱国女学校欢迎会上的演讲中亦

---

① 十四龄女子彭维省:《论侵人自由与放弃自由之罪》,《女子世界》1904年第2期,第74—75页。

② 张竹君:《女子兴学保险会序》,《中国新女界杂志》1907年5月第4期,第9页。

③ 《黄菱舫女士序》,载《女界钟》,第1页。该序又载《江苏》1903年第5期。

④ 《侯官林女士叙》,载《女界钟》,第3—5页。

⑤ 方君笄:《兴女学以复女权说》,《江苏》1903年第3期,第157页。

⑥ 十六龄女子张肩任:《欲倡平等先兴女学论》,《女子世界》1904年第2期,第74页。

说:"吾辈女子夙昔潜处于男子肘腋之下……其受病之原在于学之不足。学不足,斯不能自立;不能自立,而本出肘下,与男子立于同等之地位,是犹航断港而求达于海,终于无功而已矣。"①诸如此类的说法在后来几年亦层见迭出,如燕斌(1868—?)1907年创办《中国新女界杂志》,说"本报提倡女权,是要指望大家先从真实学问下手,然后从事于各种事业"②;许玉成女士在该志发表对女界的演说稿中说:"有了学问,就可以得有自由的资格,有了自由的资格,就可以享得自由的权利,享得自由的权利,就可称谓自尊自贵。我们女界中既然能够自尊自贵,他们男界中,就是要行他那强横野蛮的自由,也就不敢了。要想侵犯我们的自由,也无从侵犯了。要想破坏我们的自由,也无从破坏了。"③

女子举女学求女权,既包含欲脱男子肘腋的那份自尊,也包含与"全球"争的国族情怀。这一无害于男子的争权方式,符合自强逻辑的要求和男性改革派的期待。不过,在女子的言说中,以女学求女权并不意味蒋维乔式的要将女权搁置不论。盖女学是手段,女权是目的,两者不可离,如一位女学生说:"扶植女权,当先提倡女学,而女权之主义,尤须寓于女学之中,则女权庶几有发达之一日欤。"④而从"救国"出发,陈撷芬甚至提出"讲女学先要讲女权",因为"要救国先要晓得爱国,要爱国先要觉得国与他有份,要晓得国与他有份,必要晓得有享着国家利权的希望。现在许多讲新学的人说,尽一分义务,得一分权利,有一分权利,尽一分义务,就是这个道理了。所以讲女学,是为救国起见,讲女权,是为女学起见"⑤。性别话语与国族话语交缠,女性言说中的女权与女学便更加难分彼此。

---

① 《记张竹君女士演说》,《警钟日报》1904年5月2日。

② 炼石:《美国女界之势力》,《中国新女界杂志》1907年2月第1期,第81页。

③ 《金匮许玉成女士对于女界第一次演说稿》,《中国新女界杂志》1907年6月第5期,第34页。

④ 上海天足会女学校学生王子怡:《女权与女学》,《女报》第1卷第1号,第3页,宣统元年(1909)元月。

⑤ 陈撷芬:《讲女学先要讲女权》,《女学报》第2年第3期,第10页,光绪二十九年四月十五日(1903年5月11日)。

女子结社与争参政权

庚子之后,合群结社潮流兴起,由女子自主发起成立的各种女子社团也相继出现。据不完全统计,清季十年成立大大小小的女子社团不下 40 个①。在女性活动家看来,女子结社是女子自立的需要。1904 年,张竹君在爱国女学校公开表示,女子欲脱男子之肘腋,首当"自立自爱,次则肆力学问,厚结团体"②。1905 年,秋瑾在日本听闻湖南第一女学堂"遭顽固破坏",致书慰勉该校女学生"切勿因此一挫自颓其志,而永永沉埋男子压制之下",她同时表示,"欲脱男子之范围,非自立不可;欲自立,非求学不可,非合群不可"。③ 1907年,吕碧城在《中国女报》发文呼吁中国女子"宜急结团体",认为女子结为团体,一方面可以"协力"捍卫国家,"己身可借之以存立";另一方面可以通过互助增进女子自立,"若于男女间论之,则不结团体,女权必不能兴;女权不兴,终必复受家庭压制"。④ 女界三位活动家皆把女子结社视为女子摆脱依附男子、恢复女权、走向自立的必要方式。

清季成立的女子社团大多带有扶助女子的性质,主要有"爱国社""女学会""改良会""慈善会"等。而为因应反帝救国的时局,又以"爱国社"为多,如共爱会(1903)、赤十字会(1903)、对俄同志女会(1904)、实行共爱会(1904)、苏州争约社(1905)、安徽女界路矿保存会(1907)、江浙女界拒款会(1907)、上海女界保路会(1907)、常州女界保路会(1907)、国耻会(1908)、爱国社(1908)、贵州妇女爱国会(1910)、女界劝用国货会(1911)、四川女子保路同志会(1911)、中国女子国民会(1911)等。女子社团的涌现进一步突破了闺门之限,使女子得以实实在在参与到了国家与社会事务。

---

① 参见陈文联、胡颖珑:《论 20 世纪初年的女子社团》,《南昌航空大学学报(社会科学版)》2017 年第 2 期,第 41 页;顾秀莲主编:《20 世纪中国妇女运动史》上卷,中国妇女出版社 2008 年版,第 81 页。

② 《记张竹君女士演说(续昨日)》,《警钟日报》1904 年 5 月 3 日。

③ 《留学日本秋女士瑾致湖南第一女学堂书》,《女子世界》1905 年第 2 年第 1 期,第 93 页。

④ 吕碧城:《女子宜急结团体论》,载《金天翮 吕碧城 秋瑾 何震卷》,第 79 页。原载《中国女报》1907 年第 2 期。

　　清季女子社团参与的反帝爱国运动主要有拒俄运动、抵制美货运动和保护路矿权运动。在拒俄运动中，留日学生组织义勇队，共爱会积极响应。胡彬夏表现了愿"以纤纤之手，扶住江山"的豪情①，她在共爱会组织的演说中表示，"为国尽力，愿从义勇队北行……即至捐躯殒命，誓无所惜"，留日女学生闻之"亦大感奋"，"同声赞成"。② 1904 年 1 月，福建郑素伊女士发起成立对俄同志女会，亦称"一旦有事，愿赴战地"③。1905 年，为抗议美国的华工禁约，女界也纷纷行动起来，发起了抵制美货的运动。施兰英、陈撷芬、张昭汉等人号召女界抵制美货要"合群力结团体，坚持耐久"④；苏州女界成立了抵制美货"争约社"⑤。抵制美货运动展现了女子的国民意识，《女子世界》主编丁初我赞其为"实行平权之先声"，为"中国女权发达之先声"⑥，陈志群则称此为"国民联合的先声，女人复权的机会"⑦。而针对列强攫取中国铁路建筑权和矿山开采权，地方女界于 1907 年纷纷成立了保护路矿的女子团体，集议筹款，签名认股，"崇护国权，以杜外人得陇望蜀之渐"⑧。其中，1907 年 11 月 3 日，上海爱国女学召开会议，筹商抵制苏杭甬路借款，并致电清廷都察院，创立"女界保路会"，在《神州日报》上刊登《女界保路会传单》，号召国人集资修建铁路。⑨ 旅沪桐城姚幽兰、歙县胡晓秋女士紧接着也组织了"安徽女界路矿保存会"，以聚秀女学堂为机关部，倡议皖人上下不遗余力抵制"卖国媚外者"⑩，其会章规定"凡本会会员除自行尽力认股外，并劝导其父母翁姑兄弟姊

---

① 《名臣有女》，《岭南女学新报》1903 年 4 月第 2 册，第 10 页。

② 《三山采药》，《女学报》1903 年第 4 期，第 19—20 页。

③ 《祝对俄同志女会之前途》，《俄事警闻》1904 年 1 月 26 日。

④ 施兰英女士等布告：《中国爱国女子请看》，岭南有志未逮女子：《致力施兰英女士书》，务本女塾学生张昭汉：《争约劝告辞》，施兰英女士：《覆岭南女士书》，《女子世界》1905 年第 2 期。

⑤ 《蒋振懦女士苏州争约社演说》，《女子世界》1905 年第 3 期，第 99 页。

⑥ 初我：《女界运动之先声》，《女子世界》1905 年第 2 期，第 89 页。

⑦ 志群：《争约之警告二》，《女子世界》1905 年第 3 期，第 7 页。

⑧ 皖南女士胡晓秋：《对于结社集会律警告女界同胞书》，《广益丛报》第 175 期，第 1 页（文页），光绪三十四年六月二十日（1908 年 7 月 18 日）。

⑨ 《女界保路会传单》，《神州日报》1907 年 11 月 4 日。

⑩ 《安徽女界保存路矿会启》，《神州日报》1907 年 12 月 17 日。

妹丈夫儿女亲族诸人，踊跃认股"[1]。

女界中人通过结社积极参与国事，除了爱国热情，还因为她们普遍相信，"当此国家多难，危急存亡，厄在眉睫之秋，与男子奋袂争先，共担义务，同尽天职，则不失天职，即能得自由之先声。今日义务，即他日权利之张本"[2]。受这种信念驱动，武昌起义爆发后，女界掀起了一股参军风潮，先后成立了各种女子军事团体，如唐群英与张汉英组织"女子后援会"，薛素贞发起"女国民军"，陈婉衍发起"女子北伐光复军"，葛敬华发起"女子军事团"，吴木兰发起"同盟女子经武练习队"，沈佩贞组织"女子尚武会"，周其永组织"女界军事协进会"。[3] 在"满运告尽，汉命维新"之际，女界成立女子军，有力谋巾帼须眉平等之意，如汪杰梁在从军宣言中说："平等云者，必有一定之功能与担任同一之义务者也，而军人即国民唯一之功能，对同胞唯一之义务者也。……为今之计，吾女同胞有力者，速宜提倡从军，组织成团，为大举之后援；无力者，竭智谋筹集巨款，竭力捐募，以为粮饷之接济，使吾二万万女同胞皆得尽一分子之义务，以养成独立自由之基础，安见中国革命军中不有玛尼他、苏菲亚女英雄出现哉？他日巾帼须眉相将携手，以上二十世纪共和之舞台，而演驱逐异族、光复河山、推倒旧政府、建设新中国之活剧，而吾二万万女同胞亦得享平等之幸福，受同等之权利，参与政治，与闻选举，岂非绝大之快事乎？"[4]沈佩贞创办尚武会说："际此兴复祖国、驱逐胡虏之秋，风云变幻，山岳动摇，彼执戈健儿，热血壮士，莫不急行猛进，以收克敌之效。奔走角逐，虽血肉横飞而不惜者无他，所以求一日之自由也。我女同胞受专制之毒久矣，不于此时奋发为杀敌，致果以脱此牢固之羁绊，而求有自由之幸福，则茫茫前途，其将以何地为托身

---

[1] 《安徽女界保路会订定会章》，《广益丛报》第 162 期，第 6 页（文页），光绪三十四年二月初十日（1908 年 3 月 12 日）。

[2] 《留日女学会杂志发刊辞》（1911 年），见谈社英：《中国妇女运动通史》，第 19 页。

[3] 分别见：《女子后援会简章》，《时报》1912 年 12 月 7 日；《恭祝女国民军万岁》，《妇女时报》1911 年第 5 期；《光复军女子北伐队》，《东方杂志》第 8 卷第 11 号，1912 年 6 月 15 日；《女子军事团上沪军都督文》，《申报》1911 年 11 月 29 日；《同盟女子经武练习队宣言书》，《民立报》1912 年 1 月 12 日；《创办女子尚武会绪言》，《天铎报》1912 年 1 月 3、4 日；《周其永组织女界军事协进会》，《神州日报》1911 年 12 月 6 日。

[4] 汪杰梁：《女子从军宣言书》，《妇女时报》1911 年第 5 期，第 46—47 页。

之所乎? 我女同胞要知巾帼弱质,亦为国民中之一分子,荷戟从戎,以与男子争一日之短长,而互相辉映,互相防卫,互相协助,互相维系,实为我女同胞当今急要之图。"①而在革命斗争正酣时,林宗素等人更是提前规划,于 1911 年 11 月 12 日在上海发起成立了"女子参政同志会",以"普及女子之政治学识,养成女子之政治能力,期得国民完全参政权"②,为革命胜利后的男女平权、女子参政做准备。

女界男女平权的愿望在民国成立后立刻化为了争取参政权的行动。1912 年 1 月 5 日,南京临时政府甫立,林宗素便以女子参政同志会代表的身份往谒临时大总统孙中山,进呈该会章程,孙中山"异常欣慰,面允将来必予女子以完全参政权"③。消息公布后,女界大受鼓舞,女子军"卸甲归政",各地纷纷成立女子参政团体。同年 2 月,唐群英、张汉英、王昌国等人联络女界,并以中华民国女界代表的名义再上书南京临时政府参议院,以女子参政权事关男女平权、社会平等,要求将其写入宪法,"以为女子有参政权之证据"④。

不过,她们美好的愿望落空了。1912 年 3 月 11 日,具有宪法性质的《中华民国临时约法》公布,其中第二章第五条关于权利和义务,规定"中华民国人民一律平等,无种族、阶级、宗教之区别"⑤,未表明"无男女之区别"。这一有意无意的忽略令唐群英等人大为不满,她们再次上书孙中山,提请大总统向参议院提议修订《约法》第五条,"或请删去'无种族、阶级、宗教之区别'一语,以为将来在解释上解除障碍;或即请于'种族、阶级、宗教'之间,添入'男女'二字,以昭平允"⑥。参议院随即开会再度审查她们的请愿案,表示"吾国女子参政亦应有之权利,惟兹事体重大,非可仓卒速定,应俟国会成立再行解决,以

---

① 沈佩贞:《创办女子尚武会绪言》,《天铎报》1912 年 1 月 4 日。
② 《女子参政同盟会草章》,《申报》1911 年 11 月 29 日。《女子参政同盟会草章》,《申报》1911 年 11 月 29 日。注:该会初拟名"女子参政同盟会",正式成立后定名为"女子参政同志会"。
③ 《女子将有完全参政权》,《申报》1912 年 1 月 8 日。另参见《公电·南京电》,《民立报》1912 年 1 月 8 日。
④ 《女界代表唐群英等上参议院书》,《妇女时报》1912 年第 6 期,第 21—22 页。
⑤ 《公布参议院议决临时约法》(1912 年 3 月 11 日),载《孙中山全集》第 2 册,中华书局 1982 年版,第 220 页。
⑥ 《女子参政会上孙总统书》,《时报》1912 年 3 月 23 日;《天铎报》1912 年 3 月 23 日。

昭慎重"①,用太极推手予以回绝。希望化为失望,盛怒之下,唐群英等随后率人大闹参议院,并扬言诉以武力。② 同时,为凝聚女界力量,她们又联合多个女子团体于4月8日在南京正式成立了女子参政同盟会,以"实行男女平等,实行参政"为宗旨③,激励女界"挟雷霆万钧之力以趋之"④,并致电各省都督,宣布"绝不承认"《临时约法》⑤。

　　1912年4月,临时政府因袁世凯在北京就任临时大总统而北迁,女界争取参政权的重心随之发生转移。尽管袁世凯下达了"准其举定代表一二人来京,不得令其全体北上"的禁令⑥,唐群英等人仍决定联袂北上,并积极联络北方女界,报界预言她们在北京参议院"必将重演一出改良新剧"⑦。8月10日,北京临时政府公布《中华民国国会组织法》《参议院议员选举法》《众议院议员选举法》,规定"有中华民国国籍之男子"才有选举与被选举国会议员之权,⑧明确将女子排除在外。唐群英与张寿松等人以"女子联合会"的名义随即上书,要求在国会选举法中加入女子有选举与被选举权。参议院再打太极,以国会尚未成立为由搪塞。⑨ 唐群英等人"会同女界,再三会议",接着以女子参政同盟会名义再上请愿书,拿起先前不愿接受的《约法》作武器,批评国会选举法用"男子"偷换《约法》中的"人民",是"屏我女子于人民之外","违背约法,蹂躏人权",故"不能不痛首痛心全出死力以争"。⑩

---

① 《否决案·女子参政请愿案》,见参议院编:《参议院议决案汇编》甲部第2册,第3页,1917年。
② 《要求女子参政权之武力》,《时报》1912年3月23日;《女子以武力要求参政权》,《申报》1912年3月24日;《女子要求参政权之暴动》,《大公报》1912年3月30日。
③ 《女子参政同盟会简章草案》,《女子白话报》1912年11月第3期,第37—38页。
④ 《女子参政同盟会宣言书》,《女权》1912年5月第1期,第16页。
⑤ 《女子参政同盟会致各省都督等电》,《民声日报》1912年4月12日。
⑥ 《袁总统电阻女子团北上》,《盛京时报》1912年4月17日。
⑦ 《女子团亦有北上消息》,《大公报》1912年4月10日。
⑧ 《众议院议员选举法》,《政府公报》1912年8月11日第103号,见中国第二历史档案馆编:《北洋政府公报》第4册,上海书店出版社1988年版,第304页。
⑨ 《女政客之失望》,《民立报》1912年8月26日。
⑩ 《女子参政同盟会参政请愿书》,见中华全国妇女联合会妇女运动历史研究室编:《中国近代妇女运动历史资料(1840—1918)》,中国妇女出版社1991年版,第602页。

选举权被剥夺对女界是一次沉重打击,而与此同时,同盟会发生的一件事令她们更为痛心。为对抗袁世凯,8月7日,在宋教仁等人的主持下,同盟会联合统一共和党、国民公党、国民共进会、共和实进会、全国联合进行会等政党组建国民党,应其他党派要求,同盟会删去了原党纲中"主张男女平权"条①。女界争取参政权的骨干大多是同盟会女会员,同盟会此举令她们极为沮丧和愤怒。随后20多天,唐群英、沈佩贞、王昌国、张汉英等女会员竭力抗争,并致电同盟会各省支部女会员"迅筹对待办法"。在她们看来,同盟会改组而不知会女会员是"独行专断"②,男会员"变更政纲,以求利禄,既负革命死难之烈士,今日又复削除男女平权,竟将女界捐资助饷之义抛于九霄,陷女界永受专制,殊堪痛恨",不仅"辜负昔日女同盟会员之苦心",而且"蔑视女界,亦即失同盟会旧有精神"。说到痛极处,唐群英甚至还掌掴了宋教仁。③　9月1日,女子参政同盟会在北京召开联合大会,到会女子200余人,公推唐群英为临时主席,痛批宋教仁等人专制,号召女界"切勿动摇",要以激烈的革命手段与之相抗,"必达到男女平权、女子参政而后已";会后还起草了《驳诘同盟会传单》,广为散发。④　然而木已成舟,唐群英等人的激烈言行并没有带来好的结果。

同盟会的伤害并未削弱唐群英们的斗志,在接下来的两三个月,她们为参政权继续抗争,向北京临时政府请愿。在抗争中,她们做出策略性退让,提出只争选举权,暂且不争被选举权。⑤　参议院11月6日开大会对她们的请愿书进行表决,与会66名议员只有6人起立表示赞同。⑥　女界最低限度的参政权

---

① 1912年3月3日,同盟会由秘密革命组织改组为公开政党,其党纲第五条即明确标榜"主张男女平权"。(《中国同盟会总章草案》,《申报》1912年3月5日。)

② 《同盟会女会员之愤激》,《大公报》1912年8月16日;《女子大闹同盟会》,《民立报》1912年8月18日;《燕支虎大闹同盟会》,《时报》1912年8月19日;《女会员大展威风》,《申报》1912年8月20日。

③ 《同盟会女会员之愤激》,《大公报》1912年8月16日;《女子大闹同盟会》,《民立报》1912年8月18日;《五政党合并改组续闻·女会员大展威风》,《申报》1912年8月20日;《二十五日之湖广馆》,《申报》1912年8月31日。

④ 《女子参政同盟会召开联合大会》,《平民日报》1912年9月7日。

⑤ 《女子参政同盟会成立志盛》,《女子白话旬报》1912年第2期,第39—40页。

⑥ 《参议院初六日议事纪略》,《大公报》1912年11月8日。

要求被彻底否决，唐群英等人出离愤怒，再闯参议院，大骂参议员，质问"当民军起义时代，女子充任秘密侦探，组织炸弹队，种种危险，女子等牺牲生命财产，与男子同功，何以革命成功，竟弃女子于不顾？"并放出狠话，"必用武力解决"。① 不过"女子团虽硬，究竟硬不过男子"②，唐群英们也意识到开古今中西之未有的女子参政"较种族政治革命更难"，无奈之余，离开北京转向地方谋求发展，在湖南、湖北、广东、山西等省设立女子参政同盟会支部，宣传女子参政的道理，以期"唤醒普通人民"。③ 尽管锲而不舍，参政权运动还是难逃式微。1913 年 11 月，在袁世凯正式就任大总统满月之际，政府内务部以"法律无允许明文"勒令各地解散女子参政同盟会④，中国历史上第一次女子参政权运动就此落幕。

女界争取参政权是民国初立时"最特别的景象"⑤，引来各大报刊围观，竞相跟踪报道，或戏谑，或讽刺，或挖苦。报界津津于"剪发女子"的"雌威"。《申报》刊文挖苦："各女士以武装的态度，临场迫胁，或牵议员之袂，或碎玻片之窗，或蹴巡警，或谒总统，皆跃跃焉欲一试其北伐未试之技……女子之进步乃若是之速，而其实力，竟足战胜男子也。"⑥《大公报》讥刺："娇滴滴之女子团，何强硬若此耶？铁铮铮之参议员，何疲软至此耶？相形之下，真足令英雄气短，儿女情长。……女子团贾其余勇，作再接再厉之激战，参议员有不衔璧舆榇、降伏于石榴裙下者盖几希矣！于此可见女国民程度之猛进，实胜于男国民万倍，恐异日不平等之痛苦，将不在女而在男。"⑦在唐群英们一再受挫之际，《大公报》又揶揄："与其乞怜于人不可必得，何如自由结合女子民国，选出女子大总统，组织女子内阁，设立女子参议众议院，凡男子所有者，莫不有之，

① 《女士大骂参议员》，《爱国报》1912 年 12 月 11 日。
② 梦幻:《闲评二》，《大公报》1912 年 8 月 19 日。
③ 《女子参政同盟会支部之成立》，《女子白话报》1912 年 12 月第 5 期，第 31—32 页。
④ 《解散女子参政同盟会》，《申报》1913 年 11 月 24 日。
⑤ 无妄:《闲评二》，《大公报》1912 年 4 月 27 日。
⑥ 东吴:《清谈》，《申报》1912 年 3 月 24 日。
⑦ 无妄:《闲评二》，《大公报》1912 年 4 月 19 日。

较之仰人鼻息,要求区区之参政权,所获不既多矣乎?"①舆论纷纷谴责唐群英们不知法律,不知道德,不知名誉,认为她们行谊不检毁掉了女权。"乃一再要求之不已,又从而强迫之,强迫之不已,又出其野蛮手段,泼悍行为,几欲以参议院为用武之地,致使他项重要议案,不能开议,各议员以其声势汹汹,知非可以理喻也,于是先以伪辞劝解,继以演说揶揄,终以警察干涉,而中国女子之价值,从此扫地矣。程度如此,举动如此,无怪全体议员,对于此要求之案,因之而决意主张反对也。"②"未吸收欧美之文明,先放弃本来之道德……身为领袖,而素行乃若是不端。假令所争有效,此辈竟执牛耳,其不至蔑弃礼义,相率而入于放辟之途不止,吾恐洁身自好,规行矩步之女同胞,反将以得参政权为大辱,而去之惟惧不速矣。"③"未参政也,其流弊仅及于一地;及参政也,吾敢断言,其流弊必广被于全国。……又安能任我无意识之女同胞,再为希冀牝鸡司晨之举乎?""苟欲言女权,吾请再言女德,女德而不张也,女权适足以亡国"。④ 力争参政权的唐群英们反成了舆论场中女子不宜参政的活教材。

舆论担心女子参政只会制造"横行阔步凌驾男子之女",男子将"女化",而女子将"男化",⑤反对之声鹊起。同盟会机关报《民立报》早早就开辟了讨论女子参政权问题的专栏,1912 年 2 月 28 日刊发署名为"空海"的社论,认为女子不宜参政,理由是:第一,女子学识不如男子,知识不够,能力不足;第二,男女特性不同,各有长短,男主外、女主内是由生理决定的,正当合理;第三,女子参政有碍女子治家,会导致社会失序。社论最后特别强调:"世之论者但据第一理由,以为女子之知识程度不足,不宜有参政权;而不知若据第二、第三理由,女子纵人人读书识字,知识可与男子平等,亦不可有参政权。"⑥换言之,尊重男外女内的性别分工,女子永远不可有参政权。空海所论大致是十年前《申报》反对男女平权(见前章)的升级版,尽管本质上新意无多,此时却引来

---

① 《女权》,《大公报》1912 年 9 月 10 日。

② 梦幻:《论子女要求参政权之怪象》,《大公报》1912 年 3 月 30 日。

③ 江纫兰:《女子争参政权当以自修为基础》,《妇女时报》1912 年第 7 期,第 14 页。

④ 曼倩:《女权与今日》,《申报》1913 年 3 月 14 日。

⑤ 据梧:《世界女子之新异彩》,《妇女时报》1912 年第 9 期,第 8 页。

⑥ 空海:《对于女子参政权之怀疑》,《民立报》1912 年 2 月 28 日。

了新学界一些人的支持。其中,一位自称曾游学美国并涉猎过各国政治概要的女士张纫兰致函空海,对其观点表示赞同,并附议说:男治外、女治内是男女各司天职,无违平等,因为"分职非不平等之谓,而平等实莫贵于分职";她还附带批评了要求参政的女子,认为有人行为不检,道德败坏,甚至倡"无夫主义",人人如此,中华民族都要灭绝,"又安用参政权为耶?"①

而在《民立报》之外,《大公报》接着也刊发了一篇与空海、张纫兰观点类似的评论。这篇署名"选"的评论首先对"平等"做了一番界说:平等是就人格而言,与能力无关,男女据能力之差"而为分业之图",无关贵贱。故此,"预政与否,实由职业之异,而绝非人格之差违"。在作者看来,今人"以预政为至荣,不预政为大辱",不过是"重视官吏之遗性","女子又何必以不参政事为慊?"而且就天性而言,女子适合"维持家庭",男子适合"组织国家"。"欲求最上之幸福,当以维持人类秩序为首务",而维持之道就在于"各遂其性、各尽其长",女子热心参政是"舍其所长","其结果必至于无完全之家庭,无正当之教育,虽欲保其现时之幸福,犹不可得,况尚欲求将来之增进哉!"②

空海、张纫兰与署名"选"的"分职""分业"说,是对先前清季已有的一种男女平等说(或平权说)的翻新。清季的男女平等或平权其实有两说,一说主张破除男外女内,认为男女各项权利(尤其是公权)应该等同,前揭康有为、马君武、金天翮以及绝大多数其他主张女权者即提倡此说;另一说与此相对,持一种郑观应式的"天职"观,视"男子治外,女子治内"为"一天然界限"③,认为男女生理不同,"女子较男子有特殊生理之障碍,又其体质不强,动静云为难以持续,故女子当应其天然之能,以尽力于生殖哺育之务。其次则为消费之事,以与男子生产相应。故男女不必同权,而可以等权。同权者谓同一权利,等权者谓权利之性质,不必同,而分量可以相等",男女平等的理想状态是"男

---

① 《张纫兰女士来函》,《民立报》1912 年 3 月 9 日。
② 选:《女子参政论》,《大公报》1912 年 3 月 27、28 日。
③ 郑观应:《训妇女书》,《郑观应集》下册,第 1209 页。

子当生产于外,女子当消费于内,不宜互相竞争,扰乱平和"①。换言之,"男主外,女主内,各有权限,各有义务,方谓之真平等,方谓之真自由"②。空海、张纫兰与"选"继承并发扬了先前这种主张男外女内的男女平等说,三位论者都把男女之间的社会差异本质化,以此来重新定义"平等",用"天职""社会秩序""人类秩序"为男治外、女治内辩护,用"平等"反对女子参政,女子参政从而就失去了"天赋"的正当性。这是从学理和源头上对女子参政的釜底抽薪。前揭何震也用"平等"反对女子参政,有意思的是,她的出发点却与三位论者适相反对。何震认为,女子参政是少数女子与少数男子在政治领域的"分权",而"分权"是少数人对多数人的统治,也是不平等;平等不仅要使女不受制于男,也要使男不受制于男、女不受制于女,要尽去人治,故无论男女,都不应该参政。③ 何震也不认同三位论者所谓的"分职""分业"和男女差异,在她看来,"男女同为人类,凡所谓男性、女性者,均习惯使然,教育使然。若不于男女生异视之心,鞠养相同,教育相同,则男女所尽职务,亦必可以相同,而'男性''女性'之名词,直可废灭。此诚所谓男女平等也。"④与三位论者用"差异"定义"平等"不同,何震是要用"平等"抹掉"差异"。如何处理差异与平等的关系,找到恰当的平衡点,是现代正义理论面临的棘手难题。而如何看待性别差异与性别平等,处理好二者的关系,则是现代女性主义谈论的永恒话题,立场不同、观点歧异的诸多女性主义派别即缘此而生。在这一问题上,三位论者与何震似乎代表了后来的两个极端。

署名"佛群"的作者 1907 年在一篇谈女学的文章中说:"中国古代,男子主外,女子主内,各尽其职,颇有男女平权之义。"⑤如果其言不诬,空海等人以

---

① 忏碧:《妇人问题之古来观念及最近学说》,《中国新女界杂志》1907 年 6 月第 5 期,第 19—20 页。
② 刘宗尧:《平等自由之真义》,《岭南女学新报》1903 年 8 月第 6 册,第 8 页。
③ 震述:《女子解放问题》,《天义》1907 年 9 月 15 日第 7 卷,第 11—12 页。
④ 震述:《女子宣布书》,《天义报》1907 年 6 月 10 日第 1 号,第 7 页。注:何震这里的"男性、女性"是指男女的特性,而非"生理性别"的男性、女性,与后来的用法有所不同。古汉语"男""女"二字本身有表"生理性别"之意思,后来的汉语现代化用"男性""女性"将这层意思凸显并固定了下来。
⑤ 佛群:《兴女学说》,《中国新女界杂志》1907 年 4 月第 3 期,第 13 页。

"分职""分业"为"平等"也可算是一种古义翻新。对于这种古义翻新,杨季威、张汉英等力主女子参政者致函《民立报》进行了反驳,认为:男女社会差异是男女后天教育不同造成的,男主外、女主内与男女特性无关,而是习惯使然;男女虽然体格有异,但心智并无不同,女子表现即便有逊于男子之处,也不取决于生理,而是因为没有受到平等的教育(这些看法与何震大同小异);女子与男子同为国民,就应该享有同样的权利,尽一样的义务,这也是女子争参政权的意义所在;而且,女子参政与其从事家外其他职业一样,不一定与其维持家庭生活之天职冲突,今日离开家庭从事实业与教育的不少女子便是例证。①杨季威等为女子参政所作的辩护,好像是过去十年倡兴女权各种言说的一次汇演。

在关于女子参政的讨论中,空海等人的观点似乎有违"国民"理念,在共和体制下并没有得到政界主流的认可。时任孙中山秘书的戴季陶就说:"政治为国民公共之政治,法律为国民公共之法律,国家为国民公共之国家,若'女子亦国民也'之一语不能不承认,则女子参政权,必不能有反对之理由也。故主张绝对反对女子参政权者,是必无世界眼光,而其心理,必非人类应有之心理。"不过,他同时也认为,虽然女子参政权不容反对,但就当下而论,中国女子实无"参与政治之学识"——"平均论之,识字者不及百分之一,能作书者不及千分之一,而有普通学程度者,则万分之一亦无也",故"实不能有参政之资格","男女平权之制"还有待将来。在他看来,为了将来的"男女平权",今日预备期中"万不能缓者"是"男女之教育平等",女子与其盲目争取参政权,还不如将精力投放到男女平等的教育中。②如后来另一位论者所说:"女学实今日中国之急务,而女权者实今日世界之缓图也。"③戴季陶所言与前揭丹忱"中国女子不患无权,患无驭权之资格"之说同调,也颇有师竹那种"女子无

---

① 《杨季威女士来函》,《民立报》1912年3月5日;《朱纶女士来函》,《民立报》1912年3月16日;《姚蕙女士来函》,《民立报》1912年3月20日;《(张汉英)复张纫兰女士函》,《民立报》1912年3月21日;《陈唤兴女士来函》,《民立报》1912年3月26日。

② 戴季陶:《男女平等教育论》,《民权报》1912年4月24日。

③ 曼倩:《女权与今日》,《申报》1913年3月14日;同文还以《论女权》为名刊载于1913年3月22日的天津《大公报》,作者冠名"选"。

学,宁其无权"的意味,这是空海提到的"第一理由",也是先前"女学先于女权"之主流观点的翻版。女子无学,即便是共和体制,女权(参政权)也要暂缓,戴季陶这种观点很有市场。主张天赋人权的孙中山其实也认可这种观点,他在与唐群英等人交涉中曾劝解说:"今日女界宜专由女子发起女子之团体,提倡教育,使女界知识普及,力量乃宏,然后始可与男子争权,则必能得胜也。"①而且,这种观点在女界也产生了回响。北京女学界致女子参政同盟会就说:"既欲达参政之目的,必以造就人材为先务,无人材不足以参政",故当以发达女学、养成女子完全人格、提升女子参政能力为先务。②

　　主张女子参政与反对女子参政各有各的理由,其中的是与非令时人迷惑。有人就此评论道:"自女子参政之说起,我女界之学子咸出全力以要求,而我政界之男子又竭全力以抵制",而且女界要求益力,政界男子抵制益力,其中的是与非难以断定,"求乎事理之真,则甚是乎女子之应有参政权利,而深非乎男子之始终抵制之也","然女子未尽有参政程度,而呶呶要求参政,亦未尝尽底于是,而今日男子之抵制,亦未可尽非也"。③　不过,尽管是非难断,反对女子参政,尤其以女子学识不足为由反对女子参政的声音,还是要强大与响亮得多。

　　其实,对于以学识为由反对女子参政,唐群英等人早在 1912 年 2 月上南京临时参议院书中就做了有力的反驳:

　　　　不知以女子与女子较,其程度固有不齐,以女子与男子较,男子之程度,亦不过较女子之优者为多,不得谓男子悉优,女子悉劣也。矧男子不以其程度不齐,谓尽无公民参政之资格,独于女子悉夺其权而不与,是参政与否,只分男女,而不真系于程度之差异也明矣。

换言之,以学识为挡箭牌反对女子参政,不过是对以性别因素反对女子参政的

---

① 孙中山:《复南京参政同盟会女同志函》(1912 年 9 月 2 日),载《孙中山全集》第 2 册,第 438 页。关于孙中山对女子参政的态度及其变化详见李细珠:《性别冲突与民初政治民主化的限度——以民初女子参政权案为例》,《历史研究》2005 年第 4 期,第 81—83 页。

② 《北京女学界致女子参政同盟会书》,《大公报》1912 年 10 月 26 日。

③ 希班:《女子参政权平议》,《女权报》1912 年 5 月第 1 期,第 7 页。

一种虚饰，"非极天下大不平等之事乎？"①几个月后，唐群英以女子参政同盟会代表的名义发表宣言书，表达了同样的意见，同时还进一步指出，男女在法律上权利不平等有违天赋人权，女界即便学识不够，法律也不应在作为基本人权的参政权上对其特别加以限制，法律可以不给女子"积极的保护"，但不能不给女子"消极的保护"，或者说，法律可以不"明界我女界参政权"，但也不能明界男子而使参政权归男子专有，以为男女"将来之程度发达齐一而亦可认许"留下回旋的余地。② 唐群英这里说的"积极的保护"与"消极的保护"，颇有后来伯林(Isaiah Berlin)的"积极自由"与"消极自由"的神韵。

前揭柳亚子在与蒋维乔争辩时曾指出，如果以学识作为权利的条件，以中国女子无学而剥夺其权利，中国男子同样要因为无学而不能在有权之列。唐群英其实也间接表达了这个意思。她抛出的问题是，既然程度低的无学男子有参政权，那么女子也该如此，为何要区别对待呢？ 她的女性同道循着她的方式进一步责问："查满清时代并规定女子无选举权，而热心报效公益者，尚不在此限，若以民国时代而遽然压制之，岂非共和不如专制乎？"③唐群英等人的疑问揭示了以性别观念为基底的社会主导思想文化与共和体制之间潜藏的不协调，她们的疑问在当时没有得到公正对待，这一点其实表明，中国社会的男权本质并没有随着国体由专制变为共和而发生改变。

当然，唐群英等女界精英并不否认中国绝大多数女子缺乏参政所需的知识和能力。作为知识女性，她们尽管不认同政治精英以学识为由反对女子参政，却并不排斥精英政治，以及政治精英建言的女子教育。在参政权运动走向低落之际，唐群英、张汉英等人返归湖南，创办了"女子美术学校"和"自强职业学校"，④在争参政权的同时也将精力投放到了启蒙女子的教育，以图女界自强。她们其实也认同女学要先于女权这一主流看法。张汉英在为自己参

---

① 《女界代表唐群英等上参议院书》，《妇女时报》1912 年第 6 期，第 21—22 页。
② 《女子参政同盟会代表唐群英宣言书》，载《中国近代妇女运动历史资料(1840—1918)》，第596 页。
③ 《粤省女代议士力争女子参政权》，《申报》1912 年 9 月 28 日。
④ 参见徐辉琪：《唐群英与"女子参政同盟会"——兼论民初妇女参政活动》，《贵州社会科学》1981 年第 4 期，第 33—34 页。

与创办的《万国女子参政会句刊》写的宣言中说,"平权之与参政,不患求之而不能得,患得之而不能有",女子参政问题的关键不在女子有没有参政权,而在女子有没有能力去行使参政权。她呼吁女界发展女子教育,女界若"无与男子知识平等",即"无与男子权利平等"。尽管与唐群英一同受过戴季陶奚落,张汉英还是非常推崇戴季陶的"男女教育平等",提出女子教育的"当务之急,尤在男女教育平等",最好能"男女一体共校"。① 轰轰烈烈的女子参政权运动平静回归到了女子教育事业。

二、走向"贤母良妻":清季民初女学的定位与困境

　　清季民初的女权讨论往往与女学联系在一起。与此不同的是,女学的讨论与展开则相对独立。一方面,庚子大辱之后,教育救国成为社会共识,"上自天子,下至庶人,古考孔孟之法,新征欧美之说,虽有百喙,无异一词"②,民间兴办女学的热情在中国女学堂遭遇失败之后再次被激起。另一方面,女学作为兴国教育的一部分,在清廷推行新政的过程中也逐渐进入了官方视野,成为新政的一项内容。舆论谈论女学热火朝天,此时的主要问题已不再是该不该办女学,而是如何办女学,办何种女学。激进改革人士与保守士绅在这一问题上意见两歧,前者要塑造"国民之母"(或"女国民"),后者要培养"贤母良妻",如《申报》评论所总结,一为"贤母良妻派",一为"非贤母良妻派",二说"互相对垒"。③《申报》《大公报》等报刊主张与女权疏离的"贤母良妻"教育,清廷为维护礼教和"男女有别",也采纳了这一相对保守的主流意见,并将之呈现在官方的女学章程。女学的"贤母良妻"基调就此划定,且延续到了民

---

① 张汉英:《本报宣言》,《万国女子参政会句报》1913 年 4 月第 1 期,第 1—2 页(文页)。注:戴季陶在 1919 年写的一篇文章《女子解放从那里做起》(载《星期评论》第 8 号,第 3 页,1919 年 7 月 27 日)中提及了民国元年夏天发生的一件事:唐、张二位到《民权报》找他代写一篇女子参政同盟会的宣言书,被他拒绝并气走。
② 《论教育》,《东方杂志》第 7 期,第 151 页,光绪三十年七月二十五日(1904 年 9 月 4 日)。
③ 《论女子教育宗旨》,《申报》1905 年 5 月 18 日。

国,成为民国初立几年舆论一度宣讲的一大主题。

清季官办女学的兴起

庚子之后,清廷为提振国势开始谋变,其中一项重要举措是变更学制。1901年9月14日,有感于"近日士子,或空疏无用,或浮薄不实",清廷下诏兴学,令全国改革书院,设立学堂:"除京师已设大学堂应行切实整顿外,著各省所有书院,于省城均改设大学堂,各府及直隶州均改设中学堂,各州、县均改设小学堂,并多设蒙养学堂"①。次年1月,张百熙被任命为管学大臣,负责制定学堂章程。② 而在学堂章程出台之前,不断有人提议清廷下明诏办女学。鸳水董寿建言:"开智强国之策,在乎广设大小学堂以立之基,尤宜广设女学以正其本",清廷应下诏"令郡县各立女学校","令女子八岁以上皆入小学","顾风气之开,自上而下,亦必自下而上,乃有相应之效验"。③ 各省命妇联合发声,吁请朝廷下旨在全国兴办女学堂,称:女学是文明之始基,"尤为政教之大者",光兴男学不足取,伏愿朝廷"大赉天下,隆施阴礼,女学男学,同时并举,俾周召南之盛治,再睹于明时,东西邻之佳猷,同伦于宗国"。④ 其时,慈禧太后亦比较留心女学,并有设立女学堂的打算:"俟新建之大学堂工竣,即以现在马神庙公主府之大学堂作为女学堂,八旗中有志入学者,准来堂授学。"⑤清廷推行新政,开办新学,为兴办女学提供了契机。《大公报》当时称:"改行新政,西国女学政俗渐及于中国,女学之教虽未兴,而女子知向学已有起点矣。"⑥

除了建议朝廷下旨兴办女学,还有人就如何办女学发表意见。如有人提出,中国当下兴办女学堂要"归于实用",自上而下,循序渐进,步骤有四:第一

---

① 《光绪朝东华录》第4册,光绪二十七年(1901)八月乙未,(总)第4719页。
② 《光绪朝东华录》第5册,光绪二十八年(1902)正月丁卯,(总)第4818页。
③ 鸳水董寿:《兴女学议》,《大公报》1902年8月12日。
④ 《中国各省命妇公吁振兴女学呈请当路代奏拟稿》,《女学报》第2年第1期,第40页,光绪十九年二月十五日(1903年4月1日)。
⑤ 《女学先声》,《选报》第39期,第20页,光绪二十八年十二月初一日(1902年12月30日)。
⑥ 《女童向学》,《大公报》1903年4月9日。

步,以"妇德妇言妇工"为宗旨,先订女蒙学与女小学课本,将修订好的课本上呈管学大臣,作为各女学堂教材①;第二步,管学大臣奏请皇太后在宫中设立一座女学堂,让宫里的宫娥秀女按照所定课程按班入学②;第三步,明降谕旨,令京城王公大臣及各省文武官员在宅邸设立女学堂,按照颁行的课本,专教本宅妇女,本宅至戚有愿意附入者听其自便,外家族妇女一概不招③;第四步,明降谕旨,令各省富商巨贾,"凤通往来的亲友家,合凤日和睦的邻舍家,约数家就可立一座",仅招收本族近邻女子。④ 而有些地方官员更是率先行动,在当地开办女学堂,将此视为新政的一部分。如直永定河道卫杰,"于各种新政实事求是,次第施行,所创学堂、农工各局皆有成效,今又拟在固安县城内开设女学堂一所,以为开沦民智之本,近已托人赴京延聘女教习矣。"⑤又如时任湖北巡抚的端方,"讲求新政,惟日孜孜,因念鄂省大中小各学堂均已兴办,惟女学尚付阙如,爰与武昌府梁集庵太守筹商,拟在省城招集大家闺秀,聘日本某女士充当教习,凡绿窗静女有志向学者,无论籍隶何省,均准入堂。"⑥不宁惟是,地方要员还常常鼓励民办女学,以示新政。如赵尔巽任湘抚时,三品荫生候选知县龙绂瑞等人呈称创设女学,便得到了赵的嘉许:"今得该绅等锐意振兴,先设女学,学之不立,俗何由善,苟设学堂以陶成之,则智识日浚,陋习将不禁而自除,以俟推扩。"⑦湘乡二品职妇李曾氏捐资开设湖南第二女学堂(淑慎学堂),赵尔巽予以批奖:"近来举办新政,颇有捐产济公之家,而惟利是视,动以筹费兴学而成讼事者,亦不一而足。以视该职妇高明之识,公普之怀,其亦可以风矣,应将此业归学务处经理,以备兴助各学堂之需用,慰该职妇夫妇忠孝之忱,仰候札饬南洲厅查据勘界,再行核收呈报,以凭奏请奖励。"⑧

---

① 《就中国现势筹划女学初起办法(来稿)》,《大公报》1902年10月12日。
② 《就中国现势筹女学初起之办法(续前稿)》,《大公报》1902年10月14日。
③ 《就中国现势筹女学初起之办法(续前稿)》,《大公报》1902年10月14日。
④ 《就中国现势筹女学初起之办法(再续前稿)》,《大公报》1902年10月16日。
⑤ 《时事要闻》,《大公报》1902年9月21日。
⑥ 《鄂兴女学》,《申报》1903年5月27日。
⑦ 《湖南抚院赵准龙绅绂瑞等禀创设女学札学务处立案文》,《大公报》1903年7月14日。
⑧ 《命妇兴学》,《大公报》1904年4月29日。

　　女学借清廷推行新政兴起,不过,由张百熙等拟订、清廷 1904 年 1 月 13 日批准颁行的《奏定学堂章程》,并未将兴办女学堂的事宜纳入。《奏定学堂章程》共 19 册,包括各类学校的管理制度及有关通则、考试、奖励、教员聘用等若干规定。其中一册《奏定蒙养院章程及家庭教育法章程》是学制中仅有的一个涉及女学的章程。章程说,考虑到"中国男女之辨甚谨",少年女子"结队入学,游行街市",断不宜令,故"未便于公所地方设立女学","女子只可于家庭教之,或受母教,或受保姆之教",即"蒙养家教合一"。蒙养院接受 3—7 岁女童由"保姆教之",类似国外幼稚园,但没有独立的空间,而是附设于育婴堂和敬节堂内,又称"保姆学堂"。不过,考虑到"保姆学堂既不能骤设,蒙养院所教无多",章程又认为,"蒙养所急者仍赖家庭教育","以蒙养院辅助家庭教育,以家庭教育包括女学"。女学于是被限制在家庭之内。至于女学目标,则是"教以为女、为妇、为母之道","令其能识应用之文字,通解家庭应用之书算物理,即妇职应尽之道,女工应为之事,足以持家、教子而已。"章程规定,女子不宜习西书,以防"误学外国习俗,致开自行择配之渐,长蔑视父母、夫婿之风","无益文词概不必教;其干预外事、妄发关系重大之议论,更不可教"。各省学堂将《孝经》《列女传》《女诫》《女训》等书,"择其最切要而极明显者,分别次序浅深,明白解说,编成一书,并附以图,至多不得过两卷,每家散给一本"。也可选取"平正简易,与中国妇道、妇职不相悖者(若日本下田歌子所著《家政学》之类),广为译书刊布"①。《奏定蒙养院章程及家庭教育法章程》将女学纳入家庭教育的领域,而不公设女学堂,遵循的是男女严防之礼。其中的规定,特别是不读西书,不学外国习俗,招致了教会刊物《万国公报》的辛辣批评,被斥为"愚女术"。② 张百熙 1905 年视察天津学务时谈到了如此制定章程的苦心:"前年本大臣与南皮张宫保会订学堂章程,于女学一端再三商榷,所

---

① 《奏定蒙养院章程及家庭教育法章程·蒙养家教合一章第一》(1904 年 1 月 13 日),见璩鑫圭、唐良炎编:《中国近代教育史资料汇编·学制演变》,上海教育出版社 1991 年版,第 393—395 页。

② 《中国振兴女学之亟》,《万国公报》月刊,第 200 册,第 23656 页,光绪三十一年八月(1905 年 9 月)。

定蒙养院及家庭教育法，颇为海内通人所疑议，局中任事之苦，不敢求谅于局外，所待贤上大夫之匡助者，于章程内已引其端，可以考见。"①他的这番苦心，其实得到了不少官员的理解。苏州学务处称《奏定蒙养院章程及家庭教育法章程》是"杜渐防微"，"立法何等慎重"。②御史张瑞荫说："女子知书，古今所重，设立女学岂曰非宜，但风气固贵开通而弊端亦宜预杜，故奏定学堂章程归入家庭教育，其中不无深意。"③

《奏定学堂章程》为维护男女之别而不主张设女学堂，但社会上主张兴办女学堂的呼声却越来越高。当时保守的《申报》1904年9月甚至发文说，兴女学虽然会破坏男女之防，导女子"荡检逾闲"，但这是国家富强需要付出的代价，是可以接受的。如当今泰西各国，"推其富强之由，其效未尝不在男女之无别"，"今中国国势积弱甚矣，苟有法以救之，虽有甚于此者，亦所不惜，况只区区去男女之防闲哉！"④章程颁布一年后，不断有人请求朝廷，"吁颁明诏，严饬各疆臣，无论大小州县，期以一年普设女学堂"⑤。1905年12月，《东方杂志》刊发的一篇社论更是直言，不兴女学是朝廷新政的一大缺点，其中批评说："女学者，蒙小学之本也。女学不进，一国生计必不充，人种必不强，社会必不良，而于教育尤大有障碍。无女学则无儿童教育，无儿童教育则教育之基础不立，教育之功效不广。此其理今人多能言之，即执政者亦未有不深明及此，无待吾再道也。夫其事之当行而显见者如此，朝廷曾不闻有一敦促兴办之特谕，以为之倡，是岂所以为强国福民之计也哉？"⑥官员也纷纷上书清廷兴办女学。军机大臣林绍年上折称："各等学堂悉以幼稚园、蒙学为始，蒙养实作圣之基，若先无女学，妇女不读书明理，何以端姆教而植其基？是女学一事于

---

①　《学务大臣张尚书天津视学演说天津》，《申报》1905年8月13日。

②　《苏学务处批女学不能延男教习苏州》，《申报》1906年4月16日。

③　录副奏折，光绪三十三年，张瑞荫，"奏为女子知书设立学校固贵开通而弊端宜予杜故奏定女学章程事关风俗事"，档号：03-5577-112，中国第一历史档案馆藏。

④　《答客论女学生》，《申报》1904年9月28日。

⑤　清扬女士稿：《书端中丞奏兴女学事》，《大公报》1905年11月30日。

⑥　《论今日新政之缺点》，《东方杂志》第11期，第226页，光绪三十一年十一月二十五日（1905年12月21日）。

强种兴学，皆实有绝大关系者也"，建议朝廷在科举停止、各省同任兴学之际，"乘此而广励女学，其收效必且甚宏，欲图富强，断不能不资此助力"。[1] 时任驻法公使的孙宝琦上折奏请创办女学堂，建议"所课普通浅近之文字、算数、物理三者与男学无异，应加以家政、纺织、针黹、烹饪四项，以期实用"[2]。

不过，虽然朝廷没有制订独立的女学堂章程，但各地在新政中创办的女学堂还是与日俱增，这给学部的管理带来了压力。除了响应各方呼吁，学部自身也希望能够制定一个女学堂章程，来统一管理各女学堂："闻学部因近来各省兴办女学，日多一日，但章程未能一律，且办理女学甚非易易，若无妥善规则，其中难免窒碍。现拟悉心斟酌，定一通行女学章程，奏请钦定，俾资遵守，而归一律。"[3]1906 年 3 月，学部上《奏陈教育宗旨折》，称"所谓进化者，乃扩其所未知未能，而补其所未完未备"，希望能补充完善现有学制。[4] 曾出洋考察的端方和军机大臣林绍年也面奏两宫，"请饬学部速定女学堂章程规则，兴办女学，以开风气"[5]，"以便颁饬各省，一体举行"[6]。慈禧太后面谕学部妥拟女学堂章程，学部接旨后即着手草拟。但章程拟好后受到了朝野的质疑，并未立即颁行。某尚书上折称，现有女学堂管理松散，导致"各省私立女学校，每起风潮，或因诬蔑，或因学生脱略形迹，甚至有素无品行之女子，托迹其中"，要求学部再严格修订女学堂章程，"爰应著所定管理之法，及课程中修身一科，再行改订严密，而不用男教员一条，亦再三声明"。[7] 工部主事刘枎上呈学部，认为制订章程要"严规则以男女有别为主义"，"教习监学供役人等悉用女子，如必须男人任事，应划定范围，内外秩然"；教习与学生均品行端正，"择教习必

---

[1] 录副奏折，光绪三十一年九月十一日，署理贵州巡抚林绍年，"奏为拟恳振兴女学敬陈管见事"，档号：03-7215-021，中国第一历史档案馆藏。

[2] 录副奏折，光绪三十一年三月二十日，出使法国大臣孙宝琦，"奏请特开女学一科事"，档号：03-7214-043，中国第一历史档案馆藏。

[3] 《学部拟订立女学堂章程》，《直隶教育杂志》1906 年第 10 期，第 1 页（文页）。

[4] 《学部奏陈教育宗旨折》（1906 年 3 月 25 日），见《中国近代教育史资料汇编·学制演变》，第535 页。

[5] 《奏兴女学确闻》，《直隶教育杂志》1906 年第 14 期，第 1 页（文页），光绪三十二年八月十五日（1906 年 10 月 2 日）。

[6] 《催议女学专章》，《寰球中国学生报》1907 年第 1 卷第 4 期，第 58 页。

[7] 《女学章程缓期宣布原因》，《四川学报》第 2 年第 10 册，第 14 页，光绪三十二年（1906）。

资性纯淑、向无瑕玷者,方得选充师范,否则虽外国文及各科学已造精深,亦不延聘","学生中有演述男女平权诸缪说及沾染恶习者,立即斥退","如此则于兴学宏教之中,仍寓杜渐防微之意"。① 御史王步瀛认为,学部拟订的官司执掌中有女中学堂、女师范学堂等名目,系仿泰西之法,其中弊病不可不防。第一,"使全国女子得如前出使大臣裕庚之女,尽通各国语言文字,遍历寰海名都,学则学矣,尚得谓之女乎? 国家亦安赖有此等人乎?"第二,兴办女学堂后,女子遍习西俗,"异日妇人齐争选举之权,即使富强,岂可立国? 甚至学生交乘煽乱,种种祸患,不可胜言"。他建议,学部制定女学堂章程时要"深究女学之弊","豫严防检","严女范,以维风化"。② 与九年前经元善等创办中国女学堂订立章程时的考量颇为相似,这些官员一致提议要将"男女有别"作为女学堂章程的基本原则。

　　舆论此时也纷纷就如何办理女学进言。《顺天时报》刊文说:"女子教育,宜趋重道德,以养成贤女贤妇贤母为宗旨。能为贤女,自能为贤妇贤母。其未嫁之日,皆为受教育之日。欲先养成贤女,自不可不趋重道德,其他学术工业,皆不过为道德上之助力。异日能为贤妇贤母,或佐夫子以成名,或以所学之道德,教育子女,乃为尽贤女之义务,乃为尽女子之天职。若徒以学术工艺,炫其所长,矜言独立于社会,致启男女之竞争,则失教育之宗旨矣!"③《广益丛报》亦刊文说:"女学之宗旨,固不外乎智育、体育、德育三大端,而三者之中,尤以德育为最宜注重",而女子之德育,"不必诩新奇、驰高远也,仍不外孝舅姑、和姒娌、相夫教子数端"。④《东方杂志》也刊文说:"教育之法,当以智德体三育并重,男子然,女子亦然。然天演之理,适宜者存。以吾国风俗人情论之,则三者之中,实宜以德育为重。但所谓德者,非必世俗之以无才为德也。《内则》所载,《女诫》所言,固不可稍背,而国家思想,公共观念,亦不可无,非欲其干

① 《工部主事刘桂呈学部代奏稿续初七日稿》,《申报》1906 年 7 月 30 日。
② 录副奏折,光绪三十二年五月十一日,掌浙江道监察御史王步瀛,"奏为复设女子学堂之光请饬学部预杜女学流弊以维风化事",档号:03-5460-082,中国第一历史档案馆藏。
③ 《论女子教育宜定宗旨》,《顺天时报》1906 年 6 月 11 日(光绪三十二年四月二十日)。
④ 扶坤女杰:《论女学宜注重德育》,《广益丛报》第 119 期,第 2 页(文页),光绪三十二年八月三十日(1906 年 10 月 17 日)。

预外事也。家庭教育,感化最大,若其母无国家之思想,公共之观念,则其子出而任事,必无裨于国家,而有碍于公众,我国通弊,大率在此。则使女子有国家思想,公共观念,以为异日陶铸幼童之地者,固当今第一要务也。"①《申报》发文强调"男女之别":"凡办理女学,自管理员教员以次,均以妇女主持,不得搀入一男子",如迫不得已需要聘请男子,"必择年高有德望之人,浮薄好事少年,一律不得聘请"。②

吸纳各派意见之后,清廷 1907 年 3 月 8 日下旨颁行《学部奏定女学堂章程》。章程申明,要兴办女子师范学堂与女子小学堂,以"启发知识、保存礼教两不相妨"为宗旨,"凡东西各国成法,有合乎中国礼俗、裨于教育实际者,则仿之;其于礼俗实不相宜者,则罢之;不能遽行者,则姑缓之"。关于女子师范学堂,章程规定:"以养成女子小学堂教习,并讲习保育幼儿办法,期于裨补家计,有益家庭教育为宗旨",开设修身、教育、国文、历史、地理、算学、格致、图画、家事、缝纫、手艺、音乐、体操等课程,首宜注重于"为女为妇为母之道","时勉以贞静、顺良、慈淑、端俭诸美德,总期不悖中国向来之礼教与懿媺之风俗。其一切放纵自由之僻说(如不谨男女之辨及自行择配,或为政治上之集会、言说等事),务须严切屏除,以维风化";学堂管理严男女之别,其监督、教习、副教习、监学等"均以品端学优,于教育确有经验之妇人充之",其仆役"亦须用端正守礼之妇女",其总理、书记、庶务员"均以笃行品端,究心学务,年在五十以上之男子充之,且须于学堂旁近别建公务室,办理一切事务,不得与学堂混合",其女学生"皆须住堂,不得任意外出"。章程还规定:每州县必设一所女子师范学堂,初办之时,可暂于各省城及府城由官筹设一所,余则据情"逐渐添设";官办女子师范学堂的经费"当就各地筹款备用",入学女子"无庸缴纳学费";民间亦可设立女子师范学堂,但经理者须由地方官查明为"公正绅董",并"须先将详细办法,禀经提学使批准,与章程符合"。关于女子小学堂,章程规定:"以养成女子之德操与必须之知识技能,并留意使身体发育为

---

① 勇立:《兴女学议》,《东方杂志》第 3 年第 13 期,第 244 页,光绪三十二年十二月二十五日(1907 年 2 月 7 日)。

② 《论办理女学堂之法》,《申报》1906 年 7 月 2 日。

宗旨"，首当注重女德；与男子小学堂要"分别设立，不得混合"，其管理亦要严男女之别，与女子师范学堂同。①

《女学堂章程》既代表了官方的意志，也大致反映了民间先前已办女学堂的定位。有报刊对章程的要点做了如是解读："（一）男女学生不准交友；（二）禁止蓄留前额发；（三）不准创自由结婚之说；（四）男学开会，女生禁到，女学开会，男生禁到；（五）女学堂以三从四德为根本；（六）开女学原为昌明家庭教育，举凡一切关于国家之事，无须女学生干预，尤不准有登场演说之事。"②这六点归结起来其实就是要讲礼教，严男女之别。章程着意于培养"贤母良妻"，而与此相应，学部厘定了女学通行课本，将"《列女传》并所有《女诫》《女训》《女孝经》《家范》《内训》《闺范》《温氏母训》《女教经传通纂》《教女遗规》《女学》《妇学》等书，取其精华，编成教科课本，颁给各省一律遵行"③，并听取出使大臣候选道许珏严防流弊的建议，颁发世祖章皇帝御纂《内则衍义》一书，以为读本。④ 热心女学的端方称赞这一做法"圣谟深远"，"于启发知识之中，仍寓保存礼教之意，准绳既定，流弊胥蠲，端本正俗，钦服莫名"。⑤

《女学堂章程》颁布后，清廷随即下谕全国按章程办理女学堂。部分地方官员也跟着行动起来。两江都督端方向来注重女学，收到学部咨文《奏定女子师范学堂及女子小学堂章程》后，即刻筹办女子师范学堂，委托"稳练老成，办事细心，研究女子教育历有年所"的冯开浚为监督，"由财政总局按月支给夫马银七十两以资办公"。⑥ 陕西巡抚恩寿接到学部咨文后，与提学使余堃着手创办女学堂，"一切遵守学部章程，参以地方情形，杜渐防微，慎之又慎"，

① 《学部奏定女学堂章程折》（1907 年 3 月 8 日），见《中国近代教育史资料汇编·学制演变》，第 574—575 页。

② 《学部限制女学生》，《北京日日画报》第 160 期，光绪三十四年十一月六日（1908 年 11 月 29 日）。

③ 《厘订女学通行课本》，《四川官报》第 6 册，第 4 页（文页），光绪三十三年（1907）。

④ 《学部议覆女学》，《直隶教育杂志》第 8 期，第 100 页，光绪三十三年五月十五日（1907 年 6 月 25 日）。

⑤ 《两江总督端方奏改办粹敏女学堂附设幼稚园情形折》，《政治官报》第 278 号，第 4 页，光绪三十四年七月初九日（1908 年 8 月 5 日）。

⑥ 《江督饬办女师范学堂》，《申报》1907 年 4 月 25 日。

"在省城仿照天津女塾规制建筑学堂一所，聘定女教习二人，拟先试办师范预备科暨附设初等小学堂"。① 不过总体看，虽然舆论鼓吹女学甚欢，但地方实际上办理女学并不得力，学部因此也不断札催各省"迅速筹款，择定地址兴办，以为全省提倡女学之基础，并将订定章程及科学门类，详细覆部，俾得查核"。② 江西省林提学，便因接奉学部札催迅速遵照奏定女子师范学堂章程，以贡院新改高等东侧校舍作为官立女子师范学堂。③

章程颁布后，女学归学部统一管理，不仅新办女学堂要在当地学务处申报立案，先前创办而未备案的女学堂也需申报立案。地方官和提学使负责审核，审核的重点则是"不背吾国懿媺之礼教，不染末俗放纵之僻习"④。这一点成为地方创办女学堂的戒律或指南。而各地方官呈报的女学堂办理情形也基本与章程相符。譬如小学堂，各地遵章程男女学堂分设，课程设置也几乎与章程规定一致。如吉林公立女子初等小学堂第一、二学年课程为修身、国文、算术、体操、音乐，第三、四学年在这五门课基础上增加了女红、图画。⑤ 长春府女子初等小学堂分甲级与乙级，学生课程也以修身、国文、算术、体操、音乐为主，相比乙级，甲级的课程增加了历史、地理、格致、图画、女红五门。⑥ 女学堂基本采用学部图书局编辑的教材，如珲春女子初等小学堂课程，修身"借用中国图书公司张继编《初等小学修身教科书》，每周授课一点钟"，国文"借用学部图书局编《学部图书局编初等小学五年完全科教科书》，每周授课十五点钟"，算学"借用学部图书局编《初等小学五年完全科算术教科书》，每周授课二点

---

① 《陕西巡抚恩寿奏试办女学片》，《学部官报》第 119 册，第 5 页（文页），宣统二年四月初一日（1910 年 5 月 9 日）。

② 《部札催办女学师范》，《华商联合报》第 8 期，第 5 页（文页），宣统元年四月三十日（1909 年 6 月 17 日）。

③ 《组织官立女子师范学堂》，《教育杂志》第 1 年第 9 期，第 69 页（文页），宣统元年八月二十五日（1909 年 10 月 8 日）。

④ 《本司支批德清县详设开智女学请立案文》，《浙江教育官报》1908 年 8 月第 2 期，第 9 页（文页）。

⑤ 简章，宣统三年，吉林公立女子小学堂，"吉林公立女子小学堂简章"，档号：J033-02-0720，中国第一历史档案馆藏。

⑥ 详文，宣统元年五月十九日，长春府知府，"为创办女子小学堂并章程事给吉林巡抚详文"，档号：J011-35-6489，中国第一历史档案馆藏。

钟",女红、体操二科因教员不足"从缺"。①　女学堂主要职员有校长、正教员、副教员、经理。由于女教员稀缺,有些女学堂在教员选择上略为做了变通,如榆树县官立女子初等小学堂正副教员各一员,"担任各科功课,暂以年在五十岁以上之男教员,素有学识、品行端方者充之,俟省中女子师范卒业时均行另聘"②;吉林女子初等小学堂设正教员一员,"由董事会暂行推举,学品兼优、五十岁以上之绅董充任,总司全堂事务,遇有重要事故,须禀承董事会办理",副教员一员则"聘学问优长之女士充任,除担任初等班女红、音乐、体操、图画等科外,兼教授家政班课程"③。为了防止流弊,各女学堂都制定了严格的校规。吉林女子初等小学堂规定:"中外礼俗不同,不得倡男女平权、自由择婚等语以防流弊;学员学生不得用西装;学员学生一律布素,不御纨绮,不施脂粉;学员学生不得缠足;来考察之人,非公正官绅介绍,经堂长认可者,不得观览;各员及学生亲族因事来堂,经堂长验实准在外厅接见。"④帽山前头道沟初等女子小学堂规定:"学生每日于上午九时陆续到堂,至迟不得过二十分钟";"学生制服遵章用长衫,春冬深蓝,夏秋浅蓝,其底襟约去地三寸为度,袖口及大襟俱缘青,宽以一寸为度;学生不得簪花、傅粉、被发及以发覆额;学生已缠足者宜放,未缠者不得再缠";"学生每日来堂回家,必须步履安详,瞻视端正,除逢本堂职教员及至戚尊长立正致敬外,不得在途与人谈话,及有不庄重之容貌,违者查出酌量记过,于年长学生记过加重"。⑤

从《女学堂章程》与各地上呈女学办理的情形看,清季官办女学的课程设置与管理模式中西合参,并特别强调"男女有别"和传统女德,这几乎是先前

---

① 表,宣统三年十月十四日,珲春女子初等小学堂,"珲春女子初等小学堂宣统三年第一学期课程表简章",档号:J033-02-0493,中国第一历史档案馆藏。

② 简章,宣统二年五月二十二日,榆树县官立女子初等小学堂,"榆树县官立女子初等小学堂简章",档号:J033-03-0460,中国第一历史档案馆藏。

③ 简章,宣统三年,吉林公立女子小学堂,"吉林公立女子小学堂简章",档号:J033-02-0720,中国第一历史档案馆藏。

④ 章程,光绪三十三年七月二十七日,吉林女子初等小学堂,"吉林女子初等小学堂章程",档号:J001-33-4832,中国第一历史档案馆藏。

⑤ 详文,宣统三年十一月初四日,延吉府知府,"为报送帽山前头道沟初等女子小学堂教员年籍履历表及规则事给吉林提学司详文",档号:J033-03-0458,中国第一历史档案馆藏。

经元善等人办中国女学堂的翻版。官办女学的目标是培养能相夫教子、主理家政的"贤母良妻","智识则务求其新,道德则宜从乎旧"①,这样的"贤母良妻"相较于旧时而言其实已有了很大提升。当然,如许多人所理解的那样,女学堂授女子新"智识",并不是为了让其"脱羁绊而任自由",而是为了让其"懂得古今世变、当世时局以及历史地理的关系,做人处事终觉有些见识,将来做人的妻,便可帮助丈夫,做人的母,便可教训儿子"。②

升级版的"贤母良妻"旧中有新,新中有旧,除了被柳亚子等主张女权与"国民之母"者訾为"高等奴隶",其实满足了当时绝大多数士绅的期待,寄托了一种直接兴家、间接兴国的诉求。舆论也普遍对以培养"贤母良妻"为宗旨的女学表示欢迎。一篇被多家报刊先后刊发的时论即称:"女学发轫之始,当蕲合于吾国之风俗政教,而后可以无弊。贤母良妻派,所谓适合于吾国风俗政教者也。"作者把女学分为"贤母良妻派"与"非贤母良妻派",认为朝廷所讲的女学大旨即本于贤母良妻派。"所谓贤母良妻派者,非普通女学之谓,亦非轻视女子,而仅授以寻常浅近之教科也。所别乎男子者,特以男女所处之地位不同,故其教科宗旨因之而异。宗贤母良妻派者,一切教科目的,专注于女子应尽之义务,其收效于爱国也,半受间接之影响。宗非贤母良妻派者,一切教科目的,在与男子服同等之义务,其收效于爱国也,多受直接之影响。"在作者看来,贤母良妻派是女学的始基,也是进于非贤母良妻派"必经之阶级"。所谓"几何万象起于点,人生万事始于胎,母道也;发育万物肇于乾,端本成化贞乎坤,妻道也","贤母良妻"强调的便是为母为妻之道。而母道与妻道皆职务而已,"必先明于女子之职务,而后进以适宜之教育。天演之理,适宜为贵。女子之职务,在孝舅姑、和妯娌以及相夫教子诸端,则进以相当之伦理学;女子之职务,在治针黹、勤缝纫、习纺织诸端,则进以相当之工艺;女子之职务,在主中馈、操一切琐屑家事,则进以相当之家政学;女子之职务,在司会计、经理出纳簿记,则进以相当之算学、簿记学等。其余历史、舆地等科,亦均以适宜于妻母

---

① 《训励女学》,《四川官报》第 7 册,第 5 页(文页),丁未三月下旬(1907 年 4 月)。
② 《论女学为自治之母》,《江苏自治公报》第 68 期,第 2 页,宣统三年闰六月下旬(1911 年 8月)。

之道为鹄的。"①由是观之,"贤母良妻"的女学内置了本乎男女有别的天职观,女子的职责因之被圈定在家内,家外公权被排除。女学的这一定位和走向,与后来空海等以"天职"反对女子参政亦有内在关联。

清季女学的困境与非议

其实,即便是标举"男女有别"和"贤母良妻",女学在清季发展也不顺畅。《女学堂章程》颁布前,民间志士创办女学堂便每每受守旧之人的阻挠和地方官员的干预而关停。1902年,女学堂在广东初现时,有顽固者"诬开学堂者为伤风败俗",致学堂绅董"心揣揣焉",②当时广东巡抚李兴锐也不支持办女学堂,"吩咐府县查封"③。类似情况也发生在两湖。开湖南女学之先声的湖南第一女学堂创于1903年,当初得到了湘抚赵尔巽支持,在赵离任后,次年9月被人公报私仇参奏"伤风败俗"而遭裁撤,同时受牵连被关闭的还有淑慎女学堂。湖南省第一女学堂被裁的原委是:岳麓书院主讲兼湖南师范馆馆长王先谦,贪恋其族侄之守寡弟妇美色,欲纳为妾,弟妇不从,潜归家,后被开明家人送第一女学堂读书,王因此"嫉视女学堂"。又,御史杜本崇"客于王先谦家,纳其妹为王妾,杜闻王之有憾于女学堂也,遂以排倾女学为事"。时逢陆元鼎调任湘抚,陆亦极力反对女学堂。杜借机上"请废女学"折,谓"湘省女学并无实用,徒为伤风败俗之原因",王也致书军机大臣瞿鸿禨谓:"某之寡弟妇,因不贞避羞而入女学,此风断不可长,宜急设法阻止"。清廷遂决议封禁。④1904年,湖北巡抚端方扶持设立湖北女学堂,学堂成立后,提督张彪夫人入堂观览,其仆从勇丁亦欲入观,被门人拒绝而与门人冲突,态度恶劣嚣张,端方得

---

① 《论女学宜先定教科宗旨》,《广益丛报》第137期,第2—3页(文页),光绪三十三年五月初十日(1907年6月20日)。该文丁未三月二十八日刊于《南方报》,后被《东方杂志》第4年第7期(1907年9月2日,光绪三十三年七月二十五日)收录。《申报》1905年5月18、21日刊发的《论女子教育宗旨》表达了类似的看法。

② 藤原文子:《女学论二》,《岭南女学新报》第2册,第3页,1903年4月。

③ 《女学风波》,《选报》第39期,第22页,光绪二十八年十二月初一日(1902年12月30日)。

④ 《湖南女学废闭之原因》,《警钟日报》1904年10月26日。

知后"即责张彪约束不严,令罚洋三千元交女学堂充公"①,张彪遂对女学堂怀恨在心,后报湖广总督张之洞称："女学堂监督任宪吉县令,常介绍男女客入讲堂观习课,动辄数十人,以致人声嘈杂,教习无从讲演,学生亦均有退志"②,张之洞以女学堂不合《奏定学堂章程》规定,下令关闭。③

而在这些查封事件之外,还不乏好事者编造谣言抹黑女学堂。1905年12月,《申报》刊发了一篇题为《南浔女学堂停办原因》的报道：

> 南浔镇由绅士创设中西女学堂,邀请中西女师各一。内有一西文女师,素与甬人某通事有染。而该堂体制所雇执役均系妇女,某通事乃百思筹计,巧扮西式女装,冒称西文女师表妹,混入堂中,托名帮教。至八月内,西女师告假赴沪,堂中事件均由某通事代理。内有某绅之女,向宿堂中,前日无故回家,坚不肯去,至晚就寝之时,女母再三盘诘,略露真情。女母当即密告其父,某绅得情,立即亲谒孙司马,饬派兵役至该堂,将某通事拿获,一面电达湖府李太尊,会衔电禀抚宪核办,另檄乌程县张大令赴浔查勘,将堂暂行停止,以后未知作何办法。④

这篇报道绘声绘色,活灵活现,稍后却被证实为"奸狯之徒"为"损坏女校名誉"而散布的子虚乌有的流言。⑤

《女学堂章程》颁布后,官方的支持虽在一定程度上促进了女学的发展,但女学的处境并未从根本上得到改观。比如浙江省,在《女学堂章程》颁布四年后,全省"女学除省城官、私及教育会所设之五六所外,各府尚属寥寥,办法未合,师范尤形缺如",远未达到章程规定的各州县必设师范学堂一所的标准。⑥ 相对开通、富裕的浙江省尚且如此,其他省份更可想而知。有人在观察女学的状况后感叹："以人烟稠密之名城,而女子之无就学之地,以经营数年

---

① 《勇丁闹事》,《大公报》1904年3月1日。

② 《女学保存》,《女子世界》1904年第7期,第84页。

③ 《两湖总督张札幼稚园文》,《东方杂志》第7期,第43页(文页),光绪三十年七月二十五日(1904年9月4日)。

④ 《南浔女学堂停办原因》,《申报》1905年12月19日。

⑤ 《南浔金君来函》,《申报》1905年12月22日;《更正讹传》,《申报》1905年12月29日。

⑥ 《推广全省女学之计划》,《北洋官报》第2770册,第11页,1911年5月5日。

之女学,今且有歇绝之忧。"时人将女学发展缓慢的原因归结为"民财不足"与"民德未进"。"民财不足"是清末的客观现实,由于经费问题,"男校尚未遍设",对女学"诚不敢多存奢望"。① "民德未进"则表明一般人对女学并不关心,甚至多有抵触。

出版家章锡琛(1889—1969)1926年在一篇谈女子教育的文章中提到,清末女学初兴时曾有人赠女学堂一副联语:"教育教'育',学生学'生'。"由于掉文巧妙,这八个字被传诵一时,"一般所谓学士大夫者,往往喜欢引为茶余酒后的谈助。直到现在,还留在许多人的记忆中。"章锡琛提及的这副带有揶揄性的联语,精准点出了当时女学堂的定位,反映了一般人对女子教育的理解,而"生""育"二字也道出了女子在时人眼中的价值所在。章在文中还忆及了20多年前女学在他故乡的境遇:几位热心人捐办了一所女学校,"那实在是一种破天荒的举动。那里的市井少年,目击着许多青年女子的出入校门,起了一种奇异的感觉;于是学校创办不久,校外便出现了一种民谣,起初只通行于茶坊酒肆,后来连拖鼻涕、赤脚梗的小孩也都唱起来了。那歌词道:'□□女学堂,肚皮像蛤蟆;开开后门大有仓,丢丢逃生也便当。'这歌谣一时传遍全城,于是有女儿的人家,都不敢送到女学校里去念书"②。将女学堂无端诋为制造"逃生"(私生子)的伤风败俗之所,大概是男子在原本属于自己的外部空间被突如其来的女性事物打破后下意识的一种应激反应。

其实,被旧习包围,女学堂遭遇流言蜚语在所难免。而流言蜚语也是对女学堂另一种形式的规训和约束,提示其一旦出格,就会面临灭顶之灾。事实上,清季就有一些女学堂,因为经办不慎、有违礼教而遭取缔。如常州粹化女学堂,因师资短缺并用男女教员,违背了"宪谕",1906年被江宁学务处以"男女混杂"之由勒令关闭。③ 因为这类事件,禁用男教员后来也被明确写入了

---

① 沈颐:《论女子之普通教育》,《教育杂志》第1卷第6号,第73页(文页),宣统元年五月二十五日(1909年7月12日)。

② 章锡琛:《现代女子教育的根本误谬》,《教育杂志》第18卷第6号,第4页(文页),1926年6月20日。

③ 《苏学务处批女学不能延男教习》,《申报》1906年4月16日;《常州女学之阻力》,《复报》第4号,第23页,1906年。

《女学堂章程》。不过，禁用男教员虽然是为了照顾"男女有别"的大环境，但在女学初兴、女教师严重缺乏之际，这一规定势必又会阻碍女学的发展，以致有人斥其为"禁女学之变相"①。到1911年，为了解决女学堂师资不足问题，有人建议修改这一规定，提出女学堂可以根据自身需要聘"年岁较长而又品行素端"的男教员②。又如广东民办铁铮女学堂，因"倡言自由"，1907年被提学司封闭，"以清学界而端风化"。其封闭牌示称："迩来省城学堂教员生徒等，品流不一，谤言四兴。并访闻有下流妇女，冒充女学教员生徒等，肆行招摇。又有市井无赖子弟冒充学界人等，暨学界不知自爱之流，与此等下流妇女，互相结议，假名学界，妄语自由，渎乱大防，败坏礼教，莫甚于此。地方官有教化之责，均应随时查察严禁，上以维持学界，下以纲纪社会，其关系良非浅鲜。"③

女学堂淹没在闲言碎语之中，而女学堂的学生也不例外。作为流动的新风景，女学生的一举一动都被舆论品评，并常常成为舆论的焦点。忧时之士曾将国家的未来和希望托付给了她们，但聚光灯下，媒体抓拍到的她们既不是女英雄、女豪杰，也不是普罗大众期待的贤母良妻，而完全是另一幅堪忧的形象。《申报》报道："及笄女郎，血气未定，咸谋入塾为女学生，虽父母禁之而有所不顾。甚有久经适人，亦既抱子，而亦弃其室家之好，愿居弟子之班。每逢星期，革靴晶镜，三五成群，其徜徉于各马路中者，国人闻耳目焉，曰此某某学堂之女学生也。而茶寮酒肆间，亦时见女学生之踪迹，男女杂坐，谑浪自如，即其外观已甚可诧，其隐微之不可告人者，更未敢形诸笔墨。"④又："乃我见今之所谓女学生者，语未必如鴃舌，书未必通蟹行，物理舆图未必精，天文算术未必晓，治军、航海、疗疾、经商诸技，更未必能融会贯通。惟是跅革靴，拖大辫，架金丝之眼镜，含纸卷之西烟，三五成群，不男不女，契兄契弟，携手并肩。叩其所为，曰在学堂肄业也。询其家世，则上自达官显宦，下逮里巷细民，品类正不一也。

---

① 如谨(陈以益)：《论学部严定女学章程》，《神州女报》1907年12月第1卷第1号，第309页。
② 《女学堂不必限用女教员议案》，《民立报》1911年7月28日。
③ 《封闭女学之牌示》，《中国日报》丁未年正月初八日(1907年2月20日)。
④ 《答客论女学生》，《申报》1904年9月28日。

观其举动,则每逢休沐日,非约伴游行廛市,即麇集于租界茶楼也。噫！里巷细民不必论,曾是出自达官显宦家者,而亦一任其纵欲败度,置礼义廉耻于不顾,岂达官显宦无一不如陈仲子之目无见、耳无闻者乎？抑确信人人有自主之权而不能越分以约束其儿女乎？"①《民呼日报》报道："宁垣某女学堂学生中,有著名十姊妹者,以不嫁为名,实则日事闲游。上月在秦淮河,坐花舫,打麻雀,甚至飞盏召妓,采烈兴高,若忘其为学生,且忘其为女学生者,未免太放诞风流矣！"②又："长沙城内周氏家塾女学堂学生,凡属省城内籍者,多半为妓家女子,学费一概出自奸夫。每逢礼拜三及礼拜六假期,皆出堂肆行淫乱,毫无忌讳,各属良家闺女为之诱惑者不少。查各妓女中,专假读书为名,专惯在堂煽惑,引诱红颜女子出堂淫乱,以去奸夫嫖客格外奖偿云。"③女学生的"出格"言行被"抓拍",经舆论发酵放大,成了时人言说中的风俗之隐忧,以及"顽固者茶罢酒后笑骂之助"④,女学因是而遭遇难堪。

对女学的飞短流长引起了热心女学者的担忧,有人开始分析原因并寻找对策。

1907年,《中国日报》发文云："今日之女学界者,丁新旧知识过渡之时代……兰艾之杂投,势所不免。而世之仇视女学者,遂因而中伤之,一般之附和随声者,更得任意诋毁之",在女学遭群疑众谤之际,亟须靖浮议以保全其名誉。在作者看来,女学生这一大群之中有可议者本属正常,正如"百步之内,必有芳草,一田之禾,必有秕稗",但不可以偏概全。女学生"沪其装,革其履,娟其遮",本是"文明"之举,而不规则之徒却"肆口妄言,加以不名誉之蜚语",之所以如此,是因为有"丑业妇者"效女学生装文明,"亦沪其装,革其履,绢其遮"。但诚朴之士不察皂白,"转欲为自己女子名誉计,群以送女子入学为戒"。故此,为保全起见,女学应"自峻其藩篱,当先为假冒者别其泾渭"。作者建议,学界君子应"集合女学界之大群,斟酌划一之服制",如有假冒女学

---

① 《正女教说》,《申报》1904年12月13日。

② 《女学生吃花酒》,《民呼日报》1909年6月16日。

③ 《女学堂果竟如此堕落耶》,《民呼日报》1909年8月11日。

④ 《新罪业》,《女子世界》1904年第11期,第2页(文页)。

生而为非者，"究治其罪"，女学前途将因此而改观。①

署名"补青"的作者同样认为，在女学萌芽时代，"以吾国女子积愚累暗之久，一旦焉决其堤防，使之得为不甚干涉之言论与行动，则其或有溢越常规之处，诚所不免，责言之来，亦固其所然"。不过，他同时认为，女学之非议在所难免的根本原因尚不在此，而在世人对待女子的心理，这种心理是矛盾的，即一方面"以今世界所尊之女子期之"，另一方面"则以旧社会所称之女子绳之"，"一有不合，辄断断相戒以惧"。故此，"以今日一般社会之智慧与一般社会之耳目，欲其对于女学而无非议，诚不可得，惟热心女学者，认定责任，力排万难以独进而已。"②

另有人认为，女学界物议纷腾，固然多系"造言污蔑"，"然平心论之，办理女学之人，容亦有未惬于人意"。比如，女学堂用人失察，"有一二浮薄喜事少年，厕身其间，即不免为人指摘，而名誉即因之损碍"；又，"女子以贞洁为先，学生以德育为尚，使若干女学生中，苟有一二败群之马厕杂其中，全校名誉，必为所累"。故办理女学者也应该自省自纠，"使一无可疵"。③

自称"为张大女权"而厕身女界的江纫兰，就提醒女界要反躬自省。江纫兰说："今者女校之兴，尚属幼稚时代，而秩序不严，未尝无举止轻浮，妆饰妖异者混迹其中，甚至淫奔之丑，多露之羞，腾闻于报纸"，此怪现象实乃"伪托维新"、不讲"男女有别"酿成。在江纫兰看来，近世男子"每以男女有别，指为中国微弱之由"，其实是为了"隐衷徒欲，遂其燕私之秘计"，而"无识者拾其馀唾，复为之推波助澜，尽情煽惑，遂使顽固者流得所藉口"，贻殃女学。江纫兰奉劝女子醉心西法要有节制，不能拾人之皮毛而丢己之大伦。比如，"西国女界之优胜在于人人皆学，人人无依赖性质，其冒险之锐，爱国之忠，习业之精，进行之敏，无一事稍逊于男子，亦决不步男子之后尘，凡我同胞，自宜奉之为师，力造于健全之地位。……然至于名教所观瞻所系，亦有不必强同者，即如

① 《学界宜速设法以保全女学之名誉》，《中国日报》丁未年九月初四日(1907年10月10日)。
② 补青：《女子教育平议》，《直隶教育杂志》第11期，第7—8页，光绪三十三年八月初一日(1907年9月8日)。
③ 《论办理女学堂之法》，《申报》1906年7月2日。

西国习俗宾朋相见,有握手礼,相爱者或并行接吻礼。我国礼制,男女授受不亲,虽手足周旋,亦不能亵渎若此,所以别嫌疑,严防闲也";又如,西国男女婚姻自主,而"我国女子程度尚低,择配一事,慈亲主政,设以西例为藉口,私通书简,则艳词绮语投赠往还,必酿成濮上桑间之秽迹,而大为伦理所不容。此不必强同,而亦断不能强同者也";再如,西方夫妇皆有离婚之权,性情不合,彼此皆可请离,而"我国男女素无西人之程度,设此例一开,男子溺于私爱可以轻弃糟糠,女子别有钟情亦可以下堂求去,名曰文明,而实则渎伦蔑纪,相习为鸟兽之行。况女子之道,从一而终,乃我国之天经地义"。总之,在江纫兰看来,"吾国旧有之道德亦有特胜于西人者",虽然"天尊地卑、乾刚坤柔及女子无才是德、外言不入于阃之旧说,皆系专制时代借端锢蔽者之所为,原不可以为训",但"男正位乎外,女正位乎内,内与外各有专责"则未可厚非,女子更不能因为有了学问而放弃内职,鄙弃"女红之业、中馈之司"。①

江纫兰所言在当时很有代表性。其要求中国女子像西国女子那样向学,事事比肩男子,同时还要坚守中国旧有的女德,这其实是对"智识则务求其新,道德则宜从乎旧"之"贤母良妻"女学的重申,其中恰恰包含了补青说的那种矛盾。"贤母良妻"的女学实践遭遇困境,而救济之法则是重申"贤母良妻"的女学理念,这似乎是一个死循环。

民初"良妻贤母"教育

民国肇建后,改学堂为学校,女子教育变更了部分学制,规定初等小学"可以男女同校"②,在保留原来女子小学校和女子师范学校建制的同时,增设了女子中学校、女子高等师范学校和女子职业学校。新政权比较重视女子师范与职业学校,规定各省须各设一所。女子师范学校是为了培养女教员,其中,普通师范与先前一样,"以造就小学校教员及蒙养院保姆为目的",高等师

---

① 江纫兰:《论妇女醉心西法宜有节制》,《妇女时报》1911 年第 3 期,第 13—16 页。
② 《普通教育暂行办法十四条》,《临时政府公报》第 4 号,第 3 页,1912 年 2 月 1 日。

范则"以造就女子中学校、女子师范学校教员为目的"。[1] 女子职业学校"以家政为重，兼及手工、图画、刺绣、造花各科，养优美之本能，知劳动为神圣，一扫从前褊隘恬嬉之弊，庶家庭、社会两受其益"[2]。不过，民初女子教育尽管学制较前清有变，但宗旨并没有变，也是为了培养贤母良妻。1914 年，教育总长汤化龙在谈及女子教育的方针时说，女子教育"务在使其将来足为良妻贤母，可以维持家庭而已"，为此，一方面要维持"中国女子固有柔和贞静之质性"，以防"道德颓废"，另一方面对于智识技能也要"设法研究以求发展"，以适应"文明日进之时势"。[3] 汤化龙言下的女子教育显然与前清"贤母良妻"女学所讲的"智识则务求其新，道德则宜从乎旧"同调。而同年 12 月颁布的《教育部整理教育方案草案》则明确将女子教育的方针标示为"育成良妻贤母主义"，以挽女子"委琐龌龊或放任不羁之陋习"。[4]

民初"良妻贤母"教育推出后，一度得到了许多报刊的支持。除了《申报》等原本赞同"贤母良妻"的老牌报刊一如既往表示赞同，《女子杂志》《妇女杂志》《中华妇女界》《妇女时报》《妇女鉴》等新兴女性报刊也纷纷跟进，发文宣扬。其中，"为商榷女学而作"的《女子杂志》在其发刊词中表示，"女学方始萌芽"，要以普及"贤母良妻之教育"为办刊宗旨。[5] 商务印书馆 1915 年创办的《妇女杂志》亦表示要以发扬"良妻贤母"教育为志。[6]

学界中人纷纷就女子教育发表意见。尽管自柳亚子等人开始，反对"良妻贤母"教育、主张"男女平等"教育的声音络绎不绝，但这种声音在清季不是主流，这种状况在男女平权受打压的袁世凯主政时期同样如此。不仅男界大多数人认同"良妻贤母"教育，女界中人似乎也不例外。

---

① 《教育部公布师范教育令》(部令第 14 号，1912 年 9 月 28 日)，《教育杂志》1912 年第 4 卷第 8 号，第 22 页。

② 《教育部整理教育方案草案》(1914 年 12 月 11 日)，《江苏教育行政月报》第 16 号，第 11—12 页(文页)，1914 年。

③ 《汤总长之女子教育方针谭》，《申报》1914 年 6 月 28 日。

④ 《教育部整理教育方案草案》，见宋恩荣、章咸编：《中华民国教育法规选编》(修订本)，江苏教育出版社 2005 年版，第 12 页。

⑤ 《发刊词》，《女子杂志》第 1 卷第 1 号，第 2 页(文页)，1915 年 1 月。

⑥ 《发刊辞》，《妇女杂志》第 1 卷第 1 号，第 1—6 页(文页)，1915 年 1 月。

1915 年 1 月,梁启超之女梁思顺(1893—1966,字令娴)在《中华妇女界》创刊号发文,提出要以良妻贤母望中国女子。她说,中国自古就有贤母与良妻之说,如《女训》所讲,"夫能相夫,斯谓良妻;能教子,斯谓贤母","妇人天职"即尽于此。在她看来,"良妻贤母"是中西通用的标准,外国女学也"常以养成良妻贤母为宗旨","吾国先民所理想的良妻贤母,自有一种标准,与欧美不谋而符",只是中国古代受"女子无才是德"影响,未将良妻贤母"悬为学科","整齐划一之",故"收效悬寡耳"。若将"良妻贤母"立为女学宗旨,"以此宗旨教人,而女子亦以此目的自勉,则吾女界其殆庶几,吾国其殆庶几。"①

梁思顺把良妻贤母视为中西女子共通的"天职",以表明"良妻贤母"教育的毋庸置疑。而就在她发表此说的同一期,《中华妇女界》还刊发了武崇敏女士谈论男女"天职"的文章,其中说:男女特性不同,当遵循各自"固有特性及分业之原理"就业,不必强同;若强而同一,则无异于"削足适履,取方就圆"。"男子治外,女子治内,责无旁贷",就好比"左手持碗,右手持箸,左手执纸,右手执笔,交相为用,各适其宜","男女自由平等之真解"即在此。② 武崇敏表达的其实就是前人反复讲过的一种观点:男女各司天职方为真自由、真平等。这种观点与梁思顺所言不谋而合,呈掎角之势,共同捍卫"良妻贤母"。

当然,舆论宣扬"良妻贤母"教育,并不仅仅是因为女子将因此获得真自由、真平等,更重要的原因似乎还在于,"国家及社会自受其莫大之赐"③。如飘萍女史所言,女子"担负家政之一部,轻男子之责任,使得专心于国家社会之事,不至使男子为身家所累,百念俱灰。且儿童之母教,与社会国家之前途,均直接有大关系者也。女子而能担任此义务,即可谓尽忠于国家,尽忠于社会矣"④。类似的看法也见于胡彬夏。胡彬夏早岁留日,后又留美(1907—1914),如前揭留日期间曾以复女权为志。留美学成归国后,这位曾经的女权

---

① 梁令娴女士:《所望于吾国女子者》,《中华妇女界》1915 年 1 月第 1 卷第 1 期,第 1—3 页(文页)。
② 武崇敏女士:《男女自由平等之真解》,《中华妇女界》1915 年 1 月第 1 卷第 1 期,第 2 页(文页)。
③ 《追悼会中之旧德模范谈》,《申报》1915 年 6 月 23 日。
④ 飘萍女史:《理想之女学生》,《妇女杂志》1915 年 3 月第 1 卷第 3 号,第 4 页(文页)。

急先锋转向了"良妻贤母"。1916年，胡彬夏被聘为《妇女杂志》主编，在为该志写的一篇社说中讲道：家庭是建国的"基础之基础"，"欲整顿社会，须改良家庭"；女子负责治家，欲改良家庭，须先让女子接受相当之教育，使能独立主理家政。中国女子如都能像美国女子那样独立治家，男子便皆无内顾，担负将大为减轻，"以此精力，拓地营业，置身于工商之场，则中国不数十年，亦能富强如今日之美国也"。①

与清季"德""用"并举的女学相仿，民初"良妻贤母"教育也包含"德""用"两个方面，其中的"德"当然是中国旧有的妇德，而"用"则主要是指家政，另外，也不排斥女子在社会上谋业自立。主张"良妻贤母"教育者对于女子"尽受教育而有旧道德"②并无疑议，不过，由于"用"有不同层面，所谓"其上焉者，新理精通，学成待用，充教师，充译员，充报馆主笔，固可尽力于国家。次焉者，或手工灵巧，或技艺新奇，亦可为生财之道。又其次，异日之家庭教育，课儿课女，寻常之日用账目，能算能书，能代男子操持家政，亦节省经费之要素"③，又因对"用"的理解和要求常常也因人而异，他们在女子应该接受什么层次和什么内容的教育这一问题上，看法并不一致。一般认为，如果女子将来仅主家政，不在外谋业，就没有必要接受高深教育，教以"治生之具"或"普通常识"即可④，如季桢女士指出，"女子在高小以下学校毕业之程度，已足以治理家事"⑤。不过，胡彬夏并不认同这种看法。在她看来，欲改良家庭，理好家政，须让女子接受大学教育，譬如美国，其女子之所以善理家政，关键在于其教育不受限制，女子也接受大学教育。"今欲吾国女子，注重家政，以改良家庭为天职……舍大学教育无道焉。大学教育能使人见到人所不能见到者，并

---

① 朱胡彬夏：《基础之基础》，《妇女杂志》1916年8月第2卷第8号，第6—12页(文页)。

② 《追悼会中之旧德模范谈》，《申报》1915年6月23日。

③ 奉天凤城县女子师范学校初级二年生马金汉：《女子宜求自立说》，《中华妇女界》1915年第1卷第12期，第6—7页(文页)。

④ 南华：《女子教育之研究》，《女子杂志》第1卷第1号，第4页(文页)，1915年1月；奇硕：《男女教育比较谭》，《妇女鉴》第2卷，第5页(文页)，1914年12月。

⑤ 季桢女士：《女子教育论》，《中华妇女界》1916年5月第2卷第5期，第3页(文页)。

做到其所见到者,虽家常琐碎,亦有研究之资料,不必执业参政,而后始为有用人也。"①与胡彬夏持同样看法的还有梁华兰,她在《新青年》发文指出,女子受了"高深教育","思想高超,见解精确",才能参悟"贤母良妻"的意义,"益以知贤母良妻为人类所急","固未有受高深教育,不能为贤母良妻者也"。②

"贤母良妻"教育将一种道德理想和知识理想加给了中国女子。不过,理想与现实之间往往存在落差。自称"绝端的赞成女学,亦绝端的鼓吹女学"的"昔日之女学生"遐珍观察到,"晚近学成之女子矣,视家政为不足理者有之,厌家政而不能理者有之,能尽其责于家庭者,殊不数数观也"。她将女学生划分为四类:一为优良派,"不特以学问为前提,且知以家政为主科";二为学问派,"惟醉心于科学,而于家政一途,每不经心";三为自矜派,"不在求学而在求名,稍知女学皮毛,便自命不凡";四为浮嚣派,"以女学为护符,以装饰为日课,轻薄之态,溢于言表"。在她看来,四派之中,优良派对烦琐家政"能措置裕如",故"最为社会所希望",但人数却最少;学问派先时占少数,近今占多数,但学成而后不过为女校教师,不能尽责于家庭;自矜派以"女学生家"自居,"傲慢于尊长之前,夸耀于夫婿之家",是家庭不和之渊薮,该派人先时占多数,近今稍减;浮嚣派制造"社会不良之风俗","诚女界之害马,亦社会上之蠹虫",人数亦属不少。遐珍认为,"女子之责任,在齐家而不在济世,在阃内而不在阃外。对于夫,使得有贤良之内助;对于子,使得受完美之母教",而今日女学生之表现与此背道而驰,"学其名而不学其实,遂致家庭之间蒙其害而未蒙其利"。为了让女学生"尽趋于优良派",她忠告说,"毋夸耀其技能,毋放弃其责任,毋浮嚣其行为,毋痴心其学业,身修而后家齐,而后国治"。③

遐珍对女学生的评价概括起来就是:道德浮夸堕落,知识学非所用。这几乎是当时的一种共识。许多人都如此这般说女学生:其趋慕虚荣奢华者,"一入学堂,未遑他务,先讲时样之装。髻学东洋,帽尊西式;有裙必缎,无鞋不皮;金刚钻石约指,金丝眼镜驾鼻;金镯缠臂而嫌轻,金练盘胸而恨短。至于香粉

---

① 朱胡彬夏:《基础之基础》,《妇女杂志》1916年8月第2卷第8号,第10页(文页)。
② 梁华兰:《女子教育》,《新青年》1917年3月1日第3卷第1号,第2页(文页)。
③ 遐珍:《余之忠告于女学生》,《妇女杂志》1915年4月第1卷第4号,第4—5页(文页)。

塓颜,花露淋体,更无论矣";其学识稍高者,"大者志在出洋,小者谋充师范,
以家庭为桎梏,视骨肉为路人",好高论而轻实用,"自身衫裤,必资衣匠之工;
一日饔飧,须出庖丁之手。一旦生男育女,襁褓哺乳,事事需人",长此以往,
"必也使男子皆有亲操井臼之能,斯女子专任变理阴阳之职"[1];其趋新慕欧
者,"动辄大呼人权参政诸问题,骚然不可一世"[2],"至于家庭,如饮食服御,
往往鄙而不为,转赖父母之供奉"[3],"疾家庭若囹圄,视翁姑如路人,全失女子
本来面目"[4],"慕欧化而轻国学,重外观而鄙视实用。惟其轻国学也,故每能
念爱皮西底,而不能用之乎者也;惟其鄙实用也,故能言参政自由,而不能理家
常日用之事","仰给生活于他人",形同"废人"[5]。

《女子杂志》的记者德征说:"既受教育之女子,大半失之奢侈华丽,将来
学业程度愈高,生活程度亦与之俱高,甚且饮食起居,必力慕西方之文明,此诚
女学之隐忧也。"在他看来,"隐忧"的根源就在女子求学之目的出现了偏差,
"今日女子之受教育者……不以学术为谋生之具,而以学术为优美之观;不以
学术为致用之本,而以学术为表异之端。烹饪也,缝纫也,洒扫也,皆女子应有
之职业,一列学界,即翻然欲绝,以为此系婢仆之事,不屑躬亲。衣必华美,食
必甘肥,岂非不足以谋生,适所以蹙生耶",若不思变,则"女学愈发达,于吾国
女子社会,非仅无毫发之益,且有莫大之害也"。[6]

对女学生的批评林林总总,一方面表达了对女子教育的失望和不满,另一
方面也在呼唤和强化旧有的性别秩序。舆论似乎预感到了"礼崩乐坏"的危
险,不断祭出"良妻贤母",以为女学生之范导,同时对"良妻贤母"教育的方案
进行反思。淑安认为,女学生背离"良妻贤母"之道的主因在女学校的课程设

---

① 聿修:《女界平议》,《香艳杂志》1914年12月第4期,第3—4页(文页)。
② 倚鸾:《旧式女子与新式女子》,《妇女杂志》1916年7月第2卷第7号,第14页(文页)。
③ 泰县女子国文专修馆学生吴秉筠:《女学宜注意缝纫烹调论》,《妇女杂志》1915年4月第1卷第4号,第9页(文页)。
④ 李佛如女士:《女界箴言》,《中华妇女界》1915年10月第1卷第10期,第2页(文页)。
⑤ 飘萍女史:《理想之女学生》,《妇女杂志》1915年3月第1卷第3号,第1—2页(文页)。
⑥ 德征:《论中国女子生活之状况》,《女子杂志》1915年1月第1卷第1号,第5—6页(文页)。

置，"多过于华美而无实际"。① 程瞻庐有同感，认为女学校的课程安排脱离了女子的职责与身份："身不充译人之职而诵习西文，躬不列测量之班而研精三角，手工则注重玩具（如造花结线等）而不能亲制其鞋（比来女鞋女袜充斥市肆中，为十余年前所未有，女子能自制鞋袜者鲜矣），家政则徒托空言而不求实践斯语（纸上谈家政，与纸上谈兵何异，且女校中往往由男师教授家政一科，是犹拉村农话朝政强衲子作绮语，膈膜一层，说来都无是处矣）"；还有一些课程与现实完全脱节："不应文官考验，何课艺以史论为宗（比来知县知事考试，不废史论，女子习此，将应文官考验乎），非关对策明廷，何书法以真楷相尚（誊写课艺，规定作真楷，偶见一二帖体字，教师概加勒帛，此何说也）"。在程瞻庐看来，女学校传授的这些功课无异于"屠龙之技"，使得女学生"口能道拿翁轶事（拿破仑事，女生无不知者），而询以厥祖之名字则瞠目不知（某校举行高级生毕业，属诸生填写三代名讳，无一能记忆完全者），口熟闻海外名区，而叩以附郭之山川，则挢舌不下（此亦学校通病）"。② 如此女学，其后果则如南华所言，"转为国家增一废人，为家庭失一贤助"③。为了扭转女学的偏失，女学生吴秉筠建议："学校之中，必须核减科目，注重德行，勤其操作，先求生活之计划，缓求经史之淹通，庶几有益无弊"，盖"女学之科目，原不必与男子同也，其肄业学校，不过欲其明德行，勤操作，俾为贤母良妻，使子女受良善之教育耳"。④

其实，民初教育界并非无视舆论，恰恰相反，教育界也非常注重对女学生道德品质的培养。教育精英为女学生量身定制了专门的修身教科书，这些教科书多本"良妻贤母"之义，如教育家李步青（1880—1958）编写《中华女子修身教科书》的大旨即是："本最新伦理之定则，以阐发我国女子固有之美德……注意我国女子之习弊及其缺点，力谋革除或改良之方法。"⑤除了强调

---

① 淑安：《妓女堕落之原因十四种》，《妇女时报》1914 年第 15 期，第 21 页。
② 瞻庐：《对于主持女学者之卮言》，《妇女杂志》1915 年 6 月第 1 卷第 6 号，第 1 页（文页）。
③ 南华：《女子教育之研究》，《女子杂志》1915 年 1 月第 1 卷第 1 号，第 4 页（文页）。
④ 泰县女子国文专修馆学生吴秉筠：《女学宜注重缝纫烹调论》，《妇女杂志》1915 年 4 月第 1 卷第 4 号，第 10 页（文页）。
⑤ 李步青：《编辑大意》，《中华女子修身教科书》第 1 册，中华书局 1915 年版，第 2 页（文页）。

传统美德，民初女子修身教科书大多还特别强调女学生要有女子的身份意识和责任意识，以家事为本。比如，1912年出版的一本初等小学女子修身教材就对女学生不干家事的现象特别提出了批评，其中说："自以为高人数等，薄家事琐屑为不足为，举凡洒扫烹饪缝纫，全然置之不问，是岂治家之道哉？深望诸生有以力矫此弊也。"①而另一本1916年出版的女子修身教材仍在提醒女学生："女子就职业，不可置家事于不顾。"②

女学生初入学校就开始接受"良妻贤母"的修身教育，被灌输要以家事为重，但这种教育的功效似乎很有限，在时人眼中，大多数女学生毕业后反成了不容于家庭之人。对于这一现象，李珠润1912年就给出了一种解释。他说，今日之女学生由学校而出，"其所以不容于家庭者，盖非无因，以学校生活与家庭生活反对故耳。当其卒业于学校也，退而主持一家，舍其旧而新是谋，即以其尽力于学校者，尽力于家庭，恐非所能"。在他看来，世人对女学生失望的根源在于将错误的期望强加给了女学生，"谬误之点，在世人对于家庭学校间之联络，不持正当之要求与意见故也"，因为"卒业于女学校者，大率年龄幼稚……使令一家之事，巨细无遗，以绝无经验之女生，而责以琐屑与重大之职务"，是强人所难。③

前揭补青指出世人用一种矛盾的心理对待女学生，致清季"贤母良妻"女学陷入了物议沸腾的难解困境；这里李珠润则指出，即便世人对女学生的期待和要求与旧道德一致，或者说并不含补青说的那种矛盾，但由于不切实际，以此为目标的女子教育同样难以奏功。这说明了什么呢？其实，自晚清开始主张"德""用"并举的女学以来，女子教育（无论是"贤妻良母"教育还是"良妻贤母"教育）的"德"与"用"之间就始终存在难以调和的紧张："德"是"男女有别"之德，"用"是"内外兼修"之用，"德"稳如磐石，"用"随时而变。两者之间的张力使得对女子教育的理解因人而异，女子教育的意义因而四分五裂，争论与不满也就在所难免。更深层的是，女子教育包含了对女子性别身份的安排，

① 沈颐、秦同培：《初等小学女子修身教授法》第4册，商务印书馆1912年版，第5页。
② 董文、钱巩：《女子修身教授书》第8册，中华书局1916年版，第4页。
③ 李珠润：《学校之女生不容于家庭之理由》，《妇女时报》1913年第11期，第1页。

而女子(女学生)自身的愿望和诉求在这一安排当中却付之阙如,甚至被排斥。安排者与被安排者之间的冲突呈现在女学生的"出格"行为与对"出格"行为铺天盖地的批评之中。在某种意义上,女学生的"出格"行为表达了她们自己的愿望和诉求,是对命运被安排的无声抵抗。这种抵抗,不仅令"良妻贤母"教育难堪,也让这一教育所本的道德陷入了巨大的危机。

第四章　性别伦理的重建:五四前后的论争

　　民国肇建,皇权体制终结,但道德危机并未消解,反更为凸显。在"新"与"旧"的冲突中,守旧者抱怨"朝野上下人心风俗败坏流失"①,道德"几于若存若亡"②,力主复兴孔学,重树儒家伦常;趋新者则认为儒家礼教是中国皇权绵绵不绝的伦理根基和阻碍国家进步、导致民初共和失败的根由,主张伦理革命,立西方的"民主"和"科学"为重估一切价值的原则,发起了反礼教的新文化运动。

　　在新旧伦理的交锋中,性别伦理是焦点。守旧之士关注女德问题。有人批评:"自欧化输入,夫妇平权婚姻自由之说,喧腾于皮傅西学者之口,而其毒乃浸淫于女界。始则家庭之间,犹知顾忌,未至大溃厥防也。风气既开,女校林立,一二佻达之流,主持学风,从而扬其波,扇其焰,以骄悍不职为平权,以纵驰越范为自由",致女界日益"混沌凿破","贞静之训,母不能喻之于女;顺从之道,夫不能喻之于妻"③;有人警告:"似此妇德之日衰,不特社会受其妨害,且足致大道于沦亡"④,"长此不思挽救之道,则全国之人,非堕落道德,至百分之九十不止矣。夫如是,将何以建国设政,以自存于世哉?殆灭亡而后已耳"⑤。为救大道不坠,阻道德沦丧,北洋政府与忧心世风者发起了重振传统女德的行动。不过,在新文化人看来,守旧者念兹在兹的传统女德是礼教的

---

① 梁济:《敬告世人书》(戊午九月二十一日),载《梁巨川遗书》,黄曙辉校,华东师范大学出版社 2008 年版,第 54 页。
② 汪长禄:《妇德》,《中华妇女界》1915 年第 1 卷第 1 期,第 5 页(文页)。
③ 《新彤史弁言》,《香艳杂志》1914 年 5 月第 1 期,第 1 页(文页)。
④ 拜农:《中国妇女之教育计划》,《中华妇女界》1915 年第 1 卷第 11 期,第 2 页(文页)。
⑤ 慧生:《妇女道德之维持论》,《妇女时报》1916 年第 18 号,第 4 页。

根,"三从四德"更是礼教戕贼人权的明证。批判传统女德、重建性别伦理,在新文化运动中成为反礼教的着力点。

五四前后关于女德问题的讨论在"男女平等"与"男女有别"、新与旧、中与西的争执和纠缠中展开,涵盖了节烈贞操、女子教育、男女交际、恋爱婚姻、性道德等环环相扣的诸多议题,中国的性别伦理在此走向蜕变。

一、女德复古:新彤史与旌表节烈

民初袁世凯主政期间,社会上兴起了一股维护传统伦常、复兴孔学的复古思潮。推动这一思潮的并不仅仅是传统的守旧之人,也包括一些先前的改革家,甚至革命党人。1913 年,早先宣扬进化论并主张变革的严复发文表示,儒家伦常为中国之"国性","今之中国,已成所谓共和,然而隆古教化,所谓君仁臣忠,父慈子孝,兄友弟敬,夫义妇贞,国人以信诸成训",不可随"治制"而变。[1] 革命者黄兴亦将儒家伦常视为国之为国的所系,1912 年 5 月在致电各都督时说:"夫以孝弟忠信为戒,则必不孝不悌不忠不信,自相残杀而后可。以礼义廉耻为病,则必无礼无义无廉无耻,沦为禽兽而后可。循是以往,将见背父弃母,认为自由;逾法蔑纪,视为平等。政令不行,伦理荡尽,家且不齐,国于何有?"[2]尊崇孔子的康有为不满"国家尊器而忘道,学子媚西而弃中"[3],在民国肇建之初便极力主张复兴孔学,授意弟子陈焕章发起成立了孔教会,欲立孔教为国教,以"挽救人心维持国运"[4]。孔教会尊孔复古,得到了以孔子为万世师表的袁世凯的支持,《内务部准孔教会批》说:"鉴于世衰道微,虑法律之有穷,礼义之崩坏,欲树尼山教义以作民族精神。"[5]而随着孔教的复兴,先前

---

[1]　严复:《读经当积极提倡》(1913),载《严复集》第 2 册,第 332 页。

[2]　黄兴:《致各都督电》(1912 年 5 月 22 日),载湖南省社会科学学院历史研究所编:《黄兴集》,中华书局 1981 年版,第 194 页。

[3]　康有为:《复山东孔道会书》(1913 年 3 月 22 日),载汤志钧编:《康有为政论集》下册,中华书局 1998 年版,第 840 页。

[4]　陈焕章:《孔教会序》,《孔教会杂志》1913 年 2 月第 1 卷第 1 号,第 7 页。

[5]　《内务部准孔教会批》,《宗圣汇志》1913 年 3 月第 1 卷第 3 号,第 17 页。

遭受女权冲击的传统女德重新抬头。

新彤史:重构女德

清季民初的女权运动产生了两方面的效应,一方面是男女平等的女权观念得到了广泛传播,谈论女权成为一种时髦,以致有商业广告用此作为招徕顾客的噱头。如1915年《申报》刊登的某药品广告说:"泰西重女权,视妇女最为宝贵,我国则反是。近为女权萌芽时代,始稍稍有宝贵观念。然屈服于家庭旧习,幽忧愤郁仍所不免,以致工愁善病……本药房精制之女界宝,功能滋阴补虚,和肝调胃,凡患以上诸症,立见功效,常服尤能活泼精神,清健躯干,孕妇服之安胎保产,且举子必健,诚闺阁中之活宝也。"①又如另一药品广告:"我国旧俗重男轻女,凡阶级之不平等,动作之不自由,塞聪蔽明,孰有甚于妇女者哉?今则共和开幕,各重人道主义,故女权渐次恢复,女学渐次振兴,即女界中之讲求卫生者,亦日多一日。嘻!其殆文明之起点、进化之肇端欤。本药房体妇女心理,考妇女性质,发明一种女金丹,为我女界起弱扶强,他日之有裨于种族,惟此丹可操左券也。"②女权成了别有意味的药品广告中的"文明"和"宝贵",而与此相对的另一方面是,它也成了道德家眼中女德隳坏的罪魁。批评者认为,主张自由平等的所谓"女权"有违中国自古以"庄静贞淑"为美的女德,导女子于"破坏之途"③,浮慕声华,"致生荡检逾闲之恶习","致违三从四德之良箴"④。如果说药品广告暗示中国女子身体病弱,需要药品来调理,道德家的种种批评则提示,易受女权污染的中国女子心智不全,需要道德良药来弥补。

为了使中国女子免遭女权毒害,民初的道德家在批判女权的同时也在重振女德。道德是一种期待,规范人的言行。晚清民初时势变换,中国女子的言

---

① 《活宝之活宝》,《申报》1915年6月6日。
② 《福美尔女金丹新出品》,《申报》1915年11月2日。
③ 拜农:《中国妇女之教育计划》,《中华妇女界》1915年第1卷第11期,第2页(文页)。
④ 奉天凤城县女子师范学校初级二年生马金汉:《女子宜求自立说》,《中华妇女界》1915年第1卷第20期,第7页(文页)。

行和世人对她们的期待也随之在变。有道德家意识到，规范女子言行的道德如果要适应新的时势，便不能仅仅停留在过去，需要对当下有所整合，如拜农说："中国旧有之妇德，固不得不保存，而新世界之思潮，亦不得不灌注。灌注思潮非不善也，然每易陷妇女于偏激之途，必也灌注之而复加以节制，寓灵敏活泼于端庄贞淑之中，而造成一新颖之境界，方得谓之善事其事。"①换言之，重振女德需要寓新于旧，新旧结合。

中华图书馆 1914 年创办的《香艳杂志》推出的女教栏目"新彤史"，为整合新旧、重构女德提供了示范。《香艳杂志》面向"香闺佳人"和"贤媛淑女"，与同一时期在道德回流中涌现的其他女性杂志如《女子世界》《眉语》《妇女鉴》《妇女杂志》《中华妇女界》《女子杂志》相仿，该志也以弘扬女德为任。"新彤史"是《香艳杂志》组织当世之人撰写的"光荣之信史"，与其他女性杂志的"女德"栏目主要刊登古代列女逸闻以"励薄俗而垂规范"②有所不同，"新彤史"为宣扬神州"阴教""坤德"以劝懿嫕、惩淫恶而记述的道德典范皆出自晚近。这些典范分为两类，一为"习礼明诗之媛"，一为"热心爱国之姝"，前者表"笃旧"，后者表"趋新"，调和新旧女德的用意显明。③

为"笃旧者"立传，主要是为了弘扬旧有的女德，如"孝""贞""节""烈"。

"新彤史"的主要撰稿人王文濡的《李氏三女传》记述了一个"孝""贞""烈"的故事：李氏三女在父亲去世后矢志侍母，相约不嫁；平时严守闺训，不出里门一步；母病故之后，因恤金被族人侵吞，殡葬无望，为伸雪，于民国三年五月十八日夜同时自缢于室，殉母就义。李氏三女生活在上海，传记说，其时的上海世风日下，"媱冶之风尚，已成为习惯，混杂之法律，未足以制防，冥冥堕行，昭昭失节，廉耻道丧，恬不为怪"。然而，李氏三女于此却能"矫然自爱，孑然绝俗，不为恶风劣德所转移，其生其死，一本于礼义而不失其正"。作者认为，李氏三女"不字自矢，事母终身"，"守身如玉，闺诫恪遵"，"一意殉母，义

①　拜农：《中国妇女之教育计划》，《中华妇女界》1915 年第 1 卷第 11 期，第 3 页（文页）。
②　泰县女子国文专修馆学生吴秉筠：《女学宜注重缝纫烹调论》，《妇女杂志》第 1 卷第 4 号，第 9 页（文页），1915 年 4 月。
③　《新彤史弁言》，《香艳杂志》1914 年 5 月第 1 期，第 1—2 页（文页）。

无反顾"，既"孝"既"贞"既"烈"，是昭彰女德的典范，"得三女坚苦之志，卓绝之行，以扫荡秽风，保存闺范，如景星庆云之见于天，如芝草醴泉之生于地，沉沉女界，有不闻风兴起耶！"①

高旭撰写的《孝女何爱文传》讲述了女子何爱文刲肉疗父以致身死的"至孝"故事："女士之奉侍父病也，纤微必至，昼夜不解衣者一月，闻人言足以疗其亲之疾者，无不为之。逮见其终不能起，乃阴刲股上肉，杂药饼以进，而卒无效。然女士未尝与人一言刲股事也。越数日，其祖母猝见之，惊为疽发，逼视而穷诘之，始吐其实，盖鲜血淋漓，犹未愈也。既居苦次，朝夕号泣，哀日深，创日溃，而病亦日增，遂以民国二年十月卒去，父亡才六阅月耳。"该传作者高旭是南社创始人之一，也是传主何爱文曾经就读的张堰钦明女校的创办者，是一个新派人。在他看来，虽然"刲股事亲，世称愚孝"，何爱文的孝举仍有值得称道处："其沉毅之气，虽古烈丈夫，蔑以加焉。"②以"半新半旧"自嘲的王文濡写了一个类似的故事，在《黄怜儿传》中，他对割股疗母的黄怜儿也赞许有加："割股疗亲，为贤者所不许，要之，孝子之心，急亲之病，无所不至。出以天理之自然，未可以鲁莽灭裂讥之焉。至于予所嘉怜儿者，其取人也，不重势力而重志节，巾帼慧眼，有过人者，继踪梁孟，固其宜也。"③

上述"笃旧者"以"孝"名世，皆"卓绝""卓异"之人，"新彤史"的作者为她们立传，一方面当然是为了教化女子，另一方面也在表达对世风人心的不满和批评。如王文濡在《李氏三女传》中哀叹"四千年之古国将以浇薄终"④，在《黄怜儿传》又假传主之名斥"今之恋爱自由，朝盟夕背，以夫妇一伦为儿戏者"，"直狗彘之不若"。⑤

假"卓异"之妇德以讽世人世道，更为直接地表现在有关"节""烈"的传记。陈观坼的《朱悟音夫人传》讲述了浙江嘉定朱悟音夫人在辛亥革命爆发

---

① 吴兴王文濡均卿：《李氏三女传》，《香艳杂志》1914年8月第2期，第1—2页(文页)。
② 金山高旭天梅：《孝女何爱文传》，《香艳杂志》1915年7月第8期，第2—3页(文页)。
③ 荫吾：《黄怜儿传》，《香艳杂志》1914年8月第2期，第5页(文页)。
④ 吴兴王文濡均卿：《李氏三女传》，《香艳杂志》1914年8月第2期，第2页(文页)。
⑤ 荫吾：《黄怜儿传》，《香艳杂志》1914年8月第2期，第5页。

后求死之事：夫人闻知"改革事起，辄愀然不乐，神日益悴"，后上海哗变，"乡里一夕数惊，方讹传溃军至，淑人闻惊，仓猝自投于井，急拯得苏，既苏复投，再拯再苏"，几经营救，又"赫然自经死"。作者借此讥刺在清朝终结之后苟且偷生的士大夫说："衰季以来，士大夫节义，扫地尽矣"，而朱悟音夫人"乃能怀清履洁，从容存必死之志，且以为遇寇而死，不如于未遇之时先死之，尤为得所，其视世之草间求活，视息偷存之流如何哉？"①王钝根的《周福贞传》和《毛芷香传》分别讲述了追随丈夫、献身革命的周福贞与毛芷香的故事。周福贞的丈夫伍德润与毛芷香的丈夫汪楷参加自立军起事，"节俭有文"的周福贞和"知书孝谨"的毛芷香"质钗珥""尽其积"支持自立军，自立军起事失败后，伍德润与汪楷被捕入狱，周福贞随丈夫"同逮入狱"，自尽于狱中。毛芷香在丈夫入狱后，"恨所事无成，不忍见夫死，乃仰药自尽"。撰者王钝根评论说，比照"魁杰临难苟免"，周、毛之节烈"愧天下士多矣"。②

为"趋新者"立传，主要是以她们"趋新"的事迹来弘扬妇德，为"新道德"划界。

传统中国以家区分内外，并以女子干外事为恶。这一情况到晚清有了变化。面对国族危机，改革派提出女子也要为国家和社会尽应尽之责任，而受此激发，将应尽之责任贯通家国并躬行之女子也已不乏其人，被王文濡列入"新彤史"的华吟梅即为其一。王文濡为华吟梅撰写的传记分别讲述了她为家、为国、为社会尽责的事迹。其为家尽责主要表现在为父昭雪："父以群小构陷入狱，女士为缇萦之上书，上下营救，捐环佩不足益之以倩茶，呼号奔走，耗悴备偿，而父冤赖以雪，此非对于家而尽其责任者乎？"其为国尽责主要表现在支持革命、关心国事："辛亥之秋，武汉起义，松郡乡响应，饷需无所出，事机因而停滞，女士乃拔钗质珥，躬为之倡。复以山左不靖，大局未安，促夫从戎，临别赠言，不作儿女语，以马伏波马革裹尸男儿幸事为勖。蒙藏事起，谒见当事，拟组织女子军，桃花马上，蹑秦良玉之后尘，一时甚壮其事，会厄于病而未果，

---

①　陈观圻：《朱悟音夫人传》，《香艳杂志》1914 年 12 月第 4 期，第 3 页（文页）。

②　醴陵传荨钝根（王钝根）：《周福贞传》，《香艳杂志》1914 年 5 月第 1 期，第 5 页（文页）；《毛芷香传》，《香艳杂志》1914 年 5 月第 1 期，第 6 页（文页）。

此非对于国而尽其责任者乎?"其为社会尽责主要表现在参与放足运动和慈善事业:"缠足之风,内地为甚,时沈君仲礼方创天足会于沪上,女士乃设分会于郡中,作《劝止缠足论》,痛陈其弊害,入会者数达千人,此风为之渐革。汤女士发起中华女子共和协进会,女士力赞成之,以文明为产生共和之母,而女子尤产生文明之母,三育并重,不容偏废,闻者咸韪其言。同郡顾、杨两君筹立孤贫儿院,女士苦口婆心,逢人宣道,所募独多,事卒以成,此非对于社会而尽其责任者乎?"在作者看来,华吟梅所作所为弥合了新旧道德:"今观女士之对于家国、对于社会,恳恳尽孝如此,謇謇尽忠又如此,新旧道德两无可疵矣。"①

不过,王文濡对华吟梅所事活动的记述带有选择性。华吟梅曾加入过女子参政同志会,该会是民初女子争取参政权的主要团体之一,王文濡撰写的传记提到了华吟梅入会,但对其争参政权的活动语焉不详,反谓"其入女子参政同志会也,或议其涉于帽冯不量力,要其为和平派,不为激烈派,于时论多所救正,功亦不鲜"②。这种选择性曲笔自然与女子参政权运动饱受诟病相关,当时人多认为女子争参政权是在败坏女德,致闺风荡然,有人甚至称"侈言参政运动选举"之女子为"高等流氓妇女"③。王文濡的曲笔隐去了道德典范受人诟病之处,其实是在为重构女德划界。

王文濡的这种选择性书写也体现在他为晚清"奇女子"④"女中杰"⑤吴孟班撰写的传记中。吴孟班肄业中西女塾,吴保初称她"学问湛深",是"文字深研哲学家"⑥。吴孟班的公公邱瑞麟早年供职于江南制造总局,后任驻日使馆随员,1893—1894年曾短期代理过驻横滨领事。她的丈夫邱公恪肄业于东洋高等学堂,曾与叶瀚、汪子健一同担任过中国国会的书记,在自立军起事失败

---

① 吴兴王文濡均卿:《华吟梅女士传》,《香艳杂志》1914年5月第1期,第1—2页(文页)。

② 吴兴王文濡均卿:《华吟梅女士传》,《香艳杂志》1914年5月第1期,第2页(文页)。

③ 巴陵刘璠女士:《中华妇女之生计》,《中华妇女界》1915年4月第1卷第4期,第2页(文页)。

④ 紫髯客:《赠吴孟班女士》,《清议报》第86册,第5440页,光绪二十七年六月十一日(1901年7月26日)。

⑤ 《道听涂说》,《新民丛报》第3号,第2页(文页),光绪二十八年三月一日(1902年4月8日)。

⑥ 囝龛:《哭吴孟班女士》,《选报》第9期,第30页,壬寅二月初一日(1902年3月10日)。

后,受朝廷通缉,为避难赴日留学。① 王文濡的《吴孟班传》记述:吴孟班在丈夫留学前,怀着"天下兴亡,孰不有责,男女一也"之志,也希望赴日留学,"以此意达诸舅姑,舅姑以风气未开,事属创始,重洋远涉,物议易滋,且因其有身也,力止之。夫人于邑不自得,退而私与公恪议曰:一国之兴与一家,其轻重缓急为何如,我筹之烂熟矣。尔我均在青年,嗣续之计,俟之学成之日,尚未为晚,能忍此一块肉之为累乎? 公恪是其言,夫人以抑郁致疾,胎气大伤,家庭之间,因是龃龉,乃力促公恪东渡。未逾月,病小产,遂卒。"②吴孟班是清末女子提倡女学的代表,创立过女学会,"慨然以提唱女子教育为己任"③。不过,她提倡女学不仅了为了救国,还为了争取女权:"睹中国之积弱由于女权之放失,女权之放失由女学之式微,思之思之,痛之耻之",遂主张开设女学堂,"以增进妇女之学识为事业,以发达妇女之权力为宗旨"。④ 吴孟班生前,有识者赠诗赞她为"女中见卢梭"⑤;去世后,蔡元培、黄世振夫妇合作挽联,也赞扬其于"支那奴隶之国,创闻男女平权"⑥。而王文濡所撰之传只凸显了她的女学之志、报国之心和相夫之德,对她的女权言论只字未提,道德划界的意味昭然。

　　"新彤史"把"趋新"女子为国、为社会尽责划定为"新女德"。而从相关传记看,拥有"新女德"的典范往往也是践行旧道德的楷模。如为家国尽责的华吟梅,"至性过人,事父母无失礼。于归后,自祖姑以及舅姑,婉娩听从,咸得其欢心。相夫以义,待婢仆以诚,戚属翕然无间言"⑦;以身殉学的吴孟班,"性沉静,不苟言笑","铅华不御,矢以终身","事君舅君姑维谨,处小姑间无违言,御婢仆以恩"。⑧ 传记的作者皆自觉或不自觉地把旧道德视为孕育新道德的基底。另外,"新彤史"关注的"趋新者"多为才学出众之女子,除了上述

---

① 参见夏晓虹:《吴孟班:过早谢世的女权先驱》,《文史哲》2007 年第 2 期。
② 吴兴王文濡均卿:《吴孟班传》,《香艳杂志》1914 年 5 月第 1 期,第 3 页(文页)。
③ 《追悼志士》,《大公报》1902 年 7 月 2 日。
④ 吴孟班:《拟上海女学会说》,《中外日报》1901 年 4 月 7 日。
⑤ 紫髯客:《赠吴孟班女士》,《清议报》第 86 册,第 5440 页,光绪二十七年六月十一日(1901 年7 月 26 日)。
⑥ 《上海邱公恪、吴孟班夫妇追悼会挽联选录》,《大公报》1902 年 7 月 4 日。
⑦ 吴兴王文濡均卿:《华吟梅女士传》,《香艳杂志》1914 年 5 月第 1 期,第 1 页(文页)。
⑧ 吴兴王文濡均卿:《吴孟班传》,《香艳杂志》1914 年 5 月第 1 期,第 2 页(文页)。

华吟梅、吴孟班，其他如"慈善爱国"的吴芝瑛①，献力女学、不顾安危援助秋瑾的徐自华②，"慑服强邻，警醒国民"的薛锦琴③，均接受过新式女学堂教育，这似乎在暗示女子有学是弥合新旧道德的前提。

综而言之，《香艳杂志》的"新彤史"重构女德，是以旧女德为基底，在此之上叠加为国家、为社会尽责的"新女德"，在新旧整合中为旧女德注入现世价值。这一做法与《妇女时报》1916年刊发的一篇时论《妇女道德之维持论》的看法颇为暗合。该文以"唤起女子之自重心"之名推出，提出"发展女子新道德必自维持旧有之道德始"。作者认为，新旧道德本质上并无不同，差别仅在于践行领域的不同，新道德是家庭领域的旧道德在社会领域的扩展，两者别无二致："岂旧说谓女子宜幽娴贞静而新说则谓女子可不幽不娴、不贞不静乎？使其然也，何以能成为道德？使其不能，则新旧必无二致，特旧日之训囿于家庭之间，或失之小，而新者扩而充之及于社会耳，此仅其养成之道大小之差耳，岂有道德而有二彦乎？"作者特别强调新旧道德在精神上的一致性，旧道德是新道德的精神基础，"欲养成女子之新道德"，重构女德，"仅就养成旧道德之术加以变动即可，以达其指，不必摧残旧道德之精神也，苟其摧残旧道德之精神，则新道德无所依据，亦无由而生矣。"故此在今重构道德之际，女界应该"决然猛醒，人人知自重，循礼法，本旧道德之精神，发挥广大之，再求其新说之真正精华之所在，重以最新之知识、高尚之思想，以之整饬家庭，发扬新女界之精神"。④ 这其实也是"新彤史"表现的精神。

旌表节烈：北洋政府复古旧道德

为了复古旧有的女德，北洋政府采用的举措是旌表节烈。1914年3月11日，内务部公布"大总统教令"，颁发《褒扬条例》，该条例共九条，其中一条是褒扬节烈妇女，规定："妇女节烈，贞操可以风世者"，可通过所在管辖县逐级

---

① 侯官严复幼陵：《吴芝瑛女士传》，《香艳杂志》1914年5月第4期，第1页（文页）。
② 吴江陈去病叶南：《徐自华传》，《香艳杂志》1914年10月第3期，第4页（文页）。
③ 前人：《薛锦琴传》，《香艳杂志》1914年5月第1期，第3页（文页）。
④ 慧生：《妇女道德之维持论》，《妇女时报》1916年第18号，第6—7页。

呈请褒扬。"不论已故现存，其子孙亲族乡里，均得具呈事状于县知事，请其确考行实，呈请褒扬。"县知事访查，"征考行实"后，"详录事状，呈报上级地方长官"，上级地方官复核无异，再"据其事状，呈报于内务总长"，内务总长审定事状，"据事状分别等差，经由国务总理，呈请大总统，给予匾额题字，并金质或银质褒章。"受题字褒奖者，"其本人及家族，愿建坊立牌者，得自为之。给与金银褒章时，由内务部附给褒章证书。"①6 月 17 日，北洋政府内务府公布了《褒扬条例实施细则》，据该细则，"节烈妇女"包括节妇、烈妇、烈女、贞女。其中，节妇按守节年限定夺，"自三十岁以前守节，至五十岁以后者，但年未五十而身故，其守节已及六年者同"；烈妇、烈女按其行为定夺，"凡遇强暴不从致死，或羞忿自尽，及夫亡殉节者属之"；贞女也按其守贞年限定夺，"守贞年限，与节妇同，其在夫家守贞身故，及未符年例而身故者亦属之"。② 冯国璋主政期间，北洋政府颁发了《修正褒扬条例》，在维持既有褒扬条例的基础上，对申请褒奖的程序作了一点补充，规定"节妇烈女"如"取具在京同乡荐任以上文官二人证明书者，得径呈内务部"③申请褒奖，在一定程度上简化了褒奖程序，方便地方申报。

　　旌表制度在中国有较长的历史，北洋政府的旌表政策是旧制的延续，不过与前清相比，这一政策似乎更显激进。在清代，旌表对象主要是节妇，"康熙六年议准，民妇三十岁以前，夫亡守节至五十岁以后，完全节操者题请照例旌表。"④朝廷不旌表烈妇，且反对妇女殉夫，康熙二十七年谕："夫死从殉，数禁之矣。今见京师及诸省殉死者尚众，人命至重，死丧者恻然之事也。夫修短寿夭，当听其自然，何为自殒其身耶？不宁惟是，轻生从死，反常之事也。若更从而旌异之，则死亡者益众矣，其何益焉？此后夫死而殉者，当已其旌表，王以

① 《褒扬条例》(三月十一日大总统教令公布)，《时事汇报》1914 年 4 月第 5 期，第 28 页。
② 《褒扬条例实行细则》(六月十七日内务部令公布)，《时事汇报》1914 年 10 月第 7 期，第 70 页。
③ 《修正褒扬条例》(教令第三十四号十一月十日公布)，《东方杂志》1917 年 12 月第 14 卷第 12 号，第 198 页。
④ 《钦定大清会典则例》卷七一，康熙二十七年五月乙亥，文渊阁《四库全书》影印本，第 622 册，第 348 页。

上至于细民,妇人从死之事,当永永严禁之。若有必欲从死者,告于部及该管官,具以闻,以俟裁定。"① 雍正六年,雍正帝特颁上谕强调"节妇之旌表载在典章,而烈妇不在定例之内者",雍正帝解释其因说:"妇人从一之义,醮而不改,乃天下之正道",然"其间节妇、烈妇亦有不同"。烈妇以死殉夫,慷慨相从于地下,固为人所难能,然烈妇难而节妇尤难,"盖从死者取决于一时,而守贞者必历夫永久;从死者致命而遂已,守贞者备尝夫艰难。"还有,"夫亡之后,节妇之当尽者更多,上有翁姑则当奉养,以代为子之道,下有后嗣则当教育,以代为父之道,他如修治蘋蘩、经理家业,其事难以悉数,安得以一死毕其责乎?" 如果旌表烈妇,"诚以烈妇捐生与割肝刲股之愚孝其事相类,假若仿效者多,则戕生者众,为上者之所不忍也"。雍正帝谕令地方有司广为宣布此谕,"务期僻壤荒村家喻户晓,俾愚民咸知孝子节妇自有常经,而保全生命实为正理,则伦常之地皆合中庸,不负国家教养矜全之德矣。倘训谕之后,仍有不爱躯命、蹈于危亡者,朕亦不概加旌表以成闾阎激烈之风,长愚民轻生之习也。"②

北洋政府较前清有过之而无不及的褒扬节烈政策得到了一些地方的积极响应。天津善堂联合会会长李星北、刘渭川、张月丹认为"青年守节最关风化",将提倡妇女守节视作应尽义务,组织召开全体董事会,商议制定维持贞节的方法:"凡守节满十年者,奖给银牌一面;守节满二十年者,奖给金牌一面;守节满三十年者,奖玉牌一面;三十年以上者,由本会转请大总统给予褒扬,以恤孀嫠。"③ 有些地方还着手恢复清代专门采访节烈妇女的机构,如天津"旧有采访局",所用款项由当地绅商捐款,发商生息,每年用于采访天津旧府所属七县的节烈妇女请奖事宜。民国成立后,此事被中断。天津社会教育总董林兆翰遂恢复采访局,附设于社会教育办事处内,专门采访天津当地节烈妇女。④ 又如,河北青县绅董宁世福等人也是鉴于前清时期县内设有采访局,

---

① 《清圣祖实录》卷一三五,康熙二十七年五月乙亥,载《清实录》第5册,第466—467页。

② 《世宗宪皇帝圣训》卷六,雍正六年戊申三月壬子,文渊阁《四库全书》影印本,第412册,第91页。

③ 《善堂开会》,《大公报》1919年4月8日。

④ 《采访节烈之办法》,《大公报》1918年10月26日。

"专调查县属节烈孝行、妇女义士,登诸邑乘",但是自民国以来,"此典久废,殊为可惜",借此次政府倡导之机,"择地设局,派员探访,汇案呈请咨部褒扬,以期表彰潜德"。①

在政府的倡导下,民初一些报刊也不时刊登一些贞烈妇女的消息。有妾殉夫,如直沽居民张子臣病殁,其妾日食洋火二盒而死②。曾任电报局总办何彝臣病故,其妾杨氏"仰药殉节"③。也有妻殉夫,如江苏镇江陈某尽管娶妾后嫌弃发妻,但"忽膺重疾"后,其妻曹氏依旧"焚香祝天,愿以身代"④,丈夫死后殉命。河北保定人孙尔康因病身故后,其妻沈氏"殉夫"⑤。

各地申请褒扬贞烈妇女,也所在多有,原因不出"节烈妇女均足为世道人心之模范"⑥之类。如川粤汉铁路参赞金恭警以华高氏"贞节可风",禀请县长转详褒扬,经核"与褒扬条例第一条第二款之行谊相符,应候详请褒扬,以励风俗"⑦。津海道尹令申请褒扬节妇杨靳氏等人,"或贞节堪钦,或义烈可风,核与修正褒扬条例均属相符,候汇案咨部"⑧。而各管辖部门批准申请旌表的主要目的在于激励风化,天津人王启安因病离世,其妾李氏于当日殉节,绅董陆恩第等人申请褒扬,"经杨厅长亦赏给匾额一方,文曰'节烈可风',以励风化"⑨。天津邑绅黄克明逝世,其侧室当即殉节,邑中绅商因该幼妇殉节,在侧室不可多得,且于邑间颇有光彩,经前提学使刘绅嘉琛等人呈请直隶曹督军褒扬节烈,并请求政府颁发旌表,蒙曹督军赐匾额一方,文曰:"节烈可风"⑩。

一些地方还特意为节妇烈女开追悼会,对她们的节烈大张旗鼓加以宣扬,

① 《青县拟设采访局》,《大公报》1919年8月6日。
② 《节烈可风》,《大公报》1919年10月9日。
③ 《烈节可风》,《大公报》1919年11月8日。
④ 《烈妇殉夫之可钦》,《大公报》1920年5月11日。
⑤ 《烈妇殉夫》,《大公报》1920年5月26日。
⑥ 《采访局请褒贞节》,《大公报》1918年3月22日。
⑦ 《请奖节妇》,《大公报》1915年9月26日。
⑧ 《褒扬注册》,《大公报》1919年11月8日。
⑨ 《警察厅褒扬节妇》,《大公报》1921年4月3日。
⑩ 《侧室殉节可风》,《大公报》1918年10月2日。

以为垂范。如天津南善堂为武清县郭姓二烈女举办追悼会，并函请各官署、各机关一律"恭送挽联，以资追悼而志表扬"①。青县郭姓二女"贤淑异常，素为邻佑所钦佩"，忽遭"匪徒妄言品评"，该二女闻悉，"思之与名誉攸关，遂吞服洋火相继身故"，青县南善堂为其筹备葬礼，"以正风俗"，"并代收各界恭送挽联，以表节烈"②。天津中学校毕业的邢汝湉卒后，其妻高氏"誓以身殉，家人慰解之，不听，竟七日不食而死"，当地筹办丧事，"送挽诗、挽联者甚多"③。

政府之褒扬，文人之盛赞，报刊之传播，共同营造出一种崇尚"节烈""贞操"的氛围。在文人的笔下，报刊的报道中，烈妇烈女总是主动的、不顾一切地达到"殉夫"的目的，而她们的家人则极力反对此种行为。如《大公报》报道一则烈妇殉夫的事件：

> 堤头等村村长刘顺等禀呈，天津县云为堤赖村黄有麟之长子黄士元，本年旧历九月初三日因病逝世。其妻田氏于黄士元含殓之后，即痛不欲生，百端觅死，卒被家人多方看护，未能同时随夫并残。谁知黄田氏殉节之志已决，盘□□侧，哀毁逾恒，又拒食七日，颗粒不进焉。于旧历九月初十日申时气尽殂谢，已同夫唱随于地下矣。

矢志殉夫的黄田氏在丈夫去世后与防范的家人所代表的"世俗"做了种种抗争，最后得以殉夫，反映出自觉维持名教的贞节烈妇与世风日下的世俗之间的博弈。在维持名教的政府及文人看来，她们的行为自然值得褒扬。村长刘顺与黄田氏是邻里关系，"里居密迩，知之最切"，认为"似此随夫殉节情形，其贞烈实堪嘉尚"，"又因风俗关系，尤不能坐安缄默，令其节掩没"，所以"联村具呈"，"除呈明省公署警察厅外，理合即恳县长大人恩准据情转详，以慰烈魂而励民风，则黄姓幸甚，津埠幸甚"。天津县齐县长批示，"由禀悉该黄田氏痛夫情切，绝食以殉，洵属节烈可嘉，应先给'大节凛然'四字匾额一方，仰即转发，一面造具事实清册送县，以便呈请褒扬"④。

---

① 《表扬节烈》，《大公报》1918 年 8 月 11 日。
② 《节烈可风》《大公报》1918 年 8 月 3 日。
③ 《烈妇殉夫之可敬》，《大公报》1917 年 6 月 21 日。
④ 《呈请褒扬节妇》，《大公报》1919 年 11 月 9 日。

民国初年,怀旧的道德家哀叹"世风日坏,若决江河,风雨漂摇之中,国不堪摧残"①,对世风不古的批评之声不绝于耳。世风日下反衬出"圣道垂危"②。1918 年,《大公报》的一名记者说:"改革以来,礼教名节,扫地以尽,不特无人能行,抑且无人敢言,盖苟一言之,人且将嗤其迂谬不化也。"然而在"名教沦亡"之际,这名记者从天津采访局探知,"天津七县内贞节妇女,呈请核奖者,竟有二百七十余名之多",让他不胜感慨:"士大夫虽土苴名节,而未尝学问之妇女,尚多能敦行古道,以维持名教于一线。呜呼! 可以风矣。"不无反讽的是,他称政府褒扬、文人鼓噪妇女节烈为"礼失求诸野"。③

二、新文化人的贞操批判与论争

怀旧的道德家希望通过褒扬节烈、复古妇德来挽救垂危"圣道",不过,这种主张兴起未久便遭到了女权论者的抨击。1915 年 8 月,崇明尚志女校学监施淑仪在《东方杂志》发文,批评"煽扬其波焰"的文人学士在女学萌芽时代,还宣传贞烈"迷信",筑台于通衢,送妇登台自缢,"夫灭绝天理,至于如此,仁人君子,其有动于中软?"在她看来,"壮娇妇女,为一国中富有生殖力之健全分子,无端杀一壮姣妇女,不啻杀国家一健全分子,对于国家当科以逆叛之罪者也。"在谴责褒扬节烈的道德家的同时,施淑仪对那些"以一死为高名"的烈妇和"女学界中以殉烈闻于世者"也提出了痛心疾首的批评。她劝诫说,偏枯的贞烈信条有损女子的人格,违背时势,既"与平等之学说不相容","与人道之主义不相容",又"与国家之思想不相容","与社会之事业不相容"。中国女子因无人格,才有贞烈之说,当今世界,男女平权为新发明之公理,女子亦人格独立,"安有同一人格,有某从某死之义务,吾同胞尚毋妄自菲薄,为人作殉葬品也?"再者,"吾人生二十世纪文明社会,自有文明国妇女共由之坦道,应尽之义务,乃不此之务,守其狭窄偏枯之旧信条,以贵重之生命,付之一掷,一若

① 德仁:《论中国亟宜筹办女子通俗教育会》,《妇女鉴》1914 年 12 月第 3 期,第 5 页。
② 玉深:《维持风化者的双眼》,《新女性》1926 年 5 月第 1 卷第 5 号,第 326 页。
③ 《礼失而求诸野》,《大公报》1918 年 3 月 22 日。

夫天生女子,专以供男子殉葬之用,何其所见之不广也!"既然能殉夫拼死,不惧畏死,"无所挂碍,无所恐怖",死于无价值的"旧信条"下,不如"出其身为国家社会尽力","岂非毅然奇女子哉!"承续清末国族主义女权思想,施淑仪以"罗兰夫人、苏菲亚之事业相期许",希望那些欲成节烈的妇女与其无人格地殉夫,不如有人格地殉国。①

反对"节烈"的女权论者指出了其中存在的人格问题,希望女子能够自强自立,争取人格的独立,同样反对"节烈"的新文化人则进一步指出,女子的人格问题实际上是整个礼教的问题。新文化运动的先驱陈独秀指出,儒家礼教教人"忠君、孝父、从夫",所谓"君为臣纲,则民于君为附属品,而无独立之人格矣;父为子纲,则子于父为附属品,而无独立之人格矣;夫为妻纲,则妻于夫为附属品,无独立之人格矣。率天下之男女,为臣、为子、为妻,而不见有一独立自主之人者,三纲之说为之也。缘此而生金科玉律之道德名词,曰忠、曰孝、曰节,皆非推己及人之主人道德,而为以己属人之奴隶道德"②。李大钊亦说,儒家之"所谓纲常,所谓名教,所谓道德,所谓礼义",皆损下奉上,"牺牲被统治者的个性以事治者","不是使人完成他的个性,乃是使人牺牲他的个性"。③ 新文化人把损害女子人格的贞操观看作是儒家礼教"以己属人之奴隶道德"最突出的表现,在时兴节烈风的刺激下,对其发起了前所未有的批判,以之作为礼教批判的突破口。

《新青年》的贞操论

1918 年 5 月,周作人翻译了日本"现今第一流女批评家"与谢野晶子的《贞操论》,刊登在《新青年》,揭开了新文化人批判中国传统贞操观的序幕。周作人自言,选择翻译这篇文章是因为它是正需要的"治病的药"。该文用现代意义的平等、自主观念反省了当时流行的贞操观,提出了一个问题:贞操是

---

① 施淑仪:《对于烈妇殉夫之感言》,《妇女杂志》1915 年 8 月第 1 卷第 8 号,第 5—8 页(文页)。
② 陈独秀:《一九一六年》,《青年杂志》1916 年 1 月第 1 卷第 5 号,第 3 页(文页)。
③ 李大钊:《由经济上解释中国近代思想变动的原因》,《新青年》1920 年 1 月 1 日第 7 卷第 2 号,第 48 页。

否单是女子必要的道德,还是男女都必要的呢？在作者看来,主流的贞操是专门针对女子而设的,"男子的贞操,不曾当作道德问题"。而道德是社会上人人都应遵守的,那么,"贞操是只有女子应守的道德,男子因生理的关系,不能守的,照这样说,岂不就是贞操并非道德的证据,证明他不曾备有人间共通应守的道德的特性么?"换言之,贞操被打上道德的烙印让妇女去遵守,是一种欺骗,是很不道德的。既然贞操不是道德,那应该怎样定位贞操?与谢野晶子认为贞操"只是一种趣味,一种信仰,一种洁癖",守不守贞操应由个人选择,"照个人的境遇体质",不能用各种手段包括褒扬或者强迫使人奉行,而流行的贞操观,以道德名义强制妇女遵守,无异于一种卑劣的制裁妇女的手段,"制裁人心的机微"①。

周作人翻译的《贞操论》刊出后引起了关注,胡适读罢"很有感触",称该文打破了几千年无意识的贞操迷信,"讨论贞操真意义",是"东方文明史上一件极可贺的事"。② 而受其时节烈风的刺激,胡适随后也发表了一篇谈论贞操的文章。

胡适的《贞操问题》围绕节烈新闻展开,其中摘录了当时登在京沪"狠有价值的报纸"上的烈妇烈女殉夫之事:"唐烈妇之死,所阅灰水,钱卤,投河,雉经者五,前后绝食者三;又益之以砒霜,则其亲试于杀人之方者凡九。自除夕上溯其夫亡之夕,凡九十有八日";"陈烈女名宛珍,绍兴县人,三世居上海。年十七,字王远甫之子菁士。菁士于本年三月廿三日病死,年十八岁。陈女闻死耗,即沐浴更衣,潜自仰药。其家人觉察,仓皇施救,已无及。女乃泫然曰:'儿志早决,生虽未获见夫,殁或相从地下……'言讫,遂死,死时距其未婚夫之死仅三时而已";俞氏"女年十九,受海盐张氏聘,未于归,夫殀,女即绝食七日;家人劝之力,始进糜曰:'吾即生,必至张氏,宁服丧三年,然后归报地下。'"胡适就此批评说,像唐烈妇、陈烈女、俞氏女这样受"贞操迷信"蛊惑而殉夫的行为固然"荒谬",但北洋政府褒扬贞操,以及盛

---

① ［日］与谢野晶子:《贞操论》,周作人译,《新青年》1918 年 5 月 15 日第 4 卷第 5 号,第389 页。

② 胡适:《贞操问题》,《新青年》1918 年 7 月 15 日第 5 卷第 1 号,第 5 页。

赞贞烈的文人朱尔迈担心俞氏女暂缓殉夫后改变志节不再求死,更令人不齿,是"全无心肝的""忍心害理的"。在他看来,寡妇再嫁与否,由寡妇根据自己实际情况而定,"全是一个个人问题",国家用法律的规定来褒扬守节不嫁的寡妇,是"一偏的贞操论"。"中国男子要他们的妻子替他们守贞守节,他们自己却公然嫖妓,公然纳妾,公然'吊膀子'。再嫁的妇人在社会上几乎没有社交的资格;再婚的男子,多妻的男子,却一毫不损失他们的身分。这不是最不平等的事吗?"胡适认为,寡妇守节、烈妇殉夫、贞女守贞的唯一理由是夫妻间的爱情。丈夫去世,妻子因对丈夫的爱情,情愿守节、殉夫、守贞,这是"个人恩爱"问题,"应由个人自由意志去决定"。如若要求女子为丈夫守贞操,那丈夫也应为妻子守贞操,"法律既不奖励男子的贞操,又不惩男子的不贞操,便不该单独提倡女子的贞操"。而且,"以近世人道主义的眼光看来,褒扬烈妇烈女杀身殉夫,都是野蛮残忍的法律,这种法律,在今日没有存在的地位"。①

不过,胡适在抨击、解构传统贞操观时,并未完全否定贞操本身的价值。他认为贞操附着于爱情中,与爱情相伴相生:

> 贞操乃是夫妇相待的一种态度。夫妇之间爱情深了,恩谊厚了,无论谁生谁死,无论生时死后,都不忍把这爱情移于别人,这便是贞操。夫妻之间若没有爱情恩意,即没有贞操可说。②

换言之,夫妇间有爱情,不论哪一方为对方守贞操都是可以理解的,而夫妇间无爱情,双方均不必为对方守贞操。

其实,在胡适之前,中国传统士人也曾对节烈贞操提出过这样那样的批评。如:明末冯梦龙反对强迫妇女守节,认为妇女守节是情分,"再嫁再娶"皆常事③;清代毛奇龄、袁枚、钱大昕、汪中皆反对女子未嫁守节殉死,认为此为

---

① 胡适:《贞操问题》,《新青年》1918 年 7 月 15 日第 5 卷第 1 号,第 5—14 页。
② 胡适:《贞操问题》,《新青年》1918 年 7 月 15 日第 5 卷第 1 号,第 10 页。
③ (明)冯梦龙:《情史》卷一六《情报类·韦英》,见魏同贤主编:《冯梦龙全集》第 7 册,第585 页。

"礼"所无，于"礼"不合①；钱泳认为不仅室女守贞违背礼义，孀妇守节也属于非礼，"皆讲道学者误之"②；臧庸认为"饿死事小，失节事大"既非圣人本意，也与人情不合③；俞正燮认为"一与之齐，终身不改"只是"苟求妇人，遂为偏义"，并不合礼，若"女子无二适之义，则男子亦无再娶之仪，女再嫁与男再娶者等。苟责妇女，不许再嫁，不合人情"，故对待妇女"其再嫁者不当非之，不再嫁者，敬礼之斯可矣"④。胡适对贞操的批评与先前士人有相通之处，当然，与传统士人把贞操批评视为对礼教的正本清源不同，在将旧文学、旧政治、旧伦理视为"一家眷属"⑤的反传统时代，胡适的贞操批评则带有显明的反礼教用意。

胡适的《贞操问题》刊出后引起了《国民公报》社长蓝志先（1887—1957）的注意，后者在表示赞赏的同时也表示有一些不同意见。双方围绕贞操问题一来二去展开论辩，周作人也加入了其中。三人的论争集中刊载在《新青年》第6卷第4号的"讨论"专栏。

蓝志先认为，胡适用爱情来界定贞操，并以此来决定夫妻之间该不该守贞操，而不对爱情加以限定和说明，容易引起随意离婚、"借着对手满足他的一时的情欲"的流弊。在他看来，爱情有精神之爱与肉体之爱两个层面，但现实生活中的人往往并不明白，"男女结合的粘力"，"面貌上的快感和肉体的快乐"起着重要的作用，如果笼统提倡爱情，极易出现"在性的欲发动的时候，随便可以找一个对手来消遣"的现象，爱情反而容易被发泄性欲的人利用。正

---

① （清）毛奇龄：《西河集》卷124《禁室女守志殉死文》，文渊阁《四库全书》影印本，第1321册，第333—337页；（清）袁枚：《小仓山房尺牍》卷五《再答稚存》，见王志英编纂校点：《袁枚全集新编》第15册，浙江古籍出版社2015年版，第106页；（清）钱大昕：《潜研堂文集》卷四〇《夏烈女传》，见陈文和主编：《嘉定钱大昕全集》第9册，江苏凤凰出版社2016年版，第644页；汪中：《述学内篇》卷一《女子许嫁而婿死及守志议》，台北商务印书馆1967年版，第14—15页。

② （清）钱泳：《履园丛话》卷二三，第612页。

③ （清）臧庸：《拜经堂文集》卷一《夫死适人及出妻论》，《续修四库全书》第1491册，第492—494页。

④ （清）俞正燮：《癸巳类稿》卷一三《节妇说》，《续修四库全书》第1159册，第541页。

⑤ 易宗夔：《论〈新青年〉之主张》，《新青年》1918年10月15日第5卷第4号，第433页。

因精神的爱情很难限制肉体的情欲,所以"爱情是盲目而极易变化的","如果夫妇关系纯是爱情的问题,那结果便成了一种极不确定的关系",并会"使得人们只会注重爱情的肉体层面,而忽略了爱情的精神层面、人格层面"。蓝志先认为爱情虽然是夫妇结合的极重要因素,却不是惟一条件,"夫妇关系,爱情之外,尚当有一种道德的制裁"。基于对爱情的这种认识,蓝志先也不赞同与谢野晶子的《贞操论》将贞操视作"一种趣味、信仰、洁癖"的观点。他说,虽然与谢野晶子认为旧的贞操道德与现代生活矛盾,不应当继续存在,很有道理,但不能把贞操德目一同否定,因为人类要保持社会秩序,需要节制的道德调整情欲的制裁,人与禽兽的差别就在于人有人格,有道德制裁,能节制情欲,"夫妇虽有性欲的关系,却是人格的结合。人格结合,便是一种道德的关系,道德意识断不能许把他的人格来满足自己的性欲,如只作性欲关系看待,那便没却他的人格,犯了道德的罪恶。故所以一夫一妇是道德上不可不遵守的制度,贞操是一夫一妇制的生命,道德上的最高要求。"出于维护一夫一妻制婚姻,蓝志先极力主张贞操道德应存在于一夫一妇制婚姻中,"夫妇结合必须以爱情为基础",一旦结合,"不能轻易离婚"。为了避免夫妇以无爱情为借口草率离婚,需用贞操道德制裁双方,经过道德的洗炼,形成真正的人格的爱情,能忠于家庭的责任与义务。这个贞操道德夫妻双方均应遵守,"并不是专指妇女一面讲,男子破弃贞操,自然是一样的罪恶"。贞操道德是限制自由离婚、维护一夫一妇制的必要。为了维护一夫一妇制的贞操,蓝志先也不赞成续娶与再嫁,对续娶或者再嫁"加以一种条件的限制","譬如男子续娶,应当以儿童幼小或是家庭无人管理为条件,寡妇再嫁,应当以生活困难或是家庭难处为条件"。不过,蓝志先主张的严格的一夫一妇制,并不是说绝对的禁止离婚。他认为,对于旧式包办婚姻,不自由的结婚,由于"责任不在本人,既无爱情",便不能以贞操道德限制离婚。而自由结婚的夫妇,如果经过"道德的洗炼",如《傀儡之家》中娜拉与郝尔茂那样,也可以离婚。总之,自由结婚的夫妇,不能随便以爱情转变为由离婚,而不自由结婚的,可任意离婚。①

---

① 《蓝志先答胡适书》,《新青年》1919 年 4 月 15 日第 6 卷第 4 号,第 403 页。

　　蓝志先在《答胡适书》中对与谢野晶子《贞操论》的异议，首先引起了译者周作人作文辩解。周作人从"爱情"和"贞操"两个方面对蓝志先进行了反驳。在他看来，蓝志先误解了原作者，其表述的"爱情"并非原作者意下的"爱情"。他说：蓝志先"将爱情误解作情欲"，"将自由恋爱误解作杂交"，将爱情当作"盲目的感情作用"，片面强调爱情中性的官能的牵引，并非与谢野晶子和他本人"所承认的恋爱"。"我们"的恋爱的结婚，是"官能的、道德的两性关系"，"因为恋爱有官能的、道德的两种关系，所以一面是性的牵引，一面是人格的牵引。倘若没却了他的人格，只求自己的情欲的满足，那便不能算是恋爱，更不能是自由恋爱了。"故"我们"说的恋爱、自由恋爱，与蓝志先"力说的人格的结合，并无什么不同"。就"贞操"而言，周作人认为蓝志先所提倡的"贞操"指代不清，在认识上是游移的。他质疑说：贞操"是指纯洁（Chastity）呢？ 还是信实（Fidelity）呢？ 如指肉体与精神的完全纯洁，便非先将《贞操论》中所提出的疑问解答不可。如指相互的信实，那是分所当然，可不必说了。但明目却非另定不可。因为贞操二字，习惯上是指肉体的纯洁，为强迫守贞守节的根本，很易误会的"。在周作人看来，蓝志先把贞操等同于节制性欲，意思并不明了，需要另行"说明才好"。①

　　针对周作人对"爱情"的批评，蓝志先表示：很难区分官能的爱情和人格的爱情，因为爱情总是带着盲目性。"男女相爱，除却情欲关系，也是官能的满足。中国人所谓秀色可餐、怜香惜玉等种种形容词，即便是对手满足自己官能的情欲。"进一层说，"男女即便超脱了这种官能的情爱"，愿意为对手牺牲，无非还是"图自己感情上的痛快"，"这中间只有热情欲求满足痛快等情意作用，没有义务尊敬等道德的动机"。情爱满足的热度一旦冷却，"立刻便会彼此嫌恶"。所以说，"除却道德的分子，性欲的爱、官能的爱和感情的爱，程度上尽有差异，骨子里却不是都以对手为满足自己的器具么？"要分清爱情和情欲的界说，除却了道德的分子，说虽容易，分辨起来却是很难。爱情有道德的分子，爱情有责任义务，而情欲没有。夫妇关系必定有一种道德的制裁，彼此

---

① 《周作人答蓝志先书》，《新青年》1919 年 4 月 15 日第 6 卷第 4 号，第 414 页。

有应守的限制,应负的义务,才是人格的爱情。针对周作人对"贞操"的质疑,蓝志先回应:"吾主张严格一夫一妇论,吾所说的贞操,自然合纯洁信实而言。"但与旧道德强迫女子"纯洁"不同,蓝志先认为一夫一妇贞操道德的"纯洁"应视情况而定,"严格的一夫一妇论,只能算是一种道德的理想",实践起来,便不能如此严格要求,尤其是终身只为一人"纯洁",也就是说"实践道德的贞操,对于纯洁的解说,尽可不必如是严格"。"凡是人格结合的正式夫妇,不问续娶再嫁,当然看作一样的纯洁。苟合以及不正当的恋爱,即便未嫁的处女,也是不纯洁的。此外如为强暴所污的处女,那是一种可怜的牺牲,与纯洁无伤。乃至从前不贞的妇女,改悔以后,能守贞操,依然不失为纯洁。"旧的贞操观在实践道德上本有许多不可通的地方,却不能因为有不可通的地方,即便把贞操推翻,故"贞操的明目,依然可用"。①

胡适在《答蓝志先书》中说自己和蓝志先在爱情的界定上没有根本的歧异,他特意申明他所讲"爱情"是人格的爱,"盲目的、又极易变化的感情的爱"并不是人格的爱,人格的爱包含着专注与忠贞的因素,"异性的恋爱专注在一个目的,情愿自己制裁性欲的自由,情愿永久和他所专注的目的共同生活,这便是正当的夫妇关系。人格的爱不是别的,就是这种正当的异性恋爱加上一种自觉心"。人格的爱虽然并非人人都懂得,但是"平常人所谓爱情,也未必全是肉欲的爱。这里面大概总含有一些'超于情欲的分子',如共同生活的感情,名分的观念,儿女的牵系等"。② 胡适认为造成蓝志先误解的主要原因在于二人把"道德的制裁"和"感情的爱"看作一件事还是两件事。蓝志先坚持"爱情之外尚当有一种道德的制裁",而胡适认为正当的、真挚专一的异性恋爱本身就是"道德的制裁",若在爱情之外别寻夫妇间的"道德",别寻"人格的义务",实在没有必要。爱情本身带着责任与义务的道德因素,带着人格的尊重,没有必要在爱情上叠加其他的限制了。胡适认为他和蓝志先的分歧在对自由离婚的看法。自由结婚的夫妇根本应持"相敬相爱"的观念,"先有精神

---

① 《蓝志先答周作人书》,《新青年》1919 年 4 月 15 日第 6 卷第 4 号,第 415—416 页。
② 《胡适答蓝志先书》,《新青年》1919 年 4 月 15 日第 6 卷第 4 号,第 418 页。

上的契合,然后可以有形体上的结婚"。但是也有结婚后发现先前的恋爱有误,没有"精神上的爱情","既不能有精神上的爱情,若还依旧同居,不但违背自由结婚的原理,并且必至于坠落各人的人格"。胡适表示,尊重人格的自由离婚,才是道德的,"所以离婚的容易,并不是一定就可以表示不尊重人格"。①

胡适、周作人与蓝志先在爱情与人格层面围绕贞操问题展开的论争,主要分歧在于贞操该不该成为道德约束。胡适与周作人均认为贞操只是夫妻间的态度,要不要守贞操取决于个人意志,以及夫妻双方是否有爱情;蓝志先则认为夫妻间在爱情之外,还应有责任和义务,夫妻不能借口无爱情便轻易放弃对婚姻家庭的责任与义务,所以他认为贞操应作为一个道德条目,用来约束夫妻双方,以保护严格的一夫一妻制。不过,在分歧之外,他们拥有共同的立场,皆主张男女人格平等,并基于此对片面的旧贞操进行批判。他们的争论一方面加速了单方面约束女子的旧有的性道德的瓦解,另一方面也提示了在旧有的性道德退场、新的性道德确立之际,道德走向的不确定性。

"褒扬节夫"与"两贞主义"

在胡适等新文化运动的干将猛烈抨击"节烈"之时,北洋政府做出了一个有趣的回应。1921 年,内务部通咨各省,重修褒扬条例,增订了褒扬"节夫义夫"的内容。其通告说:"褒扬条例,对于女子守节极为注意,对于男子守义并无规定,殊为缺点,本部为褒扬节夫起见,特为修订增加。凡男子年三十岁以内,生子丧妻至六十岁,并未续妻纳妾者,与女子守节无异,应受同等之褒扬。特此通知,仰即转饬所属,一体周知。"②

北洋政府推出"褒扬节夫",有迎合"男女平等"之大势的明显用意,社会各界,无论是赞成还是反对,都读出了这个弦外音。心木叹道:"大哉部文!我国男女平权之制,其以此事为嚆矢欤!"③旨微讽刺说:"周公设礼防,不过对待女子",今内务部修正褒扬条例,"则更使男子受平等之待遇,真不啻于三代

---

① 《胡适答蓝志先书》,《新青年》1919 年 4 月 15 日第 6 卷第 4 号,第 419 页。
② 《竟有节夫褒扬条例出现耶》,《新社会报》1921 年 7 月 12 日。
③ 心木:《对于褒扬节夫之商榷》,《游戏世界》1921 年第 4 期,第 12 页。

以下褒扬完人矣"。① 瘦蝶挖苦说："男子壮年守鳏，节亦同夫贞妇，宜与女子受同等之褒扬，方无重女轻男之弊政。今大部明见乎此，已订褒扬之例。"② 容揶揄说："但有烈女祠而无贞童庙，诸君当习闻此二语矣。何以但有烈女祠而无贞童庙，岂非古今来第一不平等事，于是内务部乃有褒扬节夫条例。"③ 正如这些评论所揭，"褒扬节夫"试图促进男女在性道德上齐一，彰显了"男女平等"。不过，这种"男女平等"并不是一般意义上的那种女子"升同男子"，而是前揭何震意义上的"退与女平"。

尽管带有"男女平等"的意味，"褒扬节夫"条例一经公布，引来的却是骂声一片。署名"天醒"的作者讥刺说："迩闻某部褒扬节夫条例业已公布施行，从此新词典里顿添一奇怪名词，新笑史中又增一滑稽材料，此真异想天开，空其前绝其后矣。或谓今日庶政丛脞，百废待举，褒扬节夫确系当务之急，开宗明义之唯一办法。"然而如此重要的办法"尚嫌简略"，应对照"褒扬节妇"条重拟。为了表现"褒扬节夫"的荒谬，天醒替内务部捉刀，仿"褒扬节妇"条对"原定条例"进行了大幅扩充，杜撰了八条新规：一、节夫以外，如有"足以垂光简册"的贞男、烈夫，也一同比照旌表贞女烈妇之例，"同释荣典"。二、男子中凡是"丧其未婚妻而坚抱大义、终身不聘者"，或者是"招其未妻婚木主而订生死之鸳鸯者"，都应当名之曰"贞男"，与贞女同受旌表。三、如果有男子"被妇女所牵挽而能引斧断臂、自洁其身者"，或者"被妇女所包围而能慷慨捐躯视死如归者"，就褒奖他为"烈夫"，与烈妇同受旌表。四、在全国各省区统一建造节夫祠、贞童烈夫祠，命地方官春秋致祭，祭祀时不仅要"必恭必敬"，而且凡属此项祠堂，"不许放进一条雌狗，不许飞进一个雌苍蝇"。五、如果有妇女胆敢对于"此项模范人物施以非礼者"，按律定罪，不容宽贷。凡是强污节夫者，"与强污节妇者同罪"，强污贞童、烈夫者，"与强污贞女烈妇者同罪"。六、男子妻死再娶者，统一命名为"再醮夫"，三娶、四娶者，命名为"三醮夫""四醮夫"，以此类推。凡是纳妾的男子，比照"淫妇"之名，命名为"淫夫"；狎娼者比

---

① 旨微：《敢心禾重》，《益世报》1921 年 8 月 1 日。

② 瘦蝶：《戏拟节夫请求旌扬文》，《新华日报》1921 年 8 月 17 日。

③ 容：《节夫如之何》，《新华日报》1921 年 8 月 12 日。

照"卖淫妇"，命名为"卖淫夫"，正名定罪，以示惩戒，"庶几天下男子有所顾忌，不敢逾闲荡检"。七、仿照历代王朝编纂"列女传""闺门女训"之例，编撰"列男传""闺门训"。八、提倡男子三从，在家从母，成婚从妻，妻死从女，天经地义，永永垂为令典。① 天醒仿"褒扬节妇"杜撰的"褒扬节夫"八条，在道德场景中虚拟了男女身份的置换，在放大"褒扬节夫"之荒唐的同时，也嘲讽了"褒扬节妇"。

励吾、枫隐等讥刺者提出，既然褒扬节夫，就当考虑和尚、太监、穷措大、阴阳人等特殊男性该不该褒扬以及如何褒扬的问题。枫隐打趣说："和尚终身不娶者，当名之曰贞男。其年未三十，妻死出家者，亦当名之曰节夫。其应受褒扬，与在家之人同。此其例可援妇女证之"；"穷措大年未三十，妻死不娶者，应受褒扬，与富贵人同。此其例亦可援妇女证之，盖世俗称妇女守节者，每谓贫贱之家较富贵之家为尤难，以其无可守之凭藉也"；至于太监和阴阳人无娶妻资格，"守节与不守，其实际上未尝不同，自不当在褒扬之列"。②

上述天醒等人将"褒扬节夫条例"视为一场闹剧，他们的讽刺挖苦也大多是为了"请阅者亦开开心"③。不过，在戏谑者之外，也有相对真诚的批评者。并不"趋新"的心木认为，在主张解放的时代，虽然"时髦女士方欲打破礼法"是"提倡兽性"，但"内务部此举仅为消极之褒扬，而不为积极之解放，犹不足以餍国人"。在他看来，为了男女贞操平等，内务部应继续完善褒扬条例，解决好以下几个问题：一、有褒扬就要有贬斥，"否则申于此而不绌于彼，亦何贵乎有此褒也？"故此，如果妻死不娶者褒之为节夫，那么续娶者、纳妾者就应当贬之"为失节丈夫"。这样，他们与失节妇人将"同为戚党所羞称，社会所唾弃"。二、取消"油瓶"这种不道德的称谓。以往，妇人丧夫再醮者，前夫之子俗呼"油瓶"，"油瓶之义，今所未喻，然夷人类于陶土，蔑之至矣"。如今男子丧妻再娶，则前妻之子，"亦将呼之以油瓶乎？"三、要废除纳妾。男子能纳妾，女子却不能置面首，"此与男子许续娶，女子不许再醮，特五十步与百步耳"。

① 天醒：《推广内部褒扬节夫条例》，《新华日报》1921 年 7 月 27 日。
② 枫隐：《释褒扬节夫之疑点》，《新华日报》1921 年 8 月 12 日。
③ 《竟有节夫褒扬条例出现耶》，《新社会报》1921 年 7 月 12 日。

因此,内务部"既以节夫节妇相提并论,而犹未废纳妾之条,是仍无解于平等也"。四、内务部的条例忽视了男子"可以冶游"的弊病,"内务部条例标举不续娶、纳妾二事,未及冶游。设有男子丧妻不续娶,不纳妾,而耽冶游,则内务部亦将从而褒之乎?"五、内务部的条例在褒扬节夫的年龄限制上有失周全。人人都说,"枯杨生稊,老奴故态",可是内务部条例"仅言至六十岁并未续娶纳妾",如果这位男子六十岁以后又续娶了,怎么办?"内务部将褒之乎,抑褒其前而听其后乎?"①

与心木的商榷式批评不同,旨微则直斥"褒扬节夫"为专制的遗毒,应予清除。他说,在社会改造之说蓬勃兴起之时,专制时代的诸种名义之说已被打破无遗,"夫妇之道,不过由于情感之集合,生死离合,均非近世法律之所禁止"。此前有褒扬节妇条例,束缚人生自由,"今类而推之,及于男子之守义,直以禁锢人类自然的发育滋孕之本能,而谓之义,是真能充分导发世间愚夫愚妇之贞操者也?"②在他看来,北洋政府此举"有足以使世人惊骇者",其最后的结果将导致"斩杀民族滋生繁殖之机源"。据此可断:"今之内务当局,完全为不适应时代之人,而认为内阁有部分的改组之必要。"③畏吾则批评"褒扬节夫"并不算"男女平等",他说:"今日以改造社会自任,人无不认夫妇间的关系为爱情,非为名义。"夫妻彼此存有爱情,"妻死后,夫苟欲为之义,而不再娶,是其个人得自由权,何必沽名钓誉得褒之以节?"再者,女子守节贵丝毫不有苟且行为,三四十岁血气方刚之男子似乎难以做到,故此,"褒扬节夫,适足以诱起社会上一种欺伪的行为"。④

"褒扬节夫"尽管备受讥刺、批评,但仍被北洋政府增订入褒扬条例中予以公布实施。1923 年 8 月 1 日颁行的《修正褒扬条例暨实施细则》第二条解释"义夫":"以年在三十以内,已有子嗣,原配身故,并不续娶、纳妾,至六十岁

---

① 心木:《对于褒扬节夫之商榷》,《游戏世界》1921 年第 4 期,第 13 页。
② 旨微:《敢心禾重》,《益世报》1921 年 8 月 1 日。
③ 旨微:《新潮中之内阁改造问题(续)》,《益世报》1921 年 8 月 22 日。
④ 畏吾:《节夫问题》,《新社会报》1921 年 7 月 25 日。

以上身故者为限。"①规定与前说无异。不过,随着旧贞操观遭遇的批评越来越多,褒扬贞操也变得越来越没意义。段祺瑞执政时期,"对于褒扬条例,根本上不予赞成"②,有名无实的"褒扬节夫"随之无疾而终。

北洋政府的褒扬节夫条例以一种特别的方式突出了男子的贞操问题,而在其备受挞伐之时,批评其荒谬绝伦的《新社会报》推出了同样强调男子贞操的"两贞主义"。不过,与褒扬节夫条例饱受抨击不同,"两贞主义"得到了不少人的支持。

1921 年 11 月 9 日,《新社会报》刊发郑拔驾的《吾国男女不平之一点》一文,认为:贞操自古为判定"闺秀淑媛女子美德"之定例,但只为女子独守,有失男女平等。要改变贞操上的男女不平等,"即男女须有同一之规定";既然女子能够"深存纯洁之躯",男子同样"不能不保持其圭璧之躬,而成真正纯洁无他之男子"。如果男女守同一规定之贞操,那么此后"多妻纳妾、挟邪游不能发生,即奸非等行为因此多一重障碍",如此一来,"社会之善良以起"。与"节夫条例"意蕴不同,郑拔驾提出男女同一之贞操规定应建立在夫妻双方爱情结合的基础上,"盖社会渐进文明,男女之结合完全出于爱情之结合,彼肉欲之结合非今所尚,故增进男女既经爱情之结合,不能不同时奖励永永不贰为结合之必要,成男女同一平等结果。"③男女出于爱情结合,结合之后不能离婚,均要守贞操,方才能体现男女平等。

高琦瑜女士对郑拔驾的观点极为赞赏:"阅郑君拔驾所著《男女不平之点》,主张男女须有同一之规定,行文似桶底脱,可谓洞悉女界之病处。"随后,她附议《两贞论》一文刊于《新社会报》,提出了"男贞女贞主义"。文章认为,男女不平的主要原因在于女子不能独立,只能依赖男子,而女子不能独立的原因又在于受贞操的禁锢。社会要求女子守贞,"缠足系铃,深守闺中,一旦欲谋有所交际,则以风俗习惯相绳",重重枷锁与束缚,女子"虽欲自立而不可

---

① 《修正褒扬条例暨实施细则》(附解要),中华民国北洋政府内务部印,线装单行本,中华民国十二年(1923)八月一日颁行,第 3 页。

② 《褒扬条例已拟取消》,《社会日报》1924 年 11 月 28 日。

③ 郑拔驾:《吾国男女不平之一点》,《新社会报》1921 年 11 月 9 日。

得,谋生更不可能",其结局便"只得以玩物自居,屈从于风俗习惯,否则浮荡之罪名加焉"。"男子动辄以贞节压抑女子,而肆其放纵",在妇女解放大倡之际,女子应当以"贞节"回击男性。高琦瑜要求男子要像女子一样守贞操,并"规于法律,实行一妻一夫,多妻者有罪,和奸他人妇女一样","禁止多妻、纳妾、挟邪游"。她向女界呼吁："吾人自行保重吾身,禁止夫外之侵犯,同尽义务,同事权利,互相解放,互抵于平等,吾女界曷不急起提倡男贞女贞之主义耶?"①

高琦瑜的《两贞论》大致是前述蓝志先的贞操论的翻版。在该文刊发的同一期,《新社会报》还刊发了编辑天放的评论文章。天放把高琦瑜提出的男贞女贞主义称作"两贞主义",并评论说,"两贞主义"就是"一夫一妻主义",足以"促进女界平等解放","塞决伪解放、伪平等和伪自由恋爱的'脸谱男子'"。他倡导大家"继起赞和,造成一种空气"。②

高琦瑜的"两贞主义"在《新社会报》的推送下引发了热烈的讨论。靳龢声读后评论道："高女士著《两贞论》,主张一夫一妻之制,划除女界种种苛待,达到男女间之真正平等,且可间接废娼,促进社会之文明。阅览数过,莫名钦佩,以此诚当务之急,宜速行提倡者也。"不过,靳龢声认为高琦瑜提出将"两贞主义"写入法律中,似为可行,实多流弊,"盖法律所制裁者形式耳,若多妻者和奸人妇女同罪,定之法律,诚能禁止多妻、纳妾,则其挟邪淫游,又非法律所问矣。能禁其多妻、纳妾,不能禁其寻问花柳、偎红倚翠,名虽一妻,实则较多妻纳妾更甚,亦未见能收若何之功效也"。在他看来,"两贞主义"的实行,须有一个"自由结婚"的条件,"自由恋爱者,即男女于同职业同关系同时地,发现精神上之契爱,为自由之结合,以永其情好者也"。"结婚自由,谋男女精神上之契合。既为夫妇,彼此相敬慕,相爱悦,誓愿终身相守,不幸而丧其一,则生者守贞,不分男女,即不相强,亦无他志,以其自身不忍抛昔日之情好,另结人以相代也,必如此,男贞、女贞方能实行,亦不须定之法律相强制也"。

---

① 高绮瑜女士：《两贞论》,《新社会报》1921 年 12 月 6 日。
② 天放：《两贞主义》,《新社会报》1921 年 12 月 6 日。

"夫妇结合于爱情,则男女守贞直可谓为爱情之义务。"离开爱情,即无夫妇之关系,"尔为尔,我为我,漠不相关,死则已耳,何守贞之可言?"①

靳龢声的观点与前揭胡适的贞操论比较接近。在他之后,《新社会报》又刊出刘恩沛的《两贞论》读后感。刘恩沛称赞高琦瑜为"北部女界之先导""男女同胞的照路明灯",他说"两贞"本是他自己六七年来"时时刻刻梦想中的主张",《两贞论》无异于"自己梦想中底主张"见诸报端,"不禁喜快之至"。但他对高琦瑜从"法律上地规定"实现"两贞"的效力也提出了疑问。他认为:"法律上的规定,固然也很有效力,我看究不若提高女子底知识,使和男子均等,同时再养成强有力底魄力,收效之大。"刘恩沛是个具有妇女解放意识的学者,他主要从妇女解放的角度来看"两贞"的实现问题,认为女子教育是关系"社会上、道德上极有密切的事","两贞"的实现需要提高女子知识,废除女校,积极地推广男女同校制度,使女子逐步达到与男子教育平等。"废除女校之后,由初等小学直至大学,一律男女同校,男女的知识自然就无形均等,并且她们藉着这个机会,也可以知道男子并没有十分特殊的能力,何必依赖他们,尊敬他们呢?具着这种心理,她们自己的魄力,决不至如以前的那样薄弱了。而男子方面,亦晓得女子并不是真正可欺的,敬畏的心也就发生。如此下去,两贞主义的实行,愈逼愈近,较法律上的形式规定,岂不是更有力量吗?"②在刘恩沛看来,"两贞"属于道德,而道德的树立须要男女双方的知识,而得到知识的途径便是女子教育。言下之意,实现男女平等的"两贞",只需要男女平等的知识教育即可。

刘恩沛的主张又引起了张盗邨的讨论。张盗邨感叹:"两贞!两贞!正是'真自由''大幸福'之先驱!"但是对于如何实现"两贞",张盗邨并不赞成高琦瑜"法律上的规定"的方式,因为在他看来,如果"两贞主义载在法律",必会受到"有势力者"的破坏,"例如民国官吏,不准纳妾,法律上不是有的吗?他的效果在哪里?他的成绩不是都知道吗?"他同时也指出,刘恩沛的"两贞"

---

① 靳龢声:《读高绮瑜女士两贞论》,《新社会报》1921 年 12 月 16 日。
② 刘恩沛:《读高君绮瑜的两贞论(续)》,《新社会报》1921 年 12 月 22 日。

之实现，"尤偏重女子方面，未多从男子方面着论，且与实行两贞的步趋，未有彻底的说明"，比如如何废除女校、废除女校有无危险、废除女校有无障碍三个问题，是废除女校的关键，但刘君却未做说明。而要推行男女同校，并非要废除女学，"男女同校要急急的推广，最好是男学校招女学生，女学校招男生，同时女学校将'女子'二字取消"，同时要"要恢复男女学生的交际自由"。①

因"家事如麻，无暇捉刀"的高琦瑜对靳龢声等人的评论一并做了回应，对为何要以法律之规定来保障"两贞主义"的实施进行了解释。在她看来，习惯的养成需要法律制度的培育，在一夫一妻"两贞主义"成为习惯之前，没有法律保障就会落空。如果"两贞主义"得以成为习惯，且又为立法者所采用，"则何惧吾女界不使男子循循规矩，不敢动辄常轨，否则为人妻者，可以告发夫之权，犯罪立见"，同时，"被奸之女子亦有女子之夫可以告发"。如此双管齐下，"切实得法律之保障，何惧不令道德行哉？"她依然坚持自己的原有主张，"绝对赞成同一相守一妻一夫，而又认规定法律为实行两贞论惟一之要件"。②

一年后，这场讨论的触发者郑拔驾，在《社会日报》上发表了略带有总结意味的《两贞战胜》一文。郑拔驾坚持以鼓吹"两贞主义"为改造社会之职任，"数年来鼓吹于兹，虽赞成者为数不少，而怀疑或以为太乌托邦，亦是很多。但是我们抱一种改良社会为职志，既然自认为狠合宜的，虽万般荆棘，我的主张毫不少挫。"他在文中提到 1922 年底在北京轮番上映的美国影片《赖婚》。该片讲述乡下姑娘安娜在一场婚姻骗局中被花心大少李诺斯始乱终弃的故事，提示只有严格的一夫一妇制才是保护妇女的最佳方式。郑拔驾借题发挥说："我们珍贵的《赖婚》是世界尚应行两贞主义的明证！希望我们快快实行两贞罢！我们这个世界，就是一天一天的向着这理想进行。这新理想就是一个男人配一个女人。归根结底，仍旧是这句话，这句话里的重大教训，便是社交要用谨慎的态度，婚姻要有贞操的精神，而一男一女的组织，尤以两性的贞

① 张盗邺：《读刘恩沛〈读高绮瑜的两贞论〉》，《新社会报》1922 年 1 月 7 日。
② 高琦瑜：《赞成拔驾君男女同一相守（两贞）之原来成见》，《新社会报》1922 年 1 月 15 日。

操为最重要的成分。"他进而明确提出："男女婚姻解放、自由平等主张，都应该以两贞为基础，才可以达到人类真正的幸福。"①

三、男女之别的突破：男女同校与社交公开

新文化人在以人格平等、独立自由批判旧道德、旧贞操的同时，也借此对"男女有别"的现行教育提出了尖锐批评。女子教育在清末兴起后，主导思想一直是将女子培养成良妻贤母。在新文化人看来，这种有别于男子教育的"良妻贤母主义"教育与旧道德相呼应，无视女子人格，沿袭"从前那男子治外、女子治理内的宗旨"②，浸透"专制的余毒"③，名曰培养良妻贤母，实则是培养有知识的、"与家主相投合"的"高等婢女"④。批评者基于男女人格平等提出，"女子者，国民之一，国家所有，非家族所私有，非男子私人所有，具完全人格者也，故所受教育方针，当为女子自身计，当为国家前途计，非以供男子私人之役使也"⑤；"女子和男子是一样的人"，"教育的原理上，只有'人'和'非人'的分别，并没有男、女的分别"⑥。故此，男女应受同等教育，应有受同等教育的机会，不能以"良妻贤母"的名义将女子捆绑在家庭中，限定她们的职分。

为了打破"男女有别"的"良妻贤母主义"教育，"教育普及，教育均等的声浪"在五四前后便"春雷一样隆隆地发动了"⑦，"凡热心教育，了解世势者，佥谓男女当受同等之教育，而后始合于德谟克拉西之本意。……男女同学之问题，遂因此而发生焉"⑧。社会各界纷纷就男女同学或男女同校发声，趋新报刊如《新青年》《觉悟》《晨报》《妇女评论》《妇女周报》《妇女旬刊》《教育杂

---

① 郑拔驾：《两贞战胜》，《社会日报》1923 年 3 月 5 日。
② 《二十世纪的女子》，《新芬》1920 年 1 月创刊号，第 18 页。
③ 《通讯》，《民国日报》1920 年 1 月 16 日。
④ 潜龙：《我国妇人问题》，《解放与改造》1919 年 12 月第 1 卷第 8 号，第 74 页。
⑤ 高素华：《女子问题之大解决》，《新青年》1917 年 5 月 1 日第 3 卷第 3 号，第 4 页（文页）。
⑥ 震汉：《男女同学底我见》，《觉悟》1920 年 7 月 20 日。
⑦ 玄庐：《讨论男女同校问题》，《劳动与妇女》1921 年 3 月 6 日第 4 期，第 1 页。
⑧ 拾遗：《男女同学为近今教育之必要》，《半月》1920 年 9 月第 3 号，第 2 页。

志》《学生杂志》《新妇女》《妇女杂志》《解放与改造》《新潮》《新妇女》《解放画报》等都加入了讨论的行列。男女同校成了令人瞩目的热门话题，1920年5月31日，江苏省教育会邀请杜威夫人就这一话题进行演讲，《民国日报》报道，赴会者云集，"会场上至无立足之地，后至者竟不得入，诚数年来讲演会未经见之盛况，而亦足见社会上对于该问题之注意也"①。

男女同校冲击了"男女有别"的性别伦理，如时人所言，"若要男女同学，第一要打破男女的观念"②，因此，在推行男女同校的同时，五四新文化人也在主张与之相联系的男女社交公开，以"破除男女界域，增进男女人格"③。作为男女有别的对待，男女社交公开意味女子将同时获得先前女权论者所要求的那种出入自由和交友自由的权利，故有倡导者称"男女社交就是男女人格平等的表示，反对男女社交，就是反对男女平等"④。男女社交公开，包括为其打头阵的男女同校，在突破闺门之限的同时，也直接触及了中国传统道德和文化中既敏感而又讳莫如深的"性"的问题，推动了以婚恋自由为核心内容的性别伦理的变革。

男女同校及其论争

五四时期的男女同校始于对大学男女合校的讨论。1917年3月，梁华兰有感于女子教育自晚清兴起以来程度一直不高，女学校仅提供一些粗浅知识，未有对女子教育"通盘筹算"，在《新青年》上发文提出应参照英、美、日等国加强女子教育。她认为，"女子教育应与男子教育平等"，而女子接受高等教育是实现教育平等的首要条件，"所谓男女教育平等者，非教育种类之平等，乃教育人格之平等也。男子能受大学教育，女子亦能受大学教育；男子能受学位，女子亦能受同等之学位；男子能受教育上之尊荣及权利，女子亦能受同等之尊荣及权利"，"无受高等教育之望，亦即无教育平等之望"。在她看来，让

---

① 《男女同学问题之演讲》，《民国日报》1920年6月1日。
② 朱紫茎：《男女同学问题》，《广益杂志》1920年第13期，第5页(文页)。
③ 杨潮声：《男女社交公开》，《新青年》1919年4月15日第6卷第4号，第439页。
④ 冰：《"男女社交"的赞成与反对》，《妇女评论》1921年9月21日第8期。

女子接受高等教育的办法有三：一、吁请出洋留学返国之女学生"群集设法以自办女子大学"；二、"要求政府设立女子大学"；三、"要求政府令各专门大学招收女生"。而就现实与经济论，这三条办法中最具可行性的当属第三条"男女合校"。①

梁华兰呼吁大学男女合校，并不仅仅是主张女权的女子的要求，也是新文化运动兴起后主张男女平等的趋新男子的一致主张和不少在校男大学生的愿望。不过，这一主张兴起未久便遭到了旧派的反对。1918 年春，在上海办事的王卓民"听闻有人倡吾国大学宜男女同校之说甚盛"，遂作《论吾国大学尚不宜男女同校》投到《妇女杂志》，表达了不同意见。他说，大学男女同校是西方风尚，中国学校尚处草创，且"男女界限，分别至严"，"躁进之士，好高骛远，竞尚新奇"，不顾中国实情，"骤言大学收受女生。其所得之益，或不敌其所蒙之损"。他从现实角度解释了中国大学男女不宜同校：第一，"今日社会所属望于女子者大都为贤母为良妻，能治理其家庭、教育其子女已耳"，女子教育的目标在"造成多数之良妻贤母"，故"以供求相剂之理言之，吾国女子尚无进大学修业之必要，遑论其同校哉"。第二，与欧美各国企业兴盛、事浮于人不同，中国社会尚无为有高深学问之女子提供职业的空间，女子所宜之事大都"不必卒业于大学亦可从事"，且就中国高等人才而论，"以男子之所学之多，为用之广，而其从事之职业，尚多用非所学、学非所用"，遑论女子。②

王卓民文章发表后，引起了鼓吹男女同校的北大学生康白情的反驳，双方以《妇女杂志》为阵地展开争论。在你来我往的争论中，康白情主要批驳了王卓民的"贤母良妻"主义，认为其所谓能治家教子的"贤母良妻"是"封锁经济时代"的产物，已不适应今日"交通经济时代"。在交通经济时代，"女子与男子同负自为生活之责任，女子亦作男子之工作，而女子与男子平等之人格于焉表见"。在康白情看来，当今世界劳动平民主义浪卷全球，社会之制度处于大

---

① 梁华兰：《女子教育》，《新青年》1917 年 3 月 1 日第 3 卷第 1 号，第 1—2 页（文页）。
② 王卓民：《论吾国大学尚不宜男女同校》，《妇女杂志》1918 年 5 月第 4 卷第 5 号，第 1—4 页（文页）。

变之时，中国不能"立于世界漩涡之外"①，而且随着社会进化，"分工益繁，则耗工益省，世界愈进于文明，斯百工之事，分业愈歧而愈精，将见炊薪缝纴教育子女诸务，举不见于家庭"②，"则是今之所谓贤母良妻者，势不至为历史上之陈词不止也"③。

康白情认为"贤母良妻"的主张违背了世界未来的发展趋势，他对王卓民的批驳也主要是面向未来，强调提倡大学男女合校，"非徒为女子之事业计，而实为国家人群之文明计也"④。而对康白情的这一主张，王卓民进行了反驳。他说：促进文明进化不只有大学，还有中小学校，康白情"一切中小学校不闻，而以展拓之事，专期诸大学者也"是片面的；大学男女同校乃"社会进化之果，而非社会进化之因。而今日之不主张大学男女同校者，不可谓即无促进社会之诚意也。康君斤斤于同校，为有关进化，倒因为果，庸有当耶"⑤。

王、康二人的论争大致反映了时人对待男女同校的两种态度，一种是现实的、保守的，另一种是理论的、面向未来的。两种态度之中还夹杂了如何对待礼法的问题。反对男女同校的王卓民认为不能"因收容女生故，而自坏其礼法"⑥，主张男女同校的康白情则认为不能"因维系蛮陋之女贞之故而否拒大学男女同校"⑦。在两者争论正酣之际，瞿宜颖1919年3月在《妇女杂志》上发文，在礼法层面声援了康白情。瞿宜颖认为，男女同校以尊重女子的人格为

---

① 康白情：《答难质论吾国大学尚不宜男女同校商兑之驳议（有引）》，《妇女杂志》1919年4月第5卷第4号，第7—8页（文页）。

② 康白情：《读王卓民君论吾国大学尚不宜男女同校商兑》，《妇女杂志》1918年11月第4卷第11号，第2—3页（文页）。

③ 康白情：《答难质论吾国大学尚不宜男女同校商兑之驳议（有引）》，《妇女杂志》1919年4月第5卷第4号，第8页（文页）。

④ 康白情：《读王卓民君论吾国大学尚不宜男女同校商兑》，《妇女杂志》1918年11月第4卷第11号，第1—2页（文页）。

⑤ 王卓民：《吾国大学尚不宜男女同校商兑之驳议》，《妇女杂志》1918年12月第4卷第12号，第10页（文页）。

⑥ 王卓民：《论吾国大学尚不宜男女同校》，《妇女杂志》1918年5月第4卷第5号，第2页（文页）。

⑦ 康白情：《答难质论吾国大学尚不宜男女同校商兑之驳议（有引）》，《妇女杂志》1919年4月第5卷第4号，第9页（文页）。

前提,与荡检逾闲无关;尊重人格,男女即使同校也会以礼相待,不会发生什么不道德之事,不尊重人格,不管如何防闲,也会无济于事;那种认为男女同校会"抉破礼防,以致发生不道德"的说法完全是为了维护旧道德,而旧道德"仅以女子之不淫为道德,而不以男子之不淫为道德;仅以男子之暧昧的淫为不道德,而不以男子之淫于妾、淫于妓为不道德",其实才是真正的不道德。①

在对男女同校的持续争论中,北京大学校长蔡元培1919年初在一次关于平民教育的演讲中也谈及了这一话题,他说:"我国人不许男女间有朋友的关系,似乎承认'男女间止有恋爱的关系',所以很严地防范他。既然有此承认,所以防范不到处,就容易闹笑话了。欧美人承认男女的交际,与单纯男子的或单纯女子的,完全一样。普通的交际与友谊的关系隔得颇远,友谊的关系与恋爱的关系,那就隔得更远了。他们男女间看了自己的人格同对面的人格,都非常尊重。而且为矫正从前轻视女子的恶习,交际上男子尤特别尊重女子,断不敢稍有轻率的举动。"蔡元培认为,中国的男女关系必须改良,"破除界限,不论何等工作,只要于生理上心理上相宜的,都可以自由选择,都可以让他们共同操作",而为了做到这一点,"必要有一个养成良习惯的地方",这个地方就是学校。② 蔡元培的倡导对大学男女同校起了至关重要的推动作用,更进一步激发了北大学子鼓吹的热情。

1919年5月,在与王卓民持续近一年的论战结束后,康白情接着在《晨报》发表了《大学宜首开女禁论》,将大学男女同校与"已经弥漫了全世界"的"女子解放的潮流"结合起来,提出要迎合这一潮流,"不可不逐渐的明开女禁,而明开女禁的第一者,又不可不属意于全国最高学府最高修养地方的大学,就是说,大学对于女子开放门户"。③ 紧随其后,同为北大学生的罗家伦也在《晨报》发文,提出为了提高女子知识、提高女子地位、提高自由结婚的程度,"大学应当为女子开放"④。戴季陶和沈玄庐则先后在《星期评论》发文,

① 瞿宣颖:《共同教育论辩护》,《妇女杂志》1919年3月第5卷第3号,第2页(文页)。
② 蔡元培:《贫儿院与贫儿教育关系》,《北京大学日刊》1919年4月26日第362号。
③ 康白情:《大学宜首开女禁论》,《晨报》1919年5月6日。
④ 罗家伦:《大学应当为女子开放》,《晨报》1919年5月11日。

提出男女教育平等、女子接受高等教育是女子解放的起点。① 周炳琳在《少年中国》发文直接指出，大学对女子开放，可以极大缩短妇女解放的进程："妇女若有受高等教育的机会，他们在社会上的地位自然增高许多，可以打破世上男子轻视妇女的陋习，而且学术竞争的结果，可以使妇女知道男子并不是了不得的，妇女不见得低于男子。有了这个觉悟以后，教育平等以外，自然会去争别的平等的。如此解放的过程不是已走了一大半吗？"②

在随着妇女解放潮流日益高涨的大学男女同校的鼓吹声中，当时欲赴京求学的甘肃女学生邓春兰萌发了入大学读书的愿望，她在看到蔡元培发在《北京大学日刊》主张男女同校的演说文稿《贫儿院与贫儿教育关系》后，便致信蔡元培，希望能入北京大学读书："复查贵校评议会议决议附设中学，有取单级教授之规定，每班人数不拘多少。春兰拟代吾女界要求先生于此中学添设女生班，俟升至大学预科，即实行男女同班。春兰并愿亲入此中学以为全国女子开一先例。如蒙允准，春兰即负笈来京，联络同志，正式呈请。"③邓春兰写这封信时，蔡元培因抗议北洋政府逮捕参与五四运动的北大学生，提出辞呈，已于 5 月 9 日离开北京。而邓春兰从甘肃来京后，进入女子高等师范小学补课，在此期间，她草拟了《请报界诸先生转全国女子中学毕业暨高等小学毕业诸位同志书》，呼吁女学生联合起来，组织大学解除女禁请愿团，争取教育平等，其中说："凡我团姊妹，进行约有二途：其因个人学力不充，未及大学入学资格者，则在大学附近组织私塾，延聘大学教师授课，努力补习。其因教育当局受其他方面之压制而不肯解除女禁者，则联合同志，用种种方法以牺牲万有之精神，为百折不回之运动，务达我目的而后已。"④该文由蔡晓舟转给北京报界，在《晨报》《少年中国》《民国日报》等相继刊发，产生了不小的影响。

女学生主动要求进入大学读书对促成大学男女同校而言颇为关键，如徐

---

① 季陶：《女子解放从那里做起？》，《星期评论》1919 年 7 月 27 日第 8 号，第 2 页；玄庐：《女子解放从那里做起？》，《星期评论》1919 年 8 月 3 日第 9 号，第 2 页。
② 周炳琳：《开放大学与妇女解放》，《少年中国》1919 年 10 月第 1 卷第 4 期，第 28 页。
③ 《时事要闻·附录春兰上蔡校长书》，《妇女杂志》1919 年 5 月第 5 卷第 9 号，第 3 页（文页）。
④ 《时事要闻·邓春兰启事二》，《妇女杂志》1919 年 9 月第 5 卷第 9 号，第 2 页（文页）。

彦之说："大学尽管开女禁，收女生，而没有女生入大学，这'男女共校'便还不成开题。在经济学上说，就是有供给，而无需要，当然不成事实。……有了要求，这'男女共校'才成为问题，才有实现的希望。"①就此而言，邓春兰敢为天下先的举动意义非凡。她的举动也引起了胡适的注意。胡适一向赞成女子教育问题须由女子自身起来解决，不能由男子代庖，主张有觉悟的女子组织教育协进会，"普及女子国民教育，筹备大学预备学校，以便升入大学；要求大学开女禁；改革家庭教育。"胡适认为，邓春兰的请求既令人可喜，也令人失望，令人失望是因为"邓女士是要求大学准女子进补习班的"，而"补习班是为那些不能进预科的人设的。一个破天荒请求大学开女禁的女子，连大学预科都不敢希望，岂不令人大失望吗？"。胡适提醒说："我们主张大学开女禁的人，应该注意这一点，赶紧把现在的女子学校彻底研究一番，应改革的，赶紧改革，方才可以使中国女子有进入大学的资格。有进大学资格的女子多了，大学还能闭门不纳女子吗？"②

　　1919 年 10 月 10 日，全国教育联合会③第五次年会在山西太原召开。会议的一个主要内容是推进共同教育："男女教育，理论上、实际上均不应为严格之区别。况共和国家，男女皆有受平等教育之权利，教育者不宜歧视之，特以社会习惯制度未能骤更，一面遵教育原理，一面应世界潮流，一面参酌国内情况，拟改革女学制度数端，谨请大部采择施行。"会议提出《改革女学制案》，主要内容包括：(1)国民学校，男女应绝对共学。女子国民学校、女子师范附设女子国民学校，及国民学校中之女子班等，分校分班之编，尝当然废止。(2)高等小学校，应视地方情形及学生人数多少，或绝对共学，或同校分班，或部分的分班，惟须逐渐废止分校之制。(3)中学校，应视地方情形，或同校分班，或部分分班，亦须逐渐废止分校之制。(4)师范学校，同为养成小学教师，不宜有男女之分。但视地方情形，亦得同校分班。其特别关于女子专修学科，

---

① 　徐彦之：《北京大学男女共校记》，《少年世界》1920 年 7 月第 1 卷第 7 期，第 38 页。
② 　胡适：《大学开女禁的问题》，《少年中国》1919 年 10 月第 1 卷第 4 期，第 1—2 页。
③ 　全国教育联合会于 1915 年由沈恩孚、黄炎培、经亨颐等发起成立，由各省教育会及特别行政区教育会推派代表组成。成立后，致力于推广女子教育。

可为部分的分班。(5)高等师范学校,应同校同班,惟须为女子特设家事等特别部门。(6)大学及专门学校,应同校同班。(7)甲乙种实业学校及补习学校是为职业目的而设,男女自各不同,亦分校。① 该提案呈教育部后,教育部批复:"改革女学制案,应酌量地方情形,准其试办。"②

1919年底,蔡元培复职北京大学校长,在接受《中华新报》的采访时说:"大学之开女禁问题,则予以为不必有所表示。因教育部所定规程,对于大学学生本无限于男女之规定,如选举法中之选举权者。且稽诸欧美各国,无不男女并收,故予以为无女禁与否之问题。即如北京大学明年招生时,倘有程度相合之女学生,尽可投考。如程度及格,亦可录取也。"③1920年夏天,北京大学开始正式招收女生,其中,渴望上大学的邓春兰通过了考试,成为首批正式入读北京大学的女生之一。北京大学开招女生起了带头和示范作用,其后,南京高等师范学校紧接着也宣布1920年秋季学期开始招考女生④,其他各大学亦相仿行,到是年底,"各地高等专门以上学校男女同学已逐渐施行"⑤。

而随着大学男女同校的推进,中学男女同校也进入了议程。主张"绝对的男女同校"的康白情1919年10月就已发文表示,小学和大学男女同校只能算是"相对的男女同校",要实行真正的男女同校,"从国民学校起,经过各级学校,一直到大学院,一律要男女同校"。在他看来,如果不实行男女绝对同校,男女平等根本无法谈起,而中学男女同校尤其关键。中学教育承上启下,但全国女子中学校却寥寥无几,女子小学毕业后只能升入师范学校或职业学校,这对女子教育的发展是很大的限制,女子得不到中等教育或者仅接受程度较低的中等教育,使得"男女知识能力的差距由此拉大",女子考入大学的概

---

① 《第五届全国教育联合会大会议决案·改革女学制度案(陈教育部)》,见邰爽秋等合选:《历届教育会议议决案汇编》,教育编译馆1935年印行,第3—4页(文页)。
② 《第五届全国教育联合会大会议决案·部批》,见邰爽秋等合选:《历届教育会议议决案汇编》,第51页(文页)。
③ 徐彦之:《北京大学男女共校记》,《少年世界》1920年7月第1卷第7期,第36页。
④ 王德熙:《南京高等师范男女共校之经过》,《少年世界》1920年7月第1卷第7期,第56页。
⑤ 《促进男女同学以推广女子教育案(呈教育部)》,《教育杂志》1920年12月第12卷第12号,第2页(文页)。

率就非常低，从而也影响到大学男女同校。① 1921年，徐植仁也发文表示，大学已渐渐男女同校了，而中学仍然男女分校，"这种男女同学是不完全的，是不彻底的，因为养成性的道德，使男女将来在社会上能够互助做共同生活，必须要使他们从小到大都是男女同校。单是到了大学才同校，他们仍旧是不习惯的，因此，男女社交仍不能做到自然、坦白、率真的地位，所以有时不免要有不正当的事情做出来，补救这个弊病便是使中学也男女同校。"② 为了普及男女同校，节省并充分利用紧缺的教育资源，《中华教育》发文呼吁各界讨论中学男女同校之善法，说："自新教育之声浪，传播国中，凡热心教育，了解德谟克拉西之本旨，顾如何而能臻此，则实至难解决。男女同学之问题，遂因此而发生焉。然一察今日之学校，其实际的男女同学者，惟见诸小学与大学或高等专门学校。若夫中学，则鲜有闻，即闻有一二中等学校，男女兼收，异班教授，是否为一善法，尚未能确定。由此可知中等学校男女同学一问题，实吾人今日所应急起解决者也。"③

不过，与大学男女同校不同，由于中学生大多处在人生的青春期，中学男女同校在当时得到的支持并不多，不少新派中人对此也不表赞成。1920年初，东南大学的几名大学生曾开会讨论中学男女同校的问题，当中有三人赞成，三人反对，反对的理由是，中学生在青春发育期，性的道德不完善，性的冲动容易导致不端的事情。④ 视男女同校为"世界潮流所趋"的新派人士史国英也认为，高小和中学的学生，"适当'少年血气未定之时期'，虽有少数的学生自治能力充足，不至于误入'兽欲的爱'一条路，但多数是靠不住的"，故他仅赞成初小和大学的男女同校，反对高小和中学在当下实行男女同校。⑤ 为了推动中学男女同校，主张"绝对共学"的全国教育联合会1920年底提请教育部"通令各省区各级学校招收学生，或绝对的男女同学，或分部同学，或添设

---

① 康白情：《绝对的男女同校》，《少年中国》1919年10月第1卷第4期，第29—30页。
② 徐植仁：《我对于中学男女同校的主张》，《觉悟》1921年12月29日。
③ 《男女同学之希望》，《中华教育》1921年第1期，第7页。
④ 徐植仁：《我对于中学男女同校的主张》，《觉悟》1921年12月29日。
⑤ 史国英：《对于男女同学的观念》，《广益杂志》1922年第33期，第19页。

女子班,或附设女校,各就地方情形,酌择办理,庶人才经济两问题,较易解决,习惯不通之障碍,可以减少,男女共学之目的,亦易达到矣"①。不过教育部对此提案并不认同,批示说:"现时女子教育甚未发达,实由女子中学太少。应由本部通行各省速设女子中学,并于相当学校附设女子中等部,以资推广。惟中等学校男女同校,现尚未便照准。"②

其实,不只中学男女同校难以实施,已为既成事实的大学男女同校在推广的过程中也阻碍多多。维护礼法的旧派人士只接受已经普及的小学男女同校,对中学和大学的男女同校一并表示反对。如维护"圣教"的师鸿说:"幼稚学生,智识未开,能保其固有之天真,对于不规则之举动,茫然无知。故幼稚男女同校,神形并无危险,且可以节省经费,简直可谓有利无弊者矣",而"高小以上之学生,正在青年时代,血气方刚,心旌未定,一行男女同校之制,则偭规越矩之事,纵情肆志之端,行将层出不穷"。③ 主张"男女有别"的黄金常认为:"好色固人人之所欲","设令男女同处一室,相与为友,则男必慕女之倾城国,女必慕男之美丰姿,与之相谑,保无有欲心生而行禽兽之行乎?"古圣人立教有虑及此,"始有男主阳教,位正乎外,女主阴教,位正乎内之设也",如是,"男女不独能保其名节之两全,而且无外物之扰,而能专心致志于学业,以为国家之用"。男女同校反是而行,"似此男女无别,势不至淫风流行者不止,以此而易天下,是以邪易正,是欲使天下人日徒从事于荒淫无度,奚遑计及国家之兴亡,国欲治其可得乎?"④

男女同校破坏礼法,为了维护礼防,保守的地方官员对男女同校进行了坚决的抵制。1920 年,浙江第一师范学校拟设置女生旁听席,省议员姜恂如认为这一举措不仅违反学制校规,也带坏了风气,"欲先将男女同居",该校教员"如王某、刘某、潘某等,现均已将眷属迁入该校同居,藉为之倡导。可知该校

---

① 《促进男女同学以推广女子教育案(呈教育部)》,《教育杂志》1920 年 12 月第 12 卷第 12 号,第 2 页(文页)。
② 《部令教育厅速设女子中学惟男女同学未便照准文》,《嘉兴教育杂志》1922 年 4 月第 3 编,第 75 页。
③ 师鸿:《男女同校论》,《圣教杂志》1922 年 1 月第 11 年第 1 期,第 9—10 页。
④ 仰光埠黄金常来稿:《驳男女同学之非论》,《乐天报》1921 年 11 月第 13 期,第 25—26 页。

师生，固未尝一日忘情于男女同学，已为不可掩之事实"。他批评著有《中国国民道德概论》的时任校长姜琦，"竟不闻能以自己所著言论，使该校师生潜移默化，可知该校长绝非可与古之躬行实践者流相提并论"，并联合 11 名议员，要求省长督饬教育厅研究解决办法。① 1922 年，江苏省第一中学欲实行男女同校，也遭到了省议员们的极力反对。议员朱德恒借此批评说："男女合校，为全国极大污点，为人心生死关头"，其"初作俑于北京大学"，"彼时政府紊乱，奸人当道，而任陈独秀邪说横行，倡为共产公妻、无父非孝、种种谬论"，北京大学趁机实行男女同校。在他看来，男女同校败坏了社会秩序，"若不及此禁止，将来相率成风，礼法日亡，廉耻渐丧，其患正不知伊于胡底"。为此，他提议："除高初小学外，其他中学以上各校，一律禁止男女合校。其已合校者，令其女生即转学相当之女校，以防流弊而端教育"。另一议员刘长春也批评说："男女合校后，去此男女大防，胥天下而入于禽兽之域，且举数千年杜渐防微之道，一朝而铲除之，邪说害民，莫此为甚"，其害"较洪水猛兽而尤深，其祸比张李黄巢而万倍"。他表示，议员有维持"人道"的责任，应力陈男女同校之"缪妄"，"纠合各省，协力死争，以存人道于几希"。②

　　为了阻止男女同校，保守的地方官员甚至公然对抗学制改革。1922 年 11 月，在全国教育联合会的力促下，北洋政府以大总统令颁布了《学校系统改革案》，宣布在全国实行"不分性别的单轨学制"。不过，这一学制并未得到好的执行，地方的保守主义者视之若无物，甚至反其道而行。1924 年 3 月，湖南教育司拟限制男女学生同校，呈请省长赵恒惕发出训令："为令行事，查本省各种男校，现多兼收女生，或则编入同级，或则作为旁听，揆以男女教育须求平等发展之旨，本无不合，惟是男女禀性各异，学校对于青年时期、男女学生之管理训练以及教授，应各有不同。现在兼收女生各男校，既鲜女子专员为之指导，复无相当设备，俾便起居，混合施教，更未能适应两性不同之需要，徒骛平等虚名，转受戕贼人性之实害。而况青年男女，智德尚未坚定，行动易轶轨范，每月

---

① 《浙议员质问男女同校》，《晨报》1920 年 11 月 14 日。
② 陈望道：《和时代思潮逆流的江苏省议员"禁止男女同校"提案》，《妇女评论》1922 年 12 月 13 日第 71 期。

习俗熏染，与环境诱惑，至使女子就学一事，家庭视为畏途，社会引作诟病，是所以求发展女子教育者，乃竟适得其反。兹特明申禁令，各种学校，除小学暨正式之大学外，概不得男女共学。其在专门学校，有课程宜于女生，而管训各方面，又无不便之处，可兼收男女，以广造成者，应先呈报教育司查明核准。须知中学师范职业各女校，均已单独设立，分别就学，尚不致独令女生向隅，凡属办理教育人员，为求扩展教育，其各分途办理，毋得徒取新奇，转滋弊害。"① 该训令由省务院教育司副署分令各学校遵照外，并通令各县知事转知各校遵照。是令之后，"湖南——长沙各男女同学的学校里，都因此没有姗姗的女子底影儿了，同时学校方面，也不敢收受了"②。1924 年 8 月，山东省长熊炳琦也下令限制男女同学："小学校学生在十二岁以下者，准其同校，其十二岁以上者及中等以上之学校，则一律禁止男女同校，抗令不遵者，即撤惩其校长。"③1926年，供职于鄂岸盐务稽查处的杨钟钰和曹启文具呈江苏省长取缔男女同校，称：中华教化之先进，全球公认，"孝慈忠信之风、冠婚丧祭之礼，胥本乎天理人情，欢然有思以相爱，璨然有文以相接，各国有识之士谈及周孔之教，靡不肃然起敬，翕然推服"，"欧美各国先后翻译四子五经之书，法京巴黎、意京罗马均设汉文汉学博士弟子，吾国六艺之教，伦理道德之懿行，将暨讫寰球"，然在中华礼教推行全球之际，"乃我国奸徒，专以离径斁伦蛊惑青年子弟，于是提倡男女同学以坏礼义之防，提倡公妻公产以奖励奸盗行为。……欧美推崇孔教如彼，吾国学校灭弃孔教如此，其不至亡国灭种者几希。窃谓今日欲救世，先正人心，欲正人心，须从严学规，善民俗入手"，学校要重伦理、重读经，"为此具呈敬恳钧座鉴赐令，饬各教育厅转饬各属，除初等小学外，禁止男女同校，特重中小学读经讲经课本概用文赐，禁用白话，各校以国文为主课，禁阅淫盗小说，以端士习而保国粹"。④ 江苏省长及浙闽苏皖赣联军总司令部认为，杨、

---

① 《湖南限制男女同学之省令》，《申报》1924 年 3 月 17 日。
② 薇君：《禁止男女同学的上谕》，《觉悟》1924 年 3 月 24 日。
③ 《各省教育界噪声》，《申报》1924 年 8 月 7 日。
④ 《江苏无锡旅鄂公民杨钟钰曹启文为呈请钧令禁止男女同校特重读经与国文禁用白话并多设宣讲所以端士习而善民俗敬祈》，《江苏教育公报》1926 年 9 月第 9 卷第 8 期，第 20 页。

曹二人的呈文"洞中时弊，颇堪采用"，江苏省长签发训令："当以男女同校一项，在小学学生生理尚属幼稚时代，似尚无妨。大学学生年龄学力已达成人时期，在道德及法律上均可自负责任，按诸国外各大学亦类皆男女同学，似尚有通融之余地。惟中等各校学生年龄大率正在青春时间，定识定力均尚未有充分修养，似应一律禁止男女同学，以防弊害而肃风纪。"①此令下发后，江苏教育厅奉军民两署指令，转行本省中等以上各校遵照办理。在保守主义的阻挠下，不少地方男女同校止步不前，甚至有所倒退。

旧派中人对男女同校的攻击反映了"男女有别"的根深蒂固。汪精卫在和陈独秀谈及这一点时曾笑称："中国人把男女防闲看得这样重，只有索性实行乱交可以破破这固执的空气。"②而在陈独秀看来，反对男女同校实在是不可理喻，"这个问题，本来没有什么深的理论值得当个问题去讨论。像这种浅近的事大家还要大惊小怪的起来反对，可见我们中国人的程度还同五六十年前反对铁路时代差不多！"③面对旧派的攻击，男女同校的主张者采取了置之不理的态度。朴斋说，有人以"男女混杂，一定会有苟合的事发现"为由反对男女同校，"且不必批评他是属于意拟的武断，简直可说他是'以小人之心夺君子'罢了"，"守古训的老人—死人"不明白男女同校的道理，"驳斥他们，都觉得是多事，因为夏虫本难与语冰嘞！"与其与他们辨理，不如切实去行动，"我们的实行去做罢，能够把那些单独的'男学校'和'女学校'的限制化除，更是狠好的事"。④ 积极推进北大男女同校的徐彦之指出："共校已成事实，用不着再讨论是非可否。是非可否，要在他此后在教育上、社会上发生的效果判断！空把'男女有别'一类的鬼话来反对，是不中用的。"⑤刘薰宇则指出，有些指责男女同学会引发道德危机的大人先生，讨姨太太时对"女学生或当过

① 《训令第一六〇五号 八月六日（中等学校禁止男女同学并注重读经与国文）》，《江苏教育公报》1926 年 9 月第 9 卷第 8 期，第 19 页。
② 人社、独秀：《男女同校问题》，《新青年》1920 年 10 月 1 日第 8 卷第 2 号，第 2 页（文页）。
③ 人社、独秀：《男女同校问题》，《新青年》1920 年 10 月 1 日第 8 卷第 2 号，第 1 页（文页）。
④ 朴斋：《我的男女同校说》，《半月》1920 年 9 月第 3 号，第 7 页。
⑤ 徐彦之：《北京大学男女共校记》，《少年世界》1920 年 7 月第 1 卷第 7 期，第 36—37 页。

女学生的"却情有独钟。①

　　为了对抗"男女有别"这类"鬼话"，《教育杂志》1920年7月曾刻意刊发了岭南大学甘乃光的《岭南大学的男女同学》，以此为"事实"来表明男女同校之可取。该文讲述了岭南大学男女同校后学生在外观、学业、服务、家庭方面的改变：外观上，"从前对于衣服不甚留意的人，现在已经洁净得多。言语方面，亦很为注意，男女间不便说的话，已减了多多。各人见面和谈论时，都是笑容可掬，互相为礼的"；学业上，"男女因为同堂的缘故，许多人见得不识书的羞愧，因而发奋读书的，就日日增加。有些想得到女生的喜欢，因而勤力读书的也是不少。总之，男女同学，学问上比较的看起来，是比从前活泼得多"；社会服务方面，"男女同学后，据各班的表示，各样会社，都已进了新生命，从前闭户读书的人，也出来服务了，会社之中，犹以交际会为最多"；家庭上，"从前女学分办是怕女生家庭不许他们来读书，但现在女生的人数，日日增加，这可见家庭方面是没有妨碍的"。甘乃光特别强调说，岭南大学男女学生对男女交际都持十分谨慎的态度，他们知道"恐怕一有什么事情发生，于前途便有妨碍了。所以交际上都很留心，是以两方面都没别的事发生"，而"对于男女同学，因为没有事情发生，也是没有反对的论调"。②

社交公开及其困境

　　关于男女同校，守旧之士最关注由此带来的男女交际问题，"担心情欲之门大开，禽兽之道大行，淫风流播，道德沦亡"。而在趋新者看来，这不过是"男女有别"演绎的"鬼话"，戳破"鬼话"最好的方式便是反其道而行，实行"男女社交公开"。晏始说："所谓男女有别，在一般老先生，都当作可夸的礼教的，然而我们如果就其内容加以深沉的考察，便可晓得这男女有别的礼教，实在是表示民族的不进化，就是他们暗示着男女之间，除了肉的关系以外，更无他事了。"③徐植仁认为，这恰恰是中国之性道德存在问题的根源："中国人

---

① 刘熏宇：《禁止男女同学》，《教育杂志》1926年9月第18卷第9号，第3页（文页）。
② 甘乃光：《岭南大学男女同学之历程》，《教育杂志》1920年7月第12卷第7号，第5—6页。
③ 晏始：《男女同学与恋爱的指导》，《妇女杂志》1924年7月第9卷第7号，第18页。

性的道德不好,是因为男女界限太严的缘故。……所以要救济中国人的性的道德,便是男女社交公开。而男女同校是实现男女社交公开,养成男女间性的道德的顶好的法子。"①

　　前揭谭嗣同对把男女之间的交际视为"淫"的礼防提出了尖锐的批评,认为用男女隔绝的办法防"淫"会适得其反,不如让男女相见,习以为常,"淫"的问题自然就消弭了(参见前章)。五四时期,新文化人对礼防批判的理路大致与谭嗣同相似。胡适说,防闲的礼教造成了男女间许多不道德行为,"男女隔绝太甚了,所以偶然男女相见,没有鉴别的眼光,没有自治的能力,最容易陷入烦恼的境地,最容易发生不道德的行为"②。沈雁冰认为,男女本无界隔,圣人先生却人为设立礼教,藉以防止男女间不道德的行动,非但不能防止,反而激起人们做非道德事情的愿望,于今"仍是男女私合的事情绝盛",男女社交公开就是要把这"变态的社交回复为自然的社交",达到"见女人不知其为女人,只觉得伊是和我一样的一个人"这样的常态。③ 主张"男女社交公开"的杨潮声批评说:"礼防自古有的,并且看得极重的,但是比不贞不节还要不道德的事,也自古有的。不但是一般智识浅薄的人有这种事,就是所谓礼教中人,犯的也很多。那么! 可见'礼防'并不能防不道德的,所谓'礼防'者,不过是一种假面具,哄哄人的。"非但如此,"礼防"徒添了男女间的"神秘",刺激了男女双方的好奇心,反容易引发"穴隙相窥"这类不道德的事,而男女的"比较的高尚人格的自由幸福"却被其摧残殆尽。既然"有礼防并不足以致道德,无礼防并不就是不道德,并且可以致道德",依杨潮声所见,哪怕"要守旧道德,也不妨使男女之界域破除,交际公开"。④

　　在新文化人看来,社交公开是妇女解放的第一步,是"打破旧式女子社会——幽囚的、不平等的、不能独立的、在夫权下的——不良,而使女子的人格

---

①　徐植仁:《我对于中学男女同校的主张》,《觉悟》1921 年 12 月 29 日。

②　胡适:《美国的妇人》,《新青年》1918 年 9 月 15 日第 5 卷第 3 号,第 214 页。

③　雁冰:《男女社交公开问题管见》,《妇女杂志》1920 年 2 月第 6 卷第 2 号,第 2—3 页(文页)。

④　杨潮声:《男女社交公开》,《新青年》1919 年 4 月 15 日第 6 卷第 4 号,第 439—440 页。

公认为完全的、有自主权利的、男子一列"之"关键"①，也是改良社会、富强国家的需要。有论者说："欲谋社会改造之普遍，则男女自不可以偏废，欲不偏废，则男女社交固首当其冲也。否则，以素无交际之男女而冀其同衷共济，毋乃缘木而求鱼与。就女界言，尤有公开社交之必要，盖徒有女子运动之空谈，而无交际之事实，其于古女内男外之谬论不将遗五十步与百步之讥乎。就男界论，亦有公开之需求，盖男女徒有平等之观念，而无接触之机会，则于改造事业之前途，不将多生若干障碍耶。观于此而知，吾人谋改建事业之初步，端赖于男女界之互相扶持，夫然后乃有逐步改设之希望。"②前揭清末，不断有改革家把中国的衰弱归咎于"男女有别"，视破男女之别为富强之途。这种观点在五四时期被发扬光大。为了表明社交公开可取，女学生陆静贞申论说："列强各国之所以强，无非由于男女社交公开，可以交换知识也。各弱国之所以弱，无非由于男女交际隔绝，未能共同任事也。社交公开，则男女之等级齐，等级齐则知识相若，知识相若，则一国之事，一社会之事，一家之事，肩男女而同任之，教育于是而盛，经济于是而裕，团结力于是而坚，家于是而齐，国亦于是而治，于是而强矣。男女交际隔绝则反此，国乌得不弱乎。"③

　　社交公开象征人格的平等、独立与自由，关涉社会进步和国家富强。不过，在为社会、为国家的崇高目的之外，不少人尤其是青年男子，提倡社交公开最直接的动机却是为了解决婚姻不自由带来的痛苦。鼓吹社交公开的徐彦之说，"人生痛苦，婚姻不良为一大原因，而解除此弊在婚姻自由。欲婚姻自由非男女有公然交际不可"④。徐彦之的观点很有代表性，当时不少青年男子也是像他一样，把社交与恋爱挂钩，宣称"真正恋爱的发生，一定先要社交公开"⑤。

　　不过，这种"燕私之秘计"，恰恰是保守的道德家反对男女同校、社交公开

---

①　遥观：《男女社交公开问题》，《先施乐园日报》1920 年 12 月 10 日。

②　张个侬：《论社会改造须先自男女社交始》，《先施乐园日报》1920 年 11 月 17 日。

③　正科一年生陆静贞：《男女社交公开之我见》，《墨梯》1921 年 6 月第 4 期，第 17 页。

④　徐彦之：《男女交际问题杂感（续）》，《晨报》1919 年 5 月 5 日。

⑤　吕聪民：《婚姻问题之社交公开观》，《妇女杂志》1921 年 10 月第 7 卷第 10 号，第 110 页。

的根由所在。为了避免授人以柄，减少阻力，同时也为了将男女社交引入正途，许多主张者表示，男女社交应与恋爱、婚姻脱钩，保持纯粹。《时事新报》的主编张东荪就说："社交公开是使女子取得社会上地位的第一步，却不是为自由结婚的媒介。现在有一班人以为社交公开可以自由恋爱，这种观念实在是大错。为什么呢？如果人人抱了一个择配的心思去到社会交际场里，那便不是真正的社交了。这种心思不但不能促进社交公开，并且很能妨碍社交公开。"①沈雁冰认为，正当的男女社交是"两个'人'的交际，止于友谊"②。天津觉悟社提出："如在现在提倡社交公开时代，一般'以身作则'的人，要都存着'寻夫''寻妻'为惟一目的，则'社交公开'的前途，一定要发生很多的危险；并且很多的青年男子，要牺牲在这个里头，不能脱出'换汤不换药'旧式家庭的圈套。照这样，实在够不上'社交公开'的真价值，社会上的人眼光，都要看成是没有价值，还有什么人敢出来提倡女子解放？即使有人提倡，也没有人敢随着走；不但不能解放，恐怕更要加上一层黑暗。"③与婚恋脱钩的社交公开规避了男女之间敏感的"性"的问题，这种避嫌跟前揭女学在清季初兴之时谨遵旧道德的约束、刻意回避谈论女权有些相似，或多或少有向其反对的旧道德妥协的意味。

社交公开的主张者希望通过与"性"无涉的纯粹的社交来开创一个风清气正的"男女无别"的新社会，但在社交公开的实际展开中，男女间的交际并未按照他们的设想行进。西冷观察到，不少男青年抱着择配的心思、戴上"求偶"的眼镜和异性交接，以为这就是社交，"往往乍见一个青年的女性，立即突起盲目的恋爱热的了烧；不多几时，却又因见异思迁，立即熄灭。有些青年的女性，对于青年的男性，也是这样"④。新女子杨之华说，有的男子"以为交际的目的，就是恋爱。差不多一见面就吊膀子，用种种手段来引诱人，忘记了所

---

① 　东荪：《妇女问题杂评》，《解放与改造》1919 年 12 月第 1 卷第 8 号，第 3 页。
② 　冰：《再论男女社交问题》，《妇女评论》1921 年 9 月 28 日第 9 期。
③ 　三六（张若名）：《"急先锋"的女子》，《觉悟》1920 年 1 月第 1 期，第 4—5 页（文页）。
④ 　西冷：《恋爱热与社交公开》，《妇女评论》1921 年 8 月 31 日第 5 期。

谓人格知识,专想达到恋爱速成的目的"①。沈彤君女士在谈当时的社交状况时颇为不满地指出:"自五四运动以来,一班青年学子,乱嚷嚷地提倡男女社交。咳,要知道'话是容易,做是难',流行了不多时候,非但不看见社会上有效果,反因有社交而弊端百出;都因为一班浮荡少年,心意未定,又不明男女社交真象,往往借此名目,以利他们的放恣。有一班女子,又易为一时感情所迷,不辨善恶,以致演出许多秽史惨剧,为社交的大障碍",还有一些以"新青年"自命的学生,"满口社交公开,男女平等",其实只是想"玩弄"女子。② 这些受过教育的"新青年",对社交公开前途的妨碍,"实较崇信旧礼教者为尤盛"③。

沈彤君提到的"浮荡少年"是五四时期社交公开中的一个突出现象。按批评者的描述,所谓"浮荡少年",多假社交公开、自由恋爱之美名,以"施其偷香弄月的手腕","诱惑女性,以满足他们兽欲","达其不可思议之目的","没有专一的爱情,专好弃旧迎新","专为兽欲而交友",导致许多不道德的事情发生。④ 浮荡少年是五四时期新派、旧派一致批判的对象。在新派看来,他们是社交公开的最大阻碍;在旧派看来,他们是社交公开的恶果,坐实了社交公开就是"男女苟合""濮上桑间"⑤。

社交公开中出现的种种弊端为保守的道德家增添了反对的口实,也让许多原本的支持者心生疑惧,"使谨慎小心的男女青年——尤其是女子——视社交公开为畏途,而贻社交公开的前途以根本的危机"⑥。不过,在主张社交与择配脱钩的人看来,浮荡少年的恶行并不表明社交公开不可行,它只是男女隔绝造成的错,是"礼教防闲的遗毒"⑦。如沈雁冰说:"像中国那样被几千年的礼教教育剥夺人性净尽的社会里,或者骤然解除'男女之防'后,要出点小

---

① 杨之华女士:《社交和恋爱》,《妇女评论》1922 年 7 月 26 日第 55 期。

② 沈彤君女士:《男女社交的我见》,《学灯》1922 年 7 月 2 日。

③ C.F.:《社交公开的障碍》,《妇女评论》1921 年 11 月 2 日第 14 期。

④ 马国安:《男女社交的研究(续)》,《黄报》1921 年 12 月 9 日;周书:《对如如君的社交公开和自由恋爱底商榷》,《黄报》1922 年 1 月 21/22 日;啸虬:《社交公开》,《四民报》1922 年 4 月 17 日;张廷灏:《社交公开与恋爱自由》,《妇女评论》1922 年 11 月 29 日第 69 期。

⑤ 丘畯:《"男女社交公开"的真义》,《苍梧花》1924 年 6 月第 1 期,第 46—47 页。

⑥ 高尔松:《社交公开和恋爱问题》,《学生杂志》1924 年 1 月第 11 卷第 1 期,第 144 页。

⑦ 茜苏:《一件小事》,《妇女杂志》1922 年 11 月第 8 卷第 11 号,第 58 页。

乱子,也难说。但这暂时的乱子,我以为确是无法完全免避,除非不主张男女有社交。但我又敢断定这乱子只是暂时的,决不是永久的"①。陈东原也说,社交公开初期出现一些问题很正常,"异性有相引的本能,所以异性的交谊比同性容易发生,加以两性久蛰伏的情感,一旦有机可乘,便不免乱用起来,尤以目前社交未普遍,青年眼光不正确时为尤甚。"②

社交公开早期出现的乱象引人警惕,为了让青年树立正确的社交观,社交公开的倡导者发出了谆谆告诫:"男子方面的,要尊视女子底人格,要消灭一切对于妇女不正当的观念","做女子的,要自己知道自己是一个人,有一切'人'底权利,'人'的义务"③;男女要彼此以"人"相待,"存人心,去了兽心"④;"两性社交是一种自然的、有意义的事,两方须尊重对方的人格,有互助的精神,不可视异性交际为一种唯一的求偶的手段,不可把异性交际这件事时刻放在心头,致其他一切事情均置之不理;不可以异性交往为能事,广滥结交;不要因有异性的朋友而夸示侪辈"⑤。而针对那些顾忌浮荡少年,或担忧自己的学识、能力不及男子,从而对男女社交心怀怯意的青年女子,一些觉悟了的新女子给出了鼓励和建议:要迎难而上,"用正大光明的社交,打破障碍"⑥;要勇敢地实行社交公开,"努力去做"⑦;社交"需要练习","下一番功夫就能成就"⑧。

除了摆正观念,也有人提出应开办一些公共派对,"如公共跳舞会、公共聚餐会、公共远足会、公共言语竞争会,及其他一切临时会、展览会等"⑨,增加青年男女实践社交的机会,培养他们的社交能力,满足健康社交的需要。而当时也有趋新人士通过举办舞会、展览会等活动推行社交公开。1923 年 1 月 17

---

① 冰:《再论男女社交问题》,《妇女评论》1921 年 9 月 28 日第 9 期。
② 陈东原:《男女社交的正义》,《妇女杂志》1922 年 5 月第 8 卷第 5 号,第 33 页。
③ 楼剑南:《男女社交公开问题底我见》,《先施乐园日报》1920 年 12 月 3 日。
④ 张美丽:《男女社交过渡时代》,《妇女评论》1921 年 12 月 7 日第 19 期。
⑤ 丘畯:《"男女社交公开"的真义》,《苍梧花》1924 年 6 月第 1 期,第 48—49 页。
⑥ 言忠芸:《已觉悟的女性对于男女社交的责任》,《妇女评论》1921 年 12 月 7 日第 19 期。
⑦ 枕薪:《社交公开》,《觉悟》1921 年 7 月 25 日。
⑧ 怡怡:《女性方面对"社交公开"的觉悟》,《觉悟》1921 年 7 月 28 日。
⑨ 史别抱:《社交公开与择配说》(上),《先施乐园日报》1921 年 11 月 14 日。

日,一美术社在北平《社会日报》推出次日活动预告,即标榜"实行社交公开"。① 1923 年 10 月 10 日,《晨报》刊载了一则"跳舞研究会"招揽生员的广告,打出的口号是"提倡高尚娱乐,实行社交公开",其中说:"音乐、唱歌、跳舞,为最高尚的娱乐,亦为社交上不可少的工具,欧、美、日本盛行已久,独我国社会上,尚未见有人提倡,虽间有参加外人所开的音乐跳舞大会,然由中国人发起举行的音乐跳舞大会则甚少。兹有新由海外归来之某君、某女士等,特在北京组织音乐跳舞研究会,会所暂设在宣外上斜街五十四号,已于本月一日起招生研究,将来并有组织每周音乐跳舞会之大计划,俾群趋于高尚的娱乐,而排除不良的娱乐,且于庄严灿烂之音乐跳舞会场中,实行社交公开,诚属有益社会。"②

由于"中国人在旧道德旧思想的灰色水里浸得太久了"③,理性的主张者一般认为社交公开不能一下子铺开,要循序渐进。其中,男女同校"是一种极自然极合理的社交"④,在不少人看来最适合为社交公开打头阵。陆静贞指出:社会上人员芜杂,"无教育者过半,邪辟者有之,放诞者有之,奸猾者有之",贸然实行社交公开,可能弊病丛生,比如,富者"出其所有,搜罗精美,穷奢极侈,斗美争妍,以为男女交际场中之光耀",中人之家"效颦不足,学步为难"而破家,贫者"营业不勤,而失业者愈众,其弊更不堪言矣"。为预杜此弊,社交公开应先在学校试行,"有志青年,厕身新学界,能先立一男女交际之大好模范于社会中,俾人景从而无遗行,则数年后,中国男女之交际,可与世界列强相颉颃"。⑤ 纬之亦认为,学生"忝居最高阶级",受教育程度高,当首先实行社交公开,"作各界之模范,俾国人共知其益,且有所法,俾各界闻风兴起,推行不难矣"。⑥

不过,社交公开在实行男女同校之学校中的实际表现,往往并不能如其倡

---

① 《明日之真光剧场》,《社会日报》1923 年 1 月 17 日。
② 《跳舞研究会成立》,《晨报》1923 年 10 月 10 日。
③ 雁冰:《男女社交公开问题管见》,《妇女杂志》1920 年 2 月第 6 卷第 2 号,第 3 页(文页)。
④ 马国安:《男女社交的研究(续)》,《黄报》1921 年 12 月 12 日
⑤ 正科一年生陆静贞:《男女社交公开之我见》,《墨梯》1921 年 6 月第 4 期,第 17—18 页。
⑥ 纬之:《男女社交公开之我见》,《先施乐园日报》1921 年 9 月 12 日。

导者所愿。

一方面,受旧习约束,不少学校的管理者把男女社交视为"危险"①,对其防范有加,虽然宣布男女合校,但还是尽力把男女学生"禁隔"。如:"有的把男女生分为两班,有的虽不分班,而在同教室中把男女的座位分开,更有把休息室、游戏场等特分为两部分的。"②一名为"张德先"的男学生在谈到所在学校时说:"不佞我前年初到上海进学堂后,在校中发现了一桩奇异的现象,就是我们的学校,名为男女同学,而校规对于男女各别的界限,较什么还要严格。每日上课的课室内,前二三列,总是规定的女生坐,下课后,总是让女生走前面",而同班授课、互相认识的男女学生,"在学校中,或在外面偶然相遇时,彼此竟视同陌路"。③ 另一位名叫"沈连三"的男学生也说:"我有许多女同学,她们都很不喜欢和男同学说话,走路的时候,是她们一块儿,下了课,她们就不约而同的跑到特定的女生休息室去了。我当时以为这是学校特有的现象,后来从朋友方面调查,才晓得这种现象,差不多成了我国男女同校的普遍的现象。因此,解放的声浪日高,而男女接触的机会却仍没有十分进展。"④对于这一现象,张德先大为不满地表示:"学堂这样办法,简直失去了主张男女同学的真谛。所谓男女同学的真谛,无非开男女社交的先河,扫除吾国旧思想对于男女的歧视,打破男女的界限,由教育入手,久之自可达到社会男女平等之一日。现在我们学校里反使男女的形式上如此隔膜,精神上如此黯淡,我们还能想着男女真正的到自由平等的地步吗?"⑤

另一方面,作为社交主体的男女学生,在男女隔绝放开之后,"仍然觉得与异性交际不免有一种羞涩的态度,往往故意回避,以表示自己的端方"⑥,其中女学生尤其如此。多数实行男女同校的学校,男女学生并不能做到正常交往。如扬州五师,男生仍受老观念的控制,"他们对于女生,多是具有一种特

---

① 《孟禄博士与保定教育界之谈话》,《新社会报》1921 年 10 月 6 日。
② 《男女共学的再成问题》,《妇女杂志》1924 年 8 月第 10 卷第 8 号,第 1214 页。
③ 张德先:《男女同学间应取的态度》,《学生杂志》1926 年 9 月第 13 卷第 9 号,第 28 页。
④ 沈连三:《我所希望于女子者》,《妇女杂志》1924 年 10 月第 10 卷第 10 号,第 1540 页。
⑤ 张德先:《男女同学间应取的态度》,《学生杂志》1926 年 9 月第 13 卷第 9 号,第 28 页。
⑥ 《男女共学的再成问题》,《妇女杂志》1924 年 8 月第 10 卷第 8 号,第 1214 页。

别的、不平等的、鄙视的态度，同时男生中有和女生有正当的常接触的，便引为奇谈，而指为必有苟且的行为，甚且群起而攻之"，然而矛盾的是，他们对女生"同时又做出许多冒昧的态度"，"小而至于看见女生来的时候，便大惊小怪的注视，并且作出种种的丑态，大而至于以在无话中找出些废话和女生去周旋为荣；甚至一次未接谈过，便用肉麻式的文字通信，害起片面相思；再进而便发生出许多关于性的问题来了"。而女生对于男生，则多存"畏惧"心理，"大概总以为男子全是虚伪的、奸险的、粗暴的，所以处处用深冷的态度、圆滑的手段，来对付男生"，她们的男女界限观念太强，"所有男生在校的种种活动，她们都不参加，因此男女同学名存实亡，骨子里还是各自为谋，隔阂不融罢了"。这种状况与社交公开的倡导者所期望的"平等相待，推诚相处""胸无畛域，磊落光明"相去甚远。①

男学生与女学生之间的隔膜加剧了双方的不解和隔膜，女学生觉得受轻侮，男学生觉得被冷落。为了增进"男女理解"，促进社交公开，《妇女杂志》1924 年发起了有关征文活动，让男学生和女学生各自表达对对方的"希望"。有位署名"心珠"的女子借此控诉了自己的不满："我们偶尔离开了伴侣，一个人在中央公园里散步，就免不得有人在后面紧紧的追随，就免不得看见挤眉弄眼的丑态！甚至于有不认识的青年，竟敢开口问：'你住在那里？'甚至于一群学生模样的青年，眼看着一个女学生被追得面红耳热，在后面拍手叫好，大起其哄！甚至于打听到了姓名住处之后，写许多肉麻的诗文，左一封右一封的寄个不完，害得受者因此受家里或学校的高压的监视，因此失掉了各样的自由！这些不是新教育制度下的新青年所干的好事么？"她希望"有新脑经的青年男子"从今往后能尊重女子，摆脱"以女子为物的观念"，"一洗数千年来贱视女子的成见"。② 而有男学生则表示："现在大多数的女子，到了学校里，还存有大家庭小姐的气派和闺阁中的旧习，这是最不应该的"③；"有许多女学生常把身子弄得香喷喷，头发烫得蓬蓬松松，穿着鲜红鲜绿的时髦衣服，孤另另的坐

① 五师生：《男女同学间应取的态度》，《学生杂志》1926 年 9 月第 13 卷第 9 号，第 30—31 页。
② 心珠女士：《我所希望于男子者》，《妇女杂志》1924 年 10 月第 10 卷第 10 号，第 1519 页。
③ 琴心：《我所希望于女子者》，《妇女杂志》1924 年 10 月第 10 卷第 10 号，第 1544 页。

在课堂的一边,无形的促进男同学的注目,使得他们分心,结果收到许多难成事实的求婚书,如求婚者已经有了妻子,年龄相差太远,或者性情毫不相近。这种扰人自扰的事,在求学时代,实在是应该避免的",“希望在学校里求学的,不要把自己当作和男同学不同的特别学生看待,应该明白自己也是一个学生!"①而对于男子的追求,有人表示,女子也不必反应过度,“不要以为忽然接到一封从不相识或不甚熟的异性人的来信,就一味的排斥他没有人格,承认自身被人欺侮",否则,男女之间隔阂的“墙"反倒“一天一天筑得厚了"。② 在男女双方的隔空喊话和对对方不满的宣泄中,女学生希望被尊重的心理和男学生希望对方自重的要求都得到了表达。

男女同校、社交公开打破了闺门之限,然而实践中存在的种种问题——无论是女子刻意回避接触男子,或希望被尊重,还是男子轻视女子,冒犯女子,抑或希望女子自重——又表明,有形的闺门虽然被拆除,无形的闺门依然存在。《妇女杂志》的记者认为,男女合校、社交公开之后,防闲的老眼光始终在作怪,为了去除“旧来那种不高尚的防闲男女的‘心’",需要一场“心的革命"。③而这“心的革命"则如社交公开的积极推动者沈雁冰早先所呼吁:“新道德!男子对于女子心理的改变! 这是社交公开的先路! 我们要达到真正的社交公开,一定得先预备!"④

四、婚恋自由与新性道德

五四时期,婚恋问题与贞操问题、男女社交问题相互关联,是新文化运动反礼教谈论的核心话题。关于这一话题,清末男性改革家和女权论者也曾多有论及,如前揭康有为和金天翮,都主张变革婚制,实行一夫一妻制,认为婚姻自由是未来趋势和女子应得的权利;无政府主义者李石曾、鞠普等人主张自由

---

① 许言午:《我所希望于女子者》,《妇女杂志》1924 年 10 月第 10 卷第 10 号,第 1533—1534 页。
② 琴心:《我所希望于女子者》,《妇女杂志》1924 年 10 月第 10 卷第 10 号,第 1544 页。
③ 《男女共学的再成问题》,《妇女杂志》1924 年 8 月第 10 卷第 8 号,第 1215 页。
④ 雁冰:《男女社交公开问题管见》,《妇女杂志》1920 年 2 月第 6 卷第 2 号,第 4 页。

恋爱,视其为破除婚姻家庭制度、通达男女平等、解放妇女的方式①。到五四时期,恋爱自由和离婚自由的问题随着新文化对旧贞操的批判凸显了出来,成为破除旧式婚姻制度、重建性道德的核心内容。

批判旧式婚姻原本是新文化反礼教的题中之义,而1919年发生的两起青年女子死亡事件则将这一批判推向了高潮,并使得婚恋自由成为不可遏抑的时代诉求。这两起事件,一起发生在1919年8月,父母双亡的北京女高师学生李超,因继兄拒供学费并逼其出嫁,致贫病交加而死②;另一起发生在11月,22岁长沙女子赵五贞,因反抗父母包办婚姻未遂,在迎亲花轿自刎身亡③。这两起死亡事件经媒体反复报道轰动了全国。新文化人的解读铺天盖地,将两者的死归咎于不良的社会制度,认为是旧式婚姻的罪恶。如陈独秀在李超追悼会上说:"夫李超女士之死,乃社会制度压迫之而死耳。……同时如湖南之赵女士,亦为是死,真可惨也。"④时任长沙《大公报》馆外撰述员的毛泽东就赵五贞之死评论说:"这件事背后,是婚姻制度的腐败,社会制度的黑暗,意向的不能独立,恋爱不能自由。"在他看来,"恋爱是神圣的,是绝对不能代办,不能威迫,不能利诱的",为了避免类似惨剧,让赵五贞的血不白流,他呼吁"全中国的青年男女"应该"有一个彻底的觉悟",自己的婚姻自己做主。⑤ 长沙《大公报》主笔龙兼公也认为赵五贞之死是"环境的罪恶","替赵女士一类自杀的人想个绝源的方法,便是改良婚制,实行结婚自由"。⑥ 类似的看法不胜枚举,将婚恋自由推到了社会变革的前台。

在宣扬婚恋自由、重建性道德方面,《妇女杂志》表现较为突出。如前揭,

① 真(李石曾):《男女之革命》,《新世纪》1907年8月3日第7号,第3—4页;鞠普:《毁家谭》,《新世纪》1908年5月30日第49号,第4页。
② 胡适:《李超传》,《晨报》1912年12月1—3日。
③ 《新娘舆中自刎之惨剧》,《大公报》(长沙)1919年11月15日。
④ 《陈仲甫先生演说》,《晨报》1919年12月13日。
⑤ 毛泽东:《对于赵女士自杀的批评》,《大公报》(长沙)1919年11月16日;《婚姻问题敬告男女青年》,《大公报》(长沙)1919年11月19日。关于赵五贞之死,毛泽东在《大公报》(长沙)连续发表了好几篇评论,其他评论主要有:《赵女士的人格问题》(1919年11月18日)、《"社会万恶"与赵女士》(1919年11月21日)、《非自杀》(1919年11月23日)。
⑥ 兼公:《我对于赵女士自杀的杂感》,《大公报》(长沙)1919年11月17日。

《妇女杂志》1915 年创办，当初主张良妻贤母主义，带有复古女德的情怀。但是，这种相对保守的立场在五四前后遭到了新文化人的抨击，杂志的声誉和销量因此受损。为了扭转颓势，《妇女杂志》随即进行了改组，起用时任《东方杂志》编辑的章锡琛为主编，①将定位调整为"谋妇女地位的向上，和家庭的革新一方面，尤在供给妇女界以新智识"②。面貌一新的《妇女杂志》加入了时兴的婚恋自由问题的大讨论，在性道德的重建方面起了引领作用。下面主要通过爬梳《妇女杂志》所刊发的讨论婚恋自由的文本，来重构"新性道德"建构的脉络，以呈现新文化人如何将婚恋自由的权利主张上升成为一种普遍的道德要求。

婚恋自由：爱伦凯的输入与诠释

为了推行婚恋自由，改革旧式婚姻，重建性道德，西方相关学说作为理论资源在五四时期被大量引进。其中，致力于倡导妇女解放、批判传统性道德的一批趋新报刊充当了译述外来学说的排头兵。在竞相译述西方性别或两性关系学说的潮流中，频频出现在各类趋新报刊上的西方理论家除了罗素（Bertrand Russell）、高德曼（Emma Goldman）、倍倍尔（August Bebel）、格里康（Walter M.Gallichan）、加本特（Edward Carpenter）、爱理斯（Havelock Ellis）、福莱尔（August Forel）等人，还有瑞典女权活动家爱伦凯（Ellen Key）。

在西方女权思想谱系中，相对于高德曼、倍倍尔等人无政府主义或社会主义的性别学说，爱伦凯的思想不算激进，影响似乎也不大。不过，或许是由于切合五四新文化在中国重建性道德的诉求，她的思想格外受新文化人推崇，在中国的影响也最大。在新文化人看来，爱伦凯"讨论新道德极精辟"③，是提倡新道德"最坚强、最鲜明的一人"④，罗家伦说他撰写《妇女解放》一文时主要

---

① 章锡琛：《漫谈商务印书馆》，载商务印书馆编辑部：《商务印书馆九十年》，商务印书馆 1987 年版，第 111 页。
② 《编辑余录》，《妇女杂志》1921 年 1 月第 7 卷第 2 号，第 112 页。
③ 雁冰：《我们该怎样预备了去谭妇女解放问题》，《妇女杂志》1920 年 2 月第 6 卷第 3 号，第 4 页。
④ 王深译：《新的性道德：妇女问题十讲之二》，《妇女周报》1923 年 8 月 22 日第 1 期。

参考的便是她的著作①,周氏三兄弟、田汉、郑振铎、巴金、郁达夫、钱杏邨、沈雁冰、夏丏尊、吴觉农、潘光旦、梁漱溟等文化名人都不同程度研究过她的思想,《新青年》《东方杂志》《民铎杂志》《晨报副镌》《民国日报》《教育杂志》等各大报刊均有对她的介绍。② 但对爱伦凯思想传播最力的要数《妇女杂志》。在章锡琛主持期间(1920—1925),该志共刊载译介爱伦凯的文章 17 篇,内容之全之细无他刊能比;此外,杂志围绕爱伦凯还组织有专号、专题、社论、通信等多种形式的编撰活动。章锡琛接任主编之初在翻译本间久雄评述西方性道德学说的著作时意识到,爱伦凯与新文化运动此前引介的风云人物易卜生在妇女解放的立场上有许多共通之处,都主张个人主义,倡导自由离婚与恋爱自由,反对严格的一夫一妻制,反对道德上的形式主义,宣扬一种新的性道德,③《妇女杂志》大张旗鼓译述爱伦凯无疑有接续此前的话题讲下去的意思。

1920 年 3 月,《妇女杂志》刊载了沈雁冰"提译"爱伦凯的名作《爱情与结婚》(Love and Marriage),开启了对爱伦凯的系统译介。沈雁冰在"提译"中谈到,现下女子运动大兴,中国却无人系统介绍爱伦凯学说,"这真是一大遗憾","我们很想把女士的《爱情与结婚》先介绍过来,但全译篇幅过重,本刊一期是容受不下的,分载数期,又嫌割裂太甚,所以特用个简便法子,提译若干"。沈雁冰的"提译"当然有"拿来主义"的选择性,主要涉及爱情与人生、精神、道德和婚姻的关系。在他看来,"现在的妇女都在大大小小各种价值的道德内考查道德的观念了,各种道德凡是和妇女相关的,大都是和婚姻有些关系的。从前诗文中讲到女子,便是'妻与母'罢了,再没有想到女人尚可以做别的'人'"。婚姻以道德为由束缚女子,而爱情则是引导女子独立的先决,"一个女人在为己或为人做些大事业之前,一定得从爱情显出他的自我来,那些生活为错误空费了的女人,鲜得找到'人'的一条路"。"提译"更是明言,"女子

---

① 罗家伦:《妇女解放》,《新潮》1919 年 10 月第 2 卷第 1 号,第 21 页。
② 杨联芬对爱伦凯的恋爱学说在五四时期的中国的旅行做过比较充分的探讨,参见氏著《爱伦凯与五四新文化》,《中国现代文学研究丛刊》2012 年第 5 期。
③ [日]本间久雄:《性的道德的新倾向》,瑟庐(章锡琛)译,《妇女杂志》1920 年 11 月第 6 卷第 11 号,第 1—2 页(文页)。

灵魂独立便是个人独立的起源,因为要灵魂独立,更不能不重爱情"①。以爱情来启蒙女子,并视其为女子"做人"的一种权利,沈雁冰"提译"《爱情与结婚》于是便颇具"效娜拉的'人的觉悟'跳出火坑的观念"②,从而与新文化运动先前的女子启蒙在某种意义上承接了起来。

五四时期,中国输入的西方学说有许多是假道日本,《妇女杂志》对爱伦凯的输入亦不例外,有相当一部分取自日本。日本学者研究西方婚恋和性道德学说的著述③,特别是本间久雄的《性的道德底新倾向》,有对爱伦凯思想的系统评介和推崇,包含了比较和选择,为《妇女杂志》的"拿来"提供了便利与参照,也对新文化人理解和接受爱伦凯产生了重要影响。

《妇女杂志》在对爱伦凯进行译介同时也在进行诠释。章锡琛等人基于自己的理解将她的思想归结为"恋爱至上主义",认为其中有两个要点:一为"恋爱自由",一为"自由离婚"。为什么恋爱要自由? 按爱伦凯的说法,因为恋爱是促进"人类心灵的肉体的品质向上"的惟一的"原动力",是"道德的惟一条件"。④ 爱伦凯把恋爱确立为衡量婚姻道德与否的准绳,她在《妇人道德》中提出:

> 恋爱是道德的,即使没有经过法律上的结婚;但是没有恋爱的结婚是不道德的。⑤

这一道德新观念将恋爱而不是婚姻视为性道德的基础,直接宣判了基督教严格的一夫一妻道德观的无效。爱伦凯的性道德格言在五四时期的中国被大量转述,流传甚广。新文化人视其为结婚的"伦理法典",稍加调整转为:

---

① 四珍:《爱情与结婚》,《妇女杂志》1920年3月第6卷第3号,第1—11页(文页)。该书完整的中文译本《恋爱与结婚》由朱舜琴翻译,1923年8月社会改进社出版。

② [日]厨川白村:《近代的恋爱观》,Y.D.(吴觉农)译,《妇女杂志》1922年2月第8卷第2号,第11页。

③ 《妇女杂志》登载这方面著述除了本间久雄的《性的道德底新倾向》、厨川白村的《近代的恋爱观》,还有生田长江的《结婚与离婚》(载《妇女杂志》1922年4月第8卷第4号)、贺川丰产的《恋爱之力》(载《妇女杂志》1922年9月第8卷第9号)、厨川白村的《恋爱与自由》(载《妇女杂志》1923年2月第9卷第2号)等。

④ [瑞典]爱伦凯:《恋爱与结婚》,朱舜琴译,社会改进社1923年版,第117页。

⑤ 瑞典爱伦凯著:《妇人道德》,董香白译,《妇女杂志》1922年7月第8卷第7号,第16页。

不论怎样的结婚，要有恋爱才可算得道德。倘若没有恋爱，即使经过法律上的结婚手续，也是不道德。①

转述的版本与爱伦凯的原话（Love is moral even without legal marriage, but marriage is immoral without love）有一些出入。爱伦凯的原话（"恋爱是道德的"）含有恋爱是道德自足、不受外在附加道德约束之意，突出了恋爱的道德至上性，新文化人版本的转述将这一点略去，而单单突出了恋爱之于结婚的意义，其中语义的偏移，或多或少透露出新文化人是基于破除旧家庭、旧婚姻制度的现实关怀来使用爱伦凯，做剪裁定取舍。②

既然婚姻道德与否取决于恋爱之有无，那么没有恋爱的婚姻自然应当解除。这一点立刻被不少新文化人接受并解读为破除旧式婚姻的宣言书。署名"下天"的作者说："维系夫妻间惟一的原素，是爱情，由爱情结成的婚姻，方为正常；否则，就和强奸无异，是极不道德的事情。所以夫妻间到了爱情消灭的时候，应该立刻离婚，不然，就沾污了两方的人格。"③在推崇恋爱至上主义的新文化人看来，自由离婚与恋爱自由相辅相成，前者"废止通奸"，后者"废止卖淫"④，两者均倡"自由"以维护恋爱本身的正当性。

爱伦凯的恋爱至上主义或道德新观念对于受礼教束缚的中国来说无疑极具革命性。儒家礼教崇尚"男女有别"，讲"授受不亲""父母之命，媒妁之言"，受此约束，中国人向来讳谈爱情，将男女自主交往称作"钻穴隙相窥桑间

---

① 瑟庐（章锡琛）：《爱伦凯女士与其思想》，《妇女杂志》1921年2月第7卷第2号，第25页。需要指出的是，章锡琛表述的这个版本应该是直接取自他翻译的本间久雄的《性的道德底新倾向》（其中的表述是："不论如何的结婚，一定要有恋爱才算得道德。如果没有恋爱，纵使经过法律上底手续，这结婚仍是不道德。"），这个版本在五四时期的中国最为流行，其他大量转述（不论此前还是此后）皆与此类似。

② 新文化人对爱伦凯的选择性接受，更为突出的表现是对她的母性论的忽视，而母性论是《恋爱与结婚》亦即爱伦凯婚恋学说的重要内容之一。爱伦凯强调为母的责任，认为："不管曾否正式结婚，而抛弃做母之责任，皆是罪恶；不管曾否正式结婚，而履行做母之责任，皆是神圣。"（爱伦凯：《恋爱与道德——爱伦凯的伟大论文之一》，任白涛译，《民铎杂志》1924年3月第5卷第1号，第20页。该文为爱伦凯为回应基督教道德家对《恋爱与结婚》的批评而作，是该著的浓缩版。）她的母性论与"贤妻良母"有些类似，遭反传统的新文化人忽视似在情理之中。

③ 下天：《一件离婚的报告》，《妇女杂志》1922年4月第8卷第4号，第149页。

④ C.N.：《离婚的意义与价值》，《妇女杂志》1922年4月第8卷第4号，第173页。

濮上""逾东家墙而搂其处子"①。在爱伦凯看来,这种做法"蔑视人类对于性的关系之重要,以及恋爱在性的关系中之重要",是对"一个人的人格上的一种亵渎",实在是"文化最低级的一种未成熟的风俗"。② 爱伦凯称恋爱为人"新的道德觉悟",章锡琛等人在阅读爱伦凯时也敏锐察觉到了恋爱对于改造旧道德、建立新道德的意义,而新道德的建设被认为是构造将来民族幸福的基础。

在传播爱伦凯思想的过程中,章锡琛主持的《妇女杂志》所做的首要一件事情是为"恋爱"正名。"恋爱"是晚清出现的一个新词,作为西语"love"的对译词,在民初本土化过程中曾一度被污名化,几与"奸淫"等义,当时有人曾抱怨:"自由恋爱者,世人每以私通野合曲解之,吾人引为至憾。"③当"恋爱"随着爱伦凯学说的输入而再次输入时,《妇女杂志》的同人结合国情并基于自身的理解对它进行了一番去污名化的再解释。首先,恋爱不是奸淫。章锡琛说,恋爱虽与性欲相关,但"正当的恋爱,乃是灵肉合致复杂而且高尚的。这种恋爱,是人生的精髓和根本,人人都应该靠着这种恋爱感受幸福;在这种恋爱里所感受的幸福,便可构成社会的幸福"④。在他看来,"恋爱是融合两个的人格为一,奸淫不过是一方占有他方,满足自己的欲望",中国人常常把恋爱误作奸淫,都是因为他们头脑中向来"只有'奸淫'没有'恋爱'","要救济这种弊端,只有大家竭力主张恋爱,使人人都明了恋爱的意义,并且使人人经过充分的恋爱的训练,才能有效"。⑤ 周建人也说,恋爱是"高尚的、神圣的事",而从前的人置身"男女有别"的"黑暗"中,"只当它作一件不可思议的、秽亵的奇事看","带着忌讳、神秘的态度来遮瞒",结果只能再坠入"黑暗";要用教育来发

---

① 世衡:《恋爱革命论》,《觉悟》1920 年 9 月 5 日。
② [瑞典]爱伦凯:《妇人道德》,董香白译,《妇女杂志》1922 年 7 月第 8 卷第 7 号,第 18 页。
③ 趋理:《结婚改良说》,《妇女杂志》1917 年 5 月第 3 卷第 5 期,第 3 页(文苑)。杨联芬对"恋爱"一词在晚清民初的输入、传播及其意义的变化做了细致的梳理。参见氏著《"恋爱"之发生与现代文学观念变迁》,《中国社会科学》2014 年第 1 期,第 158—174 页。
④ 瑟庐:《爱伦凯女士与其思想》,《妇女杂志》1921 年 2 月第 7 卷第 2 号,第 24—25 页。
⑤ 王平陵、章锡琛:《恋爱问题的讨论》,《妇女杂志》1922 年 9 月第 8 卷第 9 号,第 122—123 页。

达"恋爱的精神"，用科学除去"不正当的暗示"，使两性关系变得"光明尊崇"。① 而爱伦凯的恋爱至上论便是照亮吞没恋爱的黑暗的光。

以爱伦凯的理论为恋爱正名，还有一层优生学的意义，因为"她相信恋爱底当事者，不但本身能够享受个人的幸福，而且还可以生出优秀的小孩，举人种改良之实，又加男女之间从恋爱所得底个人的幸福，更可以构成一种社会的价值"②。这一点特别符合清季以降改革家的口味，《妇女杂志》的同人也正是循着这样一种个人到种族、到社会的路径来阐发恋爱自由的意义和价值，扩展其正当性。章锡琛说，恋爱自由是促进男女人格平等，使女性摆脱被物化、被奴役之命运的强力武器，也是解决女子受家庭束缚、经济不独立、教育不善等诸多问题的根本方法。③ 周建人则称，恋爱自由"在个体一方面说，可以增进生活的幸福；在社会的一方面说，两人能同心协作，也多能从事于建设；从种族一方面说，聪明美好健全的父母多得优良的子女，将来的民族能够更进于优适"④。

针对当时社会上普遍存在的对恋爱自由的误解，即将其混同于无政府主义的自由恋爱，《妇女杂志》的同人基于爱伦凯的理论在两者之间展开辨析。李三无指出，爱伦凯明确区分了自由恋爱（Free Love）与恋爱自由（Freedom of Love），前者是感觉本位的本能冲动，后者是既重感觉又重灵魂的"灵肉一致"，爱伦凯尊重的不是前者，而是后者，因为后者不受胁迫，不加勉强，"乃是自由和责任相伴的恋爱"。⑤ 章锡琛随后撰文呼应，认为"真意义的恋爱，不是

---

① 周建人：《恋爱的意义和价值》，《妇女杂志》1922年2月第8卷第2号，第6页。
② ［日］本间久雄原著，瑟庐译：《性的道德底新倾向》，《妇女杂志》1920年11月第6卷第11号，第3页（文页）。对爱伦凯有关婚恋自由与"人种改良"之关系更详尽的论述参见沈泽民：《爱伦凯的〈恋爱与道德〉》，《妇女杂志》1925年1月第11卷第1号，第28—41页。
③ 王平陵、章锡琛：《恋爱问题的讨论》，《妇女杂志》1922年9月第8卷第9号，第121—122页。
④ 乔峰（周建人）：《配偶选择的价值》，《妇女杂志》1923年11月第9卷第11号，第3页。
⑤ 李三无：《自由离婚论》，《妇女杂志》1920年7月第6卷第7号，第7页（文页）。章锡琛译本间久雄《性的道德底新倾向》在介绍爱伦凯思想时也做过辨析，比较了爱伦凯的"恋爱自由"与自由主义者纳道尔等的"自由恋爱"的不同，指出前者"乃是伴随着自由和责任底恋爱"，而后者则是"唯物的，肉欲的"（载《妇女杂志》1920年11月第6卷第11号，第10页（文页））。李三无所论与此一致。

单属于性欲的、肉感的，也不是单属于灵的，是融合精神肉体为一，所谓灵肉一致的恋爱，这种恋爱，才有价值"①，而自由恋爱只是"肉的恋爱"②。"妇女问题研究会"的蒋凤子在"恋爱自由解答客问"系列中提出了稍稍不同的看法，认为自由恋爱"注重在恋爱，而连及自由，是由肉而灵，是'偏重性欲'的，是'以性欲为爱情的表征'的"，而恋爱自由"注重在自由，而发生恋爱，是由灵而肉，是'偏重爱情'的，是'以爱情为性欲的移转'的"；恋爱自由重视人的自由独立，是反对自由恋爱的，因为自由恋爱重在自由的恋爱，容易使女子再堕落入"偶人的家"。③ 为了进一步明确恋爱自由与自由恋爱的区分，《妇女杂志》1923 年 2 月组织妇女问题研究会的同人进行了一次专题讨论。在讨论中，蒋凤子坚持此前的看法，认为恋爱自由和自由恋爱的区别不在于灵肉是否一致，而在先灵后肉还是先肉后灵。④ 吴觉农不认同蒋的看法，认为恋爱自由是"男女凭着'自由的意志'（Freedom for Will），不受任何拘束，获得相互的灵肉结合"，而自由恋爱不过是"假借恋爱之名而行自由性交之实"。⑤ 不过，尽管表述有异，观点有别，这两人都不外乎高扬恋爱自由而贬抑自由恋爱。章锡琛既不认同蒋凤子灵肉先后的观点，也不认同吴觉农把自由恋爱视为"乱交"，在比较各家意见后，他拿出爱伦凯来正本清源：所谓"自由恋爱"就是"无论怎样的恋爱都可自由"，没有任何约束，既可结婚也可不结婚，既可同居也可异居，既可同时恋爱多人也可只恋爱一人，既可对子女负责任也可不负责任，既可尊重对方也可不尊重，等等；而"恋爱自由"则"只是一种感情的自由"，即"对于异性有不受任何干涉的恋爱的自由"，但男女之间一旦有了恋爱，"则此两异性必须成为夫妇，直到恋爱破裂为止，不能再和第三者发生恋爱，并且必须组

---

① 瑟庐：《近代思想家的性欲观与恋爱观》，《妇女杂志》1920 年 10 月第 6 卷第 10 号，第 1 页（文页）。

② 瑟庐：《爱伦凯女士与其思想》，《妇女杂志》1921 年 2 月第 7 卷第 2 号，第 24 页。

③ 凤子：《恋爱自由解答客问第一》，《妇女杂志》1921 年 2 月第 7 卷第 2 号，第 17 页；《恋爱自由解答客问第二》，《妇女杂志》1922 年 8 月第 8 卷第 8 号，第 18 页。蒋凤子另外在《我的离婚》（载《妇女杂志》1922 年 4 月第 8 卷第 4 号，第 144 页）中亦表达了同样的看法。

④ 凤子：《恋爱自由解答客问第第四》，《妇女杂志》1923 年 2 月第 9 卷第 2 号，第 40—41 页。

⑤ Y.D.：《自由恋爱与恋爱自由——读了凤子女士的"答客问"以后》，《妇女杂志》1923 年 2 月第 9 卷第 2 号，第 42 页。

织家庭,必须对于所生子女负相当责任",这也是恋爱自由不同于自由恋爱的真正所在。①

《妇女杂志》的同人对恋爱自由与自由恋爱的辨析,有褒扬恋爱自由的一致性,也充满歧见,特别是对自由恋爱的看法,不仅不同的人观点不同,同一人的观点前后也不尽一致,可见这一问题的复杂性。恋爱自由与自由恋爱的辨析并不是简单的语词之争。自由恋爱是伴随着无政府主义在中国的传播而出现的一种婚恋思潮,它来得也比恋爱自由要早,除了清末无政府主义者李石曾、鞠普等支持者,在五四新文化人当中也有拥趸,如陈独秀。《新青年》早在1917年就刊载过无政府主义者高曼(即高德曼)的自由恋爱学说,其中宣扬恋爱神圣,宣称婚姻与爱情"无丝毫关系"。② 这种激进的理论强调两性之间恋爱的极度自由和无约束性,包含了对所有婚姻制度的否定,但在推崇自由离婚方面与恋爱自由论又有相通性。《妇女杂志》的同人依据爱伦凯展开辨析,特别是章锡琛,赋予恋爱一种责任,以此将恋爱自由同自由恋爱明确区分开来,包含了对性道德无政府主义的拒斥,在破旧与立新之间走了中间道路。

"爱的责任性",即恋爱的贞操,是爱伦凯的恋爱论区别于无政府主义的重要方面,不过,爱伦凯并不是将恋爱的"责任"或"义务"视为约束,而是"自由"。③ 在她看来,"恋爱之义务"是人生的"中心义务",人如果能够"首先履行恋爱之义务,则对于别的义务,必能更其好好地履行",故恋爱之义务是结婚条件中"第一而最大的义务"。恋爱的义务与权利互为一体,恋爱的贞操或"克己"的教养靠自律,并不靠结婚来维持,恰恰相反,它是结婚的必要条件。④ 恋爱"一对一"且必须结婚,是章锡琛对贞操的理解和使用,但这种带有前揭

---

① 章锡琛:《读风子女士和 YD 先生的讨论》,《妇女杂志》1923 年 2 月第 9 卷第 2 号,第 48—49 页。
② 高曼:《结婚与恋爱》,震瀛译,《新青年》1917 年 7 月 1 日第 3 卷第 5 号,第 1 页(文页)。陈独秀对自由恋爱的辩护参见《通信·自由恋爱》,《新青年》1918 年 1 月 15 日第 4 卷第 1 号,第 87 页。
③ [日]本间久雄:《性的道德底新倾向》,《妇女杂志》1920 年 11 月第 6 卷第 11 号,第 6 页(文页);[瑞典]爱伦凯:《恋爱与结婚》,第 232—234 页。
④ [瑞典]爱伦凯:《恋爱与道德——爱伦凯的伟大论文之一》,《民铎杂志》1924 年 3 月第 5 卷第 1 号,第 13—20 页。

"两贞论"意味的理解和使用显然逸出了爱伦凯，而与胡适比较接近。胡适在对规范女子情欲的传统贞操概念进行改造时提出，贞操应该是夫妻双方共守的一种道德，而不是妻子对丈夫单方面应尽的责任或义务，"女子尊重男子的爱情，心思专一，不肯再爱别人，这就是贞操。贞操是一个'人'对别一个'人'的一种态度。因为如此，男子对于女子，也该有同等的态度"①。胡适的新贞操尽管包含男女平等精神，但主要还是义务本位的。《妇女杂志》谈论的贞操与此类似。章锡琛的同人先于他的比较一致的看法是：贞操是平等的，是在恋爱中产生的使恋爱的双方负"相互的内在的一种责任"，"贞操只是一种恋爱的诚意"，没有恋爱就没有贞操。② 虽然章锡琛及其同人基于爱伦凯将贞操从一个关于婚姻的道德概念转变成为一个关于恋爱的道德概念，但从权利与义务看，他们这里的贞操也只是强调"责任"的"平等"，缺少爱伦凯的"自由"，权利不够彰显，依然是义务本位的，而义务却是他们所共同反对的旧道德最本质的东西。③

在爱伦凯的理论中，与恋爱自由相对应的是自由离婚，这两者互为表里，

① 胡适：《贞操问题》，《新青年》1918 年 7 月 15 日第 5 卷第 1 号，第 7 页。
② 张彭年：《我之贞操观》，《妇女杂志》1920 年 12 月第 6 卷第 12 号，第 1—2 页（文页）；吴觉农：《近代的贞操观》，《妇女杂志》1922 年 12 月第 8 卷第 12 号，第 5—8 页；克士（周建人）：《妇女主义者的贞操观》，《妇女杂志》1922 年 12 月第 8 卷第 12 号，第 16—19 页；高山（周建人）：《贞操观念的改造》，《妇女杂志》1922 年 12 月第 8 卷第 12 号，第 1 页。
③ 许慧琦比较了 1910 年代末期的《新青年》与章锡琛主政的《妇女杂志》在论述恋爱与贞操上的不同，她认为，《新青年》的作者群如胡适、周作人等是在婚姻当中讨论贞操，将贞操视为夫妻之间的一种属性，而《妇女杂志》的编辑群对贞操的谈论则不限于此，将其视为恋爱的属性，这种"新贞操"，在她看来，即"新性道德"，"与《新青年》时期立基于夫妻关系而阐扬的贞操，实不可同日而语"（参见氏著《1920 年代的恋爱与新性道德论述——从章锡琛参与的三次论战谈起》，《近代中国妇女史研究》2008 年第 16 期，第 42—43 页）。许文这里的看法似有失偏颇。首先，胡适在《贞操问题》一文中曾明言，"夫妻之间，若没有爱情恩意，即没有贞操可说"（此语亦见许文），他其实也是将贞操附着于爱情（尽管是在婚姻框架中），与周建人等的说法并无实质性不同。其次，也是最根本的，许文认为，"新贞操"即"新性道德"，贞操经"恋爱"重新定义后，便"与新性道德成为同一词汇"，这一看法既忽视了"自由离婚"是新性道德讲述的重要内容，也忽视了章锡琛等人对贞操的理解前后发生的变化（章锡琛后来认为贞操美德全靠自律），更忽视了新性道德的出台是一个权利逐渐上升、义务逐步淡化的过程，抹掉了新性道德后来所彰显的权利特征。而对权利的彰显恰恰是《妇女杂志》后来的新性道德论述与胡适等反旧道德的新贞操论述最大的不同点（详后）。应该说，新贞操是新性道德的内容之一，但不是唯一内容。

《妇女杂志》推介爱伦凯有一个主要目的就是要为自由离婚张目。传统中国一直实行以"七出"为主的离婚规则，"七出"虽然在一定程度上限制了男子随意离婚，对结婚女子有一定的保护作用，但也反映出离婚基本上是男子对女子单方面的特权，是对女子的一种惩罚。民国建立后，女子虽然在法律上被赋予了与男子对等的离婚权利，但旧有的影响犹在，离婚在女子看来依然是一件极不光彩的事，"无论是主动被动，仿佛一经离婚，总像人格因此低降"①。因此，她们大部分在婚姻中无论受了怎样的暴虐和痛苦，"也只能忍气吞声，或饮恨而死。非但没有提出离婚的能力，反而恐怕被他们离异，受社会家庭的鄙薄，无处可以立足"②。在新文化人看来，造成这人间惨剧的罪魁是传统性道德观念，如沈雁冰说，"先须解决两性间标准道德问题，然后离婚问题有正当解决法"③。爱伦凯的婚恋理论的出场迎合了这一需求。

新文化人把爱伦凯的婚恋理论解读为去除礼教、改造旧家庭、重建性道德的武器，通过反复诠释来消除时人尤其是女子对离婚的耻辱感，增强女子摆脱不幸婚姻的主动性。按爱伦凯，恋爱是结婚的惟一合法前提，婚姻道德与否取决于恋爱，解除无爱情的不道德婚姻本身是道德的。吴觉农认为，如果中国人对于恋爱观念和结婚观念都能有这样一种"革新的知识"，"对于离婚的自由，自然也认为当然的事情了"④。在宣扬自由离婚并回应来自旧道德批评时，《妇女杂志》1922年4月推出了"离婚问题专号"，刊发了60余篇讨论文章。周建人在专号开篇开宗明义，定下了伸张自由离婚的基调："今日的离婚问题"，不是"可不可离的问题"，是该不该"平等而且自由的问题"，是"我们应该怎样享用这自由，我们如何可以得到平等的问题"⑤。其他论者虽然具体观点歧异，但大多也是为自由离婚叫好。与恋爱自由被视为解决妇女问题、增进个人生活幸福感、促进社会建设、优化种族的良策相仿，自由离婚在此也化身

---

① C.N.：《离婚的意义与价值》，《妇女杂志》1922年4月第8卷第4号，第172页。
② 紫瑚：《中国目前之离婚难及其救济策》，《妇女杂志》1922年4月第8卷第4号，第10页。
③ 沈雁冰：《离婚与道德问题》，《妇女杂志》1922年4月第8卷第4号，第15—16页。
④ 吴觉农：《爱伦凯的自由离婚论》，《妇女杂志》1922年4月第8卷第4号，第52页。
⑤ 周建人：《离婚问题释疑》，《妇女杂志》1922年4月第8卷第4号，第3页。

为实现人间正义的手段:它"是解放妇女人格的一个大问题,是创造理想家庭的大前提,实行真正恋爱的安住所,解脱男女心灵的大关键,是促进社会造福国人及人类的一种方法"①,"是为一种极困苦的人们,导向幸福的世界之路"②。

婚恋自由的现实困境与道德难题

恋爱自由与自由离婚被新文化人赋以道德美誉和崇高使命,但这一新观念在五四时期的中国还是遭遇了现实的反噬。章锡琛在与王平陵讨论时抱怨:"头脑稍旧的先生们,甚至于说我们有意诱惑青年,败坏风化,或更以为近来青年男女两性间堕落事件之多,都是多谈恋爱者的罪恶。"恋爱自由遭遇旧阵营非难,而新阵营也有人认为它不合时宜。王平陵就说,"'恋爱是合两个人格为一'这一定义,是很精密的了,但是不容易办到","在这男女教育没有平等的时候,在这旧道德没有破产的时候,我恐一般妇女运动家,拼命说'恋爱不是奸淫',一定难免要误当作'奸淫就是恋爱'"。③

自由离婚被认为是恋爱自由得以落实的前提或"安住所",与后者相比,它的处境似乎更为尴尬复杂。爱伦凯的理论给中国旧式包办婚姻贴上了"非道德"的标签,推动并加剧了当时的离婚潮,受过新式教育的男子"大都以为和一个旧式女子结婚是可耻的",渴望与新式女子谈恋爱并结婚。④ 但是离婚对旧式女子而言并不是"导向幸福的世界之路",当时有人曾说:"我从没见过那个离婚的妇人,离婚以后的生活比离婚以前强一点的。也从没见过那个优秀而富于爱情的少年,娶了那个离婚妇的。只有些求生不得求死不得的弃妇

---

① C.N.:《离婚的意义与价值论》,《妇女杂志》1922 年 4 月第 8 卷第 4 号,第 174—175 页。
② 吴觉农:《爱伦凯的自由离婚论》,《妇女杂志》1922 年 4 月第 8 卷第 4 号,第 56 页。
③ 王平陵、章锡琛:《关于恋爱问题的讨论》,《妇女杂志》1922 年 10 月第 8 卷第 10 号,第 119—121 页。
④ 兰茵女士:《女子在婚姻上的苦痛与危险》,《时事新报》副刊《现代妇女》第 26 期,1923 年 5 月 26 日。五四时期离婚现象的有关描述参见贾秀堂:《民国时期离婚现象再探讨——以 20 世纪 20 年代的山西省为个案》,《史林》2008 年第 11 期;李春香:《"五四"时期新派文人离婚现象研究》,《黑龙江史志》2009 年第 17 期。

罢了!"[1]在不少人看来,旧式女子缺乏独立谋生能力,离婚对于她们而言等于被离弃,无异于灭顶之灾。[2] 因此,本来出于解放妇女的自由离婚,反倒"一变而为男子方面的要求,在女子方面则反看做要不得的事情"[3]。为了遏制"日盛一日"的离婚潮,为"风俗前途"计,北洋政府司法部1922年颁布了限制离婚的律令。[4] 而对旧式妻子的同情,则在新文化阵营内引发了对自由离婚的人道主义考问。

其实,在《妇女杂志》为自由离婚张目的"离婚问题专号"中,有人就提出,"女子还受到礼教风俗习惯等各方面的压迫时,男子不能随便提出离婚的",如非要离婚,必须"对于他无爱情的妻子,尽力加以帮助","先该为女子的前途设法才好",否则是不"人道"的。[5] 更有人提出,在女子经济上不能独立的时代,"宁牺牲爱情,不可牺牲人道"。[6] 基于人道主义对弱者的同情,有人就质问:"人该不该牺牲了他人去主张自己底自由?"[7]女子是旧道德的受害者,"现在却要使女子来做这旧道德的殉葬者,合理吗?"[8]"为什么单叫女子去死",而男子不能代从前的同类"赎罪"呢?[9] 诸如此类的问题撕裂了新文化阵营。

1923年2月,当婚姻问题讨论正热时,东南大学教授郑振埙抛出了《我自

---

[1] 峄县王思珤:《离婚与男女的经济平等》,《妇女杂志》1922年4月第8卷第4号,第155页。

[2] 紫瑚:《中国目前之离婚难及其救济策》,《妇女杂志》1922年4月第8卷第4号,第10—11页;C.N.:《离婚的意义与价值》,《妇女杂志》1922年4月第8卷第4号,第172页;缪金源:《闺阁的平民教育与离婚》,《妇女杂志》1922年4月第8卷第4号,第183页。

[3] 高山(周建人):《离婚自由与中国女子》,《妇女杂志》1924年9月第10卷第9号,第1364页。

[4] 瑟:《司法部限制离婚》,《妇女杂志》1922年4月第8卷第4号,第90页。

[5] 朔一:《离婚与妇女问题》,《妇女杂志》1922年4月第8卷第4号,第81页。

[6] 戴炳衡:《离婚之准则》,《妇女杂志》1922年4月第8卷第4号,第184页。当然,也有人在这个问题上持不如是意见,如夏梅女士,她认为女子是旧礼教、旧道德的受害者,离婚中自杀的女子表面上看是因离婚而死,实际上"是被那吃人的'礼教'荒谬的'道德'所杀的",所以人道主义应该倡导改造道德观念,而不是反对离婚(夏梅女士:《自由离婚论》,《妇女杂志》1922年4月第8卷第4号,第19页)。

[7] 夏丏尊:《男子对于女子的自由离婚》,《妇女评论》1922年9月6日第57期。

[8] 紫瑚:《中国目前之离婚难及其救济策》,《妇女杂志》1922年4月第8卷第4号,第10页。

[9] 力子、宋我真:《旧式婚制底反响》,《觉悟》1921年2月13日。

己的婚姻史》（署名"旷夫"），被《妇女杂志》当作一个探讨婚姻问题的典型案例隆重推出，引起了广泛关注和讨论。郑文及其讨论进一步暴露了婚恋自由面临的制约。

郑文洋洋万言，详细讲述了作为新式男子的他与一个旧式女子的婚姻历程：奉父母之命订婚，成婚，两人分分合合生活大约7年，郑提出离婚，被妻子和双方家庭拒绝后逃婚。按郑文的记述，郑妻有很多优点，他之所以选择分开主要是因为感觉两人"性情不合"，她未能按他的要求改掉缠足、涂脂抹粉等旧习，他希望与她建立爱情，而她囿于旧式道德不会"表示爱情"，他对爱情的期望在婚姻生活中频频受挫。饱受"无爱情"婚姻之苦又无法离婚的他失望之余最后选择了逃婚，将"一生可以吃不完用不完"的父母的遗产让给妻子，以维持她以后继续留在郑家生活，自己离家经营"独立的新式的生活"，精神上感到"非常的愉快"。郑在文中反省说，社交不公开和社会上爱情观念缺乏是导致他婚姻不幸的两大原因，片面的贞节观念是"束缚女子的链条"，让妻子无法接受离婚，加重了不幸婚姻的不幸。为了革除贞节观念，他决心公开自己的婚姻史，供人们参考、讨论、研究，让人们"认明白什么是真的，有价值的，什么是假的，无价值的"。①

五四时期，因不满旧式婚姻而提出离婚的青年男子有很多，但能像郑振埙这样将自己婚姻经历和夫妻情感详细记述下来并公开的人很少。《妇女杂志》的编者立刻意识到了郑文的价值，刊发时特意在文前加了按语："现代青年男女，因不满意于机械式的婚姻，从而发生破裂，像郑先生这样的，正不知有多少；但能够像郑先生一般把他们经过的事实和感情很忠实描写出来的，实在

---

① 旷夫：《我自己的婚姻史》，《妇女杂志》1923年2月第9卷第2号，第7—24页。余华林《民初知识青年离弃旧式妻子现象之论争——以郑振埙事件为中心》（载《社会科学辑刊》2012年第6期）通过陈述郑振埙逃婚事件以及由此引发的争论，反思了作为解放妇女思想武器的离婚自由在当时带来的问题；周叙琪《民国初年新旧冲突下的婚姻难题——以东南大学郑振埙教授的离婚事件为分析实例》（见王政、陈雁主编：《百年中国女权思潮研究》，复旦大学出版社2005年版，第88—107页）对郑振埙婚姻史的文本进行了分析，揭示了其中存在的新旧观念的矛盾与冲突。下文对郑振埙事件的关注点与二文有别，主要关注这一事件讨论的铺展以及婚恋自由在其中遭遇的制约。

可说没有。所以我们觉得这一篇确是现代很有价值的文章。"①文后，《妇女杂志》又附上"征求批评"，认为"郑君的婚姻问题，不仅是关于他们两人个人的问题，实在是全社会的大问题"，希望读者对此事发表个人意见，并针对郑文设计了四个引导性问题供参考讨论："(1)郑君对于他夫人的待遇，和他夫人的待遇郑君，都可算得尽善否？(2)郑君的处置法，于双方的利害如何？此外能否找出两利的方法？(3)假使你自己处在郑君或他夫人的地位，对这事怎样处置？(4)他们的婚姻，有否重圆的可能?"②

《妇女杂志》拿郑文做话题，有推动婚姻问题讨论具体化、为时代把脉的意味。而郑文发表后，也"很惹起读者注意"③，纷纷投书发表意见。有人赞赏作者的坦诚和勇气④，也有人看好郑文对研究婚姻问题的价值⑤，还有人表示郑文写的简直就是他们自己⑥。读者反馈印证了《妇女杂志》当初的判断。当年4月，《妇女杂志》特设了"对于郑振埙君婚姻史的批评"专栏，选登了18篇来稿。围绕《妇女杂志》预设的问题，论者各抒己见，传递自己对爱情、婚姻以及性道德的理解。总体看，来稿批评郑振埙的多，同情他的少。

---

① 旷夫：《我自己的婚姻史》，《妇女杂志》1923年2月第9卷第2号，第7页。类似的评价稍后出现在身为编辑的周建人的评论文章中，其中说，郑文"实在是很难得的"，"这不只是一人的写照，实在可以代表现代许多不美满的婚姻的经过，与最后决定的情况"，实是"研究现代的婚姻问题极有价值的参考资料"(克士：《爱情的表现与结婚生活》，《妇女杂志》1923年4月第9卷第4号，第22页)。

② 旷夫：《我自己的婚姻史》，《妇女杂志》1923年2月第9卷第2号，第24页。

③ 《通讯》，《妇女杂志》1923年5月第9卷第5号，第117页。

④ 陈待秋：《新旧的冲突》，《妇女杂志》1923年4月第9卷第4号，第25页。

⑤ 许元启：《读前号》，《妇女杂志》1923年4月第9卷第4号，第126页；孙本文：《我对于郑振埙一类婚姻问题的意见》，《现代妇女》1924年6月6日第1期，第1页。

⑥ 吴觉农说："读振埙先生的婚姻史，仿佛读我的自序传，想到自身从前的苦痛，不能不对于振埙先生具十二分的同情。"而且与郑振埙相仿，他也因为无法改造妻子的涂粉、洗牙、缠足的旧习，无法与其联结"两人的爱情"，"精神上终于委顿，心灵上终于窒息"，最后选择了离婚(Y.D.：《我的离婚的前后——兼质郑振埙先生》，《妇女杂志》1923年4月第9卷第4号，第41—43页)。何章钦说：郑文让他"觉得非常希奇"，"郑君所写的一篇历史，好像也是我请他为我代写的。我的地位，我的环境，可说完全与郑君相同。我的她与他的她，真是毫厘不差"(何章钦：《请看我的对她》，《妇女杂志》1923年4月第9卷第4号，第53页)。张厌如读郑文后说自己"也是个旧式婚姻的牺牲者"，逃避痛苦，"几乎有三年没有回家了"(张厌如：《女子是有情的》，《妇女杂志》1923年4月第9卷第4号，第63页)。

　　讨论聚焦在郑振埙的"处置法"，或者说他该不该逃婚（或离婚）。有人赞同郑逃婚的做法，认为找不出别的"更两利的方法"①，也有人出于对郑妻的同情，对郑的做法表示反对。参与讨论的人中，吴觉农、何章钦、张厌如三位与郑振埙有相似婚姻经历，他们现身说法，但在应否离婚的问题上意见出现分歧，且都不完全赞同郑的做法，很有意味。宣扬自由离婚的吴觉农赞同郑离婚，并基于自己的切身体会表达了一份理解的同情，他说："现代的妇女经济还没有独立，性的新道德还没有确立，由男性主动离婚，难免'玩弄女性''压迫弱者'的讥评，但是身受的痛苦，只有自己才能明白，只有加到自己身上，才肯谅解他人。"吴也同妻子离了婚，不过，他不赞同郑逃婚后把妻子安顿在原来的家，他自己离婚时选择把妻子送进了学校，因为学校的团体生活与社会的社交生活"多少总可以使她自己认识是一个'人'了"。② 与郑振埙有相同背景的何章钦不认同郑离婚，他以《请看我的对她》示范并解释说：旧式妻子缠足、搽粉、不读书是社会问题，在她们觉悟前离婚违背公理，"要两全的法子，我以为只好由我们已经做了她的他的人，牺牲一点，退后一步，抱服务社会的观念，去做改造的功夫"。再者，离婚后的新式男子找理想的新式女子成婚并不容易，新式女子中"能自己完全看破为人续弦的旧观念"人的还很有限，何况"新的也未必合适"，也许还得迁就，"既肯迁就于新，何不再迁就几分，以救那可怜的一位老朋友呢？"何自己就采取了一个折中办法，将妻子从旧家庭带到上海，组织了"一个不新不旧的家庭"。③ 与郑振埙一样逃婚在外的张厌如读郑文后悟到"女子是有情的"，丢掉了原来的想法，打算回家将妻子送去学校，"由知

----

① 周宝韩：《妇女解放的必要》，《妇女杂志》1923 年 4 月第 9 卷第 4 号，第 67 页；元启：《对于"逃婚"的同情》，《妇女杂志》1923 年 4 月第 9 卷第 4 号，第 35 页。《妇女杂志》主要撰稿人沈雁冰也持类似的看法，他在《妇女评论》上发文说，郑的婚姻缺乏爱情，"逃婚是正常而且很妥的办法"（沈雁冰：《评郑振埙君所主张的"逃婚"》，《妇女评论》1923 年 5 月 8 日第91 期）。

② Y.D.：《我的离婚的前后——兼质郑振埙先生》，《妇女杂志》1923 年 4 月第 9 卷第 4 号，第41—42 页。吴觉农的同道周建人也不赞同郑振埙舍弃财产把妻子安顿在家的做法，认为男子得到了自由，但"在女子一方面，自由却永远被剥夺了"（克士：《爱情的表现与结婚生活》，《妇女杂志》1923 年 4 月第 9 卷第 4 号，第 24 页）。

③ 何章钦：《请看我的对她》，《妇女杂志》1923 年 4 月第 9 卷第 4 号，第 54—57 页。

识入手",求"人造的爱情",在他看来,郑对妻子改造的方法不对,忽略了旧环境对妻子的束缚,如果"把她送到学校里,看别的同学都是不擦粉不缠足的,我想你就是教她擦粉缠足,她一定不干呢"。①

以上三位的现身说法,提供了与郑振埙自述不一样的处理婚姻问题的模板,提示了摆脱婚姻困局的多面性和复杂性。不过,他们的故事又与郑振埙的一样,一方面呈现了崇尚婚恋自由的趋新男子在旧式婚姻中的挣扎,另一方面也呈现了趋新男子为实现自己以新式女子为标的的爱情理想而对旧式妻子进行改造的生动场景,而带有画面感的叙述则暴露出在婚姻生活中支配他们行事的仍是男主女从的旧道德,而非男女平等的新道德。

追求"灵肉一致"的理想爱情,是婚恋自由论描绘的通达人生幸福的途径。而在离婚不自由的现实中,趋新男子为实现爱情理想改造妻子,求得"灵"的合一,似乎是退而求其次的好办法,但是这种"人造爱情"的做法遭到了不少人批评。高歌说,郑振埙只是"爱时髦,爱新女子",不顾旧式妻子身处旧环境的现实,命令她不许缠足、搽粉,当她难以达到他的要求时,便认定她对他无爱情,是很肤浅的。② 陈待秋认为,郑振埙对夫人的爱"完全以他夫人'会不会学时髦''会不会趋新'作标准",极想将妻子"变成西洋式的善于表示爱情"的女子,"极想他夫人学时髦,学西洋女子接吻和抱腰,极想她到街上去练习走路,极想她社交,极想她理解爱情,不嫌憎他,极想她透彻的觉悟",含有"玩弄"的意味,是不尊重对方的人格。③ 徐呵梅批评郑振埙以爱情为由要妻子"学时髦""学新"是当女性为"货品",她愤激地表示,这种流于表面的所谓爱情是"男性的偏见","这些夹着偏见的男性,表面上似乎很能替我们姊妹们想法,其实没有一处不是欺侮我们姊妹们,没有一处不是玩弄我们姊妹们的"。④ 三位论者不约而同谴责郑振埙对妻子的改造是不尊重女性,其中潜在

---

① 张厌如:《女子是有情的》,《妇女杂志》1923 年 4 月第 9 卷第 4 号,第 63 页。

② 高歌:《没有重圆的可能》,《妇女杂志》1923 年 4 月第 9 卷第 4 号,第 70 页。

③ 陈待秋:《新旧的冲突》,《妇女杂志》1923 年 4 月第 9 卷第 4 号,第 26—29 页。

④ 徐呵梅:《偏见的男性之偏见——责旷夫先生》,《妇女杂志》1923 年 4 月第 9 卷第 4 号,第48—50 页。

的意思是，郑振埙自诩"新式的人"，实则仍是"旧式的人"。

趋新男子以"新"为名改造旧式妻子是趋新时代的潮流，陈望道1920年曾一针见血地指出，这种做法其实是"男子想支配女子"，与旧道德要求妻子"依附""跟从"丈夫没什么不同。① 对郑文的有关讨论进一步揭示了陈望道点出的问题，趋新男子对旧式妻子的爱情启蒙在此陷入了困境。沈雁冰后来观察到，郑文的批评者无论男女，普遍存在"对于女性的弱点底谅解"，纷纷为郑妻"不肯立即放足，去铅粉，怕见人……等等弱点"进行辩护，同情偏袒女性的现象较重。② 如果让妻子变"新"都成了问题，趋新男子"灵肉一致"的爱情理想又怎么能实现呢？ 问题又回到了该不该离婚，离婚该不该自由上面。

与旧式妻子离婚此前就受人道主义的责难，在对郑振埙逃婚事情的讨论中，类似的批评之声再起。典型者如悫甫，认为与旧式妻子离婚就是宣布弱者死刑，以旧式妻子为"时代的牺牲者"，是不人道的。③ 人道主义对弱者的同情在主张婚恋自由的沈雁冰看来其实是一件"最可喜的事"，因为"这使我们知道在冷酷的、机械的现实社会生活的背面，尚潜留着一股热烘烘的力……使我们亲切地感觉着民族的少壮精神的苏醒，使我们亲切地感着一种普遍的，对于强者的反抗精神"。④ 不过在他看来，以同情弱者的人道主义来反对自由离婚却不见得合理，他两年多前就曾提出过质疑："近来颇有些'超人'式的人道主义者，说男对于女离婚，这女子不知有多少痛苦，这是非人道的，还是不离婚好；说这话的人如果他自己没有别的恋爱罢了，如果他自己也有恋爱，那么，我真不知他那所谓人道主义是否也适于被恋爱的彼女？ 妻受了离婚要痛苦，不知那受恋爱的女子受了失恋，也痛苦否？ 如果他一方不离婚，一方不断绝新生的恋爱，这才是变相的一夫多妻呢！"⑤依沈雁冰所言，如果人道主义消除了妻子离婚的痛苦，那它不可避免要带给另外的女子失恋的痛苦，拯救一方以

① V.D.(陈望道)：《妻的教育》，《觉悟》1920年7月29日。陈望道在《郑振埙底婚姻生活》(载《妇女评论》1923年5月23日第92期)中也对郑的"旧"提出了批评。
② 雁冰：《读〈对于郑振埙君婚姻史的批评〉以后》，《妇女评论》1923年4月25日第89期。
③ 悫甫：《不要向弱者宣布死刑》，《妇女杂志》1923年4月第9卷第4号，第62页。
④ 雁冰：《读〈对于郑振埙君婚姻史的批评〉以后》，《妇女评论》1923年4月25日第89期。
⑤ 冰：《"男女社交"的赞成与反对》，《妇女评论》1921年9月21日第8期。

牺牲另一方为代价，这是道德的两难。有人在读完对郑振埙婚姻史的批评后更是指出，同情弱者的人道主义虽然值得称赞，但把女性摆在了道德弱势的位置，是道德上的"不公平"和对女性变相的"侮辱"。① 而且，更为根本的是，同情女子会助长她们"不谋活力的扩张，只谋消极的保护，结果还是不良的"②。

那么，为了婚恋自由和社会进步，旧式妻子该当如何？莲史女士呼吁女子做出牺牲。她说，虽然对于旧式妻子而言，离婚是一种悲剧，但"忍了苦痛，创造新的环境，使后人不至再受痛苦，这是过渡时代人们所应该做的事"。③ 莲史女士要求女子做出自我牺牲，主动承担过渡时代带来的痛苦，相较于"死了现在的，救了将来的"④，同样是赞同离婚，出自女子之口与出自男子之口似乎就具有完全不同的道德意蕴。女子喊出的自我牺牲也许具有强大的道德力量，郑振埙后来在读了相关评论后说，只有莲史女士"议论何等痛快！目光何等透彻！真真是女子的救星"，真正理解他的做法，因为凭同情、人道不能扶助弱者，"若徒不准恶男子离婚，是何异于养虎为患，引狼入室。能想到这一点而且明白的写出来，只有莲史女士"。⑤

对郑振埙婚姻史的讨论呈现了文化人复杂多元的婚恋观和道德观，以及新旧交织带来的难解的矛盾和冲突。讨论的组织者《妇女杂志》从中把握了婚恋自由的处境。章锡琛等人推崇婚恋自由本是为了改造现实，而讨论反馈来的实际情况却是，大多数文化人基于现实对婚恋自由进行了这样那样程度不一的批评或抵制。或许是觉得讨论再无继续的必要，且担心继续讨论会"致读者生厌"，《妇女杂志》1923 年 5 月在郑振埙婚姻史讨论正酣的时候宣

---

① 觉真：《看了"郑振埙君婚姻史的批评"之后》，《现代妇女》1923 年 6 月第 23 期，第 3 页。周建人后来表达了类似的看法，认为"对于弱者的同情，正足以表示不平等"（高山：《离婚自由与中国女子》，《妇女杂志》1924 年 9 月第 10 卷第 9 号，第 1366 页）。

② 克士：《权利是要自己争来的》，《妇女杂志》1923 年 8 月第 9 卷第 8 号，第 19 页。

③ 莲史：《妇女的非人时代——促普天下男性反省》，《妇女杂志》1923 年 4 月第 9 卷第 4 号，第 45 页。

④ 力子、宋我真：《旧式婚制底反响》，《觉悟》1921 年 2 月 13 日。

⑤ 郑振埙：《离婚与道德问题社会问题及其障碍》，《妇女评论》1923 年 6 月 20 日第 96 期。

布不再刊发有关稿件。① 此后，对郑振埙婚姻史的评论以及对评论的评论都流向了其他报刊。

在郑振埙婚姻史的讨论一年多后，《妇女杂志》1924 年 10 月又做了一个相关联的专题讨论，主题是"尊重女性的男子可否与自己不满意的旧式妻子离婚"。专题讨论刊发了 13 位作者来稿。就来稿对讨论主题进行的申述看，这一专题讨论可理解为"离婚是否尊重女性"。13 人中，许言午、陶俨和、王鉴、景初、秋芳、潘汉年、阎阶平 7 人认为，理论上可说离婚尊重女性，但就情理与现实而言，离婚是不当的。如果离婚，要妥善处理好旧式妻子离婚后的生活。陈淑渊、晓星 2 人认为旧式婚姻是在不尊重妇女的基础上形成的，尊重女性的男子应该和不满意的旧式妻子离婚，如此可以免去她们的"依赖心和怠惰性"，促进她们自立。吴祖光、星、朱英女士、徐湘如 4 人一致认为离婚就是离弃，违反人道，他们有人批评说，与旧式妻子离婚"完全是盲从新学和蔑视女性"，这样的男子"学了点时髦和染了点所谓新思潮的臭味，就嫌弃他的妻子头脑太古董了，就借甚么没有恋爱就不能成夫妇等等新名词为藉口，要和他的妻子离婚，去实行他梦想的自由恋爱的新欲望，一方面还打着尊重女性的旗帜"，实则是"一味借这个名词去实行他们的欺诈、自私和自利的手段，人道全无，不知道把女性的人格侮辱到甚么地步"。② 婚恋自由再遭痛击。

《妇女杂志》通过系列专题讨论，集结了时人对婚恋问题的各种意见。其中，有趋新的，也有守旧的；有赞同婚恋自由的，也有坚决反对的。周建人后来总结说，即使在青年中间，关于婚恋自由的意见也多不齐一，而这些不同的意

---

① 郑振埙曾致信《妇女杂志》说："我想总集各批评者的理由，列为一表（可观察社会的心理），再将各理由加以详细的讨论，赶登第五号，未知贵社以为何如？"《妇女杂志》回复说："我们因为同一问题继续讨论，恐怕致读者生厌，所以不再发表。来稿声明要还的，都立刻寄还，否则亦暂时保存，以待索还，未便遵命奉上。……先生想集合各种批评的文字下一总批评，本属很好，但恐将来往来辩难，没有了期，所以想从此截止了。"（《通讯》，《妇女杂志》1923 年 5 月第 9 卷第 5 号，第 117 页。）

② 讨论会：《尊重女性的男子可否与自己不满意的旧式妻子离婚》，《妇女杂志》1924 年 10 月第 10 卷第 10 号，1582—1595 页。

见表明旧的性道德的影响还很深，尤其对女子。① 为了击溃旧的性道德，《妇女杂志》1924 年 11 月在翌年"新年号"预告中发出了动情的呼吁："旧来奴隶的、束缚的性道德，已经锢蔽了无量数可贵的心灵，吞噬了无量数有为的男女，我们应该在今日给这位大魔王举行悲哀的葬礼，祝他的魂魄永永安闭灵宫，冢中枯骨，不再起为祟于人间。"② 而他们用来埋葬旧的性道德这个"大魔王"的便是宁馨儿"新性道德"。

新性道德及其论争

1925 年 1 月，《妇女杂志》推出了"新性道德"专号，章锡琛、周建人、沈雁冰、沈泽民等人分别撰文，批判旧的性道德，阐发性道德的新主张。他们认为性道德关系人类进化和幸福，而中国旧有的性道德与此相悖，归结起来有三方面弊端急需改正。其一，自古以来，中国的性道德重后嗣、轻进化，"只把继承宗嗣看作子孙的唯一义务，而不问其后嗣的优劣"，与近代遗传学、优生学的"强种、优种"的性道德相悖，"这是大错的"。③ 其二，旧的、流行的性道德大抵"伪善、神秘、因袭、独断、嫉妒、复仇、虚荣"，违背"增进个人及社会的幸福"之道德精神，"多数是绝大的不道德"。④ 其三，旧的性道德最重女子贞操，其精髓在于"以女子为达到男子的目的"，这种道德蔑视女子人格，要女子服务、从属于男子，"在这旧性道德的威力之下，数千年来，两性间不知发生了多少悲剧，不知牺牲了多少女子"。⑤ 旧的性道德已不能满足新时代的需要，科学的性道德标准要符合"世界新潮流"⑥。那么，"新性道德"专号阐发的新性道德究竟是什么呢？

章锡琛在开篇说，道德的原则"在乎增进个人及社会的幸福，而以爱他而

---

① 建人：《性道德之科学的标准》，《妇女杂志》1925 年 1 月第 11 卷第 1 号，第 10 页。该文亦刊于《妇女周报》1925 年 2 月 2 日第 73 期。
② 《新年特号与新性道德》，《妇女杂志》1924 年 11 月第 10 卷第 11 号，扉页。
③ 章锡琛：《新性道德是什么》，《妇女杂志》1925 年 1 月第 11 卷第 1 号，第 7 页。
④ 章锡琛：《新性道德是什么》，《妇女杂志》1925 年 1 月第 11 卷第 1 号，第 4 页。
⑤ 雁冰：《新性道德的唯物史观》，《妇女杂志》1925 年 1 月第 11 卷第 1 号，第 16 页。
⑥ 建人：《性道德之科学的标准》，《妇女杂志》1925 年 1 月第 11 卷第 1 号，第 12 页。

又不妨于利己为最要"，性的道德要符合这一顶层原则，它的戒律是"你不可依了你的性的冲动及性的行为而故意伤害自己及任何人"；从消极的方面看，性的行为"凡是对于社会及个人并无损害的，我们决不能称之为不道德"。新性道德的建设要以此为基础，符合"自由和平等"之"人类的共通的要求"，它的"极则"就在于"能够涵养爱他主义"并"满足社会各人自由平等的要求"。依据这些原则，章锡琛对性的行为的道德与不道德做了一番辨析。在他看来，性欲是"人类天然的欲望"，是道德中性的，成年男女性欲的满足如果是双方自愿且不害及社会，"我们只能当作私人的关系，决不能称之为不道德的"，只要不涉及生育，一切"都应该任其自由"。他批评说："旧来的性道德观，最奇怪的，莫过于规定了性的行为只有在经过结婚形式的男女两性间方可发生。他们对于结婚形式，好像看作具有无上的神通，能够使一切的不道德都变成道德似的。"夫妇形式主义包容强迫的性行为，"强迫不愿同居的男女束缚在夫妇名义的缧绁上，不但使当事人受绝大的痛苦，而且使他们的子女感受恶影响，这实在不能不说是不道德"。章锡琛在此重申了恋爱的自由与离婚的自由，并当作"新性道德的条件"，以及"人类的能否不至于灭亡"之所系。①

周建人引经据典，为章锡琛提供了声援。在他看来，"今日科学的性道德的基础"不外乎："第一，认人的自然的欲求是正当，但这要求的结果须不损害自己和他人。第二，性的行为的结果，是关系于未来民族的，故一方面更须顾到民族的利益。"新性道德的"中心思想"就在于"把两性关系看作极私的事，和生育子女作为极公的事"。以此观之，传统的节烈贞操、视女子为所有物、诋毁私人的恋爱关系等，皆为不道德。②

沈雁冰认为，新性道德的中心任务是"反对片面贞操观和夫妇形式主义"，即以"恋爱神圣"代替贞操观念，用自由离婚打破夫妇形式主义。在他看来，恋爱是人类感情中"势最强烈，质最醇洁，来源最深邃"之情，是"神圣不可侵犯的"，但不是永久不变的，那种"立脚于恋爱始终不变的理想的基础上的

---

① 章锡琛：《新性道德是什么》，《妇女杂志》1925 年 1 月第 11 卷第 1 号，第 2—7 页。
② 建人：《性道德之科学的标准》，《妇女杂志》1925 年 1 月第 11 卷第 1 号，第 10—12 页。

贞操主义，无论是片面的全面的，皆为不合理的，无法贯彻实行的"；当恋爱变迁时，应尊重恋爱主体的自由意志，"为了恋爱的缘故，无论什么皆当牺牲"，或者说"只有为了恋爱而牺牲别的，不能为了别的而牺牲恋爱"，在这个意义上，"恋爱神圣"亦即"恋爱自由"："恋爱应该极端自由，不受任何外界的牵制。""因为恋爱是神圣的"，干涉恋爱自由便是"罪恶"，而尊重这份神圣的解决办法就是自由离婚。"恋爱神圣与离婚自由是新性道德两翼"。①

沈泽民用爱伦凯的婚姻理论重述了与沈雁冰相似的观点，指出爱伦凯改革两性关系的新思想"不过是（一）恋爱自由，（二）自由离婚罢了"，他转述爱伦凯说："恋爱必须绝对自由，就是说，必须完全依从当事人的选择。旁人，无论是社会，无论是家庭，无论是父母，无论是法律，都不当加以一点限制或干涉的。""在婚姻的生活发生不协调的时候呢？应当自由离婚！小孩子的问题不能算做离婚的障碍，对方的不愿意不能做离婚的障碍，法律？习惯？更不能做离婚的障碍了！只要一方要离（男女不论），立即应该离开。"②

章锡琛等人用重叠的叙述不断强化了"恋爱自由"与"自由离婚"，为了辩护新性道德的这一核心主张，表明贞操观和夫妇形式主义的不道德，他们重置了性道德的原则，区分了积极原则和消极原则，前者即"有益于社会和个人"，后者即"无害于他人和社会"。相较于此前恋爱自由与离婚自由的论述，他们在这里的表述凸显了"自由"的绝对性和性道德的消极原则。在"新性道德"专号之前，章锡琛等人多是用积极原则为婚恋自由的正当性辩护，而在专号中，消极原则的使用成为有别于先前的一个特色。章锡琛与周建人在反贞操观与夫妇形式主义时就用消极原则为"不贞操"做了有意思的辩护。章锡琛说：

> 不贞操的所以成为不道德只以一个人因了性的行为而加害于他人的为限。已婚的夫妇，一方有不贞操时，只须承认他方有离婚的权利便好，至于不贞操者的行为，对于彼方并没有何等损害，所以不该因此而

---

① 雁冰：《新性道德的唯物史观》，《妇女杂志》1925年1月第11卷第1号，第17—18页。
② 沈泽民：《爱伦凯的〈恋爱与道德〉》，《妇女杂志》1925年1月第11卷第1号，第29页。

受刑罚。甚至如果经过两配偶者的许可，有了一种带着一夫二妻或二夫一妻的不贞操形式，只要不损害于社会及其他个人，也不能认为不道德的。①

周建人同样认为："客观的道德判断存有一个意识的标准，这标准便是不蔑视和加害他人是道德的"，"至于说同时不妨恋爱二人以上的见解，以为只要是本人自己的意志如此而不损害他人时，决不发生道德问题的（女子恋爱多人也是如此）。"②对比章、周二人此前有关贞操的说法，尤其是章锡琛"一对一"的恋爱贞操说，他们这里的表述无疑是往前大大跨了一步，已颇有"自由恋爱"的意味。

新性道德者强调恋爱与离婚要绝对自由，要求破除一切贞操且允许同时恋爱多人，这些说法或太过激进，招来了麻烦。专号推出后，他们感觉到自己被道德家围攻：

> 恋爱应当绝对自由的话，在别国已经说得太多而且太久了，读者似乎并不为奇，而一出于本国人之口，便大家都来大惊小怪。即如我们这一次说了几句极平常的话，《晶报》就最早，说我们教坏青年，《青光》其次说女子可以多夫，"此可忍，孰不可忍？"最后，乃见陈百年先生在《现代评论》上提出抗议，说我们给"一夫多妻作新护符"，别的老先生们则说我们是提倡自由恋爱。于是我们为一大伙道德家所包围。③

而在众多批评中，最受关注的是北京大学哲学系教授陈百年的一份来自新文化阵营内的"抗议"。

陈百年认为，新性道德者的言论"不免有为那些不贞操的人开脱，尤其对那些有三妻四妾的陈腐老先生和纵欲娶妾的志士留学生们"，虽然新性道德者主张"一夫多妻和一妻多夫同样不背道德，但现在中国社会上只有一夫多妻的事实，没有一妻多夫的事实，所以这些新见解只能做一夫多妻的新护符"。在改革家庭、打破一夫多妻旧俗之际，"今以改革自任的新性道德家竟

---

① 章锡琛：《新性道德是什么》，《妇女杂志》1925 年 1 月第 11 卷第 1 号，第 6 页。
② 建人：《性道德之科学的标准》，《妇女杂志》1925 年 1 月第 11 卷第 1 号，第 10 页。
③ 周建人：《答〈一夫多妻的新护符〉》，《莽原》1925 年 5 月 15 日第 4 期，第 32 页。

有许可一夫多妻的言论,竟挺身出来作一夫多妻的新护符",他不得不站出来提出"抗议"。在陈百年看来,只有严格的一夫一妻制才是道德的,一夫多妻容易导致纵欲,"足以危及自身,足以贻害社会"。另外,爱情是"带有专有欲的",多妻之间,两男恋一女或两女恋一男,不免嫉妒相争,"演出种种悲惨残酷的事情",影响所及"足以扰乱社会的安宁秩序"。因此陈百年断言,新性道德家的言论并不符合他们自己主张的"增进个人及社会的幸福"的道德精神。①

新性道德本来是为反旧制度而生,现在竟被指责为旧制度的护符,故陈百年的抗议一出便立刻引起了章锡琛和周建人的重视,他们随即各自写就答文寄至《现代评论》进行申辩,从而开启了一场你来我往的笔仗。章、周的答文在《现代评论》搁置了两个月,直到陈百年写好回应后才随之一并刊出,而且还是被删节后登在刊尾的"通讯"栏。他们的全文几天后刊于鲁迅主编的《莽原》。针对陈百年的抗议,章、周从多妻问题、纵欲问题、专有欲和嫉妒问题等方面为新性道德一一做了抗辩,而陈百年在《现代评论》同期刊出的回应则重申了之前的观点。稍后,章、周又针对陈的回应各写了一篇较长的答文,再发在《莽原》。② 章、周前后两次对陈百年的抗辩本身其实就是新性道德理念一种有针对性的再表达。

章锡琛认为陈百年的抗议存在严重错位,不是考察新性道德主张本身的是非,而主要考察了它可能引发的流弊。针对陈说新性道德可以被多妻者拉去作为护符,章反驳说,多妻者的行为有还受法律保障的蓄妾制的保护,根本不需向新性道德求护符;恰恰相反,如果他们拿着这个护符,"一旦他们的妻妾们有了面首,他们反不便说话,所以他们对于这种主张,正在攻击之不暇";退一步说,即便新性道德确实存在为多妻制做护符的可能,也不能因此中止新性道德主张自由的议论,正如"罗兰夫人的'自由自由,许多罪恶假汝之名以

① 百年：《一夫多妻的新护符》，《现代评论》1925 年 3 月 14 日第 1 卷第 14 期，第 7—8 页。
② 关于章周二人的文章被《现代评论》耽搁、删节以及鲁迅的出手相助等前前后后的是非曲直、来龙去脉参见许慧琦：《1920 年代的恋爱与新性道德论述——从章锡琛参与的三次论战谈起》，《近代中国妇女史研究》2008 年第 16 期，第 46—47 页。

行'久已成为世界的名言,而世界学者主张自由的议论都不曾因而中止"。①
此外,新性道德认可的一夫多妻附有种种条件,需同时具备三个要素,即男女
平等、配偶者许可、不损害社会及其他个人,而陈百年攻击的一夫多妻不在此
列。② 周建人也抗辩说,新性道德主张恋爱自由和男女平等,陈百年说的多妻
与此无关,所谓"同时恋爱两人以上时,只要他们自己没有什么问题,旁人用
不着去干涉"这句话根本不是为多妻辩护,恰恰"认多妻制度为不道德者,因
为违反恋爱和平等的原则"。新性道德家是鉴于西方"严格一夫一妇主义的
道德已发生破绽",才认为新性道德"要这样广大宽容",要以恋爱自由为基础
建立婚姻,当"青年能够了解恋爱和知道尊重他人的人格和自由,他就不愿意
去纳妾或宿娼,旧道德所容许的恶就会得不愿犯了",多妻制也因此自然消
亡。而"严守一夫一妻道德"实无必要,"因为恋爱如袭来,即使道德的人也会
受窘的,这句英国的格里康曾说过,所以道德太严格,结果徒将人陷于不道德
之下罢了"。因此,像陈百年一样认为"超一男一女以上的恋爱关系"为不道
德,不免"是一种压迫"。③ 章、周二人对多妻问题的辩析突出了新性道德消极
原则的"宽容",而"宽容"本身就是对严格一夫一妻主义的反拨,为"自由"的
权利争创地盘。

关于纵欲问题,章锡琛反驳说,多妻不等同纵欲,从中国多妻制的实行情
况来看,与其说多妻制的主因是满足男子淫欲,不如说是男子要获得威严、权
力、财富的欲望所致。④ 而一妻者乃至无妻者中"也很有纵欲的",如果只因有
纵欲的机会便判"一切的多妻"是不道德而加以禁止,那么一妻者乃至无妻者
便也是不道德的,就也该禁止。⑤ 周建人同样认为一夫一妻或者一夫多妻与

① 章锡琛:《驳陈百年教授〈一夫多妻的新护符〉》,《莽原》1925 年 5 月 15 日第 4 期,第 32 页;
《新性道德与多妻——答陈百年先生》,《现代评论》1925 年 5 月 9 日第 1 卷第 22 期,第
16 页。

② 章锡琛:《与陈百年教授谈梦》,《莽原》1925 年 6 月 5 日第 7 期,第 60—62 页。

③ 周建人:《恋爱自由与一夫多妻》,《现代评论》1925 年 5 月 9 日第 1 卷第 22 期,第 18 页。

④ 章锡琛:《新性道德与多妻——答陈百年先生》,《现代评论》1925 年 5 月 9 日第 1 卷第 22
期,第 16—17 页;《驳陈百年教授〈一夫多妻的新护符〉》,《莽原》1925 年 5 月 15 日第 4 期,
第 36 页。

⑤ 章锡琛:《与陈百年教授谈梦》,《莽原》1925 年 6 月 5 日第 7 期,第 62 页。

纵欲没有任何关联，"习惯的多妻，乃是社会的原因，而非性生理的原因"，历史上有依据阶级的高下而定妻妾多寡的情形，并未有因性欲强弱而定的情况，"倘说纵欲是其原因，则实无社会阶级高者性欲必盛之理；倘说因多妻而可以纵欲，则事实又告诉我们，纵欲并不限于多妻。"①在章、周看来，用严格一夫一妻制来约束纵欲并不是好办法，"现在实行一夫一妻制的欧美社会，倍倍尔却说在实行乱交"，惟有真正理解并践行恋爱自由的新性道德理念，"提高一般人的恋爱的观念，扶植一般人的恋爱的素养，而把一切外面的束缚和迫压除去"，让男女间的关系变得"光明磊落"，不再有法律掩盖的"虚伪和黑暗"，"则从这爱情的基础所筑成的两性关系，常常是一夫一妻的，绝少会有一夫多妻，一妻多夫，乃至多夫多妻的那种例外的形式"，也就不会有纵欲的问题。②

关于专有欲和嫉妒问题，章锡琛辩称，爱情具有"专一性"，但"专一性"不是"专有欲"；爱情的专一性是从人格出发的，而专有欲是把对手作为自己的专有物出发，"从专有欲出发的爱情，便是把对手看作自己的专有物，早已不承认对手的有所谓人格了"，因此"带有专有欲的决不是爱情"。而嫉妒完全是由专有欲衍生的，决没有爱情的成分在内。真正的恋爱是身心的交合，带有专一性，但不会将对方视为专有物而心生嫉妒。③ 针对陈百年在回应中批"带有专有欲的决不是爱情"的所指不清，章再次辨析说："爱情与专有欲，乃是性质完全不同的两种东西，专有欲是从财产观念上发生的，而爱情则从人格观念上发生的。正如金与铜的完全是两种金属一样。但是一般事实上，也许有人用铜来混充金的，也许有人误金为铜的，至于把铜钱搀杂在金的里面而制成货币或货物，更是一般的事实。"章锡琛批评陈百年混淆了恋爱与恋爱的搀杂物，在对专有欲的辨析中再次表达了恋爱自由的理念：专有欲是恋爱的"仇敌"，恋爱"凡无害于社会及其他个人的，一切都任其自由"。④

---

① 周建人：《答〈一夫多妻的新护符〉》，《莽原》1925 年 5 月 15 日第 4 期，第 30—31 页。
② 章锡琛：《新性道德与多妻——答陈百年先生》，《现代评论》1925 年 5 月 9 日第 1 卷第 22 期，第 16 页；《驳陈百年教授〈一夫多妻的新护符〉》，《莽原》1925 年 5 月 15 日第 4 期，第 37 页；《与陈百年教授谈梦》，《莽原》1925 年 6 月 5 日第 7 期，第 64 页。
③ 章锡琛：《驳陈百年教授〈一夫多妻的新护符〉》，《莽原》1925 年 5 月 15 日第 4 期，第 35 页。
④ 锡琛：《与陈百年教授谈梦》，《莽原》1925 年 6 月 5 日第 7 期，第 60—62 页。

　　从章周与陈百年往返论辩的内容看，围绕多妻一妻、纵欲、专有欲和嫉妒这几个相互牵连关键词，他们的争论透露出来同时也是双方关注的核心问题是：性道德应当如何？以及相关联的，怎样理解和对待恋爱？陈百年认为，恋爱包含肉欲，带有专有欲，嫉妒是因爱情被他人"攘夺"而滋生的一种"感情"①，为了防止情欲泛滥和嫉妒相生带来的破坏，需要严格的一夫一妻制及相应的道德约束。章周当然不否认恋爱包含肉欲，但同时也认为恋爱是人格和自由意志的合抱，是灵肉一致和道德自律的，不需要外在制度和附加道德的约束。② 相反，为了恋爱的自由，需要变束缚的或严格的性道德为"宽容"的性道德。可以说，道德"宽容"还是道德"严格"的问题是章周与陈百年之间的根本分歧之所在。③

　　新性道德家主张道德宽容，而宽容的结果是，他们此前谈论的恋爱贞操（一对一的相互的责任）被空心化（允许多对一），恋爱只要无害社会和他人"一切任其自由"（章锡琛），或者"为了恋爱，一切皆可牺牲"（沈雁冰），这无疑是在为恋爱及其相应的权利主张伸张不受外在约束的活动空间。爱伦凯认

---

① 百年：《答章周二先生论一夫多妻》，《现代评论》1925 年 5 月 9 日第 1 卷第 22 期，第 9 页。

② 新性道德论战结束后，章锡琛将参与讨论的相关文章集结成册，由妇女问题研究会于 1925 年 10 月出版，在 1925 年 7 月 10 日为该书写的序中，他谈了写《新性道德是什么》一文时的一些想法，认为恋爱的贞操（即专一性）是一种美德，而"美德全靠自律的，不该受法律舆论的强制"（章锡琛编：《增补新性道德讨论集》(三版)，上海开明书店 1929 年版，第 9 页)，这与他先前的看法（恋情一旦产生，恋爱双方必须结婚且在恋爱破裂前不能和第三者恋爱）已大不一样，而与爱伦凯的思想基本对接了起来。

③ 许慧琦分析了陈百年与章锡琛之间的论战，认为二者"立场的主要差异"在于，"前者主张以法律及道德来节制人欲，而后者却深信以恋爱做为基础的贞操美德，自然能调节人欲"，而且这场论战"已透露出章锡琛以相互尊重的恋爱贞操做为新性道德核心的思想"（许慧琦：《1920 年代的恋爱与新性道德论述——从章锡琛参与的三次论战谈起》，《近代中国妇女史研究》2008 年第 16 期，第 79 页）。毋庸置疑，章锡琛与陈百年在如何调节人欲方面的见解有差异，但许的观点容易让人误以为新性道德主要是在谈"如何节制人欲"。章锡琛及其同人推出专号，阐发新性道德，其实并不是要讨论"如何节制人欲"，而是如何让恋爱（包括离婚）获得自由。"节制人欲"的话题是由论辩的针对性附带而来的。与此相应，说用来节制人欲的恋爱贞操是新性道德的核心思想就有问题。另外，"相互尊重"并不仅仅是章锡琛恋爱贞操独有的特质，性道德立场与章判然有别的陈百年大概也认同恋爱的双方要相互尊重，以此作为新性道德的标签没有辨识度，不足以区分章陈之间的差别，也是有问题的。

为道德要与"权利观念相调和"①,如果说推崇爱伦凯的新性道德家此前对她这一观点尚有所忽视,那么他们这里的新性道德论述便很好地表现了这一点。在性道德重建中,责任或义务被淡化,权利成为核心。② 章锡琛等人变严格的道德为宽容的道德,其实是给人格、平等、自由的权利主张腾出地盘,用道德重建来使权利合法化。这一点使得他们反旧道德的新性道德论述,与胡适等新文化代表以及他们自己此前义务本位的新贞操论述有了重要区分。这里颇具悖论或反讽意味的是,新性道德"给旧道德一个极大的革命"③,然而它主张的"不蔑视和加害他人"的道德消极原则,却是旧道德意义上的,与传统"己所不欲,勿施于人"道德金律意蕴相通。

新性道德的论战因陈百年的退出而偃旗息鼓。陈百年的退出与章锡琛的论辩方式有一定关系。章认为,陈之所以误将新性道德视作一夫多妻的新护符,就在于他不熟悉现代进步的两性道德理论:"倘使陈教授对于现代进步的思想家及两性道德问题研究者的著作——如罗素的《社会改造原理》《到自由之路》,加本特的《爱的成年》,爱理斯的《性的心理研究》,福莱尔的《性的问题》,格里康的《多妻制下的妇女》等——曾经有点涉猎过,或者不曾向我们提出这种抗议,因为我们的意见可说全是从他们那里'抄袭'而来,陈教授如有抗议,早就该向他们提出的。"④章这番用"西方"来证明自己正确且有些呛人的言论刺痛了陈百年,后者在投给《莽原》表示不再继续辩论的信中说:"章先生大作中屡屡称我为最高学府的名教授,我读了,真禁不住汗流浃背。章先生

---

① [瑞典]爱伦凯:《恋爱与道德——爱伦凯的伟大论文之一》,《民铎杂志》1924 年 3 月第 5 卷第 1 号,第 19 页。

② 《妇女杂志》1924 年 7 月曾刊发了署名"颜筠"的"贞操观革命",其中提出要革掉"义务说的贞操观"的命,建设两性平等、人格独立、恋爱自由的"权利说的贞操观"。作者在谈"权利说的贞操观"时说,"由恋爱发生的男女关系,是有贞操的夫妇;不是由恋爱结合的夫妇,是无贞操的男女关系"(颜筠:《贞操观革命的呼声》,《妇女杂志》1924 年 7 月第 10 卷第 7 号,第 1079 页),以有无恋爱来判定夫妇有无贞操和该不该离婚,这实际上是对爱伦凯"以恋爱之有无来判定婚姻道德与否"之标准的一种改写,"权利说的贞操观"因此也可以称为"权利说的道德观",它的推出似乎表明,章锡琛等人已经有了要把"权利"注入道德,并立基于"权利"而非"义务"来重建性道德的意向。

③ 乔峰:《现代性道德的倾向》,《妇女杂志》1925 年 1 月第 11 卷第 1 号,第 25 页。

④ 章锡琛:《驳陈百年教授〈一夫多妻的新护符〉》,《莽原》1925 年 5 月 15 日第 4 期,第 32 页。

的这样称呼我,在章先生当然是善意的,无非藉以表示我的职业,甚或略寓推崇之意;不过在我被称呼者的直觉上,仿佛那称呼充满了冷酷的讥笑。因为在我的眼面前,恍恍惚惚现出了一幅滑稽的对照图——最高学府的名教授,一点没有涉猎过罗素等的著作。"①陈百年单独点出罗素,大概是有寓意的。已婚的罗素1920年8月偕女友到中国讲学,被当作践行新性道德的先锋为"志士留学生们"追慕。陈百年不齿这种婚外行径,点出罗素似在向新性道德家表另一种"抗议"。

新文化人之间的新性道德论战短暂而激烈。当时有评论认为,这一论战表现了理想与现实之间的冲突,陈百年的"抗议"立足于"现代制度下的婚姻",是现实主义的,而章、周的恋爱自由论则带有超越现实的理想情怀,像在做"游天国的大梦"。② 其实,在现实与理想的往返观照中,章锡琛本人对自己的梦想与现实之间的距离有清醒的认识。在与陈百年的辩论中,他说自己做着"与现实世界的情形,不知隔离了多远"的梦,"这些梦话"被一般人误解不说,甚至不少新派好友也认为"似乎太偏激了"。不过在他看来,为了改变"虚伪和黑暗"的现实,这样的梦总该做一场。③ 当然,如果理想离现实过远,就难免被指责为"趋新慕欧化的人们的主观要求"④。

《妇女杂志》"新性道德"专号推出不久,同门兄弟刊物《东方杂志》曾为其宣传造势:"性道德是人类一切道德的基本;现代的人类所以不脱半野蛮的状态,就是因为性道德不曾根本的革新的缘故。《妇女杂志》对于这方面曾尽

---

① 陈百年:《给周章二先生的一封短信》,《莽原》1925年5月29日第6期,第56页。陈百年在该信中还提到:章锡琛批评"'中国人往往有一种……下流脾气,就是喜欢崇拜博士、教授",让他觉得"以他对于我们一下了批评,就好像立刻宣告了我们的死罪一般",也因此经受了"从各方面袭来的种种间接直接的指斥,攻击,迫害","不免要毛骨悚然"。

② 君萍:《新性道德与一夫多妻》,《京报·妇女周刊》1925年6月第26号,第206页。新性道德论战开始后,顾均正、许言午站在新性道德家的立场分别对论战的双方做了评论,部分见解与章、周相似。参见顾均正:《读〈一夫多妻的新护符〉》,《妇女周报》1925年3月22日第78期;许言午:《新性道德的讨论——读陈伯年先生的〈一夫多妻的新护符〉的感想》,《京报副刊》1925年4月5日左右第120期,第120页。

③ 锡琛:《与陈百年教授谈梦》,《莽原》1925年6月5日第7期,第59页;章锡琛:《新性道德与多妻——答陈百年先生》,《现代评论》1925年5月9日第1卷第22期,第15页。

④ 雁冰:《新性道德的唯物史观》,《妇女杂志》1925年1月第11卷第1号,第15页。

过多年的力量,现在特地在新年的第一月出这一个专号,对于旧来的性道德抛下一枚猛烈的炸弹来扩清一切,这是何等的胆量!"①可惜《妇女杂志》抛出这枚经多年酝酿而成的炸弹,不仅炸伤了敌人,也炸伤了自己。新性道德论战结束后,章锡琛离开了《妇女杂志》,另起炉灶创办了一份新刊物《新女性》,继续宣扬恋爱自由与新性道德理念。在办理《新女性》期间,他遭遇了思想前卫的无政府主义者的新挑战。有意思的是,主张性解放的无政府主义者指责章锡琛等人宣扬"灵肉一致"的恋爱论是在"以灵害肉",限制了性的自由,是"一夫一妻制的新护符"。② 这一责难与先前陈百年"一夫多妻"的抗议适相反对,耐人寻味。

无政府主义者与陈百年对新性道德背反式的前后夹击,大概是新性道德在当时无法避免的一种尴尬,因为:新性道德处于性道德的无政府主义与性道德的严格主义(按周建人的说法,陈百年是性道德的严格主义)之间的中间地带,相对于性道德极度宽容的无政府主义,主张道德宽容(或说消极原则,即无害于他人和社会或不蔑视和加害他人是道德的)的新性道德其实是道德严格的,相对于性道德的严格主义,它又是道德宽容的;在前者眼中,它限制了人的自然欲求,因而是不合理的,在后者看来,它容许不道德的行为发生,也是不合理的。

道德宽容是新性道德家的权利与道德的调和器,在《妇女杂志》"新性道德"专号中以消极原则之形式表述,并通过新性道德论战得以凸显。新性道德家对道德宽容的使用与他们对恋爱的理解所发生的关键变化(即他们后来从道德自律来理解恋爱,不再像先前那样用外在约束如结婚来维护恋爱的专

---

① 《民国十四年的妇女杂志》,《东方杂志》1925 年 2 月第 22 卷第 2 号,第 807—808 页。

② 谦弟:《恋爱贞操新论》,《新女性》1927 年 5 月第 2 卷第 5 号,第 525—531 页;谦弟:《非恋爱与恋爱》,《新女性》1928 年 5 月第 3 卷第 5 号,第 501—525 页;剑波:《非恋爱与恋爱贞操》,《新女性》1927 年 8 月第 2 卷第 8 号,第 835—847 页;剑波:《性爱与友谊》,《新女性》1928 年 7 月第 3 卷第 7 号,第 733—741 页;毛一波:《再论性爱与友谊》,《新女性》1928 年 11 月第 3 卷第 11 号,第 1248—1258 页。关于无政府主义者谦弟、剑波、毛一波等人对恋爱论的批评以及章锡琛等人的回应的详细论述参见许慧琦:《1920 年代的恋爱与新性道德论述——从章锡琛参与的三次论战谈起》,《近代中国妇女史研究》2008 年第 16 期,第 60—77 页。

一性或贞操)相关联,而道德宽容也是新性道德这枚炸弹的"猛烈"之所在。从根本上说,新性道德的生成就是一个道德宽容的酝酿过程,或者说是一个婚恋自由的权利主张与性道德相博弈而实现彼此调和的过程。在这一过程中,传统中国的性道德始终是被否定的对立面。不过需要指出的是,传统中国的性道德具有两面性,即对女子严格,对男子则相对宽容,新性道德在某种意义上其实是用男女平等原则扩展了传统性道德相对宽容的那一面,就此而言,新性道德与其所反对的传统性道德,也并非截然对立。

新性道德主张饱含理想情怀,其主要代表人物章锡琛将恋爱自由和性道德重建作为变革社会的抓手,以为这一点解决好了,妇女问题就会解决,其他社会问题也都相应会解决。不过,对于他这种用精神运动和道德变革来代替社会变革的想法,其他提倡新性道德者其实也不全是认同。周建人就认为,如果女子"经济独立""地位改善"问题不解决,离婚自由就实现不了。① 沈泽民虽然推崇爱伦凯,但同时也认为她是一个"精神主义者",批评她的学说缺乏对"经济制度"的分析和批判,以恋爱理想促道德进化来改良社会,犯有"唯心论者的倒因为果"之通病。② 沈泽民对爱伦凯的批评大概也适合于章锡琛。其实,章锡琛后来也意识到,恋爱自由并非解决妇女问题的优先办法,他1929年12月在为《新女性》写的《废刊词》中说:"妇女问题的解决,不得不与社会问题的解决同时,这在今日已成为自明的真理。用了浮泛的空谈来讨论解决的方法,在阅读的人固然觉得味同嚼蜡,一毫不能感到兴味,在发论的人也自觉赧然不能下笔。"③随着社会变革日益转向"唯物",轰轰烈烈的新性道德讨论也就此淡出了历史舞台。

---

① 高山:《离婚自由与中国女子》,《妇女杂志》1924年9月第10卷第9号,第1366页。
② 沈泽民:《爱伦凯的〈恋爱与道德〉》,《妇女杂志》1925年1月第11卷第1号,第41—43页。
③ 《废刊词》,《新女性》1929年12月第4卷第12号,第1500—1501页。

结　　语

　　本书对性别观念在近代中国的演变进行了梳理和分析,关注的主要问题是以"男女有别"和"男尊女卑"为核心的儒家性别伦理是为何以及如何解体的。儒家性别伦理涵括男女交往准则、夫妻关系准则和女子生活规范,是儒家政教不可分割的组成部分。在漫长的运转中,这一观念体系虽然对男女社会生活的介入有这样那样的波动和调整,但核心准则始终坚如磐石。最初的松动出现在晚清,外来传教士基于西方的文明标准和男女平等理念对儒家性别观念发起了总体性批判,这种带有文明征服意味的批判带来了真正的挑战,动摇了以"男女有别"界分文野的儒家信念,而在中西双向交流中,儒家士子对西方的看法也出现了分裂。中西文野易位、西强中弱的现实压力和日益加重的民族危机促使越来越多的中国人开始反躬自省,对儒家性别观念的适用性提出质疑。自我批判与自我辩护此起彼伏,变与不变反复权衡,在持久的论争中,随着儒家政教体系崩溃,儒家性别伦理也在调适中逐渐走向了解体。

　　这是一个性别现代性的故事,如前面各章所揭,其中涉及了女子习俗与男女性别关系、平等与自由、权利与道德、文明进步与国族进化等大大小小的诸多议题,包含了近代中国人相互冲突且常常前后矛盾的种种关切。在中国社会的总体风气从尚"文"到尚"力"的转向中,改革派出于国家富强的国族主义需要发出了变革制约女子生产力的习俗和性别关系的动议,守旧者认为这是学外洋风俗,并基于文化上的国族主义进行抵制,如御史文悌批评维新党人说,"全变西法"是欲"使中国之人默化潜移,尽为西洋之人也","尊侠力,伸民权,兴党会,改制度,甚则欲去跪拜之礼仪,废满汉之文字,平君臣之尊卑,改男女之外内,直似只须中国一变而为外洋政教风俗,即可立致富强,而不知其势小则群起斗争,召乱无已,大则各便私利,卖国何难"。① 在性别观念变与不变的缠斗中,"新"与"旧"犬牙交错,变动不居:先前的女权主张者有转而维护旧有的女德,而后来的女德维护者也非一仍其旧,而是旧中有新,"非曩时视欧美为夷狄、斥新学为异端者,所可同日语"②;"男女平等"新观念既可以用来批判"男女有别"的旧伦理,也可以为"男子生产于外,女子消费于内"辩护,既可以理解为"升同男子",也可以理解为"退与女平",既可以用来批判旧贞操,也可以导向"褒扬节夫",既可以用来抑制情欲,也可以用来放纵情欲;"女学"作为一个意义分裂而流动的概念,既被视为推动女权、变革性别伦理的引擎,也被视为重树礼法、光复女德的依托;等等。甚至在新文化反传统的性别伦理革命中,新的性道德与被其意欲埋葬的旧的性道德也远非泾渭分明。

性别观念的这一现代性变迁是中西、新旧各种因素交织而成,包含错综复杂的矛盾和多歧发散的意义。从清季女权运动到五四新文化运动,改革派基于变革的立场将这一观念的变迁解释为对女子的解放,后来的历史学家大多循此,视其为中国女子接受启蒙走向光明的涅槃重生之途。其实,"解放"和"启蒙"作为现代性的修辞,远非现代性的全部,性别的现代性因其关怀的矛盾性和意义的发散性,也不能简化为妇女解放的线性故事。

近代中国人的自我批判,特别是五四新文化运动对中国传统的攻击,将"男女有别"的儒家观念从主流意识形态踢出,完成了性别观念的转换。本书以这一转换的完成作为终结,并不意味"男女有别"的儒家观念在后来的历史中不再起作用。历史是复线而非单线的,"人类过去各方面经验,不论损益,都可能继续存于现今之中"③,就此而言,闺门退隐而不退场,它的故事在本书的叙述告终之后仍在继续。比如,五四时期掀起的妇女解放运动在分化之后,

---

① 朱寿朋编:《光绪朝东华录》第 4 册,光绪二十四年(1898)五月壬申,(总)第 4118 页。
② 伧父(杜亚泉):《再论新旧思想之冲突》,《东方杂志》1916 年 4 月第 13 卷第 4 号,第 4 页。
③ Benjamin Schwartz, "History and Culture in the Thought of Joseph Levenson," Maurice Meisner and Rhoads Murphey(eds.), *The Mozartian Historian: Essays on the Works of Joseph R. Levenson*, Berkeley: University of California Press, 1976, pp.108-109.

受"物质主义"①的驱使,逐渐汇聚到了女子经济独立和男女职业问题,在后五四时期,从"第三阶级"的中上流社会转向了"第四阶级"的劳动妇女,寻求全体女子和全人类的彻底解放。在这一过程中,女子男性化问题日渐凸显,人们反思,妇女解放运动"不但没有解放女子",反"妨害了女子的健康,并且把女子弄得不男不女,把社会生活也闹得不伦不类"②。在对"男化运动"的反思中,先前被驱逐的"男女有别"也重新进入了人们的视域。这是性别现代性的悖论。

庄子讲过一则寓言:"南海之帝为儵,北海之帝为忽,中央之帝为浑沌。儵与忽时相与遇于浑沌之地,浑沌待之甚善。儵与忽谋报浑沌之德,曰:'人皆有七窍以视听食息,此独无有,尝试凿之。'日凿一窍,七日而浑沌死。"③庄子的这则寓言像是解放与启蒙的现代性隐喻,提示今天的人可以继续有意义地探索"闺门"的故事。

---

① 杜亚泉在五四前就意识到了"物质主义"问题,他认为,"个人独立,女权扩张"等所谓"新风习"是"物质主义"的泛滥,而"物质主义"根源在达尔文、斯宾塞等的进化论思想,主张"精神救国"的他对此提出了批评(伧父:《论社会变动之趋势与吾人处世之方针》,《东方杂志》1913年4月第9卷第10号,第3页;伧父:《精神救国论》,《东方杂志》1913年7月第10卷第1号,第2页)。五四时期,唯物主义者提出道德与精神要适应物质(李大钊:《物质变动与道德变动》,《新潮》1919年12月第2卷第2号,第207—224页),此后,重物质的趋向更加显著。

② 刘王立明:《中国妇女运动》,第65—66页。

③ 孙通海译注:《庄子》,中华书局2007年版,第158页。

参考文献

一、古籍

班固等著,陈立疏证:《白虎通疏证》,吴则虞点校,中华书局1994年版。

车若水:《脚气集》,文渊阁《四库全书》影印本,第865册,台北商务印书馆1982年版。

董仲舒著,凌曙注:《春秋繁露》,中华书局1975年版。

董仲舒著,钟肇鹏校释:《春秋繁露校释》,校补本,河北人民出版社2005年版。

何晏注,邢昺疏:《论语注疏》,北京大学出版社2000年版。

刘向:《列女传》,刘晓东校点,辽宁教育出版社1998年版。

毛亨传,郑玄笺,孔颖达疏:《毛诗正义》,龚抗云、李传书等整理,刘家和审定,北京大学出版社2000年版。

司马光:《家范》,文渊阁《四库全书》影印本,第696册,台北商务印书馆1982年版。

王弼注,孔颖达疏:《周易正义》,卢光明、李申整理,吕绍纲审定,北京大学出版社2000年版。

徐元诰:《国语集解》,王树民、沈云长点校,中华书局2002年版。

赵岐注,孙奭疏:《孟子注疏》,北京大学出版社2000年版。

郑玄注,孔颖达疏:《礼记正义》,龚抗云整理,王文锦审定,北京大学出版社2000年版。

《庄子》,孙通海译注,中华书局2007年版。

朱熹、吕祖谦纂:《近思录集释》,张京华辑校,岳麓书社2010年版。

二、清代档案

表,宣统三年十月十四日,珲春女子初等小学堂,"珲春女子初等小学堂宣统三年第一学期课程表简章",档号:J033-02-0493,中国第一历史档案馆藏。

简章,宣统二年五月二十二日,榆树县官立女子初等小学堂,"榆树县官立女子初等小学堂简章",档号:J033-03-0460,中国第一历史档案馆藏。

简章,宣统三年,吉林公立女子小学堂,"吉林公立女子小学堂简章",档号:J033-02-0720,中国第一历史档案馆藏。

录副奏折,光绪三十二年五月十一日,掌浙江道监察御史王步瀛,"奏为复设女子学堂之光请饬学部预杜女学流弊以维风化事",档号:03-5460-082,中国第一历史档案馆藏。

录副奏折，光绪三十三年，张瑞荫，"奏为女子知书设立学校固贵开通而弊端宜予杜故奏定女学章程事关风俗事"，档号：03-5577-112，中国第一历史档案馆藏。

录副奏折，光绪三十一年九月十一日，署理贵州巡抚林绍年，"奏为拟恳振兴女学敬陈管见事"，档号：03-7215-021，中国第一历史档案馆藏。

录副奏折，光绪三十一年三月二十日，出使法国大臣孙宝琦，"奏请特开女学一科事"，档号：03-7214-043，中国第一历史档案馆藏。

录副奏折，同治五年二月初十日，陕西道监察御史林式恭，"奏为广东等省民间溺女积习未除请饬各省督抚严行查禁事"，档号：03-5079-002，中国第一历史档案馆藏。

详文，宣统三年十一月初四日，延吉府知府，"为报送帽山前头道沟初等女子小学堂教员年籍履历表及规则事给吉林提学司详文"，档号：J033-03-0458，中国第一历史档案馆藏。

详文，宣统元年五月十九日，长春府知府，"为创办女子小学堂并章程事给吉林巡抚详文"，档号：J011-35-6489，中国第一历史档案馆藏。

章程，光绪三十三年七月二十七日，吉林女子初等小学堂，"吉林女子初等小学堂章程"，档号：J001-33-4832，中国第一历史档案馆藏。

朱批奏折，乾隆八年十一月十一日，署理福建巡抚周学健，"奏为汀州有溺女婴之恶习请设育婴堂以补溺女之危事"，档号：04-01-01-0091-003，中国第一历史档案馆藏。

朱批奏折，乾隆五十七年十月二十日，江西巡抚陈淮，"奏为奉谕复陈查办江西婢女掯留不嫁及溺女恶习事"，档号：04-01-01-0444-047，中国第一历史档案馆藏。

三、清、民国时期报刊文章、著作（包括当时西人著述以及今人编辑的时人史料汇编、文集等）

［英］艾约瑟：《泰西妇女备考》，《益智新录》第 2 年第 5 卷，1877 年 10 月。

［瑞典］爱伦凯：《妇人道德》，董香白译，《妇女杂志》第 8 卷第 7 号，1922 年 7 月。

［瑞典］爱伦凯：《恋爱与道德——爱伦凯的伟大论文之一》，任白涛译，《民铎》第 5 卷第 1 号，1924 年 3 月。

［瑞典］爱伦凯：《恋爱与结婚》，朱舜琴译，社会改进社 1923 年版。

《安徽女界保存路矿会启》，《神州日报》1907 年 12 月 17 日。

《安徽女界保路会订定会章》，《广益丛报》第 162 期，1908 年 3 月 12 日。

安如：《论女界之前途》，《女子世界》第 2 年第 1 期，1905 年。

百年：《答章周二先生论一夫多妻》，《现代评论》第 1 卷第 22 期，1925 年 5 月 9 日。

百年：《一夫多妻的新护符》，《现代评论》第 1 卷第 14 期，1925 年 3 月 14 日。

拜农：《中国妇女之教育计划》，《中华妇女界》第 1 卷第 11 期，1915 年。

《褒扬条例》（三月十一日大总统教令公布），《时事汇报》第 5 期，1914 年 4 月。

《褒扬条例实行细则》（六月十七日内务部令公布），《时事汇报》第 7 期，1914 年 10 月。

《褒扬条例已拟取消》，《社会日报》1924 年 11 月 28 日。

《褒扬注册》，《大公报》1919 年 11 月 8 日。

宝鋆编修:《筹办夷务始末》,故宫博物院影印清内府抄本,1930 年。

《保师母与年会议论缠足信》,《万国公报》周刊第 7 年 320 卷,1875 年 1 月 16 日。

抱拙子:《厦门戒缠足会》,《万国公报》周刊第 11 年 531 卷,1879 年 3 月 22 日。

鲍永安主编:《南洋劝业会报告》,苏克勤、陈鸿校注,上海交通大学出版社 2010 年版。

《北京女学界致女子参政同盟会书》,《大公报》1912 年 10 月 26 日。

《本馆告白》,《女学报》第 2 期,1898 年 8 月 3 日。

[日]本间久雄:《性的道德底新倾向》,瑟庐译,《妇女杂志》第 6 卷第 11 号,1920 年 11 月。

《本司支批德清县详设开智女学请立案文》,《浙江教育官报》第 2 期,1908 年 8 月。

《编辑余录》,《妇女杂志》第 7 卷第 2 号,1921 年 1 月。

《表扬节烈》,《大公报》1918 年 8 月 11 日。

斌椿:《乘槎笔记》,钟叔河主编:《走向世界丛书》,岳麓书社 1985 年版。

斌椿:《天外归帆草》,钟叔河主编:《走向世界丛书》,岳麓书社 1985 年版。

冰:《"男女社交"的赞成与反对》,《民国日报·妇女评论》1921 年 9 月 21 日。

冰:《再论男女社交问题》,《民国日报·妇女评论》1921 年 9 月 28 日。

[美]卜舫济:《去恶俗说》,《万国公报》月刊第 131 册,1899 年 12 月。

补青:《女子教育平议》,《直隶教育杂志》第 11 期,1907 年 9 月 8 日。

《部令教育厅速设女子中学惟男女同学未便照准文》,《嘉兴教育杂志》第 3 编,1922 年 4 月。

《部札催办女学师范》,《华商联合报》第 8 期,1909 年 6 月 17 日。

C.F.:《社交公开的障碍》,《民国日报·妇女评论》1921 年 11 月 2 日。

C.N.:《离婚的意义与价值》,《妇女杂志》第 8 卷第 4 号,1922 年 4 月。

《采访节烈之办法》,《大公报》1918 年 10 月 26 日。

《采访局请褒贞节》,《大公报》1918 年 3 月 22 日。

蔡尚思、方行编:《谭嗣同全集》,中华书局 1981 年版。

蔡元培:《贫儿院与贫儿教育关系》,《北京大学日刊》第 362 号,1919 年 4 月 26 日。

蔡元培著,高叔平编:《蔡元培全集》,中华书局 1984 年版。

《参议院初六日议事纪略》,《大公报》1912 年 11 月 8 日。

伧父:《再论新旧思想之冲突》,《东方杂志》第 13 卷第 4 号,1916 年 4 月。

伧父:《论社会变动之趋势与吾人处世之方针》,《东方杂志》第 9 卷第 10 号,1913 年 4 月。

伧父:《精神救国论》,《东方杂志》第 10 卷第 1 号,1913 年 7 月。

苍园(汤苍园):《女子神圣观》,《星期评论》第 22 号,1919 年 11 月 2 日。

《侧室殉节可风》,《大公报》1918 年 10 月 2 日。

曾纪泽:《出使英法俄国日记》,钟叔河主编:《走向世界丛书》,岳麓书社 1985 年版。

忏碧:《妇人问题之古来观念及最近学说》,《中国新女界杂志》第 5 期,1907 年 6 月。

常熟女子汤雪珍:《女界革命》,《女子世界》1904 年第 4 期。

常熟十三龄女子曾竞雄：《女权为强国之元素》，《女子世界》1904 年第 3 期。

《常州女学之阻力》，《复报》1906 年第 4 号。

陈百年：《给周章二先生的一封短信》，《莽原》第 6 期，1925 年 5 月 29 日。

陈待秋：《新旧的冲突》，《妇女杂志》第 9 卷第 4 号，1923 年 4 月。

陈东原：《男女社交的正义》，《妇女杂志》第 8 卷第 5 号，1922 年 5 月。

陈东原：《中国妇女生活史》，上海书店出版社 1984 年版。

陈独秀：《随感录·解放》，《新青年》第 7 卷第 2 号，1920 年 1 月。

陈独秀：《通信·自由恋爱》，《新青年》第 4 卷第 1 号，1918 年 1 月。

陈独秀：《吾人最后之觉悟》，《青年杂志》第 1 卷第 6 号，1916 年 2 月。

陈独秀：《宪法与孔教》，《新青年》第 2 卷第 3 号，1916 年 11 月。

陈独秀：《一九一六年》，《青年杂志》第 1 卷第 5 号，1916 年 1 月。

陈黻宸著，陈德溥编：《陈黻宸集》，中华书局 1995 年版。

陈观圻：《朱悟音夫人传》，《香艳杂志》第 4 期，1914 年 12 月。

陈顾远：《中国古代婚姻史》，商务印书馆 1925 年版。

陈顾远：《中国婚姻史》，商务印书馆 1936 年版。

《陈唤兴女士来函》，《民立报》1912 年 3 月 26 日。

陈焕章：《孔教会序》，《孔教会杂志》第 1 卷第 1 号，1913 年 2 月。

陈继儒：《安得长者言》，《四库全书存目丛书》第 94 册，上海古籍出版社 1987 年版。

陈虬：《治平通议》，《续修四库全书》第 952 册，上海古籍出版社 2002 年版。

陈去病：《徐自华传》，《香艳杂志》第 3 期，1914 年 10 月。

陈望道：《和时代思潮逆流的江苏省议员"禁止男女同校"提案》，《民国日报·妇女评论》1922 年 12 月 13 日。

陈望道：《郑振埙底婚姻生活》，《民国日报·妇女评论》1923 年 5 月 23 日。

陈撷芬：《独立篇》，《女学报》第 2 年第 1 期，1903 年 3 月 13 日。

陈撷芬：《婚姻自由论》，《女学报》第 2 年第 3 期，1903 年 5 月 11 日。

陈撷芬：《急宜发愤》，《女学报》第 2 年第 3 期，1903 年 5 月 11 日。

陈撷芬：《讲女学先要讲女权》，《女学报》第 2 年第 3 期，1903 年 5 月 11 日。

陈撷芬：《女界之可危》，《中国日报》1904 年 4 月 26 日。

陈学恂主编：《中国近代教育史教学参考资料》，人民教育出版社 1987 年版。

《陈仲甫先生演说》，《晨报》1919 年 12 月 13 日。

《呈请褒扬节妇》，《大公报》1919 年 11 月 9 日。

初我：《哀女种》，《女子世界》1904 年第 6 期。

初我：《女界运动之先声》，《女子世界》第 2 年第 2 期，1905 年。

初我：《女界之怪现象》，《女子世界》1904 年第 10 期。

厨川白村：《恋爱与自由》，《妇女杂志》第 9 卷第 2 号，1923 年 2 月。

楚南女子：《中国女子之前途》，《女学报》1903 年第 4 期。

《创办女子尚武会绪言》，《天铎报》1912 年 1 月 3、4 日。

《促进男女同学以推广女子教育案(呈教育部)》,《教育杂志》第 12 卷第 12 号,1920 年12 月。

《催议女学专章》,《寰球中国学生报》第 1 卷第 4 期,1907 年。

《答客论女学生》,《申报》1904 年 9 月 28 日。

《大英国事·相女为师》,《万国公报》周刊第 15 年 708 卷,1882 年 9 月 30 日。

戴炳衡:《离婚之准则》,《妇女杂志》第 8 卷第 4 号,1922 年 4 月。

戴鸿慈:《出使九国日记》,湖南人民出版社 1982 年版。

戴季陶:《男女平等教育论》,《民权报》1912 年 4 月 24 日。

戴舒菴:《天台治略》,台北成文出版社 1970 年版。

丹忱:《论复女权必以教育为预备》,《女子世界》1905 年第 3 期。

《道听涂说》,《新民丛报》第 3 号,1902 年 4 月 8 日。

德仁:《论中国亟宜筹办女子通俗教育会》,《妇女鉴》第 3 期,1914 年 12 月。

德征:《论中国女子生活之状况》,《女子杂志》第 1 卷第 1 号,1915 年 1 月。

《邓春兰启事二》,《妇女杂志》第 5 卷第 9 号,1919 年 9 月。

棣华书屋:《论女学》,《申报》1876 年 3 月 30 日。

丁凤麟、王欣之编:《薛福成选集》,上海人民出版社 1987 年版。

[美]丁韪良:《西学考略》卷下,《续修四库全书》第 1299 册,上海古籍出版社 2002年版。

东荪:《妇女问题杂评》,《解放与改造》第 1 卷第 8 号,1919 年 12 月。

东吴:《清谈》,《申报》1912 年 3 月 24 日。

董文、钱巩:《女子修身教授书》,中华书局 1916 年版。

《鄂兴女学》,《申报》1903 年 5 月 27 日。

《二十世纪的女子》,《新芬》创刊号,1920 年 1 月。

《二十五日之湖广馆》,《申报》1912 年 8 月 31 日。

《发刊词》,《妇女杂志》第 1 卷第 1 号,1915 年 1 月。

番禺愚叟:《卫足说》,《万国公报》月刊第 97 册,1897 年 2 月。

方君笄:《兴女学以复女权说》,《江苏》1903 年第 3 期。

《防微杜渐说》,《申报》1901 年 6 月 15 日。

《废刊词》,《新女性》第 4 卷第 12 号,1929 年 12 月。

枫隐:《释褒扬节夫之疑点》,《新华日报》1921 年 8 月 12 日。

《封闭女学之牌示》,《中国日报》1907 年 2 月 20 日。

冯梦龙:《情史》,魏同贤主编:《冯梦龙全集》第 7 册,江苏凤凰出版社 2007 年版。

凤子:《恋爱自由解答客问第一》,《妇女杂志》第 7 卷第 2 号,1921 年 2 月。

凤子:《恋爱自由解答客问第二》,《妇女杂志》第 8 卷第 8 号,1922 年 8 月。

凤子:《恋爱自由解答客问第四》,《妇女杂志》第 9 卷第 2 号,1923 年 2 月。

凤子:《我的离婚》,《妇女杂志》第 8 卷第 4 号,1922 年 4 月 1 日。

奉天凤城县女子师范学校初级二年级马金汉:《女子宜求自立说》,《中华妇女界》第 1

卷第 20 期,1915 年。

佛群:《兴女学说》,《中国新女界杂志》第 3 期,1907 年 4 月。

《否决案·女子参政请愿案》,参议院编:《参议院议决案汇编》甲部第 2 册,1917 年。

扶坤女杰:《论女学宜注重德育》,《广益丛报》第 119 期,1906 年 10 月 17 日。

《扶阳抑阴辨》,《申报》1878 年 7 月 15 日。

《福美尔女金丹新出品》,《申报》1915 年 11 月 2 日。

《〈妇女杂志〉新年号"新性道德号"豫告》,《妇女杂志》第 10 卷第 11 号,1924 年 11 月。

《附录春兰上蔡校长书》,《妇女杂志》第 5 卷第 9 号,1919 年 5 月。

《复权歌》,《女子世界》1904 年第 10 期。

[英]傅兰雅:《佐治刍言》,上海书店出版社 2002 年版。

甘乃光:《岭南大学男女同学之历程》,《教育杂志》第 12 卷第 7 号,1920 年 7 月。

高尔松:《社交公开和恋爱问题》,《学生杂志》第 11 卷第 1 期,1924 年 1 月。

高歌:《没有重圆的可能》,《妇女杂志》第 9 卷第 4 号,1923 年 4 月。

高曼:《结婚与恋爱》,《新青年》第 3 卷第 5 号,1917 年 7 月。

高琦瑜:《赞成拔驾君男女同一相守（两贞）之原来成见》,《新社会报》1922 年 1 月 15 日。

高绮瑜女士:《两贞论》,《新社会报》1921 年 12 月 6 日。

高山:《离婚自由与中国女子》,《妇女杂志》第 10 卷第 9 号,1924 年 9 月。

高山:《贞操观念的改造》,《妇女杂志》第 8 卷第 12 号,1922 年 12 月。

高素素:《女子问题之大解决》,《新青年》第 3 卷第 3 号,1917 年 5 月。

《告全国女子(录十一月初五日俄事警闻)》,《女子世界》1904 年第 1 期。

《各国近事》,《中西闻见录》第 19 号,1874 年 2 月。

《各国学校考》,东山主人编:《新辑各国政治艺学分类全书》,光绪壬寅（1902）季秋袖海山房藏板鸿宝书局石印本。

《各省教育界噪声》,《申报》1924 年 8 月 7 日。

《更正讹传》,《申报》1905 年 12 月 29 日。

《工部主事刘柽呈学部代奏稿续初七日稿》,《申报》1906 年 7 月 30 日。

《公电·南京电》,《民立报》1912 年 1 月 8 日。

公权:《社会主义讲习会第一次开会记事》,《天义》第 6 卷,1907 年 9 月 1 日。

《恭祝女国民军万岁》,《妇女时报》1911 年第 5 期。

龚圆常:《男女平权说》,《江苏》1903 年第 4 期。

古高城女士刘纫兰淑蕙谨启:《劝兴女学启》,《女学报》第 4 期,1898 年 8 月 20 日。

顾均正:《读〈一夫多妻的新护符〉》,《民国日报·妇女周报》1925 年 3 月 22 日。

光佛:《女子解放当从男子解放做起》,《星期评论》第 22 号,1919 年 11 月 2 日。

《光复女子北伐队》,《东方杂志》第 8 卷第 11 期,1912 年 6 月 15 日。

《光绪朝东华录》第 4 册,光绪二十七年八月乙未,中华书局 1958 年版。

广学会书记拟稿:《上海创设中国女学堂记》,《上海创设中国女学堂记》,《万国公报》月刊第 125 册,1899 年 6 月。

郭嵩焘:《伦敦与巴黎日记》,钟叔河主编:《走向世界丛书》,岳麓书社 2008 年版。

郭嵩焘著,陆玉林选注:《使西纪程》,辽宁人民出版社 1994 年版。

《裹足论》,《万国公报》周刊第 10 年 503 卷,1878 年 8 月 31 日。

何香凝:《敬告我同胞姊妹》,《江苏》1903 年第 4 期。

何章钦:《请看我的对她》,《妇女杂志》第 9 卷第 4 号,1923 年 4 月。

贺川丰产:《恋爱之力》,《妇女杂志》第 8 卷第 9 号,1922 年 9 月。

[英]赫胥黎:《天演论》,严复译,商务印书馆 1932 年版。

洪文治:《戒缠足说》,《湘报》第 15 号,1898 年 3 月 23 日。

《侯官林女士叙》,《江苏》1903 年第 5 期。

侯官严复幼陵:《吴芝瑛女士传》,《香艳杂志》第 4 期,1914 年 12 月。

胡彬:《论中国之衰弱女子不得辞其罪》,《江苏》1903 年第 3 期。

胡彬夏:《祝共爱会之前途》,《江苏》1903 年第 6 期。

胡适:《大学开女禁的问题》,《少年中国》第 1 卷第 4 期,1919 年 10 月。

胡适:《李超传》,《晨报》1912 年 12 月 1—3 日。

胡适:《美国的妇人》,《新青年》第 5 卷第 3 号,1918 年 9 月。

胡适:《四十自述》,季羡林主编:《胡适全集》第 18 卷,安徽教育出版社 2003 年版。

胡适:《贞操问题》,《新青年》第 5 卷第 1 号,1918 年 7 月。

《胡适答蓝志先书》,《新青年》第 6 卷第 4 号,1919 年 4 月。

胡珠生编:《宋恕集》,中华书局 1993 年版。

《湖南抚院赵准龙绅绂瑞等禀创设女学札学务处立案文》,《大公报》1903 年 7 月 14 日。

《湖南女学废闭之原因》,《警钟日报》1904 年 10 月 26 日。

湖南省社会科学学院历史研究所编:《黄兴集》,中华书局 1981 年版。

《湖南限制男女同学之省令》,《申报》1924 年 3 月 17 日。

[德]花之安:《西国学校》,东山主人编:《新辑各国政治艺学分类全书》,1901 年。

[德]花之安:《自西徂东》,上海书店出版社 2002 年版。

黄公:《大魂篇》,《中国女报》第 1 期,1908 年 1 月 4 日。

黄鹄生来稿:《中国缠足一病实阻自强之机并肇将来不测祸说》,《时务报》35 册,1896 年 8 月 19 日。

《黄菱舫女士序》,《江苏》1903 年第 5 期。

黄心勉女士:《中国妇女的过去和将来》,女子书店 1932 年版。

《会议女学堂章程问答》,《新闻报》1897 年 11 月 19 日。

慧生:《妇女道德之维持论》,《妇女时报》1916 年第 18 号。

《活宝之活宝》,《申报》1915 年 6 月 11 日。

《记女学堂停止原委》,《中外日报》1899 年 8 月 28 日。

《记奇女子》，《申报》1897 年 4 月 5 日。

《记张竹君女士演说(续昨日)》，《警钟日报》1904 年 5 月 3 日。

《记张竹君女士演说》，《警钟日报》1904 年 5 月 2 日。

季陶：《女子解放从那里做起?》，《星期评论》第 8 号，1919 年 7 月 27 日。

季桢女士：《女子教育论》，《中华妇女界》第 2 卷第 5 期，1916 年 5 月。

兼公：《我对于赵女士自杀的杂感》，《大公报》(长沙)1919 年 11 月 17 日。

《简章》，《天义》第 8、9、10 卷合刊封二，1907 年 10 月 30 日；第 11、12 卷合刊，1907 年 11 月 30 日；第 13、14 卷合刊，1907 年 12 月 30 日；第 15 卷，1908 年 1 月 15 日；第 16—19 卷 合刊，1908 年 3 月。

翦伯赞：《历史哲学教程》，新知书店 1939 年版。

建人：《性道德之科学的标准》，《妇女杂志》第 11 卷第 1 号，1925 年 1 月。

剑波：《非恋爱与恋爱贞操》，《新女性》第 2 卷第 8 号，1927 年 8 月。

剑波：《性爱与友谊》，《新女性》第 3 卷第 7 号，1928 年 7 月。

江都王景沂来稿：《驳驳不缠足会议》，《时务报》第 61 册，1898 年 5 月 20 日。

《江督饬女师范学堂南京》，《申报》1907 年 4 月 25 日。

江南悲怜生稿：《阅天津某茂才拟请袁宫保严禁缠足禀书后》，《大公报》1903 年 1 月 14 日。

江纫兰：《论妇女醉心西法宜有节制》，《妇女时报》1911 年第 3 期。

江纫兰：《女子争参政权当以自修为基础》，《妇女时报》1912 年第 7 期。

《江苏无锡旅鄂公民杨钟钰曹启文为呈请钧令禁止男女同校特重读经与国文禁用白话 并多设宣讲所以端士习而善民俗敬祈》，《江苏教育公报》第 9 卷第 8 期，1926 年 9 月。

姜义华、张荣华编校：《康有为全集》，中国人民大学出版社 2007 年版。

《蒋振懦女士苏州争约社演说》，《女子世界》1905 年第 2 年第 3 期。

觉真：《看了"郑振埙君婚姻史的批评"之后》，《现代妇女》第 23 期，1923 年 6 月。

[英]秀耀春：《缠足论衍义》，《万国公报》月刊第 4 册，1889 年 5 月。

《教育部公布师范教育令》，《教育杂志》1912 年第 4 卷第 8 号。

《教育部整理教育方案草案》，《江苏教育行政月报》1914 年第 16 号。

《节烈可风》，《大公报》1918 年 8 月 3 日。

《节烈可风》，《大公报》1919 年 10 月 9 日。

《解散女子参政同盟会》，《申报》1913 年 11 月 24 日。

金匮女士裘毓芳梅侣撰：《论女学堂当与男学堂并重》，《女学报》第 7 期，1898 年 9 月。

《金匮许玉成女士对于女界第一次演说稿》，《中国新女界杂志》第 5 期，1907 年 6 月。

金陵女士陈竹湖：《痛女子穿耳缠足之害》，《女子世界》1904 年第 11 期。

金山高旭天梅：《孝女何爱文传》，《香艳杂志》第 8 期，1915 年 7 月。

金天翮著，陈雁编校：《女界钟》，上海古籍出版社 2003 年版。

金一：《〈女子世界〉发刊词》，《女子世界》1904 年第 1 期。

靳辅：《庭训》，徐梓编注：《家训——父祖的叮咛》，中央民族大学出版社 1996 年版。

靳龢声：《读高绮瑜女士两贞论》，《新社会报》1921 年 12 月 16 日。

《禁止妇女缠足说续本月十八日稿》，《申报》1904 年 12 月 26 日。

经元善：《女公学书塾告白》，《中外日报》1899 年 8 月 25 日。

《警察厅褒扬节妇》，《大公报》1921 年 4 月 3 日。

《竟有节夫褒扬条例出现耶》，《新社会报》1921 年 7 月 12 日。

《就中国现势筹划女学初起之办法（来稿）》，《大公报》1902 年 10 月 12 日。

《就中国现势筹女学初起之办法（续前稿）》，《大公报》1902 年 10 月 14 日。

《就中国现势筹女学初起之办法（再续前稿）》，《大公报》1902 年 10 月 16 日。

鞠普：《毁家谭》，《新世纪》第 49 号，1908 年 5 月 30 日。

据梧：《世界女子之新异彩》，《妇女时报》1912 年第 9 期。

君萍：《新性道德与一夫多妻》，《京报·妇女周刊》第 26 号，1925 年 6 月。

康白情：《答难质论吾国大学尚不宜男女同校商兑之驳议（有引）》，《妇女杂志》第 5 卷第 4 号，1919 年 4 月。

康白情：《大学宜首开女禁论》，《晨报》1919 年 5 月 6 日。

康白情：《读王卓民君论吾国大学尚不宜男女同校商兑》，《妇女杂志》第 4 卷第 11 号，1918 年 11 月。

康白情：《绝对的男女同校》，《少年中国》第 1 卷第 4 期，1919 年 10 月。

康有为：《康南海先生自编年谱》，蒋贵麟主编：《康南海先生遗著汇刊》（廿二），台北宏业书局 1976 年版。

克士：《爱情的表现与结婚生活》，《妇女杂志》第 9 卷第 4 号，1923 年 4 月。

克士：《妇女主义者的贞操观》，《妇女杂志》第 8 卷第 12 号，1922 年 12 月。

克士：《权利是要自己争来的》，《妇女杂志》第 9 卷第 8 号，1923 年 8 月。

空海：《对于女子参政权之怀疑》，《民立报》1912 年 2 月 28 日。

旷夫：《我自己的婚姻史》，《妇女杂志》第 9 卷第 2 号，1923 年 2 月。

兰荫女士：《女子在婚姻上的苦痛与危险》，《时事新报》副刊《现代妇女》第 26 期，1923 年 5 月 26 日。

蓝鼎元：《鹿洲初集》，文渊阁《四库全书》影印本，第 1327 册，台北商务印书馆 1982 年版。

《蓝志先答胡适书》，《新青年》第 6 卷第 4 号，1919 年 4 月。

《蓝志先答周作人书》，《新青年》第 6 卷第 4 号，1919 年 4 月。

《厘订女学通行课本》，《四川官报》第 6 册，1907 年。

《黎里不缠足会缘起》，《女子世界》1904 年第 3 期。

《礼失而求诸野》，《大公报》1918 年 3 月 22 日。

李步青：《编辑大意》，《中华女子修身教科书》，中华书局 1915 年版。

李大钊：《由经济上解释中国近代思想变动的原因》，《新青年》第 7 卷第 2 号，1920 年 1 月。

李大钊：《物质变动与道德变动》，《新潮》第 2 卷第 2 号，1919 年 12 月。

李佛如：《女界箴言》，《中华妇女界》第 1 卷第 10 期，1915 年 10 月。

李圭：《环游地球新录》，钟叔河主编：《走向世界丛书》，岳麓书社 2008 年版。

李人杰：《男女解放》，《星期评论》第 31 号，1920 年 1 月 1 日。

李三旡：《自由离婚论》，《妇女杂志》第 6 卷第 7 号，1920 年 7 月。

[英]李提摩太：《续救世教益·四章·有益于俗》，《万国公报》月刊第 30 册，1891 年 7 月。

李珠润：《学校之女生不容于家庭之理由》，《妇女时报》1913 年第 11 期。

[英]理雅各：《智环启蒙塾课初步》，香港英华书院，1864 年。

醴陵传荨钝根(王钝根)：《周福贞传》，《香艳杂志》第 1 期，1914 年 5 月。

力子、宋我真：《旧式婚制底反响》，《民国日报·觉悟》1921 年 2 月 13 日。

莲史：《妇女的非人时代——促普天下男性反省》，《妇女杂志》第 9 卷第 4 号，1923 年 4 月。

炼石：《美国女界之势力》，《中国新女界杂志》第 1 期，1907 年 2 月。

梁华兰：《女子教育》，《新青年》第 3 卷第 1 号，1917 年 3 月。

梁济著，黄曙辉校：《梁巨川遗书》，华东师范大学出版社 2008 年版。

梁令娴女士：《所望于吾国女子者》，《中华妇女界》第 1 卷第 1 期，1915 年 1 月。

梁启超：《倡设女学堂启》，《时务报》第 45 册，1897 年 11 月 15 日。

梁启超：《论不变法之害》，《时务报》第 2 册，1896 年 8 月 19 日。

梁启超：《论公德》，《新民丛报》第 3 号，1902 年 3 月 10 日。

梁启超：《论国家思想》，《新民丛报》第 4 号，1902 年 3 月 24 日。

梁启超：《论民族竞争之大势》，《新民丛报》第 2 号，1902 年 2 月 22 日。

梁启超：《论权利思想》，《新民丛报》第 6 号，1902 年 4 月 22 日。

梁启超：《论学校六·女学》，《时务报》第 23 册，1897 年 4 月 12 日。

梁启超：《论学校七·译书》，《时务报》第 27 册，1897 年 5 月 22 日。

梁启超：《论义务思想》，《新民丛报》第 26 号，1903 年 2 月 26 日。

梁启超：《论中国宜讲求法律之学》，《清议报》第 5 册，1899 年 2 月 1 日。

梁启超：《论自由》，《新民丛报》第 7 号，1902 年 5 月 8 日。

梁启超：《十种德性相反相成义》，《清议报》第 82 册，1901 年 6 月 16 日。

梁启超：《新史学》，《新民丛报》第 1 号，1902 年 2 月 8 日。

梁启超：《新民说》，《新民丛报》第 6 号，1902 年 4 月 22 日。

梁启超：《新民说》，《新民丛报》第 21 号，1902 年 11 月 14 日。

《两广学务处批女学堂绅董禀请给地拨款由》，《东方杂志》第 1 卷第 2 期，1904 年 4 月 10 日。

《两湖总督张札幼稚园文》，《东方杂志》第 1 卷第 7 期，1904 年 9 月 4 日。

《两江总督端方奏改办粹敏女学堂附设幼稚园情形折》，《政治官报》第 278 号，1908 年 8 月 5 日。

《烈妇殉夫》，《大公报》1920 年 5 月 26 日。

《烈妇殉夫之可敬》,《大公报》1917年6月21日。

《烈妇殉夫之可钦》,《大公报》1920年5月11日。

《烈节可风》,《大公报》1919年11月8日。

[美]林乐知译,任廷旭述:《论振拔女人之源流》,《万国公报》月刊第214册,1906年11月。

[美]林乐知撰,任保罗述:《论中国变法之本务》,《万国公报》月刊第1689册,1903年2月。

[美]林乐知撰,任保罗述:《论女俗为教化之标志》,《万国公报》月刊第172册,1903年5月。

林宗素:《讨污蔑女界的大蠹贼》,《国民日日报》1903年10月18日。

岭南有志未逮女子:《致力施兰英女士书》,《女子世界》1905年第2年第2期。

刘:《中华妇女之生计》,《中华妇女界》第1卷第4期,1915年4月。

刘恩沛:《读高君绮瑜的两贞论(续)》,《新社会报》1921年12月22日。

刘王立明:《中国妇女运动》,商务印书馆1933年版。

刘锡鸿:《英轺私记》,钟叔河主编:《走向世界丛书》,岳麓书社1986年版。

刘熏宇:《禁止男女同学》,《教育杂志》第18卷第9号,1926年9月。

刘宗尧:《平等自由之真义》,《岭南女学新报》第6册,1903年8月。

《留学日本秋女士谨致湖南第一女学堂书》,《女子世界》第2年第1期,1905年。

楼剑南:《男女社交公开问题底我见》,《先施乐园日报》1920年12月3日。

《论办理女学堂之法》,《申报》1906年7月2日。

《论本报所纪奇女子事》,《申报》1897年4月7日。

《论教育》,《东方杂志》第1卷第7期,1904年9月4日。

《论今日新政之缺点》,《东方杂志》第2卷第11期,1905年12月21日。

《论礼别男女》,《申报》1878年8月9日。

《论男女宜有别》,《申报》1897年10月7日。

《论女学为自治之母》,《江苏自治公报》第68期,1911年8月。

《论女学宜先定教科宗旨》,《广益丛报》第137期,1907年6月20日。

《论女子教育宜定宗旨》,《顺天时报》1906年6月11日。

《论女子教育宗旨》,《申报》1905年5月18日。

《论劝戒妇女缠足宜先广设女塾以清其源》,《申报》1896年6月13日。

《论设女教以端士习》,《申报》1876年11月1日。

《论中国妇女之苦》,《申报》1880年2月27日。

《论中国宜广设女学塾》,《申报》1897年4月30日。

《论中华妇女之苦》,《申报》1895年9月18日。

罗惇融:《倡办顺德戒缠足会叙》,《集成报》第16册,1897年10月30日。

罗家伦:《大学应当为女子开放》,《晨报》1919年5月11日。

罗家伦:《妇女解放》,《新潮》第2卷第1号,1919年10月。

吕碧城：《论提倡女学之宗旨》，《女子世界》1907 年第 4、5 期。

吕碧城：《女子宜急结团体论》，《中国女报》1907 年第 2 期。

吕聪民：《婚姻问题之社交公开观》，《妇女杂志》第 7 卷第 10 号，1921 年 10 月。

吕思勉：《中国婚姻制度小史》，中山书局 1929 年版。

吕思勉：《中国宗法制度小史》，中山书局 1929 年版。

马国安：《男女社交的研究（续）》，《黄报》1921 年 12 月 12 日。

《满蒙教迁居墨西哥》，《万国公报》周刊第 7 年 327 卷，1875 年 3 月 13 日。

曼倩：《女权与今日》，《申报》1913 年 3 月 14 日。

毛奇龄：《西河集》，文渊阁《四库全书》影印本，第 1321 册，台北商务印书馆 1982 年版。

毛一波：《再论性爱与友谊》，《新女性》第 3 卷第 11 号，1928 年 11 月。

毛泽东：《对于赵女士自杀的批评》，《大公报》（长沙）1919 年 11 月 16 日。文章发表时著名"泽东"。

毛泽东：《婚姻问题敬告男女青年》，《大公报》（长沙）1919 年 11 月 19 日。文章发表时著名"泽东"。

《毛芷香传》，《香艳杂志》1914 年 5 月第 1 期。

《孟禄博士与保定教育界之谈话》，《新社会报》1921 年 10 月 6 日。

梦幻：《论子女要求参政权之怪象》，《大公报》1912 年 3 月 30 日。

梦幻：《闲评》，《大公报》1912 年 8 月 19 日。

《民国十四年的妇女杂志》，《东方杂志》第 22 卷第 2 期，1925 年 2 月。

《名臣有女》，《岭南女学新报》第 2 册，1903 年 4 月。

《明清史料·丁编》卷八，台北"中研院"历史语言研究所，2008 年。

《明日之真光剧场》，《社会日报》1923 年 1 月 17 日。

《命妇兴学》，《大公报》1904 年 4 月 29 日。

缪金源：《闺阁的平民教育与离婚》，《妇女杂志》第 8 卷第 4 号，1922 年 4 月。

莫世祥编：《马君武集》，华中师范大学出版社 2011 年版。

慕卢：《赤十字社之看护妇》，《女子世界》1904 年第 2 期。

《男婚女嫁》，《万国公报》周刊第 8 年 364 卷，1875 年 11 月 27 日。

《男女共学的再成问题》，《妇女杂志》第 10 卷第 8 号，1924 年 8 月。

《男女平权说》，《申报》1897 年 12 月 14 日。

《男女同学问题之演讲》，《民国日报》1920 年 6 月 1 日。

《男女同学之希望》，《中华教育》1921 年第 1 期。

南华：《女子教育之研究》，《女子杂志》第 1 卷第 1 号，1915 年 1 月。

《南浔金君来函》，《申报》1905 年 12 月 22 日。

《南浔女学堂停办原因》，《申报》1905 年 12 月 19 日。

《南洋大臣两江总督部堂刘批》，《女学报》第 4 期，1898 年 8 月 20 日。

《内务部准孔教会批》，《宗圣汇志》第 1 卷第 3 号，1913 年 3 月。

《枭宪告示》，《湘报》第 55 号，1898 年 5 月 9 日。

《纽西兰女子之地位》,《万国公报》月刊第 209 册,1905 年 6 月。

《女会员大展威风》,《申报》1912 年 8 月 20 日。

《女界保路会传单》,《神州日报》1907 年 11 月 4 日。

《女界代表唐群英等上参议院书》,《妇女时报》1912 年第 6 期。

《女权》,《大公报》1912 年 9 月 10 日。

《女士大骂参议员》,《爱国报》1912 年 12 月 11 日。

女士杜清持:《文明的奴隶》,《女子世界》1904 年第 9 期。

《女童向学》,《大公报》1903 年 4 月 9 日。

《女学保存》,《女子世界》1904 年第 7 期。

《〈女学报〉告白》,《中外日报》1898 年 10 月 6 日。

《〈女学报〉主笔》,《女学报》第 2 期,1898 年 8 月 3 日。

《女学防弊说》,《申报》1899 年 4 月 28 日。

《女学风波》,《选报》第 39 期,1902 年 12 月 30 日。

《女学生吃花酒》,《民呼日报》1909 年 6 月 16 日。

《女学堂禀南洋刘大臣稿》,《女学报》第 4 期,1898 年 8 月 20 日。

《女学堂不必限用女教员议案》,《民立报》1911 年 7 月 28 日。

《女学堂果竟如此堕落耶》,《民呼日报》1909 年 8 月 11 日。

《女学堂论》,《申报》1903 年 4 月 24 日。

《女学堂上蔡榷使书》,《新闻报》1897 年 12 月 5 日。

《女学堂上总署各督抚大宪夹单禀》,《新闻报》1897 年 12 月 15 日。

《女学堂议》,《申报》1888 年 1 月 5 日。

《女学堂余议》,《申报》1889 年 2 月 22 日。

《女学先声》,《湘报》第 124 号,1898 年 8 月 10 日。

《女学先声》,《选报》第 39 期,1902 年 12 月 30 日。

《女学章程缓期宣布原因》,《四川学报》第 2 年第 10 册,1906 年。

《女掌教来沪》,《湘报》第 168 号,1898 年 10 月 1 日。

《女政客之失望》,《民立报》1912 年 8 月 26 日。

《女子参政会上孙总统书》,《时报》1912 年 3 月 23 日。

《女子参政同盟会草章》,《申报》1911 年 11 月 29 日。

《女子参政同盟会成立志盛》,《女子白话旬报》1912 年第 2 期。

《女子参政同盟会简章草案》,《女子白话报》第 3 期,1912 年 11 月。

《女子参政同盟会宣言书》,《女权》第 1 期,1912 年 5 月。

《女子参政同盟会召开联合大会》,《平民日报》1912 年 9 月 7 日。

《女子参政同盟会支部之成立》,《女子白话报》第 5 期,1912 年 12 月。

《女子参政同盟会致各省都督等电》,《民声日报》1912 年 4 月 12 日。

《女子大闹同盟会》,《民立报》1912 年 8 月 18 日。

《女子后援会简章》,《时报》1912 年 12 月 7 日。

《女子将有完全参政权》，《申报》1912 年 1 月 8 日。

《女子军事团上沪军都督文》，《申报》1911 年 11 月 29 日。

《女子团亦有北上消息》，《大公报》1912 年 4 月 10 日。

《女子为国民之母》，《顺天时报》1905 年 7 月 19 日。

《女子要求参政权之暴动》，《大公报》1912 年 3 月 30 日。

《女子以武力要求参政权》，《申报》1912 年 3 月 24 日。

飘萍女史：《理想之女学生》，《妇女杂志》第 1 卷第 3 号，1915 年 3 月。

朴斋：《我的男女同校说》，《半月》第 3 号，1920 年 9 月。

《普通教育暂行办法十四条》，《临时政府公报》第 4 号，1912 年 2 月 1 日。

奇硕：《男女教育比较谭》，《妇女鉴》第 2 卷，1914 年 12 月。

谦弟：《非恋爱与恋爱》，《新女性》第 3 卷第 5 号，1928 年 5 月。

谦弟：《恋爱贞操新论》，《新女性》第 2 卷第 5 号，1927 年 5 月。

《前两江总督端札饬各属禁止缠足章程》，《东方杂志》第 6 卷第 12 期，1910 年 1 月 6 日。

前人：《薛锦琴传》，《香艳杂志》第 1 期，1914 年 5 月。

钱大昕：《潜研堂文集》，陈文和主编：《嘉定钱大昕全集》第 9 册，江苏凤凰出版社 2016 年版。

钱泳：《履园丛话》，中华书局 1979 年版。

潜龙：《我国妇人问题》，《解放与改造》第 1 卷第 8 号，1919 年 12 月。

茜苏：《一件小事》，《妇女杂志》第 8 卷第 11 号，1922 年 11 月。

《强学报·时务报》，中华书局 1991 年版。

乔峰：《配偶选择的价值》，《妇女杂志》第 9 卷第 11 号，1923 年 11 月。

乔峰：《现代性道德的倾向》，《妇女杂志》第 11 卷第 1 号，1925 年 1 月。

《钦定大清会典则例》，文渊阁《四库全书》影印本，第 622 册，台北商务印书馆 1982 年版。

琴心：《我所希望于女子者》，《妇女杂志》第 10 卷第 10 号，1924 年 10 月。

《青县拟设采访局》，《大公报》1919 年 8 月 6 日。

《轻重颠倒说》，《申报》1888 年 10 月 11 日。

《清圣祖实录》，影印本，中华书局 1985 年版。

《清太宗实录》，影印本，中华书局 1985 年版。

清扬女士稿：《书端中丞奏兴女学事》，《大公报》1905 年 11 月 30 日。

《请奖节妇》，《大公报》1915 年 9 月 26 日。

《庆云天足会公启》，《大公报》1904 年 12 月 12 日。

丘畯：《"男女社交公开"的真义》，《苍梧花》第 1 期，1924 年 6 月。

囚氒：《哭吴孟班女士》，《选报》第 9 期，1902 年 3 月 10 日。

《求著缠足论启》，《申报》1895 年 12 月 21 日。

趋理：《结婚改良说》，《妇女杂志》第 3 卷第 5 期，1917 年 5 月。

璩鑫圭、唐良炎编:《中国近代教育史资料汇编·学制演变》,上海教育出版社 1991 年版。

瞿宜颖:《共同教育论辩护》,《妇女杂志》第 5 卷第 3 号,1919 年 3 月。

《劝汉装女子遵古制》,《万国公报》第 7 年 336 卷,1875 年 5 月 15 日。

悫甫:《不要向弱者宣布死刑》,《妇女杂志》第 9 卷第 4 号,1923 年 4 月。

《裙钗大会图》,《女学报》第 2 期,1898 年 8 月 3 日。

人社、独秀:《男女同校问题》,《新青年》第 8 卷第 2 号,1920 年 10 月。

任公:《国家思想变迁异同论》,《清议报》第 95 册,明治三十四年(1901)十月廿二日。

任公:《论强权》,《清议报》第 31 册,明治三十一年(1899)十二月廿七日。

《日本留学女学生共爱会章程》,《浙江潮》第 3 期,1903 年 4 月 17 日。

[日]石川半山:《论女权渐盛》,《清议报》第 47 册,1900 年 6 月 7 日。

《日本学校考实》,《申报》1895 年 5 月 12 日。

《日本重定女学高等师范学校规则说》,《岭学报》1898 年第 4 期。

容:《节夫如之何》,《新华日报》1921 年 8 月 12 日。

如谨(陈以益):《论学部严定女学章程》,《神州女报》第 1 卷第 1 号,1907 年 12 月。

三六(张若名):《"急先锋"的女子》,《觉悟》第 1 期,1920 年 1 月。

《三山采药》,《女学报》1903 年第 4 期。

瑟:《司法部限制离婚》,《妇女杂志》第 8 卷第 4 号,1922 年 4 月。

瑟庐:《爱伦凯女士与其思想》,《妇女杂志》第 7 卷第 2 号,1921 年 2 月。

瑟庐:《近代思想家的性欲观与恋爱观》,《妇女杂志》第 6 卷第 10 号,1920 年 10 月。

山阴述戴子:《中西男女轻重不同说》,《申报》1885 年 10 月 23 日。

《陕西巡抚恩寿奏试办女学片》,《学部官报》第 119 册,1910 年 5 月 9 日。

《善堂开会》,《大公报》1919 年 4 月 8 日。

上海女士潘璇撰:《论〈女学报〉难处和中外女子相助的理法》,《女学报》第 3 期,1898 年 8 月 15 日。

《上海邱公恪、吴孟班夫妇追悼会挽联选录》,《大公报》1902 年 7 月 4 日。

上海天足会女学校学生王子怡:《女权与女学》,《女报》第 1 卷第 1 号,1909 年。

《上海新设中国女学堂章程》,《时务报》第 47 册,1897 年 12 月 4 日。

上虞女士蒋婉芳撰:《论中国创兴女学实有裨于大局》,《女学报》第 9 期,1898 年 10 月。

申叔:《无政府主义之平等观》,《天义》第 4 卷,1907 年 7 月 25 日。

《神州女学校长张默君在寰球学生会演说记》,《女子杂志》第 1 期 1 号,1915 年。

沈和卿、赖嫣懿:《女学会书塾开馆章程》,《湘报》第 64 号,1898 年 5 月 19 日。

沈连三:《我所希望于女子者》,《妇女杂志》第 10 卷第 10 号,1924 年 10 月。

沈佩贞:《创办女子尚武会绪言》,《天铎报》1912 年 1 月 4 日。

沈彤君女士:《男女社交的我见》,《学灯》1922 年 7 月 2 日。

沈雁冰:《离婚与道德问题》,《妇女杂志》第 8 卷第 4 号,1922 年 4 月。

沈雁冰：《评郑振埙君所主张的"逃婚"》，《民国日报·妇女评论》1923 年 5 月 8 日。

沈颐、戴克敦、范源濂：《高等小学女子新国文》第 6 册，商务印书馆 1912 年版。

沈颐、秦同培：《初等小学女子修身教授法》第 4 册，商务印书馆 1912 年版。

沈颐：《论女子之普通教育》，《教育杂志》第 1 卷第 6 号，1909 年 7 月 12 日。

沈泽民：《爱伦凯的〈恋爱与道德〉》，《妇女杂志》第 11 卷第 1 号，1925 年 1 月。

生田长江：《结婚与离婚》，《妇女杂志》第 8 卷第 4 号，1922 年 4 月。

师鸿：《男女同校论》，《圣教杂志》第 11 年第 1 期，1922 年 1 月。

师竹：《论女学之关系》，《云南》1909 年第 19 号。

施兰英女士：《覆岭南女士书》，《女子世界》第 2 年第 2 期，1905 年。

施兰英女士等布告：《中国爱国女子请看》，《女子世界》第 2 年第 2 期，1905 年。

施淑仪：《对于烈妇殉夫之感言》，《妇女杂志》第 1 卷第 8 号，1915 年 8 月。

十六龄女子张肩任：《欲倡平等先兴女学论》，《女子世界》1904 年第 2 期。

十四龄女子彭维省：《论侵人自由与放弃自由之罪》，《女子世界》1904 年第 2 期。

石成金编著：《传家宝全集》，线装书局 2008 年版。

《时事要闻》，《大公报》1902 年 9 月 21 日。

拾遗：《男女同学为近今教育之必要》，《半月》第 3 号，1920 年 9 月。

史别抱：《社交公开与择配说（上）》，《先施乐园日报》1921 年 11 月 14 日。

史国英：《对于男女同学的观念》，《广益杂志》1922 年第 33 期。

《士绅刘颂虞等公恳示禁幼女缠足说》，《湘报》第 53 号，1898 年 5 月 7 日。

世衡：《恋爱革命论》，《民国日报·觉悟》1920 年 9 月 5 日。

《世界女子协会职名章程》，《申报》1911 年 3 月 3 日。

《世宗宪皇帝圣训》，文渊阁《四库全书》影印本，第 412 册，台北商务印书馆 1982 年版。

首倡天足会司事立德夫人：《劝戒缠足丛说》，《万国公报》月刊第 138 册，1900 年 7 月。

瘦蝶：《戏拟节夫请求旌扬文》，《新华日报》1921 年 8 月 17 日。

《书南皮张尚书戒缠足会章程叙后》，《申报》1897 年 10 月 5 日。

《书设立中西书院启后》，《申报》1881 年 10 月 25 日。

淑安：《妓女堕落之原因十四种》，《妇女时报》1914 年第 15 期。

蜀南赵增泽润琴氏：《劝释缠脚说（并跋）》，《万国公报》月刊第 99 册，1897 年 4 月。

《述西人谕中国贵男贱女之俗》，《申报》1882 年 4 月 17 日。

朔一：《离婚与妇女问题》，《妇女杂志》第 8 卷第 4 号，1922 年 4 月。

四珍：《爱情与结婚》，《妇女杂志》第 6 卷第 3 号，1920 年 3 月。

松岑：《论写情小说于新社会之关系》，《新小说》第 2 卷第 5 号，1905 年 6 月。

松江女士莫虎飞：《女中华》，《女子世界》1904 年第 5 期。

宋育仁：《泰西各国采风记》，岳麓书社 2016 年版。

《苏学务处批女学不能延男教习》，《申报》1906 年 4 月 16 日。

苏英：《苏苏女校开学演说》，《女子世界》1904 年第 12 期。

苏州顾子省、冯守之同拟稿：《天足旁论》，《万国公报》月刊第 139 册，1900 年 8 月。

孙本文:《我对于郑振埙一类婚姻问题的意见》,《现代妇女》第 1 期,1924 年 6 月 6 日。

邰爽秋等合选:《历届教育会议议决案汇编》,教育编译馆 1935 年版。

泰县女子国文专修馆学生吴秉筠:《女学宜注意缝纫烹调论》,《妇女杂志》第 1 卷第 4 号,1915 年 4 月。

谈社英:《中国妇女运动通史》,上海妇女共鸣社 1936 年版。

谭正璧编:《中国女性的文学生活》,光明书局 1931 年版。

汤志钧编:《康有为政论集》,中华书局 1998 年版。

《汤总长之女子教育方针谭》,《申报》1914 年 6 月 28 日。

唐才常:《书洪文治戒缠足说后》,《湘报》第 17 号,1898 年 2 月 25 日。

唐才常著,湖南省哲学社会科学院研究所编:《唐才常集》,中华书局 1980 年版。

陶恭履:《女子问题》,《新青年》第 4 卷第 1 号,1918 年 1 月。

讨论会:《尊重女性的男子可否与自己不满意的旧式妻子离婚》,《妇女杂志》第 10 卷第 10 号,1924 年 10 月。

陶希圣:《婚姻与家族》,商务印书馆 1936 年版。

藤原文子:《论女子体育关系》,《岭南女学新报》第 2 册,1903 年 4 月。

藤原文子:《女学论二》,《岭南女学新报》第 2 册,1903 年 4 月。

天放:《两贞主义》,《新社会报》1921 年 12 月 6 日。

天醒:《推广内部褒扬节夫条例》,《新华日报》1921 年 7 月 27 日。

天足会闺秀著,广学会督办译:《缠足两说》,《万国公报》月刊第 77 册,1895 年 6 月。

《跳舞研究会成立》,《晨报》1923 年 10 月 10 日。

铁仁:《女子教育》,《安徽俗话报》1905 年第 20 期。

《通讯》,《妇女杂志》第 9 卷第 5 号,1923 年 5 月。

《通讯》,《民国日报》1920 年 1 月 16 日。

《同盟会女会员之愤激》,《大公报》1912 年 8 月 16 日。

《同盟女子经武练习队宣言书》,《民立报》1912 年 1 月 12 日。

《推广全省女学之计划》,《北洋官报》第 2770 册,1911 年 5 月 5 日。

V.D.:《妻的教育》,《民国日报·觉悟》1920 年 7 月 29 日。

宛委山庄梓:《女儿经》,翻印本,大兴安岭地委宣传部,1974 年。

皖南女士胡晓秋:《对于结社集会律警告女界同胞书》,《广益丛报》第 175 期,1908 年 7 月 18 日。

汪杰梁:《女子从军宣言书》,《妇女时报》1911 年第 5 期。

汪长禄:《妇德》,《中华妇女界》1915 年第 1 卷第 1 期。

汪中:《述学内篇》,台北商务印书馆 1967 年版。

王灿芝编:《秋瑾女侠遗集》,朝华出版社 2018 年版。

王春林:《男女平等论》,《女学报》第 5 期,1898 年 8 月 27 日。

王德熙:《南京高等师范男女共校之经过》,《少年世界》第 1 卷第 7 期,1920 年 7 月。

王国维:《观堂集林》,谢维扬、房鑫亮主编:《王国维全集》第 8 卷,浙江教育出版社

2009 年版。

王平陵、章锡琛：《恋爱问题的讨论》，《妇女杂志》第 8 卷第 9 号，1922 年 9 月。

王平陵、章锡琛：《关于恋爱问题的讨论》，《妇女杂志》第 8 卷第 10 号，1922 年 10 月。

王栻主编：《严复集》，中华书局 1986 年版。

王韬：《漫游随录》，钟叔河主编：《走向世界丛书》，岳麓书社 1985 年版。

王韬：《韬园文录外编——王韬集》，辽宁人民出版社 1994 年版。

王文濡：《华吟梅女士传》，《香艳杂志》第 1 期，1914 年 5 月。

王文濡：《吴孟班传》，《香艳杂志》第 1 期，1914 年 5 月。

王卓民：《论吾国大学尚不宜男女同校》，《妇女杂志》第 4 卷第 5 号，1918 年 5 月。

王卓民：《吾国大学尚不宜男女同校商兑之驳议》，《妇女杂志》第 4 卷第 12 号，1918 年 12 月。

王书奴：《中国娼妓史》，上海生活书店 1934 年版。

薇君：《禁止男女同学的上谕》，《民国日报·觉悟》1924 年 3 月 24 日。

［英］韦廉臣：《治国要务论》，《万国公报》月刊第 1 册，1889 年 2 月。

纬之：《男女社交公开之我见》，《先施乐园日报》1921 年 9 月 12 日。

畏吾：《节夫问题》，《新社会报》1921 年 7 月 25 日。

魏源著，陈华、常绍温、黄庆云等点校注释：《海国图志》，岳麓书社 1998 年版。

文明国编：《马君武自述》，安徽文艺出版社 2013 年版。

无妄：《闲评二》，《大公报》1912 年 4 月 19 日。

《无锡胡彬夏女士天足社演说稿》，《女子世界》1907 年第 4、5 期。

吴秉筠：《女学宜注重缝纫烹调论》，《妇女杂志》第 1 卷第 4 号，1915 年 4 月。

吴觉农：《爱伦凯的自由离婚论》，《妇女杂志》第 8 卷第 4 号，1922 年 4 月。

吴觉农：《近代的贞操观》，《妇女杂志》第 8 卷第 12 号，1922 年 12 月

吴孟班：《拟上海女学会说》，《中外日报》1901 年 4 月 7 日。

吴兴王文濡均卿：《华吟梅女士传》，《香艳杂志》第 1 期，1914 年 5 月。

吴兴王文濡均卿：《李氏三女传》，《香艳杂志》第 2 期，1914 年 8 月。

吴兴王文濡均卿：《吴孟班传》，《香艳杂志》第 1 期，1914 年 5 月。

五师生：《男女同学间应取的态度》，《学生杂志》第 13 卷第 9 号，1926 年 9 月。

《五政党合并改组续闻·女会员大展威风》，《申报》1912 年 8 月 20 日。

武崇敏女士：《男女自由平等之真解》，《中华妇女界》第 1 卷第 1 期，1915 年 1 月。

务本女塾学生张昭汉：《争约劝告辞》，《女子世界》第 2 年第 2 期，1905 年。

悟痴生：《书论女学后》，《申报》1876 年 4 月 7 日。

西冷：《恋爱热与社交公开》，《民国日报·妇女评论》1921 年 8 月 31 日。

希班：《女子参政权平议》，《女权报》第 1 期，1912 年 5 月。

锡琛：《与陈百年教授谈梦》，《莽原》第 7 期，1925 年 6 月 5 日。

遐珍：《余之忠告于女学生》，《妇女杂志》第 1 卷第 4 号，1915 年 4 月。

夏东元编：《郑观应集》，上海人民出版社 1982 年版。

夏梅女士:《自由离婚论》,《妇女杂志》第 8 卷第 4 号,1922 年 4 月。

夏丏尊:《男子对于女子的自由离婚》,《民国日报·妇女评论》1922 年 9 月 6 日。

夏清贻:《不缠足会章程叙》,《时务报》第 61 册,1898 年 5 月 20 日。

夏晓虹编:《金天翮 吕碧城 秋瑾 何震卷》,中国人民大学出版社 2015 年版。

《香山女学校学约》,《女子世界》第 7 期,1904 年 7 月。

啸虬:《社交公开》,《四民报》1922 年 4 月 17 日。

谢允燮:《最新女子修身教科书(官话)》,上海中国教育改良会,1905 年。

心木:《对于褒扬节夫之商榷》,《游戏世界》1921 年第 4 期。

心珠女士:《我所希望于男子者》,《妇女杂志》第 10 卷第 10 号,1924 年 10 月。

新化曾继辉撰:《不缠足会驳议》,《湘报》第 151 号,1898 年 9 月 10 日。

新会梁启超撰:《戒缠足会叙》,《时务报》第 16 册,1897 年 1 月 3 日。

新会女史卢翠撰:《女子爱国说》,《女学报》第 5 期,1898 年 8 月 27 日。

《新娘舆中自刎之惨剧》,《大公报》(长沙)1919 年 11 月 15 日。

《新肜史弁言》,《香艳杂志》第 1 期,1914 年 5 月。

《新罪业》,《女子世界》1904 年第 11 期。

《兴女学说》,《申报》1903 年 10 月 12 日。

《兴女学议》,《申报》1901 年 7 月 11 日。

《修正褒扬条例》,《东方杂志》第 14 卷第 12 期,1917 年 12 月。

《修正褒扬条例暨实施细则》(附解要),中华民国北洋政府内务部印,线装单行本,中华民国十二年(1923)八月一日颁行。

徐呵梅:《偏见的男性之偏见——责旷夫先生》,《妇女杂志》第 9 卷第 4 号,1923 年 4 月。

徐继畬:《瀛寰志略》,上海书店出版社 2001 年版。

徐天啸:《神州女子新史续编》,神州图书局 1913 年版。

徐彦之:《北京大学男女共校记》,《少年世界》第 1 卷第 7 期,1920 年 7 月。

徐彦之:《男女交际问题杂感(续)》,《晨报》1919 年 5 月 5 日。

徐植仁:《我对于中学男女同校的主张》,《民国日报·觉悟》1921 年 12 月 29 日。

许言午:《我所希望于女子者》,《妇女杂志》第 10 卷第 10 号,1924 年 10 月。

许言午:《新性道德的讨论——读陈伯年先生的〈一夫多妻的新护符〉的感想》,《京报副刊》第 120 期,1925 年 4 月 5 日。

许元启:《读前号》,《妇女杂志》第 9 卷第 4 号,1923 年 4 月。

《续教化论》,《万国公报》周刊第 12 年 554 卷,1879 年 9 月 6 日。

《续中西书院之益(课卷)》,《万国公报》周刊第 14 年 683 卷,1882 年 4 月 1 日。

玄庐:《女子解放从那里做起?》,《星期评论》第 9 号,1919 年 8 月 3 日。

玄庐:《讨论男女同校问题》,《劳动与妇女》第 4 期,1921 年 3 月 6 日。

选:《女子参政论》,《大公报》1912 年 3 月 27、28 日。

薛福成:《出使英法义比四国日记》,钟叔河主编:《走向世界丛书》,岳麓书社 1985

年版。

薛绍徽:《女学报序》,《女学报》第 1 期,1898 年 7 月 24 日。

薛绍徽著,林怡点校:《薛绍徽集》,方志出版社 2003 年版。

《学部拟订立女学堂章程》,《直隶教育杂志》第 2 年第 10 期,1906 年。

《学部限制女学生》,《北京日日画报》160 期,1908 年 11 月 29 日。

《学部议覆女学》,《直隶教育杂志》第 8 期,1907 年 6 月 25 日。

《学界宜速设法以保全女学之名誉》,《中国日报》1907 年 10 月 10 日。

学术部:《世界女学进化史》,《北洋学报甲编》,1906 年。

《学务大臣张尚书天津视学演说天津》,《申报》1905 年 8 月 13 日。

《训励女学》,《四川官报》第 7 册,1907 年 4 月。

《训令第一六〇五号:八月六日(中等学校禁止男女同学并注重读经与国文)》,《江苏
教育公报》第 9 卷第 8 期,1926 年 9 月。

Y.D.:《我的离婚的前后——兼质郑振埙先生》,《妇女杂志》第 9 卷第 4 号,1923 年
4 月。

Y.D.:《自由恋爱与恋爱自由——读了凤子女士的"答客问"以后》,《妇女杂志》第 9 卷
第 2 号,1923 年 2 月。

亚卢:《哀女界》,《女子世界》1904 年第 9 期。

亚特:《论铸造国民母》,《女子世界》1904 年第 7 期。

严复:《吴芝瑛女士传》,《香艳杂志》第 4 期,1914 年 5 月。

严麟:《中西书院之益(课卷)》,《万国公报》周刊第 14 年 684 卷,1882 年 4 月 8 日。

言忠芸:《已觉悟的女性对于男女社交的责任》,《民国日报·妇女评论》1921 年 12 月
7 日。

《盐城陈惕庵孝廉拟敬陈管见折》,《申报》1902 年 12 月 10 日。

颜筼:《贞操观革命的呼声》,《妇女杂志》第 10 卷第 7 号,1924 年 7 月。

晏始:《男女同学与恋爱的指导》,《妇女杂志》第 9 卷第 7 号,1924 年 7 月。

雁冰:《读〈对于郑振埙君婚姻史的批评〉以后》,《民国日报·妇女评论》1923 年 4 月
25 日。

雁冰:《男女社交公开问题管见》,《妇女杂志》第 6 卷第 2 号,1920 年 2 月。

雁冰:《我们该怎样预备了去谭妇女解放问题》,《妇女杂志》第 6 卷第 3 号,1920 年
2 月。

雁冰:《新性道德的唯物史观》,《妇女杂志》第 11 卷第 1 号,1925 年 1 月。

《燕支虎大闹同盟会》,《时报》1912 年 8 月 19 日。

杨潮声:《男女社交公开》,《新青年》第 6 卷第 4 号,1919 年 4 月。

《杨季威女士来函》,《民立报》1912 年 3 月 5 日。

杨千里:《女子新读本导言》,《女子世界》1904 年第 8 期。

杨之华女士:《社交和恋爱》,《民国日报·妇女评论》1922 年 7 月 26 日。

仰光埠黄金常来稿:《驳男女同学之非论》,《乐天报》第 13 期,1921 年 11 月。

《姚蕙女士来函》，《民立报》1912 年 3 月 20 日。

遥观:《男女社交公开问题》，《先施乐园日报》1920 年 12 月 10 日。

《要求女子参政权之武力》，《时报》1912 年 3 月 23 日。

伊世珍辑:《瑯嬛记》，《丛书集成新编》第 87 册，台北新文丰出版公司 1985 年版。

怡怡:《女性方面对"社交公开"的觉悟》，《民国日报·觉悟》1921 年 7 月 28 日。

倚鸾:《旧式女子与新式女子》，《妇女杂志》第 2 卷第 7 号，1916 年 7 月。

忆琴:《论中国女子之前途》，《江苏》1903 年第 5 期。

[英]布兰飔著，[美]林乐知译，蔡尔康录:《美女可贵说》，《万国公报》月刊第 125 册，1899 年 6 月。

[英]布兰飔著，[美]林乐知译，蔡尔康录:《续美女可贵说》，《万国公报》月刊第 126 册，1899 年 7 月。

易宗夔:《论〈新青年〉之主张》，《新青年》第 5 卷第 4 号，1918 年 10 月。

峄县王思玷:《离婚与男女的经济平等》，《妇女杂志》第 8 卷第 4 号，1922 年 4 月。

荫吾:《黄怜儿传》，《香艳杂志》第 2 期，1914 年 8 月。

[英]秀耀春:《缠足论衍义》，《万国公报》月刊第 4 册，1889 年 5 月。

《瀛海再笔》，《遐迩贯珍》第 8 号，1854 年 8 月。

永嘉祥:《戒缠足论(并序)》，《万国公报》月刊第 118 册，1898 年 11 月。

《勇丁闹事》，《大公报》1904 年 3 月 1 日。

勇立:《兴女学议》，《东方杂志》第 3 卷第 13 号，1907 年 2 月 7 日。

俞正燮:《癸巳类稿》，《续修四库全书》第 1159 册，上海古籍出版社 2002 年版。

《与人论创兴女学事》，《申报》1902 年 9 月 13 日。

[日]与谢野晶子:《贞操论》，周作人译，《新青年》第 4 卷第 5 号，1918 年 5 月。

玉深:《维持风化者的双眼》，《新女性》第 1 卷第 5 期，1926 年 5 月。

聿修:《女界平议》，《香艳杂志》第 4 期，1914 年 12 月。

《谕禁骚扰》，《申报》1898 年 7 月 9 日。

鸳湖痛定女士贾复初:《缠足论》，《万国公报》月刊第 91 册，1896 年 8 月。

鸳水董寿:《兴女学议》，《大公报》1902 年 8 月 12 日。

元启:《对于"逃婚"的同情》，《妇女杂志》第 9 卷第 4 号，1923 年 4 月。

袁枚:《小仓山房尺牍》，王志英编纂校点:《袁枚全集新编》第 15 册，浙江古籍出版社 2015 年版。

袁枚:《随园诗话》，顾学颉校点，人民文学出版社 1982 年版。

《袁总统电阻女子团北上》，《盛京时报》1912 年 4 月 17 日。

《粤女界会议西江问题》，《神州日报》1907 年 12 月 5 日。

《粤省女代议士力争女子参政权》，《申报》1912 年 9 月 28 日。

《再论女学》，《申报》1876 年 4 月 11 日。

《再书南皮张尚书戒缠足会章程叙后》，《申报》1897 年 10 月 10 日。

臧庸:《拜经堂文集》，《续修四库全书》，影印本，第 1491 册，上海古籍出版社 2002

年版。

瞻庐：《对于主持女学者之厄言》，《妇女杂志》第 1 卷第 6 号，1915 年 6 月。

张盗邨：《读刘恩沛〈读高绮瑜的两贞论〉》，《新社会报》1922 年 1 月 7 日。

张德先：《男女同学间应取的态度》，《学生杂志》第 13 卷第 9 号，1926 年 9 月。

张德彝：《航海述奇》，钟叔河主编：《走向世界丛书》，岳麓书社 1985 年版。

张德彝：《欧美环游记》，钟叔河主编：《走向世界丛书》，湖南人民出版社 1981 年版。

张德彝：《随使法国记》，钟叔河主编：《走向世界丛书》，湖南人民出版社 1982 年版。

张个侬：《论社会改造须先自男女社交始》，《先施乐园日报》1920 年 11 月 17 日。

张汉英：《本报宣言》，《万国女子参政会旬刊》第 1 期，1913 年 4 月。

张汉英：《复张纫兰女士函》，《民立报》1912 年 3 月 21 日。

张美丽：《男女社交过渡时代》，《民国日报·妇女评论》1921 年 12 月 7 日。

张彭年：《我之贞操观》，《妇女杂志》第 6 卷第 12 号，1920 年 12 月。

张品兴主编：《梁启超全集》，北京出版社 1999 年版。

《张纫兰女士来函》，《民立报》1912 年 3 月 9 日。

张崧年：《女子解放大不当》，《少年中国》第 1 卷第 4 期，1919 年 10 月。

张廷灏：《社交公开与恋爱自由》，《民国日报·妇女评论》1922 年 11 月 29 日。

张晓湘水生：《论女学新报为中国男女不平界之革命军》，《岭南女学新报》第 3 册，1903 年 5 月。

张厌如：《女子是有情的》，《妇女杂志》第 9 卷第 4 号，1923 年 4 月。

张玉法、李又宁主编：《近代中国女权运动史料》，台北龙文出版社股份有限公司 1995 年版。

张之洞著，赵德馨主编：《张之洞全集》，武汉出版社 2008 年版。

张竹君：《女子兴学保险会序》，《中国新女界杂志》第 4 期，1907 年 5 月。

章锡琛：《驳陈百年教授〈一夫多妻的新护符〉》，《莽原》第 4 期，1925 年 5 月 15 日。

章锡琛：《读凤子女士和 YD 先生的讨论》，《妇女杂志》第 9 卷第 2 号，1923 年 2 月。

章锡琛：《漫谈商务印书馆》，商务印书馆编辑部：《商务印书馆九十年》，商务印书馆 1987 年版。

章锡琛：《现代女子教育的根本误谬》，《教育杂志》第 18 卷第 6 号，1926 年 6 月 20 日。

章锡琛：《新性道德是什么》，《妇女杂志》第 11 卷第 1 号，1925 年 1 月。

章锡琛：《新性道德与多妻——答陈百年先生》，《现代评论》第 1 卷第 22 期，1925 年 5 月 9 日。

章锡琛：《与陈百年教授谈梦》，《莽原》第 7 期，1925 年 6 月 5 日。

章锡琛编：《增补新性道德讨论集》，开明书店 1929 年版。

章学诚著，刘公纯标点：《文史通义》，上海古籍出版社 1956 年版。

赵凤喈：《中国妇女在历史上之法律地位》，商务印书馆 1928 年版。

浙江洪文治撰：《戒缠足说》，《湘报》第 15 号，1898 年 3 月 23 日。

《浙议员质问男女同校》，《晨报》1920 年 11 月 14 日。

真:《男女之革命》,《新世纪》第 7 号,1907 年 8 月 3 日。

枕薪:《社交公开》,《民国日报·觉悟》1921 年 7 月 25 日。

《振兴女学议》,《申报》1897 年 7 月 11 日。

震汉:《男女同学底我见》,《民国日报·觉悟》1920 年 7 月 20 日。

震述:《公论三则》,《天义报》第 1 号,1907 年 6 月 10 日。

震述:《经济革命与女子革命》,《天义》第 13、14 卷合刊,1907 年 12 月 30 日。

震述:《论中国女子所受之惨毒》,《天义》第 15 卷,1908 年 1 月 15 日。

震述:《女子复仇论》,《天义报》第 2 号,1907 年 6 月 25 日;续载于《天义》第 3 卷(1907 年 7 月 10 日)、第 4 卷(1907 年 7 月 25 日)、第 5 卷(1907 年 8 月 10 日),又载第 8、9、10 卷合刊(1907 年 10 月 30 日)。

震述:《女子解放问题》,《天义》第 7 卷,1907 年 9 月 15 日。

震述:《女子宣布书》,《天义报》第 1 号,1907 年 6 月 10 日。

正科一年生陆静贞:《男女社交公开之我见》,《墨梯》1921 年 6 月第 4 期。

《正女教说》,《申报》1904 年 12 月 13 日。

郑拔驾:《两贞战胜》,《社会日报》1923 年 3 月 5 日。

郑拔驾:《吾国男女不平之一点》,《新社会报》1921 年 11 月 9 日。

郑振铎:《我们今后的社会改造运动》,《新社会》第 3 号,1919 年 11 月 21 日。

郑振埍:《离婚与道德问题社会问题及其障碍》,《民国日报·妇女评论》1923 年 6 月 20 日。

郑振埍:《通讯》,《妇女杂志》第 9 卷第 5 号,1923 年 5 月。

执信:《男子解放就是女子解放》,《星期评论》第 23 号,1919 年 11 月 9 日。

《直督袁慰帅劝不缠足文》,《万国公报》月刊第 180 册,1904 年 1 月。

《侄外奉姑书》,《东西洋考每月统计传》1838 年 2 月。

旨微:《敢心禾重》,《益世报》1921 年 8 月 1 日。

旨微:《新潮中之内阁改造问题(续)》,《益世报》1921 年 8 月 22 日。

志刚:《初使泰西记》,钟叔河主编:《走向世界丛书》,岳麓书社 2008 年版。

志群:《争约之警告二》,《女子世界》1905 年第 3 期。

中国第二历史档案馆:《北洋政府公报》,上海书店出版社 1988 年版。

《中国各省命妇公吁振兴女学呈请当路代奏拟稿》,《女学报》第 2 年第 1 期,1903 年 4 月 1 日。

《中国女学》,《万国公报》周刊第 15 年 500 卷,1878 年 8 月 3 日。

《中国女学拟增设报馆告白》,《申报》1898 年 5 月 21 日。

中国社会科学院近代史研究所中华民国史研究室等编:《孙中山全集》,中华书局 1982 年版。

《中国同盟会总章草案》,《申报》1912 年 3 月 5 日。

《中国宜维持女学说》,《中外日报》1899 年 8 月 21 日。

《中国振兴女学之亟》,《万国公报》月刊第 200 册,1905 年 9 月。

中华全国妇女联合会妇女运动历史研究室编：《中国近代妇女运动历史资料(1840—1918)》，中国妇女出版社 1991 年版。

《中西女书塾启》，《万国公报》月刊第 12 册，1890 年 1 月。

《中西女塾说》，《申报》1890 年 2 月 23 日。

《众议院议员选举法》，《政府公报》1912 年 8 月 11 日。

周宝韩：《妇女解放的必要》，《妇女杂志》第 9 卷第 4 号，1923 年 4 月。

周炳琳：《开放大学与妇女解放》，《少年中国》第 1 卷第 4 期，1919 年 10 月。

周建人：《答〈一夫多妻的新护符〉》，《莽原》第 4 期，1925 年 5 月 15 日。

周建人：《离婚问题释疑》，《妇女杂志》第 8 卷第 4 号，1922 年 4 月。

周建人：《恋爱的意义和价值》，《妇女杂志》第 8 卷第 2 号，1922 年 2 月。

周建人：《恋爱自由与一夫多妻》，《现代评论》第 1 卷第 22 期，1925 年 5 月 9 日。

《周其永组织女界军事协进会》，《神州日报》1911 年 12 月 6 日。

周书：《对如如君的社交公开和自由恋爱底商榷》，《黄报》1922 年 1 月 21、22 日。

《周作人答蓝志先书》，《新青年》第 6 卷第 4 号，1919 年 4 月。

朱胡彬夏：《基础之基础》，《妇女杂志》第 2 卷第 8 号，1916 年 8 月。

朱浒编：《经元善卷》，中国人民大学出版社 2014 年版。

《朱纶女士来函》，《民立报》1912 年 3 月 16 日。

朱寿朋编：《光绪朝东华录》，中华书局 1958 年版。

朱紫茎：《男女同学问题》，《广益杂志》1920 年第 13 期。

竹庄：《女权说》，《女子世界》1904 年第 5 期。

《祝对俄同志女会之前途》，《俄事警闻》1904 年 1 月 26 日。

《追悼会中之旧德模范谈》，《申报》1915 年 6 月 23 日。

《追悼志士》，《大公报》1902 年 7 月 2 日。

紫瑚：《中国目前之离婚难及其救济策》，《妇女杂志》第 8 卷第 4 号，1922 年 4 月。

紫髯客：《赠吴孟班女士》，《清议报》第 86 册，1901 年 7 月 26 日。

自立：《谰言》，《女子世界》1904 年第 2 期。

自立：《女魂篇(承前)》，《女子世界》1904 年第 3 期。

《奏兴女学确闻》，《直隶教育杂志》第 2 年第 14 期，1906 年 10 月 2 日。

《组织官立女子师范学堂》，《教育杂志》第 1 年第 9 期，1909 年 10 月 8 日。

四、今人中文论著

陈弱水：《隐蔽的光景：唐代的妇女文化与家庭生活》，广西师范大学出版社 2009 年版。

陈文联、胡颖珑：《论 20 世纪初年的女子社团》，《南昌航空大学学报(社会科学版)》2017 年第 2 期。

陈雁：《性别与战争：上海 1932—1945》，社会科学文献出版社 2014 年版。

陈旭麓：《近代中国社会的新陈代谢》，上海社会科学院出版社 2006 年版。

杜芳琴:《女性观念的演变》,河南人民出版社 1988 年版。

杜芳琴:《发现妇女的历史——中国妇女史论集》,天津社会科学院出版社 1996 年版。

杜芳琴:《妇女学和妇女史的本土探索:社会性别视角和跨学科视野》,天津人民出版社 2002 年版。

段塔丽:《唐代妇女地位研究》,人民出版社 2000 年版。

高世瑜:《唐代妇女》,三秦出版社 1988 年版。

高世瑜:《缠足再议》,《史学月刊》1999 年第 2 期。

顾秀莲主编:《20 世纪中国妇女运动史》,中国妇女出版社 2008 年版。

韩贺南:《平等与差异的双重建构——五四妇女解放思潮研究》,吉林大学出版社 2005 年版。

何怀宏:《试析〈天演论〉之双重"误读"》,《北京大学学报(哲学社会科学版)》2013 年第 6 期。

胡卫清:《近代来华传教士与进化论》,《世界宗教研究》2001 年第 3 期。

黄兴涛:《晚清民初现代"文明"和"文化"概念的形成及其历史实践》,《近代史研究》2006 年第 6 期。

黄兴涛:《"她"字的文化史——女性新代词的发明与认同研究》,福建教育出版社 2009 年版。

黄兴涛:《重塑中华:近代中国"中华民族"观念研究》,北京师范大学出版社 2017 年版。

贾秀堂:《民国时期离婚现象再探讨——以 20 世纪 20 年代的山西省为个案》,《史林》2008 年第 11 期。

金景芳:《古籍考辨四题》,《历史研究》1994 年第 1 期。

柯惠铃:《近代中国革命运动中的妇女:1900—1920》,山西教育出版社 2012 年版。

李春香:《"五四"时期新派文人离婚现象研究》,《黑龙江史志》2009 年第 17 期。

李细珠:《性别冲突与民初政治民主化的限度——以民初女子参政权案为例》,《历史研究》2005 年第 4 期。

李小江:《对话白露:关于 1980 年代"妇女研究运动"——由〈中国女性主义思想史中的妇女问题〉说开去》,《山西师大学报(社会科学版)》2012 年第 6 期。

李小江:《夏娃的探索——妇女研究论稿》,河南人民出版社 1988 年版。

李小江:《人类进步与妇女解放》,《马克思主义研究》第 4 辑,人民出版社 1983 年版。

李孝定编述:《甲骨文字集释》第 12 卷,台湾"中研院"历史语言研究所专刊,1965 年。

李银河主编:《妇女:最漫长的革命》,生活·读书·新知三联书店 1997 年版。

李永祜选编:《奁史选注》,中国人民大学出版社 1994 年版。

刘慧英:《从女权主义到无政府主义——何震的隐现与〈天义〉的变迁》,《中国现代文学研究丛刊》2006 年第 2 期。

刘慧英:《女权、启蒙与民族国家话语》,人民文学出版社 2013 年版。

刘巨才:《中国近代妇女解放史》,北方妇女儿童出版社 1989 年版。

刘乃和：《要重视古代妇女史的研究》，《光明日报》1984 年 10 月 3 日。

刘人鹏：《〈天义〉的无政府共产主义视野与何震的"女子解放"》，《妇女研究论丛》2017 年第 2 期。

刘士圣：《中国古代妇女史》，青岛出版社 1991 年版。

柳素平：《晚明名妓文化研究》，武汉大学出版社 2008 年版。

罗琼：《让新民主主义时期妇女运动历史告诉现在——中国妇女运动史资料编纂委员会十年工作回顾（1990）》，《妇女工作》1990 年第 2 期。

罗苏文：《女性与近代中国社会》，上海人民出版社 1996 年版。

罗志田：《裂变中的传承——20 世纪前期的中国文化与学术》，中华书局 2009 年版。

罗志田：《权势转移：近代中国的思想与社会》，北京师范大学出版社 2014 年版。

罗志田：《再造文明的尝试：胡适传》，社会科学文献出版社 2015 年版。

吕美颐、郑永福：《中国妇女运动（1840—1921）》，河南人民出版社 1990 年版。

马庚存：《中国近代妇女史》，青岛出版社 1995 年版。

茅海建：《戊戌时期康有为"大同三世说"思想的再确认——兼论康有为一派在百日维新前后的政治策略》，《社会科学战线》2019 年第 1 期。

孟悦、戴锦华：《浮出历史地表——现代妇女文学研究》，河南人民出版社 1989 年版。

欧阳哲生：《中国近代思想史上的〈天演论〉》，《广东社会科学》2006 年第 2 期。

钱锺书：《管锥编》第 3 册，中华书局 1979 年版。

商传：《传统史学、新史学与社会性别史》，《历史研究》2002 年第 6 期。

邵雍：《中国近代妇女史》，合肥工业大学出版社 2013 年版。

宋少鹏：《"西洋镜"里的中国与妇女：文明的性别标准和晚清女权论述》，社会科学文献出版社 2016 年版。

宋少鹏：《革命史观的合理遗产——围绕中国妇女史研究的讨论》，《文化纵横》2015 年第 4 期。

唐娅辉：《中国妇女百年奋斗史》，湖南师范大学出版社 1999 年版。

万琼华：《近代女子教育思潮与女性主体身份建构》，中国社会科学出版社 2010 年版。

王汎森：《傅斯年：中国历史与政治中的个体生命》，生活·读书·新知三联书店 2012 年版。

王汎森：《中国近代思想与学术的系谱》，上海三联书店 2018 年版。

王国敏：《20 世纪的中国妇女》，四川大学出版社 2000 年版。

王天根：《〈天演论〉的早期稿本及其流传考析》，《史学史研究》2002 年第 3 期。

夏明方：《十八世纪中国的"现代性建构"——"中国中心观"主导下的清史研究反思》，《史林》2006 年第 6 期。

夏明方：《十八世纪中国的"思想现代性"——"中国中心观"主导下的清史研究反思之二》，《清史研究》2007 第 2 期。

夏明方：《中国近代历史研究方法的新陈代谢》，《近代史研究》2010 年第 2 期。

夏晓虹：《何震的无政府主义"女界革命"论》，《中华文史论丛》2006 年第 3 期。

夏晓虹:《晚清两份〈女学报〉的前世今生》,《现代中文学刊》2012 年第 1 期。

夏晓虹:《晚清女报中的国族论述与女性意识——1907 年的多元呈现》,《北京大学学报(哲学社会科学版)》2014 年第 4 期。

夏晓虹:《晚清女性与近代中国》,北京大学出版社 2004 年版。

夏晓虹:《晚清文人妇女观》,作家出版社 1995 年版。

夏晓虹:《吴孟班:过早谢世的女权先驱》,《文史哲》2007 年第 2 期。

徐辉琪:《唐群英与"女子参政同盟会"——兼论民初妇女参政活动》,《贵州社会科学》1981 年第 4 期。

许慧琦:《1920 年代的恋爱与新性道德论述——从章锡琛参与的三次论战谈起》,《近代中国妇女史研究》2008 年第 16 期。

杨剑利:《国家建构语境中的妇女解放——从历史到历史书写》,《近代史研究》2013 年第 3 期。

杨剑利:《规训与政治:儒家性别体系探论》,《江汉论坛》2013 年第 6 期。

杨剑利:《从柯文的相对主义看中国中心观》,《光明日报》2015 年 2 月 4 日。

杨联芬:《"恋爱"之发生与现代文学观念变迁》,《中国社会科学》2014 年第 1 期。

杨联芬:《爱伦凯与五四新文化》,《中国现代文学研究丛刊》2012 年第 5 期。

杨念群:《"无政府"构想——"五四"前后"社会"观念形成与传播的媒介》,《开放式地》2019 年第 1 期。

杨念群:《五四前后"个人主义"兴衰史——兼论其与"社会主义""团体主义"的关系》,《近代史研究》2019 年第 2 期。

杨念群:《从"五四"到"后五四"——知识群体中心话语的变迁与地方意识的兴起》,《杨念群自选集》,广西师范大学出版社 2000 年版。

杨兴梅:《缠足的野蛮化:博览会刺激下的观念转变》,《四川大学学报(哲学社会科学版)》2012 年第 6 期。

杨兴梅:《贵贱有别:晚清反缠足运动的内在紧张》,《社会科学战线》2013 年第 2 期。

杨兴梅:《身体之争:近代中国反缠足的历程》,社会科学文献出版社 2012 年版。

杨兴梅:《以王法易风俗:近代知识分子对国家干预缠足的持续呼吁》,《近代史研究》2010 年第 1 期。

姚平编:《当代西方汉学研究集萃·妇女史卷》,上海古籍出版社 2012 年版。

姚平:《唐代妇女的生命历程》,上海古籍出版社 2004 年版。

叶汉明:《主体的追寻——中国妇女史研究析论》,香港教育图书公司 1999 年版。

余华林:《女性的"重塑":民国城市妇女婚姻问题研究》,商务印书馆 2009 年版。

余华林:《民初知识青年离弃旧式妻子现象之论争——以郑振埙事件为中心》,《社会科学辑刊》2012 年第 6 期。

[美]余英时:《中国近代思想史上的胡适》,台北联经出版事业公司 1984 年版。

[美]余英时:《中国思想传统的现代诠释》,台北联经出版事业公司 1987 年版。

[美]余英时:《中国文化史通释》,生活·读书·新知三联书店 2012 年版。

[美]余英时：《重寻胡适历程：胡适生平与思想再认识》，上海三联书店 2012 年版。

[美]余英时：《现代危机与思想人物》，生活·读书·新知三联书店 2012 年版。

俞政：《严复翻译〈天演论〉的经过》，《苏州大学学报(哲学社会科学版)》2002 年第 4 期。

岳诗宛：《清代禁缠足诏令考》，本科毕业论文，中国人民大学，2017 年 4 月，论文编码：RUC-BK-060101-2013201458。

张菁：《唐代女性形象研究》，甘肃人民出版社 2007 年版。

张莲波：《中国近代妇女解放思想历程》，河南大学出版社 2006 年版。

张念：《性别政治与国家：论中国妇女解放》，商务印书馆 2014 年版。

张汝伦：《现代中国思想研究》，上海人民出版社 2014 年版。

郑永福、吕美颐：《近代中国妇女生活》，河南人民出版社 1993 年版。

周叙琪：《民国初年新旧冲突下的婚姻难题——以东南大学郑振埙教授的离婚事件为分析实例》，王政、陈雁主编：《百年中国女权思潮研究》，复旦大学出版社 2005 年版。

朱伯崑：《易学哲学史》卷四，昆仑出版社 2005 年版。

朱浒：《"范式危机"凸显的认识误区——对柯文式"中国中心观"的实践性反思》，《社会科学研究》2011 年第 4 期。

五、英文文献与译著

Benjamin Schwartz."History and Culture in the Thought of Joseph Levenson,"Maurice Meisner and Rhoads Murphey eds..*The Mozartian Historian：Essays on the Works of Joseph R.Levenson*, Berkeley：University of California Press,1976.

Christina K. Gilmartin, Gail Hershatter, Lisa Rofel, and Tyrene White eds.. *Engendering China：Women，Culture，and the State*,Cambridge：Harvard University Press,1994.

Christina K. Gilmartin. *Engendering the Chinese Revolution：Radical Women，Communist politics，and Mass Movements in the 1920s*,Berkeley：University of California Press,1995.

David Abeel."Notices of infanticide collected from the people of Fukien,"*The Chinese Repository*,Oct.1943,Vol.12.

Dorothy Ko. *Teachers of the Inner Chambers：Women and Culture in Seventeenth-Century China*,Stanford：Stanford University Press,1994.

E.C.Bridgman."Small feet of the Chinese females：remarks on the origin of the custom of compressing of the feet；the extent and effects of the practice；with an anatomical description of a small foot,"*The Chinese Repository*,April 1835,Vol.3.

E.C.Bridgman."Walks about Shanghai,"*The Chinese Repository*,1848,Vol.17.

Ellen Widmer.*The Beauty and the Book：Women and Fiction in Nineteenth Century China*, Cambridge,MA：Harvard University Asia Center,2006.

Elisabeth Groll.*Feminism and Socialism in China*,Routledge & Kegean Paul Ltd.,1978.

Grace S.Fong，Nanxiu Qian，and Harriet T.Zurndorfer eds..*Beyond Tradition and Modernity*：*Gender*，*Genre*，*and Cosmopolitanism in Late Qing China*，Boston：Brill Academic Publishers，2004.

Harriet T.Zurndorfer ed..*Chinese Women in the Imperial Past*：*New Perspectives*，Boston：Brill Academic Publishers，1999.

Joan Kelly."Did women have a Renaissance?" Renate Bridental ed.，*Becoming Visible*：*Women in European History*，Boston：Houghton Mifflin，1977.

Joan Kelly."Doubled Vision of Feminist Theory，"*Women*，*History and Theory*：*The Essays of Joan Kelly*，Chicago：University of Chicago Press，1984.

Joan W.Scott.*Gender and the Politics of History*，New York：Columbia University Press，1999.

Joan W. Scott. " Gender：A Useful Category of Historical Analysis，"*American Historical Review*，Vol.91，No.5，Dec.，1986.

Judith Butler.*Bodies That Matter*：*On the Discursive Limits of Sex*，London and New York：Routledge，1993.

Judith Stacey.*Patriarchy and Socialist Revolution in China*，Berkeley：University of California Press，1983.

Kay Ann Johnson.*Women*，*the Family*，*and Peasant Revolution in China*，Chicago：University of Chicago Press，1983.

Margery Wolf.*Revolution Postponed*：*Women in Contemporary China*，Stanford：Stanford University Press，1985.

Phyllis Andors. *The Unfinished Liberation of Chinese Women*：1949 − 1980，Bloomington：Indiana University Press，1983.

Susan L.Glosser.*Chinese Visions of Family and State*，1915 − 1953，Berkeley：University of California Press，2003.

Susan Mann and Yuyin Cheng eds..*Under Confucian Eyes*：*Writings on Gender in Chinese History*，Stanford：Stanford University Press，2001.

Tani E.Barlow.*Gender Politics in Modern China*：*Writing and Feminism*，Dueham：Duke University Press，1993.

Yates，Matthew Tyson.*Records of the General Conference of the Protest and Missionaries of China*，Held at Shanghai，May 10−24，1877，Shanghai：Presbyterian Mission Press，1878.

［美］白馥兰：《技术与性别：晚期帝制中国的权力经纬》，江湄、邓京力译，江苏人民出版社 2006 年版。

［美］本杰明·史华慈：《寻求富强：严复与西方》，叶美凤译，江苏人民出版社 1996 年版。

［美］程为坤：《劳作的女人：20 世纪初北京的城市空间和底层女性的日常生活》，杨可译，生活·读书·新知三联书店 2015 年版。

［美］程为坤：《西方学术界的中国妇女与性别研究》，《四川大学学报（哲学社会科学版）》2007 年第 6 期。

[美]丁韪良:《花甲忆记:一位美国传教士眼中的晚清帝国》,沈弘、恽文捷、郝田虎译,广西师范大学出版社 2004 年版。

[美]盖洛:《扬子江上的美国人:从上海经华中到缅甸的旅行记录》,晏奎、孟凡君、孙继成译,山东画报出版社 2008 年版。

[美]高彦颐:《缠足:"金莲崇拜"盛极而衰的演变》,苗延威译,江苏人民出版社 2009 年版。

[美]高彦颐:《闺塾师——明末清初江南的才女文化》,李志生译,江苏人民出版社 2005 年版。

[美]贺萧:《危险的愉悦:20 世纪上海的娼妓问题与现代性》,韩敏中、盛宁译,江苏人民出版社 2003 年版。

[美]贺萧、王政:《中国历史:社会性别分析的一个有用的范畴》,《社会科学》2008 年第 12 期。

[英]赫胥黎:《进化论与伦理学》,宋启林等译,北京大学出版社 2010 年版。

[德]黑格尔:《精神现象学》,先刚译,人民出版社 2013 年版。

[美]怀礼:《一个传教士眼中的晚清社会》,王丽、戴如梅译,国家图书馆出版社 2012 年版。

[加]凯·尼尔森:《平等与自由:捍卫激进平等主义》,傅强译,中国人民大学出版社 2015 年版。

[美]柯文:《在中国发现历史——中国中心观在美国的兴起》,林同奇译,中华书局 2002 年版。

[美]理查德·J.司马富、约翰·K.费正清、凯瑟琳·F.布鲁纳编:《赫德与早期中国现代化:赫德日记(1863—1866)》,陈绛译,中国海关出版社 2005 年版。

刘禾:《跨语际实践》,宋伟杰等译,生活·读书·新知三联书店 2002 年版。

刘禾、[美]瑞贝卡·卡尔、高彦颐:《一个现代思想的先声——论何殷震对跨国女权主义理论的贡献》,《中国现代文学研究丛刊》2014 年第 5 期。

[美]芦苇菁:《矢志不渝:明清时期的贞女现象》,秦立彦译,江苏人民出版社 2010 年版。

[英]罗夫·华德罗·汤普森:《杨格非:晚清五十年》,赵欣、刘斌斌译,天津人民出版社 2012 年版。

[美]罗丽莎:《另类的现代性:改革开放时代中国性别化的渴望》,黄新译,江苏人民出版社 2006 年版。

[美]曼素恩:《缀珍录:十八世纪及其前后的中国妇女》,定宜庄、颜宜葳译,江苏人民出版社 2005 年版。

[美]曼素恩:《张门才女》,罗晓翔译,北京大学出版社 2015 年版。

[美]米尔顿·弗里德曼、罗丝·弗里德曼:《自由选择》,张琦译,机械工业出版社 2008 年版。

[美]佩吉·麦克拉肯主编:《女权主义理论读本》,广西师范大学出版社 2007 年版。

［美］卫斐列:《卫三畏生平及书信:一位美国来华传教士的心路历程》,顾钧、江莉译,广西师范大学出版社 2004 年版。

［美］卫三畏:《中国总论》,陈俱译,上海古籍出版社 2014 年版。

［日］须藤瑞代:《中国"女权"概念的变迁——清末民初的人权和社会性别》,姚毅译,社会科学文献出版社 2010 年版。

［美］伊沛霞:《内闱:宋代的婚姻和妇女生活》,胡志宏译,江苏人民出版社 2004 年版。

［英］约·罗伯茨编:《十九世纪西方人眼中的中国》,蒋重跃、刘林海译,时事出版社 1999 年版。

［英］约翰·斯图尔特·穆勒:《妇女的屈从地位》,汪溪译,商务印书馆 2007 年版。

后　记

本书探讨性别观念在近代中国从"男女有别""男尊女卑"向"男女无别""男女平等"的转变。2011年，我在系统翻阅《妇女杂志》《东方杂志》等民初报刊时萌生了做这方面研究的愿望，随后开始大范围找寻、抄阅、整理相关资料，枯燥的资料整理用了三四年时间。2017年底，我完成了初稿，申请了"中央高校建设世界一流大学（学科）和特色发展引导专项资金"的出版资助，本打算在一年之内将稿件改定送交出版社，但事与愿违。在修改书稿的过程中，新的想法随着对资料理解的加深不断冒出，我陷入了一种自我质疑、自我否定的循环中，先前写好的稿子被不断推翻重来，书稿的出版也一拖再拖。

为了避免绵延不断因果链条的纠缠，历史叙事总是要建构一个不是开端的开端，并终结于非终结之处。本书草就，相关故事并未随着叙述的终结而终结，而未尽的故事只能遗憾地留待将来。

在书稿即将付梓之际，首先要感谢中国人民大学清史研究所黄兴涛教授和朱浒教授，两位老师一直关注本书的进展，给了我很多的鼓励，每次所里见面，都会询问研究进展，讨论相关问题，没有他们的勉励和敦促，本书恐怕还要拖后。中国社会科学院近代史所谢维研究员、李长莉研究员、首都师范大学梁景和教授阅读过本书部分章节，提出了中肯意见。北京市社会科学院历史研究所刘仲华研究员提供了资料上的帮助，为本书完稿节省了宝贵的时间。

感谢陈其泰、陈桦、杜芳琴、行龙、杨念群、夏明方诸师多年来在治学上对我的指导和帮助。感谢清史所诸位师友的鼓励和帮助，同人间近二十年的学术交流让我受益匪浅。感谢人民出版社赵圣涛先生在编校和出版方面的支持。

　　在写作过程中，我会时不时想起先师乔志强先生，他当年的谆谆教诲是我坚持从事历史研究的动力。

　　最后，谢谢我先生安民君长久以来默默的支持和付出。

2020 年春

责任编辑:赵圣涛
封面设计:王欢欢
责任校对:吕　飞

图书在版编目(CIP)数据

闺门的退隐:近代中国性别观念的变迁(1860—1925)/杨剑利 著. —北京:
　人民出版社,2021.4
ISBN 978－7－01－023229－4

Ⅰ.①闺…　Ⅱ.①杨…　Ⅲ.①性别差异-研究-中国-1860—1925
　Ⅳ.①D693.9

中国版本图书馆 CIP 数据核字(2021)第 040783 号

闺门的退隐
GUIMEN DE TUIYIN
——近代中国性别观念的变迁(1860—1925)

杨剑利　著

人民出版社 出版发行
(100706　北京市东城区隆福寺街 99 号)

北京盛通印刷股份有限公司印刷　新华书店经销

2021 年 4 月第 1 版　2021 年 4 月北京第 1 次印刷
开本:710 毫米×1000 毫米 1/16　印张:20.75
字数:350 千字

ISBN 978－7－01－023229－4　定价:79.00 元

邮购地址 100706　北京市东城区隆福寺街 99 号
人民东方图书销售中心　电话 (010)65250042　65289539